Rechnungswesen und Unternehmensüberwachung

Herausgegeben von
H.-J. Böcking, Frankfurt am Main
M. Hommel, Frankfurt am Main
J. Wüstemann, Mannheim

Die Schriftenreihe präsentiert Ergebnisse der betriebswirtschaftlichen Forschung zu den Themengebieten Financial Accounting, Business Reporting, Business Audit, Business Valuation und Corporate Governance. Die Beiträge dieser Reihe verfolgen das Ziel, Vorgaben der Gesetzgebung, der nationalen und internationalen Standardsetter sowie Empfehlungen der Wirtschaftspraxis mittels des Instrumentariums der betriebswirtschaftlichen Theorie zu beschreiben, zu analysieren und insbesondere vor dem Hintergrund der Anforderungen des Kapitalmarktes weiterzuentwickeln.

Herausgegeben von

Professor Dr. Hans-Joachim Böcking
Frankfurt am Main

Professor Dr. Jens Wüstemann
Mannheim

Professor Dr. Michael Hommel
Frankfurt am Main

Nadja Kiehne

Zur Entscheidungsnützlichkeit von Zwischenberichten

Eine kritische Würdigung vor dem Hintergrund der IFRS-Rechnungslegung und der aktuellen Corporate Governance

Mit einem Geleitwort
von Prof. Dr. Hans-Joachim Böcking

Springer Gabler

RESEARCH

Nadja Kiehne
Frankfurt am Main, Deutschland

Dissertation Johann Wolfgang Goethe-Universität Frankfurt am Main, 2012

ISBN 978-3-8349-3584-7 ISBN 978-3-8349-3585-4 (eBook)
DOI 10.1007/978-3-8349-3585-4

Die Deutsche Nationalbibliothek verzeichnet diese Publikation in der Deutschen Nationalbibliografie; detaillierte bibliografische Daten sind im Internet über http://dnb.d-nb.de abrufbar.

Springer Gabler

Gedruckt auf säurefreiem und chlorfrei gebleichtem Papier

Springer Gabler ist eine Marke von Springer DE. Springer DE ist Teil der Fachverlagsgruppe Springer Science+Business Media
www.springer-gabler.de

Geleitwort

Die jüngste Wirtschafts- und Finanzmarktkrise hat die Zweifel an der Entscheidungsnützlichkeit der Zwischenberichterstattung neu belebt. Beispielhaft wurden in Quartalsfinanzberichten Verschuldungsgrade gezielt niedrig ausgewiesen, um Kreditratings und Aktienkurse stabil zu halten. Auch kam es zur Unterlassung einer Berichterstattung über (bestands-)gefährdende (Liquiditäts-)Risiken. Somit wurde das Ziel der Zwischenberichterstattung, namentlich die zeitnahe Vermittlung entscheidungsnützlicher Informationen gerade nicht erreicht.

Dabei kommt der Zwischenberichterstattung als kapitalmarktrechtliches Publizitätsinstrument aufgrund der Beschleunigung und wachsenden Komplexität der Wirtschaftsabläufe in einer sich permanent und schnell verändernden Umwelt eine besondere Bedeutung für die Kapitalmarkteilnehmer zu. Die Notwendigkeit einer Überprüfung der aktuellen Regelungsnormen des Gesetzgebers und der Standardsetter die Zwischenberichterstattung betreffend, tritt angesichts der bezweifelten Entscheidungsnützlichkeit deutlich hervor.

Vor diesem Hintergrund gelingt es Frau Dr. Kiehne in ihrer systematisch aufgebauten Analyse zunächst für den Zweck der Zwischenberichterstattung entsprechende Kriterien zu entwickeln, um anschließend die theoretischen Ergebnisse den einschlägigen deutschen als auch internationalen Regelungen gegenüberzustellen.

Dabei prüft die Verfasserin in detailliertem Maße, in welchem Umfang die einzelnen Vorschriften zur Zwischenberichterstattung von WpHG, IAS/IFRS und DRS Normunschärfen aufweisen und enthüllt den bestehenden Regelungsbedarf. Frau Dr. Kiehne zeigt, dass es unerlässlich ist, auch empirische Erkenntnisse in die Beurteilung der Entscheidungsnützlichkeit einzubeziehen, um zu aussagefähigen Ergebnissen zu gelangen. Hierbei ist es das besondere Verdienst der Verfasserin, sich nicht nur mit den Regelungen zur Aufstellung und Veröffentlichung zu befassen, sondern auch die Einflüsse der unterjährig zur Anwendung kommenden Bilanzierungs- und Bewertungsvorschriften zu untersuchen. Mit den Themenkomplexen Goodwill und latente Steuern hat Frau Dr. Kiehne besonders geeignete Beispiele zur Tiefenanalyse der Entscheidungsnützlichkeit gewählt. Dabei werden die Aussagegrenzen ebenso erläutert wie die (legalen) Spielräume, die den Bilanzierenden nach (inter-)nationalen Vorschriften zustehen, wenn sie über latente Steuern oder die Werthaltigkeit des Goodwills im Rahmen von Halbjahres- und Quartalsfinanzberichten berichten.

Einen besonderen Schwerpunkt der Arbeit bildet die Auseinandersetzung mit der Effektivität der implementierten Corporate Governance-Mechanismen zur Durchsetzung der Zwischenberichtspflichten. Frau Dr. Kiehne nimmt in ihrer Dissertation die seit geraumer Zeit in Wissenschaft und Praxis kontrovers geführte Diskussion zur Prüfung von Zwischenberichten zum Anlass, sich mit den Regelungen in ihrer Gesamtheit zu befassen und das Zusammenspiel der einzelnen Durchsetzungsmechanismen herauszuarbeiten. Hierbei wird nicht nur auf die Rolle des Wirtschaftsprüfers eingegangen, sondern auch die Zuständigkeit des Aufsichtsrats geklärt. Letzteres ist dringend angezeigt, da von Teilen des Schrifttums die Prüfung von Zwischenberichten durch den Aufsichtsrat außerhalb dessen Verantwortungsbereich angesehen wird. Welchen Stellenwert das deutsche zweistufige Enforcement-System in Bezug auf die Steigerung der Verlässlichkeit von Zwischenberichtsinformationen einnimmt, untersucht Frau Dr. Kiehne intensiv auch mittels einer Auswertung der veröffentlichten Fehlerbekanntmachungen und gelangt zu einer überzeugenden Würdigung der Ergebnisse.

Mit ihrer umfassenden Untersuchung zeigt die Verfasserin die Grenzen der Zwischenberichterstattung und leistet damit einen hervorragenden Beitrag zur Forschung und Praxis im Bereich der kapitalmarkorientierten Rechnungslegung sowie der Corporate Governance. Die von Frau Dr. Kiehne formulierten Anforderungen richten sich nicht nur an den Gesetzgeber zur notwendigen Konkretisierung der bestehenden Normen, sondern öffnen Unternehmensbeteiligten den Blick für ihre eigenen Verantwortlichkeiten auf dem Weg zu einer entscheidungsnützlichen Zwischenberichterstattung.

Allen Personen, die sich aus wissenschaftlicher als auch aus praktischer Sicht mit Fragen der unterjährigen Rechnungslegung von kapitalmarktorientierten Unternehmen und Corporate Governance auseinandersetzen, ist die vorliegende Arbeit dringend als Pflichtlektüre zu empfehlen.

Prof. Dr. Hans-Joachim Böcking

Vorwort

Die vorliegende Arbeit ist während meiner Tätigkeit als wissenschaftliche Mitarbeiterin an der Professur für Betriebswirtschaftslehre, insbesondere Wirtschaftsprüfung und Corporate Governance von Herrn Prof. Dr. Hans-Joachim Böcking an der Goethe-Universität Frankfurt entstanden. Sie wurde im Dezember 2011 in leicht veränderter Form vom Fachbereich Wirtschaftswissenschaften der Goethe-Universität Frankfurt am Main als Dissertation angenommen.

Mein tief empfundener Dank gilt meinem akademischen Lehrer und Doktorvater Herrn Prof. Dr. Hans-Joachim Böcking, der die Arbeit wissenschaftlich betreut hat. Sein in mich gesetztes Vertrauen, die gewährten Freiheiten sowie seine konstruktiven Anregungen waren grundlegend für das Gelingen dieser Arbeit. Für die bereitwillige Übernahme und zeitnahe Erstellung des Zweitgutachtens danke ich Herrn Prof. Dr. Winfried Mellwig sehr. Herrn Prof. Dr. Michael Hommel und Herrn Prof. Dr. Dres. h.c. Bertram Schefold bin ich für ihre Mitwirkung in der Prüfungskommission in Dankbarkeit verbunden. Der Interessengemeinschaft Frankfurter Kreditinstitute GmbH danke ich für die großzügige finanzielle Unterstützung bei der Drucklegung.

Großer Dank gebührt auch meinem Arbeitgeber PricewaterhouseCoopers AG WPG: Ohne dessen finanzielle Förderung und äußerst flexiblen Entgegenkommens, insbesondere während der Endphase meines Promotionsverfahrens, hätte die Arbeit nicht auf diese Weise abgeschlossen werden können. Stellvertretend möchte ich hierfür meinem zuständigen Partner Herrn WP/StB Dr. Bernd Roese herzlichst danken, der mein Promotionsvorhaben stets in besonderem Maße gefördert hat.

Meinen Kolleginnen und Kollegen an der Professur für Betriebswirtschaftslehre, insbesondere Wirtschaftsprüfung und Corporate Governance, sowie am gesamten Schwerpunkt Rechnungswesen der Goethe-Universität Frankfurt am Main verdanke ich eine nicht nur fachlich, sondern auch persönlich prägende und schöne Zeit an der Professur.

Von unschätzbarem Wert für die Fertigstellung dieser Arbeit erwiesen sich die stete Diskussionsbereitschaft sowie die wertvolle Kritik im Rahmen des akribischen Korrekturlesens von Frau Dipl.-Kffr. Nina Kiehne (M.A. in Criminology and Police), Herrn StB Dr. Andreas Kremer, Frau Dipl.-Kffr. Britta Krumtünger, Herrn WP/StB Dr. Bernd Roese, Frau WP Prof. Dr. Judith Rühl, Herrn Dr. Thomas Stein und Herrn Daniel Worret (M.A. of Science).

Mein größter Dank gilt meiner Schwester Nina und meinen Eltern Ursula und Jürgen Kiehne, die mir durch ihre fortwährende und bedingungslose Unterstützung sowie ihren liebevollen Beistand die Promotion erst ermöglichten.

Nadja Kiehne

Inhaltsverzeichnis

Abbildungsverzeichnis

Tabellenverzeichnis

Abkürzungsverzeichnis

A	Appendix
a. F.	alte Fassung
a. M.	am Main
Abl.	Amtsblatt
AblEG	Amtsblatt der Europäischen Gemeinschaft
Abs.	Absatz
AKEU	Arbeitskreis „Externe Unternehmensrechnung“ der Schmalenbach-Gesellschaft für Betriebswirtschaft
AG	Aktiengesellschaft/ Die Aktiengesellschaft (Zeitschrift)
AICPA	*American Institute of Certified Public Accountants*
AktG	Aktiengesetz
APB	*Accounting Principles Board*
Art.	Artikel
BaFin	Bundesanstalt für Finanzdienstleistungsaufsicht
BB	Betriebsberater (Zeitschrift)
b&b	bilanz & buchhaltung (Zeitschrift)
Bd.	Band
BDO	Wirtschaftsprüfungsgesellschaft BDO Deutsche Warentreuhand AG
BFuP	Betriebswirtschaftliche Forschung und Praxis (Zeitschrift)
BGBl.	Bundesgesetzblatt
BGHZ	Entscheidungen des Bundesgerichtshofes in Zivilsachen
BGH	Bundesgerichtshof
BilKoG	Bilanzkontrollgesetz – BilKoG
BilMoG	Bilanzrechtsmodernisierungsgesetz
BilReG	Bilanzrechtsreformgesetz
BKR	Zeitschrift für Bank- und Kapitalmarktrecht
BMF	Bundesministerium der Finanzen
BMJ	Bundesministerium der Justiz
BörsG	Börsengesetz
BörsO	Börsenordnung
BörsZulV	Börsenzulassungsverordnung
BT	Bundestag
BR	Bundesrat
BRD	Bundesrepublik Deutschland
bspw.	beispielsweise

bzgl.	bezüglich
bzw.	beziehungsweise
ca.	circa
CESR	*Committee of European Securities Regulators*
CGU	*cash generating unit*
d. h.	das heißt
DAI	Deutsches Aktieninstitut e. V.
DAV	Deutscher Anwaltverein e. V.
DAX	Deutscher Aktien Index
DB	Der Betrieb (Zeitschrift)
DBW	Die Betriebswirtschaft (Zeitschrift)
DCGK	Deutscher Corporate Governance Kodex
DPR	Deutsche Prüfstelle für Rechnungslegung e. V.
DRÄS	Deutscher Rechnungslegungs Änderungsstandard
DRS	Deutscher Rechnungslegungs Standard
DRSC	Deutsches Rechnungslegungs Standard Committee e. V.
DSR	Deutscher Standardisierungsrat
DStR	Deutsches Steuerrecht (Zeitschrift)
DTR	*Disclosure and Transparency Rules*
e. V.	eingetragener Verein
ED	*exposure draft*
EG	Europäische Gemeinschaft
ERS	Exchange Reporting System
ESMA	*European Securities and Markets Authority*
EStG	Einkommensteuergesetz
EU	Europäische Union
EURO-EG	Euro-Einführungsgesetz
EWiR	Entscheidungen zum Wirtschaftsrecht (Zeitschrift)
EWR	Europäischer Wirtschaftsraum
F.	*Framework*
FASB	*Financial Accounting Standards Board*
FAZ	Frankfurter Allgemeine Zeitung
FB	Finanz Betrieb (Zeitschrift)
FIN	*FASB Interpretation*
Fn.	Fußnote

FWB	Frankfurter Wertpapierbörse
FVLCTS	*fair value less cost to sell*
GE	Geldeinheiten
gem.	gemäß
GewSt	Gewerbesteuer
ggf.	gegebenenfalls
GmbHG	Gesetz betreffend die Gesellschaft mit beschränkter Haftung
GoB	Grundsätze ordnungsmäßiger Buchführung
GoZB	Grundsätze ordnungsmäßiger Zwischenberichterstattung
GuV	Gewinn- und Verlustrechnung
HDAX	Aktienindex der Deutschen Börse (umfasst die Werte aller 110 Unternehmen der Auswahlindizes DAX, MDAX und TecDAX)
HFA	Hauptfachausschuss des IDW
HGB	Handelsgesetzbuch
Hrsg.	Herausgeber
i. d. F.	in der Fassung
i. d. R.	in der Regel
i. e. S.	im engeren Sinn
i. H. v.	in Höhe von
i. S.	im Sinne
i. S. d.	im Sinne des/der
i. S. v.	im Sinne von
i. w. S.	im weiteren Sinn
i. V. m.	in Verbindung mit
IAS	*International Accounting Standard(s)*
IASB	*International Accounting Standards Board*
IASCF	*International Accounting Standards Committee Foundation*
IDW	Institut der Wirtschaftsprüfer in Deutschland e. V.
IE	*Illustrative Examples*
IFAC	*International Federation of Accountants*
IFRIC	International Financial Reporting Interpretations Committee
IFRS	*International Financial Reporting Standard(s)*
insb.	insbesondere
InvG	Investmentgesetz
ISA	*International Standards on Auditing*
ISRE	*International Standard on Review Engagements*

Jg.	Jahrgang
KapAEG	Kapitalaufnahmeerleichterungsgesetz
KonTraG	Gesetz zur Kontrolle und Transparenz im Unternehmensbereich
KoR	Zeitschrift für internationale und kapitalmarktorientierte Rechnungslegung
krp	Kostenrechnungspraxis (Zeitschrift)
KSt	Körperschaftsteuer
MDAX	Index der Deutschen Börse (umfasst 50 mittelgroße deutsche Aktiengesellschaften)
mind.	mindestens
Mio.	Millionen
m. w. N.	mit weiteren Nachweisen
Nr.	Nummer
NYSE	*New York Stock Exchange*
NZG	Neue Zeitschrift für Gesellschaftsrecht
OLG	Oberlandesgericht
o. O.	ohne Ort
o. V.	ohne Verfasser
PiR	Praxis der internationalen Rechnungslegung
PublG	Publizitätsgesetz
PwC	PricewaterhouseCoopers AG, Wirtschaftsprüfungsgesellschaft
RGBl.	Reichsgesetzblatt
Rn.	Randnummer
RS	Stellungnahme zur Rechnungslegung
S.	Seite(n)
SDAX	Auswahlindex der Deutschen Börse für kleinere Unternehmen aus den klassischen Branchen
SFAS	*Statement of Financial Accounting Standards*
SEC	*Securities and Exchange Commission*
SIC	*Standard Interpretations Committee*
Sp.	Spalte
sog.	so genannte(r)
ST	Der Schweizer Treuhänder (Zeitschrift)

StuB	Steuern und Bilanzen (Zeitschrift)
StückAG	Stückaktiengesetz
SZ	Süddeutsche Zeitung
TecDAX	Auswahlindex der Deutschen Börse für mittelgroße Unternehmen aus den Technologie-Branchen
TransPuG	Transparenz- und Publizitätsgesetz
TranspRLDV	Transparenzrichtlinie-Durchführungsverordnung
TRR	*Tax Rate Reconciliation*
TUG	Transparenzrichtlinie-Umsetzungsgesetz
u. a.	unter anderem/und andere
USA	*United States of America*
US-GAAP	*United States-Generally Accepted Accounting Principles*
u. U.	unter Umständen
vgl.	vergleiche
VIU	*value in use*
Vol.	Volume
VGH	Verwaltungsgerichtshof
WISU	Das Wirtschaftsstudium (Zeitschrift)
WiST	Wirtschaftswissenschaftliches Studium (Zeitschrift)
WM	Zeitschrift für Wirtschafts- und Bankrecht
WpAIV	Wertpapierhandelsanzeige- und Insiderverzeichnisverordnung
WPg	Die Wirtschaftsprüfung (Zeitschrift)
WpHG	Wertpapierhandelsgesetz
WPO	Wirtschaftsprüferordnung
WpPG	Wertpapierprospektgesetz
WpÜG	Wertpapiererwerbs- und Übernahmegesetz
z. B.	zum Beispiel
ZCG	Zeitschrift für Corporate Governance
ZfB	Zeitschrift für Betriebswirtschaft
zfbf	Schmalenbachs Zeitschrift für betriebswirtschaftliche Forschung
ZGR	Zeitschrift für Unternehmens- und Gesellschaftsrecht
ZHR	Zeitschrift für das gesamte Handelsrecht und Wirtschaftsrecht
ZIP	Zeitschrift für Wirtschaftsrecht

1 Einleitung

1.1 Problemstellung

Eine zeitnahe Vermittlung entscheidungsnützlicher Informationen bildet die Grundlage rationaler Investitionsentscheidungen und trägt zum Schutz der Kapitalgeber sowie der Sicherstellung der Funktionsfähigkeit des Kapitalmarkts bei.[1] Dies entspricht der originären Zielsetzung der Zwischenberichterstattung, der als kapitalmarktrechtliches Publizitätsinstrument die Erfüllung der Informationsfunktion und der daraus ableitbaren Kontroll- und Prognosefunktion zuteilwerden.[2] Doch nach Ansicht der Kritiker führt die Veröffentlichung von Zwischenberichten „zu einer übermäßigen Betonung kurzfristiger Ergebnisentwicklungen und damit zu einer kurzfristigen Ausrichtung der Unternehmensführung“[3]. Zweifel an der Entscheidungsnützlichkeit von Zwischenberichtsinformationen lässt nicht zuletzt die jüngste Wirtschafts- und Finanzkrise aufkommen. In der Kritik stehen („legitime“) Bilanzierungspraktiken, mit deren Anwendung sich der Verschuldungsgrad von Unternehmen, u. a. Lehman Brothers, im Rahmen von Quartalsfinanzberichten um bis zu 43 % niedriger ausweisen ließ[4], um auf diese Weise Kreditratings und Aktienkurse stabil zu halten.[5] Somit entsprach die dargestellte Unternehmenslage aufgrund der unterbliebenen Berichterstattung über vorherrschende Risikopositionen nicht den tatsächlichen Verhältnissen und die Adressaten wurden erst zum Zeitpunkt der folgenreichen Zusammenbrüche mit der tatsächlichen Unternehmenslage konfrontiert.

Vor diesem Hintergrund könnte die Erfüllung der Informationsfunktion der Zwischenberichterstattung als verfehlt angesehen werden und sie würde ihre Daseinsberichtigung verlieren.[6] Möglicherweise lassen sich die (berechtigten) Zweifel an der Entscheidungsnützlichkeit auch auf Aussagegrenzen der Zwischenberichterstattung zurückführen, die mit den aktuellen Handlungsweisen des Gesetzgebers bzw. des IASB verbunden sind. Hervorzuheben sind an dieser Stelle auch die konzeptionell bedingten zwischenberichtsspezifischen Anforderungen, namentlich die zeitnahe Veröffentlichung und die Ausgestaltung als Kurzbericht mit einhergehendem Bedeutungszuwachs des Wesentlichkeitsgrundsatzes. Für die Beachtung dieser Anforderungen bedarf es diverser Ermessensentscheidungen des Managements, wodurch die

---

1 „Für die Verwirklichung eines soliden Anlegerschutzes […] muss das [Offenlegungssystem] auch eine zeitnahe Bereitstellung der Informationen gewährleisten.“ Böcking (2003), S. 258.

2 Zur originären Zielsetzung vgl. Dahl (1995), S. 5. Zur Informations- und Kontrollfunktion vgl. beispielhaft die aktuelle Diskussion zur Abwertung griechischer Anleihen in den Zwischenberichten 2011 von Geldinstituten bzw. Versicherungsunternehmen, Osman (2011), S. 40; Lebert (2011), S. 16. Die Zwischenberichte offenbaren zeitnah die (nun in der Kritik stehende) unterschiedliche Auslegung und Anwendung der IFRS-Bilanzierungsvorschriften. Nachfolgend werden Halbjahres- und Quartalsfinanzberichte unter dem Begriff „Zwischenberichterstattung“ zusammengefasst. Zwischenmitteilungen der Geschäftsführung werden gesondert aufgeführt.

3 Henes (1995), S. 78. Zur Diskussion vgl. Hoffmann (2010), Rn. 8; KOM (2003) 138, S. 17–19; Merkt (2006), S. 32 f.; Rappaport (1990), S. 104. Vgl. ebenso Wiedeking (2006), S. 14.

4 Vgl. Börsenzeitung vom 03.05.2011, Nr. 84, S. 4 „Bilanzrat verbietet Lehman-Trick“.

5 Zur Verfahrensweise von Kreditinstituten, die kurzfristige Schuldenlast mittels Repo-Geschäften kurz vor Veröffentlichung der Quartalsergebnisse zu senken, vgl. Freiberger (2010), S. 30.

6 Zur Qualität der Rechnungslegung, die sich zweckmäßig als Grad der Funktionserfüllung auffassen lässt, vgl. Ewert (1993), S. 715.

Entscheidungsnützlichkeit von Zwischenberichtsinformationen erheblich durch diese Entscheidungen geprägt ist.[7] Ein weiterer wesentlicher Einflussfaktor auf die Aussagekraft der Zwischenberichtsinformationen ist die Methodik der unterjährigen Erfolgsermittlung.[8]

Damit steht die derzeitige Gesetzeslage zur Zwischenberichterstattung auf dem Prüfstand. Die Verankerung der Zwischenberichtspflichten für kapitalmarktorientierte Unternehmen[9] erfolgte im Zuge der Umsetzung der Transparenzrichtlinie vom 15.12.2004[10] mit dem Transparenzrichtlinie-Umsetzungsgesetz (TUG) vom 05.01.2007[11] in den §§ 37w ff. WpHG. Seither sind zur Erfüllung der Informationsfunktion Halbjahresfinanzberichte sowie zum ersten und dritten Quartal Zwischenmitteilungen der Geschäftsführung oder alternativ Quartalsfinanzberichte zu veröffentlichen. Während die Erstellung und Veröffentlichung im WpHG kodifiziert ist, greifen bei der materiellen Ausgestaltung der Zwischenberichterstattung diverse Rechtsgebiete ineinander. Für die Letztgenannten sind die IFRS und insb. IAS 34 maßgeblich. Die grundlegende Frage besteht darin, ob und inwieweit es die der Regulierungsdynamik entsprungenen Zwischenberichtspflichten vermögen, entscheidungsnützliche Informationen zu vermitteln. Die Entscheidungsnützlichkeit dieser unterjährigen Informationen hängt dabei grundsätzlich von drei Ebenen ab, es handelt sich hierbei um:

(1.) Die im Rahmen der einzelnen Zwischenberichtsinstrumente geforderten Pflichtbestandteile und Mindestinformationen.
(2.) Die durch die Bilanzierungs- und Bewertungsmethoden der IFRS ermittelten Bilanz- und GuV-Postionen.
(3.) Die implementierten Corporate Governance-Mechanismen zur Durchsetzung der Zwischenberichtspflichten.

Eine detaillierte Betrachtung der einzelnen Zwischenberichtsinstrumente gemäß den Vorgaben des WpHG bzw. IAS 34 auf der ersten Ebene zeigt einen (zum Teil) erheblichen Unterschied hinsichtlich der jeweiligen Pflichtbestandteile und geforderten Mindestinformationen. Offenbar steht diese Differenzierung nach Ansicht des Gesetzgebers dem intendierten Anlegerschutz nicht entgegen. Dies bedarf einer näheren Betrachtung. Lässt sich im Zuge dessen

---

7 Beispielhaft sei die Entscheidung über die anzuwendenden Bewertungsmethoden zu nennen, die einerseits eine zeitnahe Berichterstattung und andererseits eine hinreichende Verlässlichkeit der Informationen gewährleisten. Auch ist vor dem Hintergrund des Wesentlichkeitsgrundsatzes über den Detaillierungsgrad des Zwischenberichts zu entscheiden, da eindeutige Vorgaben für die Wesentlichkeit zwar Ermessensspielräume hinsichtlich der Beurteilung der Wesentlichkeit einschränken würden, aber eine Aufstellung dieser Vorgaben bereits aufgrund des subjektiven Wesentlichkeitsempfindens der Adressaten und der Individualität der Unternehmen kaum möglich erscheint.

8 Die zwei fundamentalen Grundkonzepte der Erfolgsabgrenzung sind erstens der integrative und zweitens der eigenständige Ansatz. Der kombinierte Ansatz (*combination view*) stellt die Weiterentwicklung der beiden Erstgenannten dar. Vgl. hierzu Kapitel 2.3.4.1.

9 Gemäß § 264d HGB gilt eine Kapitalgesellschaft als kapitalmarktorientiert, wenn sie einen organisierten Markt i. S. d. § 2 Abs. 5 WpHG durch von ihr ausgegebene Wertpapiere i. S. d. § 2 Abs. 1 Satz 1 WpHG in Anspruch nimmt oder die Zulassung solcher Wertpapiere zum Handel an einem organisierten Markt beantragt hat.

10 Vgl. Transparenzrichtlinie (2004).

11 Vgl. TUG (2007).

Verbesserungspotenzial erkennen, sind entsprechende Lösungsansätze zu diskutieren. Neben dem Gesetzgeber wirken private Gremien wie der Deutsche Standardisierungsrat (DSR) mit dem DRS 16 „Zwischenberichterstattung“[12] und die Regierungskommission Deutscher Corporate Governance Kodex auf die Ausgestaltung der Zwischenberichterstattung hin. In diesem Zusammenhang wird der Beitrag dieser Gremien zur Konkretisierung der Gesetzesvorgaben und zur Förderung der Qualität der Zwischenberichterstattung kritisch hinterfragt.

Auf der zweiten Ebene ist die Entscheidungsnützlichkeit von Zwischenberichtsinformationen von den in den (verkürzten) Abschlüssen der Zwischenberichte veröffentlichten Bilanz- und GuV-Positionen abhängig. Diese sollen Rückschlüsse auf die Performance des Managements und die zukünftige Unternehmensentwicklung ermöglichen. So wird die unterjährige Angabe der Steuerbelastung als Prognoseinformation angesehen, die von erheblicher Bedeutung für die Einschätzung des verwendbaren Ergebnisses ist.[13] Auch der Goodwill gilt als Repräsentant für zukünftige Erfolgsaussichten und seine Wertberichtigung wird oftmals als ein Indiz für eine Fehlinvestition oder Fehlsteuerung seitens des Managements interpretiert.[14] Aus diesem Grund bieten sich die Positionen „Ertragsteuern“ und „Goodwill“ an, um die Frage beantworten zu können, inwieweit die IFRS, angewandt auf die unterjährige Bewertung, ihrem selbst gesetzten Anspruch gerecht werden und Investoren durch eine „rechtzeitige und verlässliche Zwischenberichterstattung“ erlauben, „die Fähigkeit eines Unternehmens, Periodenüberschüsse und Mittelzuflüsse zu erzeugen, sowie seine Vermögenslage und Liquidität besser zu beurteilen“[15]. Nicht nur, dass beide Positionen den Adressaten aus analytischer Sicht (mutmaßlich) Auskunft über die Unternehmenslage geben und eine materiell exponierte Stellung einnehmen[16], sie sind auch durch ihre im Rahmen der Zwischenberichterstattung spezifische Bilanzierung und Bewertung gekennzeichnet:[17] Während für die Ertragsteuern nicht die gleichen Rechnungslegungsvorschriften wie im jährlichen Abschluss zur Anwendung kommen, wird bei der (Folge-)Bewertung des Goodwills an der für den jährlichen Bericht obliga-

[12] Vgl. DRS (2010). Vgl. hierzu Kapitel 3.1.

[13] Vgl. Coenenberg/Bridts (1991), S. 127.

[14] Vgl. Zülch/Lienau/Willeke (2005), S. 109; Haaker (2008), S. 376. Durch die Offenlegung eines wertberichtigten Goodwills erhalten die Investoren „einen Eindruck über die strategischen und operativen Qualitäten des Managements, denn hohe Sonderabschreibungen fällen ein negatives Qualitätsurteil über das Management.“ Pfeil/Vater (2002), S. 668.

[15] IAS 34, Zielsetzung, beide Zitate. Als Indiz für die Fehleranfälligkeit der genannten Positionen sei auf die Fehlerstatistik der DPR verwiesen; die Bilanzierung und Bewertung des Goodwills und der latenten Steuern stellen zwei der häufigsten Fehlerarten dar. Vgl. DPR (2010), Anhang 6.

[16] Zum Einfluss der Steuern auf die Vorteilhaftigkeit von Investitionen (Kapitalanlagen), vgl. grundlegend Mellwig (1985), passim. Steuern stellen einen der wesentlichsten Mittelabflüsse für Unternehmen dar, wodurch die Steuerpositionen ein besonderes Informationsinteresse der Adressaten bilden. Zur Relevanz der Steuerposition für die Adressaten, vgl. von Eitzen/Dahlke (2008), S. 1. Zum wertmäßigen Umfang des Goodwills vgl. die empirischen Ergebnisse von Küting (2010), S. 1863–1870: Im Geschäftsjahr 2009 weisen von 136 im DAX, MDAX, SDAX und TecDAX notierten Unternehmen 91,18 % der Unternehmen einen Goodwill aus, wobei sich die Gesamtsumme auf 192.107 Mio. € beläuft.

[17] Die Schätzung von Marktwerten spielt Kritikern zufolge eine „große Rolle [...] bei immateriellen Vermögensgegenständen, insbesondere dem [...] erworbenem Goodwill. Der wird jährlich je nach Marktlage angesetzt. [...] Andere Beispiele sind latente Steuern, deren Werthaltigkeit von den Gewinnerwartungen für die nachfolgenden Jahre abhängt.“ Prange et al. (2010), S. 4.

torischen Regelung festgehalten. Zu untersuchen ist, welche Auswirkungen diese Vorgehensweise auf die Entscheidungsnützlichkeit hat. Dies ist nicht zuletzt notwendig, um Fehlinterpretationen von Zwischenberichtsinformationen zu begegnen.

Die dritte Ebene zur Gewährleistung der Entscheidungsnützlichkeit bedingt die Sicherstellung der Verlässlichkeit der unterjährigen Informationen durch die Implementierung entsprechender Durchsetzungsmechanismen. In Anbetracht der zuvor genannten, in der Praxis zur Anwendung kommenden und der Entscheidungsnützlichkeit abträglichen und daher kritisierten Bilanzierungspraktiken zur Verminderung des Verschuldungsgrads hat es den Anschein, als ob der Gesetzgeber die Bereitstellung verlässlicher Zwischenberichtsinformationen nicht mit letzter Konsequenz verfolgt. Im Fokus der Diskussion steht insb. der Aufsichtsrat: Schließlich sind der Anspruch an die Aufsichtsratstätigkeit und die qualitativen Anforderungen an Aufsichtsratsmitglieder in den letzten Jahren und zuletzt durch das BilMoG stetig gestiegen, was sich in der Erweiterung des Aufgabenfelds sowie der Verschärfung der Sorgfaltspflicht niederschlägt.[18] Anzunehmen wäre, dass vor der Veröffentlichung von Zwischenberichten eine Prüfung dieser vom Aufsichtsrat als zentrales Element des deutschen Corporate Governance-Systems erfolgt. Doch dem Gesetzestext ist so eine explizite Prüfungsvorschrift für den Aufsichtsrat nicht zu entnehmen. Demzufolge stellt sich im Schrifttum die Frage, „ob der Vorstand den verkürzten Abschluss und den Zwischenlagebericht an den Aufsichtsrat vorlegen muss, damit dieser eine Prüfung vornehmen kann (§§ 170 f. AktG).“[19] Einige Stimmen gelangen zu der Ansicht, die Prüfung von Zwischenberichten falle nicht in das Tätigkeitsgebiet des Aufsichtsrats.[20] Wie lässt sich das Fehlen einer expliziten Prüfungspflicht im Vergleich zu anderen, auf die Informationsfunktion fokussierten Publizitätsinstrumente vom Gesetzgeber rechtfertigen? Zwar ist die Zwischenberichterstattung kapitalmarktrechtlich geregelt, wohingegen die Rechte und Pflichten des Aufsichtsrats dem Gesellschaftsrecht entspringen, doch kann sich der Aufsichtsrat bei einem von ihm ungeprüften Zwischenbericht, der sich als fehlerhaft herausstellt, tatsächlich dem Vorwurf einer Pflichtverletzung entziehen? Vor diesem Hintergrund ist es dringend erforderlich, die konkreten Aufgaben, die in das Tätigkeitsfeld des Aufsichtsrats fallen, näher zu betrachten.

Eng verbunden mit der Aufsichtsratstätigkeit ist das gesetzlich kodifizierte Wahlrecht zur Durchführung einer prüferischen Durchsicht oder Prüfung nach § 317 HGB von Zwischenberichten. Eine pflichtgemäße Prüfung wurde (erneut)[21] im Rahmen des Gesetzgebungsprozes-

---

[18] Vgl. Böcking/Eibelshäuser (2009), S. 565; Semler (2007), S. 3. Zu Pflichtverletzungen von Aufsichtsräten vgl. OLG Düsseldorf, Beschluss vom 09.12.2009, Aktenzeichen: I-6 W 45/09 und Beschluss des BGH vom 01.03.2010, Aktenzeichen: II ZB 1/10: Das OLG Düsseldorf betont u. a. die Prüfungspflicht des Aufsichtsrats hinsichtlich der Rechnungslegung. Zur schadensersatzbegründenden Vernachlässigung von Aufsichtsratspflichten im Korruptionsfall der Siemens AG, dokumentiert in der Einladung zur Hauptversammlung am 26.01.2010, vgl. Siemens (2010), S. 27–34.

[19] Mock (2007), Rn. 34.

[20] Zur Rechtslage im Hinblick auf die Aufsichtsratstätigkeit vgl. beispielhaft Mock (2007), Rn. 34. Die zu dieser Thematik vertretenen Meinungen des Schrifttums werden in Kapitel 5.2 diskutiert.

[21] Zur Diskussion einer Prüfung von Zwischenberichten vgl. bereits Müller (1976), S. 107–112.

ses zum TUG abgelehnt.[22] Im Unterschied zu der Gesetzeslage in Deutschland sind US-amerikanische Unternehmen, die den Reglungen der *Securities and Exchange Commission* (SEC) unterliegen, seit dem Jahr 2001 verpflichtet, die Zwischenberichte einem Review durch einen Wirtschaftsprüfer zu unterziehen. Ob ausgehend von dem nunmehr in Deutschland bestehenden Wahlrecht ein ausreichender Beitrag zur Sicherstellung der Verlässlichkeit geleistet werden kann, lässt sich bezweifeln. Empirischen Erkenntnissen zufolge wird von Unternehmen vielfach auf eine Ausübung dieses Wahlrechts verzichtet.[23] Als Gründe hierfür werden der zeitliche prüferische Aufwand, der eine zeitnahe Berichterstattung konterkariert oder eine etwaige nicht qualitätssteigernde Wirkung einer prüferischen Durchsicht angebracht[24]: Das Zutreffen dieser Gründe gilt es zu hinterfragen.

Damit verbleibt als einziger verpflichtender und zugleich explizit kodifizierter Durchsetzungsmechanismus in Deutschland die Prüfung des zweistufigen Enforcement-Systems. Seit dem TUG beziehen die auf der ersten Stufe agierende Deutsche Prüfstelle für Rechnungslegung e. V. (DPR) und die auf der zweiten Stufe tätige Bundesanstalt für Finanzdienstleistungsaufsicht (BaFin) den verkürzten Abschluss und Zwischenlagebericht des Halbjahresfinanzberichts in ihre anlassbezogene Prüfung mit ein. Eine Stichprobenprüfung ist hingegen nicht vorgesehen. Berechtigt ist die Frage, ob mit dieser Maßnahme der Forderung nach Verlässlichkeit der Zwischenberichtsinformationen Genüge getan werden kann. Untersuchungsergebnisse jüngster empirischer Studien[25] und diverse Fehlerfeststellungen im Rahmen des Enforcements weisen auf eine verbesserungswürdige Umsetzung der Zwischenberichterstattungspflichten hin. Eine mögliche – zu verifizierende – Ursache hierfür ist in der mangelnden Effektivität der implementierten Corporate Governance-Mechanismen zu sehen. In diesem Zusammenhang gilt es das Zusammenspiel der einzelnen Durchsetzungsmechanismen sowie die Konsequenzen für die Unternehmensbeteiligten – insb. den Aufsichtsrat – herauszuarbeiten.

Zusammenfassend lässt sich das Ziel dieser Arbeit wie folgt formulieren: Es soll untersucht werden, inwieweit die (gesetzlichen) Regelungen – bezogen auf die jeweilige Ebene – als auch das Ineinandergreifen der Regelungen verschiedener Ebenen eine Bereitstellung entscheidungsnützlicher Zwischenberichtsinformationen gewährleisten können.

[22] Befürworter einer prüferischen Durchsicht: bspw. von Rosen (2000), S. 27; Schruff (2001), S. 163; Alvarez/Wotschofsky (2001), S. 122 f. Die Pflicht zur prüferischen Durchsicht ablehnend: bspw. DAI (2006), S. 698; DAV (2006), S. 658; Strieder/Ammedick (2007), S. 291.

[23] Vgl. die Studien von: Ernstberger/Pfauntsch (2008), Kajüter/Barth/Meyer (2009), Rabenhorst/Wiechens (2009), Haenelt (2009). Auf die Studien wird in Kapitel 5.3.3 detailliert eingegangen.

[24] Vgl. statt vieler Strieder/Ammedick (2007a), S. 1372.

[25] Vgl. bspw. Rabenhorst/Wiechens (2009) S. 521–526; Haenelt (2009), S. 179–240. Auf die Studien und die jeweiligen Ergebnisse wird in den folgenden Ausführungen konkret Bezug genommen.

1.2 Gang der Untersuchung

Die vorliegende Arbeit gliedert sich in sechs Kapitel. Das nachfolgende zweite Kapitel widmet sich – ausgehend von einer theoretischen Betrachtung zur Notwendigkeit der Regulierung der Zwischenberichterstattung – der Zwischenberichterstattung als Element der Unternehmenspublizität kapitalmarktorientierter Unternehmen. Basierend auf der historischen Entwicklung der Zwischenberichterstattung sowohl auf nationaler als auch auf internationaler Ebene wird nach einer Darstellung der kapitalmarktrechtlichen Kodifizierung und Zielsetzung der Zwischenberichterstattung eine sachlogische Einordnung des Zwischenberichts in das vorherrschende Publizitätssystem vorgenommen. Darauf aufbauend erfolgt als weiterer Schwerpunkt die Ausarbeitung grundlegender theoretischer Anforderungen an eine funktionsadäquate Zwischenberichterstattung, aber auch die Identifizierung möglicher der Zwischenberichterstattung innewohnender Grenzen der Entscheidungsnützlichkeit. Die abgeleiteten Anforderungen dienen im Rahmen der nachfolgenden Untersuchung als Beurteilungsmaßstab der (gesetzlichen) Regelungen zur Zwischenberichterstattung.

Das dritte Kapitel wendet sich den derzeit maßgeblichen Zwischenberichtspflichten für deutsche kapitalmarktorientierte Unternehmen zu. Sollen Erkenntnisse darüber gewonnen werden, inwieweit Zwischenberichte im gegenwärtigen Rechtsnormgefüge den funktionsadäquaten Anforderungen eines durch die Entscheidungsnützlichkeit geprägten Beurteilungsmaßstab gerecht werden, ist eine detaillierte Betrachtung der einzelnen Zwischenberichtsinstrumente und ihren jeweiligen gesetzlich vorgesehenen Bestandteilen und Inhalten notwendig. Es gilt, mittels einer detaillierten Untersuchung der Zwischenberichtsinstrumente zu identifizieren, welche Ausgestaltungsmerkmale der Zielsetzung entsprechen und welche dieser zuwiderlaufen. Zu Beginn wird auf die einzelnen Bestandteile des Halbjahresfinanzberichts eingegangen, bevor im Anschluss die für das erste und dritte Quartal vorgesehenen Zwischenberichtsinstrumente, namentlich die Zwischenmitteilung der Geschäftsführung und der Quartalsfinanzbericht, untersucht werden.[26] Da die Entscheidungsnützlichkeit ebenso von der Umsetzung der Regelungen durch die Unternehmen abhängig ist, sind empirische Studienergebnisse zur Berichtspraxis in die Analyse mit einzubeziehen.

Wird die Zwischenberichterstattung mit dem Ziel, eine Beurteilung der Entscheidungsnützlichkeit der Zwischenberichtsinformationen vorzunehmen, eingehender betrachtet, setzt dies eine Untersuchung der Aussagekraft der unterjährigen Zahlen bzw. Positionen im (verkürzten) Abschluss voraus. Zentral für die Beantwortung der Frage, welche Aussagen zur Unternehmenslage basierend auf den veröffentlichten Informationen möglich, aber auch welche Aussagegrenzen mit den aktuellen Handlungsweisen des Gesetzgebers bzw. des IASB verbunden sind, sind die Kenntnisse und das Verständnis der unterjährigen Ansatz- und Bewertungsmethoden. Eine solche Analyse ist Gegenstand des vierten Kapitels. Fokussiert wird –

[26] Zu einer Übersicht der Berichtsinstrumente vgl. Abbildung 1.

aufgrund ihrer Relevanz für die Kapitalmarktteilnehmer und der spezifischen Bewertungsmethoden – die bilanzielle Abbildung von Ertragsteuern und des Goodwills.

Das fünfte Kapitel widmet sich der Frage, inwieweit die Verlässlichkeit der Zwischenberichtsinformationen anhand von Durchsetzungsmechanismen sichergestellt werden kann. Betrachtet werden dabei die Auswirkungen auf die Entscheidungsnützlichkeit durch die Überwachung des Aufsichtsrats, die Einwirkungen des Wirtschaftsprüfers sowie des zweistufigen Enforcement-Verfahrens. Abschließend erfolgt eine Konkretisierung des Tätigkeitsbereichs des Aufsichtsrats vor dem Hintergrund der herausgearbeiteten Erkenntnisse.

Die Arbeit endet mit einer thesenförmigen Zusammenfassung der wesentlichen Ergebnisse.

2 Zwischenberichterstattung als Element der Unternehmenspublizität kapitalmarktorientierter Unternehmen und deren Anforderungen

2.1 Notwendigkeit von Zwischenberichten und deren Regulierung

2.1.1 Agency-theoretisch begründender Erklärungsansatz für die Publizität

Unter Unternehmenspublizität wird im Allgemeinen die Bereitstellung unternehmensbezogener Daten an eine unbestimmte Öffentlichkeit verstanden.[27] Im Speziellen fällt die Offenlegung von Rechnungslegungsinformationen kapitalmarktorientierter Unternehmen darunter.[28] Dabei ist zunächst unerheblich, ob die Offenlegung freiwillig oder aufgrund gesetzlicher Regelungen erfolgt.[29] Einen theoretischen Erklärungsansatz für die Notwendigkeit zur Kommunikation zwischen Unternehmen und dem Kapitalmarkt mittels Rechnungslegungsinformationen liefert die Neue Institutionenökonomie[30] mit dem Konstrukt des Prinzipal-Agenten-Modells.[31] Die Beziehung zwischen den Eigenkapitalgebern[32] (Prinzipal) und dem Management kapitalmarktorientierter Unternehmen[33] (Agent) ist dadurch gekennzeichnet, dass im Zuge der Delegation von Verfügungsmacht über das eingebrachte Kapital und der entsprechenden Entscheidungsbefugnisse,[34] das den Eigenkapitalgebern zustehende Ergebnis von der Leistung bzw. Arbeitsintensität des Managements sowie dem Eintreten von (unbeobachtbaren) Umweltzuständen abhängig ist.[35]

Der auf die operative Tätigkeit des Managements zurückzuführende Informationsvorsprung führt zwischen den Parteien annahmegemäß zu Informationsasymmetrien[36], die dem Management diskretionäre Verhaltensspielräume einräumen. Die aus individuellen Präferenzstruk-

---

[27] Vgl. Richter (1975), S. 5–7; Rolvering (2002), S. 28. Ausführlich zur Entwicklung der Unternehmenspublizität, vgl. Merkt (2001), passim. Publizität ist nicht mit dem Begriff Informationen gleichzusetzen, vielmehr dient sie der Übermittlung von Informationen. Vgl. Moxter (1962), S. 3.

[28] Der Begriff Rechnungslegung umfasst die „Zusammenstellung von Informationen, mit denen Außenstehende über Ereignisse des Wirtschaftens in Unternehmen unterrichtet werden“, Castan (1990), S. 1. Rechnungslegungsinformationen als Teil der externen Rechnungslegung sind von der internen rechnungslegungsbezogenen Berichterstattung zu unterscheiden.

[29] Vgl. Hartmann (1968), S. 79; Müller (1976), S. 9.

[30] Zur Neuen Institutionenökonomie, vgl. Richter/Bindseil (1995), S. 132–140; Ordelheide (1993), Sp. 1839–1844. Für theoretische Ansätze zum Verhältnis von Kapitalmarkt und Rechnungslegungspublizität vgl. Böcking (1998), S. 23–27.

[31] Zum agency-theoretischen Ansatz, vgl. Pratt/Zeckhauser (1985), S. 2–35; Arrow (1985), S. 37–51; Ewert (2007), Sp. 1. Zu den Grundannahmen vgl. Streim (1988), S. 11 f.; Picot (1989), S. 370.

[32] In der Folge werden die Termini Eigenkapitalgeber, Aktionär, Anteilseigner und Investor synonym verwendet. Auf Abweichungen wird explizit hingewiesen. Zur gleichen Vorgehensweise vgl. Freidank/Weber (2009), S. 309.

[33] Unter dem Begriff „Management“ werden in der vorliegenden Arbeit die gesetzlichen Vertreter eines kapitalmarktorientierten Unternehmens subsumiert.

[34] Vgl. Alvarez/Wotschofsky (2001), S. 117; Hartmann-Wendels (1991), S. 3.

[35] Stellvertretend für viele vgl. Spremann (1987), S. 3–37.

[36] Zu unterscheiden sind drei Grundtypen: (1.) „*hidden characteristics*“, bei denen dem Prinzipal die qualitativen Eigenschaften des Agenten unbekannt sind und dies zur Gefahr der Auswahl unerwünschter Vertragspartner (*adverse selection*) führt, vgl. Spremann (1990), S. 571 f.; (2.) „*hidden actions*“, bei denen der Prinzipal das Handeln des Agenten nach Vertragsabschluss nicht (kostenlos) beobachten kann, vgl. Arrow (1985), S. 39; Elschen (1991), S. 1004 f.; (3.) „*hidden intention*“, wonach für den Prinzipal nicht erkennbare Verhaltensunsicherheiten des Agenten vorliegen, vgl. Breid (1995), S. 825; Picot (1991), S. 151 f.

turen resultierenden Interessendivergenzen[37] berechtigen die Befürchtung, dass das opportun agierende Management den bestehenden Verhaltensspielraum dahingehend ausnutzt, Entscheidungen über die Disposition des ihm anvertrauten Vermögens zu treffen, die seinen eigenen Nutzen erhöhen, den der Kapitalgeber hingegen schwächen (könnten).[38] Für die Eigenkapitalgeber sind indes die Entscheidungen und Maßnahmen des Managements nicht vollständig beobachtbar.[39] Vertrauen die Anleger nicht auf eine investorenorientierte Managementleistung, werden Transaktionen möglicherweise zu erheblichen Nachteilen einer Vertragspartei durchgeführt oder gänzlich verworfen, was zu erheblichen Marktstörungen führt.[40] Daraus ergibt sich ein grundsätzlicher Bedarf für die Implementierung von ergebnisbezogenen oder verhaltensbezogenen Anreizen, um aus gesamtwirtschaftlicher Sicht eine optimale Ressourcenallokation zu ermöglichen bzw. eine erhebliche Störung der Funktionsfähigkeit des Kapitalmarktes zu verhindern.[41]

Eine Möglichkeit zur Lösung der bestehenden Konfliktsituation wird in der externen Rechnungslegung gesehen.[42] Anhand der Rechnungslegungsinformationen sollen die vorherrschenden Informationsasymmetrien zwischen dem Management und den Kapitalmarktteilnehmern reduziert werden.[43] In erster Linie wird hierbei von einer Offenlegung von Rechnungslegungsinformationen am Geschäftsjahresende ausgegangen, in denen sich die unternehmerischen Tätigkeiten des vergangenen Geschäftsjahres, insb. die Entscheidungen des Managements über die Verwendung des eingebrachten Vermögens widerspiegeln und für die Kapitalgeber transparent und bewertbar werden.[44] Entsprechend der Beurteilung der Qualität des Managements ist über eine Vertragsverlängerung oder -beendigung in Bezug auf die Un-

---

37 Zu der teilweise berechtigten Kritik an dem annahmegemäß ausschließlich opportunistischen Verhalten des Agenten vgl. Müller (1995), S. 68 f.; Gedenk (1998), S. 25 m. w. N. Zu den Ursachen für die Interessendivergenzen vgl. Breid (1995), S. 837.

38 Vgl. Menken (1993), S. 25–28. Hierzu auch Spremann (1990), S. 571 f.; Marten/Quick/Ruhnke (2007), S. 32. Als Beispiel für absichtliche, eigennützige Handlungen des Managements (*moral hazzard*) sind Über- bzw. Unterinvestitionen zu nennen. Vgl. ausführlich Brotte (1997), S. 28–32.

39 Vgl. Ruhnke (2008), S. 30.

40 Grundlegend zu Informationsasymmetrien und Marktstörungen vgl. Akerlof (1970), S. 488.

41 Vgl. Akerlof (1970), S. 488–500; Williamson (1985), S. 18–22; Hartmann-Wendels (1992), S. 413. Jensen/Meckling (1976), S. 308 sprechen in diesem Zusammenhang von sog. *agency-costs*. Ihrer Definition zufolge sind *agency-costs* „*the sum of*: (1) *the monitoring expenditures by the principal, (2) the bonding expenditures by the agent*, (3) *the residual loss*." [Hervorhebungen nicht im Original]. Anzumerken ist, dass ein Wohlfahrtsverlust bereits mit den bei der Abwicklung der Transaktionen auf Kapitalmärkten entstehenden Kosten verbunden ist, vgl. Coase (1960), S. 15.

42 Es „bleibt eine effiziente Rechenschaft, insbesondere durch die jährliche und unterjährige Rechnungslegung für das Principal-Agent-Verhältnis, d. h. die Unternehmenskontrolle durch Rechnungslegung, unverzichtbar". Busse von Colbe (1994), S. 57.

43 Vgl. Busse von Colbe (1993), S. 14. Jegliche Offenlegung von Rechnungslegung begründet sich auf den Schutzgedanken, weil das Informationsrisiko des einzelnen Individuums durch die Vermittlung von Informationen gemindert wird, vgl. Köster (1992), S. 20.

44 Vgl. Goerdeler (1962), S. 218; Leffson (1987), S. 64. Publizität hat die Steigerung von Transparenz zum Ziel, vgl. Merkt (2001), S. 12. Ein Mangel an Transparenz steht einer effizienten Ausübung gewährter Rechte entgegen, vgl. Wagenhofer/Ewert (2007), S. 18. Offen bleibt, ob die in der Rechnungslegung gezeigten Ergebnisse ausschließlich auf die Leistung des Managements zurückzuführen sind oder aus externen Einflüssen (bspw. dem Zufall oder der Branchenkonjunktur) hervorgehen. Die Beurteilung verbleibt weiterhin beim Prinzipal, vgl. Ruhnke (2008), S. 32.

ternehmensleitung bzw. über das eigene finanzielle Engagement zu entscheiden. Rechnungslegungsinformationen erfüllen auf diese Weise die Funktion der Rechenschaftslegung[45], d. h. sie ermöglichen die Kontrolle des Managements.[46] Dadurch erhöht sich für das Management die Motivation, im Interesse der Eigenkapitalgeber zu handeln und die Verfolgung davon abweichender eigener Interessen einzuschränken.[47]

Das Informationsgefälle zwischen Management und Eigenkapitalgeber erwächst jedoch nach jeder Publikation neu.[48] Die Informationen des jährlichen Abschlusses veralten im Laufe des neuen Geschäftsjahres zunehmend bzw. sind bereits zum Zeitpunkt der Veröffentlichung nicht mehr aktuell. Verstärkt wird diese Tatsache durch eine sich permanent und schnell verändernde Umwelt. Um den langen Zeitraum eines gesamten Geschäftsjahres bis zu einer erneuten Veröffentlichung zu überbrücken und damit die Gefahr eines Fehlverhaltens des Managements bzw. einer nicht rechtzeitig erkannten Fehlentwicklung der Investition zu mindern, erscheint es notwendig, die Unternehmensentwicklung auch unterjährig aufzuzeigen und den Zeitraum des unterschiedlichen Informationsstands zu verringern: Dies kann anhand von Zwischenberichten als Teilbereich der externen Rechnungslegung geschehen.[49]

Das unterjährige Aufzeigen aktueller Ereignisse kann jedoch dazu führen, dass in den einzelnen Zwischenberichten Sachverhalte zu berücksichtigen sind, deren Berücksichtigung am Geschäftsjahresende aufgrund einer geänderten Sachlage nicht mehr notwendig erscheint.[50] Die Geschäftsentwicklung zeigt sich infolge der erhöhten Berichterstattungsfrequenz im Vergleich zu einer einmaligen Berichterstattung volatiler. Würden Adressaten hohe Schwankungen als größeres Risiko interpretieren, käme es ggf. zur Forderung einer höheren Risikoprämie, was gleichbedeutend mit höheren Kapitalkosten ist.[51] Hingegen würde der Geschäftsverlauf von stark saisonbeeinflussten Unternehmen den tatsächlichen Verhältnissen entsprechend dargestellt werden. Die Transparenz über Ereignisse, die auf das Unternehmen einwirken, versetzt die Kapitalgeber in die Lage, die Verwendung ihres Kapitals und die Leistung des Managements konstant zu bewerten; eine fortlaufende Beurteilung der Investition wird möglich. Vor allem im Hinblick auf Prognosen der letzten (jährlichen) Berichterstattung kann anhand eines Zwischenberichts ein zeitnaher Soll-Ist-Vergleich erfolgen, wodurch die Prognosequalität des Managements schneller beurteilt und das Bewertungskalkül des Kapitalgebers entsprechend angepasst werden kann.

45 Vgl. bereits Kronstein/Claussen (1960), S. 19. Rechenschaftslegung stellt das Korrelat zur Wahrnehmung fremder Interessen dar und Publizität das Mittel, um diese Rechenschaftslegung insb. bei einem weiten Adressatenkreis durchführen zu können. Vgl. Goerdeler (1962), S. 211.

46 Vgl. Böcking (1998), S. 25; Busse von Colbe (1998), S. 134.

47 Vgl. Hartmann-Wendels (1991), S. 3; Busse von Colbe (1994), S. 37.

48 Eine gänzliche Gleichstellung des Informationsstands ist nicht möglich. Vgl. Busse von Colbe (1994), S. 43.

49 Die theoretisch hergeleitete Notwendigkeit unterjähriger Berichte wird durch empirische Studienergebnisse bestätigt, vgl. u. a. Burton (1981), S. 78–84; Fried/Livnat (1981), S. 493–509.

50 Bspw. können die Ansatzkriterien für eine Rückstellung zum Erstellungszeitpunkt des Zwischenberichts erfüllt sein, wohingegen die Gründe zum Geschäftsjahresende entfallen sind.

51 Vgl. Federspieler (1999), S. 53; Henes (1995), S. 40 f.

2.1.2 Agency-theoretisch begründender Erklärungsansatz für Durchsetzungsmechanismen

Der obigen Sichtweise folgend werden Eigenkapitalgeber dem Unternehmen nur dann Kapital zur Verfügung stellen, wenn sie sich der Qualität und Effizienz des Managements sicher sind und zu der Überzeugung gelangen, dass die Renditeerwartungen zukünftig erfüllt werden.[52] Sich der Gefahr einer Beendigung des finanziellen Engagements bei unzureichender Managementleistung bewusst, besteht für das Management als dem primären Ersteller der Rechnungslegung ein Anreiz, die Kapitalgeber – nicht anders als im Rahmen der jährlichen Berichterstattung – durch Manipulation der zu veröffentlichenden Informationen zu täuschen.[53] Daher verbleibt aufseiten der Kapitalgeber die Unsicherheit über die Verlässlichkeit der publizierten Zwischenberichtsinformationen.[54] Aus dieser Situation erwächst die Notwendigkeit, den Rechnungslegungsinformationen Glaubwürdigkeit zu verleihen.[55] Andernfalls würden Zwischenberichtsinformationen keine Informationswirkung entfalten und nicht zur Minderung asymmetrischer Informationsstände beitragen.[56]

Um potenzielle Anreize eines Fehlverhaltens des Managements ex ante zu begrenzen bzw. zu unterbinden, kommen diverse Durchsetzungsmechanismen[57] in Betracht, welche die Zuverlässigkeit der externen Rechnungslegung – folglich auch von Zwischenberichten – sicherstellen sollen.[58] Der Wirkungszusammenhang zwischen externer Rechnungslegung, den die Qualität und Zuverlässigkeit dieser sicherstellenden Institutionen und der allgemeinen Überwachung der Aktivitäten des Managements wird im Rahmen der Corporate Governance disku-

---

52 Vgl. Baetge (1992), S. 110; Rolvering (2002), S. 2. Die Reduzierung der Informationsasymmetrien vermindert die Risiken der Kapitalgeber und zugleich den Risikoaufschlag, wodurch die Kapitalkosten der Kapitalnehmer sinken. Vgl. Hartmann-Wendels (1992), S. 419; Marten/Quick/Ruhnke (2007), S. 36. Zu den investitionsbedingten Risiken vgl. Streim (1988), S. 12–15.

53 Allgemein Ruhnke (2008), S. 32. Der Agent kann sich der Kontrolle durch die Rechnungslegung (teilweise) entziehen, da er die Ergebnisse selbst berichtet und die Verifizierung durch den Prinzipal begrenzt ist, vgl. Herold (2006), S. 12.

54 Die Offenlegung begrenzt lediglich die Unsicherheit, da den Investoren eine weitere Möglichkeit zur Beobachtung gegeben wird. Vgl. Alvarez/Wotschofsky (2001), S. 119. Bei fehlender Durchsetzung der Rechnungslegungsvorschriften kann sich die Anzahl privater Transaktionen reduzieren, da die Austauschbeziehungen nicht zu Stande kommen. Vgl. Modigliani/Perotti (2000), S. 85.

55 Vgl. Ruhnke (2008), S. 32. Ohne das Vertrauen der Kapitalmarktteilnehmer in die Richtigkeit der Rechnungslegungsinformationen ist das Instrument nutzlos, vgl. Orth (2000), S. 15.

56 Ausreichende und verlässliche Informationen sind wiederum die Grundlage für eine wirksame Überwachung, vgl. Alvarez/Wotschofsky (2001), S. 119. Vgl. auch Sloan (2001), S. 336.

57 Nach Auffassung der Europäischen Kommission umfasst die Durchsetzung verschiedene Elemente, einschließlich (1.) klar abgefasster Rechnungslegungsstandards, (2.) zeitnaher Auslegungen und Anleitungen zur Umsetzung, (3.) gesetzlicher Abschlussprüfungen, (4.) Kontrollen durch Aufsichtsinstanzen und (5.) wirksamer Sanktionen. Vgl. KOM (2000) 359, S. 10. Weiterhin dienen qualitätssichernde Maßnahmen wie interne Kontroll- oder Risikomanagementsysteme der Reduktion von Interessenkonflikten, vgl. Wagenhofer/Ewert (2007), S. 19.

58 Die Qualität der Rechnungslegungsinformationen von dem vorliegenden Corporate Governance-System abhängig sehend, vgl. Werner (2006), S. 38. Zum Ausschluss der Eigenprüfung durch die Kapitalgeber vgl. Orth (2000), S. 17; Link (2006), S. 9.

tiert[59], die grundsätzlich als die Gesamtheit der organisatorischen und inhaltlichen Ausgestaltung der Unternehmensführung und -überwachung angesehen werden kann.[60] Unter Berücksichtigung der Shareholder- und Stakeholderinteressen wirkt die Corporate Governance auf eine langfristige Steigerung des Unternehmenswertes hin[61], wobei die Transparenz hinsichtlich der unternehmerischen Tätigkeiten i. S. einer verständlichen und verlässlichen Darstellung der wirtschaftlichen Lage ein wesentliches Element bildet.[62] Die Sicherstellung der Verlässlichkeit von Finanzberichten ist daher unabdingbar.

Die Notwendigkeit einer Implementierung von Durchsetzungsmechanismen – unabhängig welcher Art – bezieht sich grundsätzlich auf jedes Publizitätsinstrument. Im Zuge einer ungleichen Handhabung bestünde die erhöhte Gefahr, dass bei einem nicht „sanktionierten" Publizitätsinstrument eine fehlerhafte Rechnungslegung veröffentlicht wird. Bei Bekanntwerden eines Fehlers könnten sich aufgrund einer Ausstrahlungswirkung weit reichende (negative) Folgen für das Management bzw. das ganze Unternehmen ergeben. Differenziert ist der Frage nachzugehen, ob für alle Publizitätsinstrumente die gleichen Durchsetzungsmechanismen gelten sollen. Dies würde vor allem von der jeweiligen Zielsetzung und inhaltlichen Ausgestaltung des Publizitätsinstruments abhängig zu machen sein.

Als möglicher Durchsetzungsmechanismus kommt die Prüfung durch unabhängige, sachverständige Dritte in Betracht, wobei diese von unternehmensinternen Sachverständigen auf Basis gesellschaftsrechtlich verankerter Einsichts- und Kontrollrechte (Aufsichtsrat)[63] oder von externen Sachverständigen (Wirtschaftsprüfer, Enforcement-Einrichtungen) wahrgenommen werden kann.[64] Dem vermeintlichen Vorteil, dass Unternehmensinterne über eine bessere Unternehmenskenntnis und mehr Informationen verfügen, steht die (vermutete) höhere Unabhängigkeit eines externen Prüfers zum Prüfungsobjekt gegenüber.[65] Ein positives Prüfungsurteil soll die Verlässlichkeit der Informationen bestätigen und die Gefahr vermindern, dass

---

59 Für den angelsächsischen Begriff „Corporate Governance" existiert keine einheitliche Übersetzung oder Definition. Zu den unterschiedlichen Interpretationen vgl. Schneider (2000), S. 2413; Dörner/Orth (2005), S. 7; Müller (2006), S. 12.

60 Vgl. Böcking/Dutzi (2003), S. 215. Vgl. auch von Werder (2010a), Rn 1.

61 Vgl. IDW (2002), S. 9.

62 Vgl. Böcking (2003), S. 256; von Rosen (2004), S. 326. Vgl. auch Dörner/Orth (2005), S. 10.

63 Der Aufsichtsrat stellt die typische Form der Interessenvertretung dar, indem ihm von den Anteilseignern die Überwachung der Unternehmensführung übertragen wird. Aufgrund seiner Nähe zum Vorstand wird von einer internen Überwachung gesprochen. Vgl. Hopt (1975), S. 54.

64 Vgl. Orth (2000), S. 16; Ruhnke (2008), S. 73; Kirchner (2006), S. 72. In Bezug auf die Qualität der Prüfungsleistung sehen sich die Kapitalgeber erneut mit einer asymmetrischen Informationsverteilung konfrontiert; daraus ergibt sich die Notwendigkeit weitere Prüfungsinstanzen zu implementieren, vgl. Ruhnke (2008), S. 32 f. Obgleich der Rückgriff auf immer weitere Prüfungsinstanzen keine praktische Lösung findet, ist die Abschlussprüfung in der Lage, die Glaubwürdigkeit der Rechnungslegungsinformationen zu erhöhen, vgl. Ruhnke (2003), S. 250–280.

65 Die Unabhängigkeit bildet einen elementaren Bestandteil jeglicher Corporate Governance-Ebene, vgl. Böcking (2003a), S. 684. Zur Unabhängigkeit des Abschlussprüfers, Müller (2006), passim.

Ressourcen aufgrund einer falsch dargestellten Unternehmenslage fehlgeleitet werden.[66] Gleichzeitig werden die qualifizierenden Voraussetzungen des Managements dargelegt.[67]

Auch stellen Straf- und Bußgeldvorschriften eine Möglichkeit zur Disziplinierung des Managements in Bezug auf die Befolgung der Publizitätsvorschriften dar. In diesem Zusammenhang ist das gerichtliche Klagesystem[68] zu sehen, mit dem eine unmittelbare Wirkung ebenfalls erst im Nachhinein einsetzt, doch bereits „*ex ante* ein hinreichendes Drohpotenzial entfalten [soll], um genügend Aktivitäten der beteiligten Personen zur Gewährleistung einer zuverlässigen Rechnungslegung zu induzieren."[69] Denkbar sind zudem nicht finanzielle Sanktionen bspw. in Form von Reputationsschäden, die sich aus der öffentlichen Bekanntgabe eines Fehlverhaltens des Managements ergeben. Einschränkend ist festzuhalten, dass bei allen möglichen Mechanismen eine vollständige Kontrolle bzw. Garantie einer wahrheitsgetreuen Rechnungslegung und Überwachung des Managements nicht möglich ist.[70]

2.1.3 Notwendigkeit regulativer Maßnahmen

Die Veröffentlichung von unterjährigen Informationen kann in Verbindung mit entsprechenden Durchsetzungsmechanismen zu einer Minderung bestehender Informationsasymmetrien zwischen Eigenkapitalgebern und Management führen. Die Notwendigkeit einer gesetzlichen Verpflichtung zur Publizität bzw. Prüfung besteht per se jedoch nicht.[71] Welche Gründe für Regulierungsmaßnahmen[72] sprechen[73], soll im Folgenden betrachtet werden.[74]

---

66 Vgl. Hachmeister (2001), S. 18.

67 Das Management kann mittels Prüfung seine Qualifikationen glaubhaft signalisieren und sich von Mitbewerbern hervorheben. Zur (eingeschränkten) Effektivität von *signaling*-Maßnahmen, vgl. Marten/Quick/Ruhnke (2007), S. 38.

68 Klagemöglichkeiten bestehen bspw. bei Verletzungen der Organpflichten. Vorstandsmitglieder haben gem. den in § 93 AktG bestehenden Sorgfaltspflichten zu handeln, Entsprechendes gilt für Aufsichtsratsmitglieder gem. § 116 AktG. Zur Haftung von Aufsichtsratsmitgliedern vgl. Potthoff/Trescher/Theisen (2003), Rn. 2160–2248.

69 Wagenhofer/Ewert (2007), S. 22.

70 Einer vollständig wahrheitsgetreuen Rechnungslegung stehen ggf. bereits bei der Bewertung zugrundeliegende Schätzungen und Annahmen entgegen. Vgl. Wagenhofer/Ewert (2007), S. 369.

71 Es gibt eine Reihe von theoretischen Modellen, die untersuchen, unter welchen Bedingungen eine freiwillige Informationsbereitstellung zu Stande kommt; wobei die Annahmen der Modelle sehr restriktiv sind. Vgl. statt vieler Leftwich (1981), S. 50–77.

72 Aus ökonomischer Sicht besteht die Zielsetzung von Regulierung darin, „wirtschaftlichen Akteuren [...] Beschränkungen aufzuerlegen und Anreize zu geben, um die disziplinierende Wirkung der Märkte zu ergänzen, auf denen sie tätig sind". Kleindorfer/Pedell (2007), Sp. 1564.

73 Zur normativen Regulierungstheorie, die der Frage nachgeht, unter welchen Voraussetzungen ein Staatseingriff vor dem Hintergrund eines festgelegten Beurteilungsmaßstabs sinnvoll erscheint und zur positiven Theorie, die zu erklären versucht, was ein erfolgtes staatliches Handeln verursacht hat, vgl. Feldhoff (1994). S. 529. Weitere Erklärungsversuche liefert der informationsökonomische Ansatz, vgl. Brandl (1987), S. 105–119; Peltzmann (1976), S. 211–240; Watrin (2001), S. 933. Zusammenfassend vgl. Böcking (2008a), S. 77–78.

74 Zu möglichen Begründungen für die Regulierung von Rechnungslegung vgl. Tietz-Weber (2006), S. 41–48; zur Regulierung der Prüfung vgl. Orth (2000), S. 15–19.

Für Unternehmen besteht ein Anreiz für eine freiwillige Publizität von Zwischenberichten, wenn sich auf diesem Weg die Eigen- und/oder Fremdkapitalkosten reduzieren lassen[75] und daraus unter Berücksichtigung der Publizitätskosten insgesamt ein Nutzen resultiert.[76] Gegen eine Selbstverpflichtung von Unternehmen zu einer freiwilligen Zwischenberichterstattung ohne vorgegebenen Rahmen spricht aus Adressatensicht die Gefahr von unrichtigen oder unvollständigen Informationen, wodurch Anleger getäuscht werden.[77]

Der Zwang zur Publizität sichert eine Mindestmenge bzw. ein Mindestniveau an Informationen und erhöht durch die Einschränkung des Handlungsspielraums des Managements die Wahrscheinlichkeit einer zutreffend dargestellten Unternehmenslage[78], wodurch die Anleger vor einem Verschweigen wesentlicher Tatbestände geschützt werden.[79] Eine vom Staat herbeigeführte Vergleichbarkeit von Zwischenberichten infolge einer regulatorischen Standardisierung erspart den Marktteilnehmern Kosten, die zur Generierung von vergleichbaren Daten aufzuwenden wären[80], wodurch wiederum die Funktionsfähigkeit der Märkte gesteigert werden kann.[81]

Ein weiterer Erklärungsansatz für das staatliche Eingreifen in die Rechnungslegung wird in der erhöhten Nachfrage nach Regulierung in Krisenzeiten gesehen.[82] Die Einführung einer die jährliche Berichterstattung ergänzende Zwischenberichterstattung könnte die empfundene Bedrohung der Marktteilnehmer vermindern. Die Aussicht auf eine Wiederwahl lässt Politiker diesem Wunsch nachkommen. Unabhängig von der tatsächlichen Auswirkung des staatlichen Eingriffs auf die Krisensituation werden die erlassenen Regelungen nach der Krise beibehalten, da die Gesellschaft von einem positiven Effekt ausgeht.[83]

Im Falle einer gesetzlichen Pflicht zur Zwischenberichterstattung könnte davon ausgegangen werden, dass es keiner zusätzlichen Pflichtmäßigkeit einer Prüfung bedarf. Doch die Gefahr der Nichtbeachtung der Berichterstattungspflichten besteht weiterhin, solange die (vollständi-

---

75 Allgemein vgl. Ruhnke (2008), S. 51.

76 Aus agency-theoretischer Sicht wird die freiwillige Informationsbereitstellung als Signal für eine effektive Unternehmensführung angesehen (*signaling*), vgl. Clement (2005), S. 362.

77 Vgl. Kirchner (2000), S. 56; Merkt (2001), S. 307. Ähnlich Wagenhofer/Ewert (2007), S. 326: „Rechtliche Regelungen sind implizit die Folge der Auffassung, dass Unternehmen Informationen nicht freiwillig geben würden".

78 Vgl. Marten/Quick/Ruhnke (2007), S. 36.

79 Vgl. Wüstemann (2003), S. 720; Werner (2006), S. 36. Grundsätzlich wäre eine Informationsbereitstellung über individuellvertragliche Lösungen denkbar, ist aber unter Kostenüberlegungen zu verwerfen. Vgl. Breidenbach (1997), S. 93 f. Vgl. auch Feldhoff (1992), S. 29.

80 Vgl. Feldhoff (1992), S. 13. Ohne das Bestehen gesetzlicher Regelungen ist es schwer vorstellbar, dass sich eine einheitliche Bilanzierungspraxis einstellt, die die Interessen der Adressaten angemessen berücksichtigt. Vgl. Kußmaul/Lutz (1993), S. 344.

81 Ebenso gelten Gerechtigkeitsüberlegungen als Erklärung für Rechnungslegungsregulierung, vgl. bspw. Wöhe (1997), S. 42; Leffson (1987), S. 41–43.

82 Zur „Krisentheorie der Regulierung" vgl. Tietz-Weber (2006), S. 16.

83 Vgl. Feldhoff (1994). S. 532. Für die Theorie stützende Beispiele, vgl. Feldhoff (1992). S. 65 f.; vgl. Tietz-Weber (2006), S. 46. In Bezug auf die Finanzmarktkrise um das Jahr 2008 vgl. Pellens/Janett/Schmidt (2009), S. 413–435.

ge) Einhaltung der Publizitätsvorschriften für das Unternehmen in Relation zu den Erstellungskosten und den Folgekosten aufgrund der veröffentlichten Zwischenberichtsinformationen nicht mit einem Nutzenzuwachs verbunden ist.[84] Mit Regulierungsmaßnahmen zur Durchsetzung kann der Gesetzgeber auf dieses Kosten-Nutzen-Verhältnis einwirken. Werden bspw. bei (partieller) Nichtbeachtung der Publizitätspflichten Bußgelder verhängt, entstehen dem Unternehmen (zusätzliche) Kosten. Eine Wirkung wird genau dann eintreten, wenn die Höhe des Bußgelds für das Management einen entsprechenden Anreiz auslöst.[85]

Ähnliche ökonomische Überlegungen gelten für eine verpflichtende Prüfung von Zwischenberichtsinformationen. Ungeachtet der vielfältigen Beweggründe für eine freiwillige Prüfung von zu publizierenden Zwischenberichtsinformationen[86] würde ein rational handelndes Management diese nur befürworten, wenn der aus der Prüfung erwachsene Nutzen die Kosten der in Anspruch genommenen Prüfungsmaßnahmen übersteigt[87]. Wohingegen sich die Kosten für die Prüferleistung direkt ermitteln lassen[88], ist eine Quantifizierung des mit der Erhöhung der Glaubwürdigkeit einhergehenden Nutzens in Form von einer zeitlich verzögerten Senkung der Kapitalkosten für das Unternehmen a priori nicht möglich.[89] Da sich aber durch vertrauensschaffende Maßnahmen auch die Kapitalmarktrisiken senken lassen und Reibungsverluste auf den Kapitalmarkt vermindert werden[90], besteht „auch für den Gesetzgeber in einer freiheitlichen Volkswirtschaft ein ordnungspolitisches Interesse, das Vertrauen in die Rechnungslegung der Unternehmen […] aufrecht zu erhalten."[91]

Die interne und externe Prüfung schließen sich grundsätzlich nicht gegenseitig aus, womit in erster Linie dem Gesetzgeber die Entscheidung obliegt, ob auch Zwischenberichte im Vergleich zur jährlichen Berichterstattung mit der gleichen Intensität, dem gleichen Umfang und durch die gleiche Institution zu prüfen sind. Das Ermessen erstreckt sich somit auch auf die Entscheidung, welche Interessen als schutzwürdig gelten. Im Zuge dessen hat der Gesetzgeber einen erheblichen Einfluss auf den Grad der Verlässlichkeit bzw. das Vertrauen, das den

84 Das Management hat ein Eigeninteresse an Kontroll- und Informationsrechten, wenn damit die Kontrollkosten der Kapitalgeber minimiert werden können. Vgl. Brotte (1997), S. 100.

85 Bevor eine Sanktionierung möglich ist, muss ein Fehlerverhalten jedoch erkannt werden. Die vom Management zu erwartende Einbuße ermittelt sich daher aus dem Produkt aus Aufdeckungswahrscheinlichkeit und Strafe. Vgl. Förschle/Helmschrott (2001), S. 640.

86 Beispielhaft kann die freiwillige Prüfung als Signal für eine ordnungsmäßige Rechnungslegung dienen (*signaling*). Vgl. Baetge/Haenelt (2009a), S. 550.

87 In Bezug auf die Überwachung durch den Aufsichtsrat wurde der ökonomische Vorteil bereits im Jahr 1870 erkannt. Durch die Aktiennovelle vom 11.06.1870 ist der Aufsichtsrat zu einem obligatorischen Organ der Aktiengesellschaft geworden. Vgl. Passow (1909), S. 27.

88 Vgl. Wagenhofer/Ewert (2007), S. 42; Link (2006), S. 12. Weiterhin ergibt sich aus der Regulierung der Prüfungsleistungen eine Standardisierung des Leistungsspektrums, woraus Kostenvorteile resultieren. Vgl. Link (2006), S. 13.

89 Risikoaverse Manager würden ohne eine Gesetzespflicht keine Prüfung durchführen lassen. Vgl. Marten/Quick/Ruhnke (2007), S. 42. Der erwartete Nutzen würde tendenziell unterschätzt und somit Prüfungsleistungen nicht in dem gesamtwirtschaftlich optimalen Niveau nachgefragt werden. Vgl. Wagenhofer/Ewert (2007), S. 42, zur Problematik des Trittbrettfahrerverhaltens, S. 42 f.

90 In Bezug auf die Prüfung durch Externe vgl. Hachmeister (2001), S. 18; Streim (1988), S. 22–24.

91 Orth (2000), S. 15.

Zwischenberichtsinformationen von den Kapitalmarktteilnehmern entgegengebracht werden kann.[92] Übergeordnet stellt sich die Frage, welche (Kombinationen von) Durchsetzungsmechanismen grundsätzlich erforderlich sind. Zu beachten ist die generelle Gefahr einer weit reichenden Ausstrahlungswirkung auf andere Veröffentlichungen sowie auf die Glaubwürdigkeit des Managements, wenn sich durch eine etwaige nicht geprüfte fehlerhafte Zwischenberichterstattung ein wesentlicher Vertrauensverlust ergibt. Nicht unberücksichtigt bleiben dürfen die verfolgte Zielsetzung, die Funktion der Zwischenberichterstattung sowie die Kosten für die regulierenden Maßnahmen.[93]

2.2 Kapitalmarktrechtliche Kodifizierung der Zwischenberichterstattung

2.2.1 Historische Entwicklung der Zwischenberichterstattung

2.2.1.1 Deutsche Initiativen zur Zwischenberichterstattung

Erste konkrete „Regulierungs"-Bemühungen hinsichtlich der Erstellung von Zwischenberichten lassen sich in Deutschland auf die Mitte der 60er-Jahre zurückführen.[94] Im Jahr 1964 formulierte der Arbeitskreis zur Förderung der Aktie in Form eines Aufrufs die Empfehlung zur Veröffentlichung von Zwischenberichten für börsennotierte Unternehmen.[95] Eine Zunahme der Zwischenbericht erstattenden Unternehmen konnte jedoch nicht verzeichnet werden.[96] Im Vergleich dazu fordert die NYSE seit dem Jahr 1910 von notierten Gesellschaften eine unterjährige Berichterstattung. Die SEC begann, seit dem Jahr 1946 Quartalszahlen zu fordern. Seit dem Jahr 1970 sind Quartalsberichte im Berichtsumfang der Form 10-Q innerhalb von 45 Tagen einzureichen.[97] Die Forderungen verdeutlichen die Relevanz, die Zwischenberichten vom US-amerikanischen Kapitalmarkt beigemessen wird. Zu beachten ist jedoch, dass in den USA die Ausschüttung von Zwischendividenden üblich ist.

Die Unverbindlichkeit der Zwischenberichterstattung sollte im Rahmen einer Novellierung des Börsengesetzes durch das Bundesministerium für Wirtschaft ein Ende finden.[98] Der aus diesen Reformüberlegungen resultierende Referentenentwurf aus dem Jahr 1967 sah eine Ge-

---

[92] Darüber hinaus verkörpern Gesetzesvorschriften Rahmenbedingungen für den Wettbewerb, denen im Vergleich zu individuellen vertraglichen Absprachen ein stärkeres Vertrauen entgegengebracht werden könnte. Vgl. Hachmeister (2001), S. 20.

[93] Zu den Determinanten bei der Implementierung von Publizitätspflichten vgl. Heyd (1982), S. 334–342; Ruhnke (2008), S. 53. Die Vorteilhaftigkeit gesetzlicher Rechnungslegungsvorschriften ergibt sich bei einem sich einstellenden gesamtwirtschaftlichen Gleichgewicht. Vgl. Wagenhofer/Ewert (2007), S. 383; zur Problematik der interpersonellen Nutzenvergleiche ebenda S. 383.

[94] Zur Forderung von Aktionären und Interessenvertretungen in den 60ern nach einer Verbesserung des Informationsstands durch Zwischenberichte, vgl. überblicksartig Müller (1976), S. 3–8; Köster (1992), S. 13 f.

[95] Vgl. Arbeitskreis zur Förderung der Aktie (1964), passim. Der Aufruf des im Jahr 1953 gegründeten Arbeitskreises (heute: Deutsches Aktieninstitut e. V.) enthielt bereits konkrete Vorstellungen über den Inhalt und die Ausgestaltung der Zwischenberichte.

[96] Vgl. nach Müller (1976), S. 5. Laut *Müller* veröffentlichten von 643 börsennotierten Unternehmen 45 Unternehmen einen Zwischenbericht, zwei Jahre nach dem Aufruf belief sich die Anzahl der Bericht erstattenden Unternehmen auf 48 Unternehmen.

[97] Vgl. Grosse (1988), S. 21–25; Müller (1976), S. 7.

[98] Vgl. Bundesministerium für Wirtschaft, Pläne zur Verbesserung des Börsenwesens aus dem Jahr 1966, zitiert nach Müller (1976), S. 6, 130.

setzespflicht zur Zwischenberichterstattung für amtlich an der Börse notierten Aktiengesellschaften vor.[99] Zu einer Verabschiedung des Gesetzes kam es aufgrund „einhelliger Ablehnung"[100] in Wirtschaftskreisen nicht.[101] Stattdessen wurde zur Kompromissfindung eine Börsensachverständigenkommission eingesetzt, die im Jahr 1969 den Aufruf zur freiwilligen Zwischenberichterstattung veranlasste[102] und empfahl, die Zulassungsstellen der jeweiligen Börsen eine formelle Ordnungsmäßigkeitsprüfung der Zwischenberichte nach einheitlichen Beurteilungsmaßstäben durchführen zu lassen.[103] Die Ausgestaltung dieser Beurteilungsmaßstäbe übernahm die Arbeitsgemeinschaft der deutschen Wertpapierbörsen und fand im Jahr 1971 mit Inkrafttreten der „Regeln für die Beurteilung von Zwischenberichten börsennotierter Gesellschaften" ihren Abschluss.[104] Konnte eine Befolgung der Regeln in den von den Unternehmen eingereichten Zwischenberichten seitens der Zulassungsstellen festgestellt werden, erfolgte eine Kursblattnotiz als eine Art „Gütesiegel". Einzige „Sanktion" bei Nichtbefolgung war die fehlende Kursblattnotiz.[105] Die Regeln wurden allerdings vielmehr als Konkretisierung der durch den Aufruf initiierten formalen und inhaltlichen Anforderungen zur Zwischenberichterstattung interpretiert[106] und nicht als „Durchsetzungsmechanismus". Eine empirische Untersuchung von *Müller* zeigt, dass im Jahr 1972 von 445 im Inland amtlich notierten Gesellschaften lediglich 176 Unternehmen Zwischenberichte veröffentlichten, deren qualitative Befolgung der Regeln zudem „enttäuschend" war.[107] In den Folgejahren wurde sogar eine sinkende Tendenz festgestellt: Im Jahr 1984 veröffentlichten von 535 Unternehmen 119 Unternehmen einen Zwischenbericht.[108]

---

[99] Vgl. Bundesministerium für Wirtschaft, Entwurf eines Gesetzes über Maßnahmen auf dem Gebiet des Börsenwesens i. d. F. vom 14.12.1967, zitiert nach Müller (1976), S. 6. Mit der Pflicht zur Aufstellung von Zwischenberichten „kommt der Justizminister einem vielfach in der Literatur vorgetragenen Postulat zur Publizitätsverbesserung börsenzugelassener Gesellschaften nach", Haase/Lanfermann (1970), S. 210. Zu den Regelungen des Entwurfs vgl. Köster (1992), S. 15.

[100] Dahl (1995), S. 8.

[101] Zu Kritikpunkten vgl. Büschgen (1986), S. 289–290, der insb. auf die Kritikpunkte „Gefahr von Irreführung" und „Kostenbelastung" eingeht. Vgl. auch Schwark (1976), Rn. 19.

[102] Vgl. Müller (1976), S. 18.

[103] Vgl. Bundesministerium für Wirtschaft, Presseverlautbarung des Bundeswirtschaftsministeriums über die Schlußsitzung der Börsensachverständigenkommission am 14.03.1969, zitiert nach Müller (1976), S. 18, 107, 131.

[104] Vgl. Arbeitsgemeinschaft der deutschen Wertpapierbörsen (1970), S. 16–19. Zwecksetzung des Zwischenberichts war hiernach die Fortführung wesentlicher Angaben des Jahresabschlusses bis zum nächsten Geschäftsbericht. Hierzu und zum Inhalt der „Regeln" vgl. Bridts (1990), S. 33.

[105] Vgl. Müller (1976), S. 20; Bridts (1990), S. 33.

[106] „Die als ‚Regeln' bezeichneten Richtlinien enthalten Mindestanforderungen an Häufigkeit, Aktualität, Form und Inhalt der Zwischenberichte". Arbeitsgemeinschaft der deutschen Wertpapierbörsen (1970), S. 16–19. „Mittelbar stellen die ‚Regeln' für die berichterstattenden Unternehmen das Soll-Objekt für die Zwischenberichterstattung dar". Köster (1992), S. 17.

[107] Vgl. Müller (1976), 83. *Müller* untersucht im Rahmen einer deskriptiven Analyse formale, quantitative, temporäre und inhaltliche Aspekte. Im Rahmen einer Hypothesenprüfung konnte *Müller* zeigen, dass die Publizitätsbereitschaft am stärksten durch die Größe der Gesellschaft beeinflusst wird und die Güte durch die Branchenzugehörigkeit, ebenda S. 105.

[108] Vgl. Wiemann (1987), S. 142.

Die (kurze) Entwicklungsgeschichte der „deutschen“ Zwischenberichterstattung ist vom Prinzip der „Freiwilligkeit“ gekennzeichnet.[109] Weder die reine freiwillige Zwischenberichterstattung ohne Sanktionspotenzial noch die freiwillige Zwischenberichterstattung i. V. m. einer Formalprüfung und einem fehlenden „Gütesiegel“ bei Nichtbefolgung der Regeln konnten als Regulierungsmaßnahme überzeugen.[110] Dies ist nicht zuletzt auf das unzureichende Sanktionsinstrumentarium zurückzuführen. Ein Wandel vollzog sich erst mit zunehmendem europäischen Einfluss.

2.2.1.2 Der europäische Prozess zur Harmonisierung der Transparenzanforderungen

Parallel zur Entwicklung in Deutschland gab es ab dem Jahr 1966 auf Ebene der Europäischen Gemeinschaft vor dem Hintergrund des Aufbaus eines europäischen Kapitalmarkts Bestrebungen einer supranationalen Verpflichtung zur Zwischenberichterstattung.[111] Angesichts der internationalen Ausrichtung der Finanzierungsaktivitäten von global agierenden Unternehmen, um den steigenden Finanzierungsbedarf zu decken[112] sowie der Forderungen der Investoren nach mehr Transparenz strebte der europäische Gesetzgeber sowohl nach einer Harmonisierung der externen Rechnungslegung als auch der Publizitätspflichten von Aktiengesellschaften.[113] Der erforderlichen Bereitstellung eines allgemein gültigen Rechtsrahmens, „der die notwendige Rechtssicherheit und Referenzpunkt für alle Beteiligten bietet“[114], wurde letztendlich mit der Verabschiedung von drei börsenrechtlichen Richtlinien, namentlich der Börsenzulassungsrichtlinie[115], der Börsenzulassungsprospektlinie[116] und der Zwischenberichtsrichtlinie[117] aus dem Jahr 1982, entsprochen.[118]

Das Ziel die Verbesserung des Anlegerschutzes und der Funktionsfähigkeit des Kapitalmarktes verfolgend, sah die Zwischenberichtsrichtlinie vor, dass „die Gesellschaften den Anlegern im Laufe des Geschäftsjahres mindestens einmal auch einen Bericht über die Tätigkeit der Gesellschaft vorlegen [...], der die ersten sechs Monate des Geschäftsjahres umfasst.“[119] Die Umsetzung der Zwischenberichtsrichtlinie erfolgte durch das Börsenzulassungsgesetz vom

---

[109] Von einem deutschen Phänomen sprechend, da „immer erst der Gesetzgeber handeln muss, ehe die Unternehmen auf an sich sinnvolle Überlegungen reagieren.“ von Rosen (2000), S. 27.

[110] Diese Tendenz ist auch den empirischen Ergebnissen von Müller zu entnehmen, da seine deskriptive Analyse zeigt, dass Zwischenberichte trotz erheblicher Mängel mit einer Kursblattnotiz der Börse versehen waren, vgl. Müller (1976), S. 108.

[111] Vgl. Dahl (1995), S. 14.

[112] Zur erhöhten Kapitalmarktorientierung, vgl. Henrici (2004), S. 83, 123; Groß (2009), Rn. 2.

[113] Die europäischen Harmonisierungsbestrebungen für das Gesellschaftsrecht äußerten sich in Form der Vierten EG-Richtlinie und der Siebenten EG-Richtlinie.

[114] Henrici (2004), S. 123.

[115] Vgl. Börsenzulassungsrichtlinie (1979).

[116] Vgl. Börsenzulassungsprospektrichtlinie (1980).

[117] Vgl. Zwischenberichtsrichtlinie (1982).

[118] Jene Reformbestrebungen waren durch Regelungen zur Steigerung von Information für externe Adressaten gekennzeichnet. Vgl. Lutter (1996), S. 578–580; Köster (1992), S. 20.

[119] Zwischenberichtsrichtlinie (1982), S. 26.

16.12.1986[120] und führte mit der Implementierung des § 44b BörsG[121] und der §§ 53-62 BörsZulV[122], welche Einzelheiten zur Zwischenberichterstattung regelten, zur ersten nationalen Kodifizierung einer Zwischenberichterstattungspflicht. Die gesetzliche Regulierung erschien vor dem Hintergrund der bis dato freiwilligen und unzureichenden Publizität von unterjährigen Informationen in Deutschland als notwendig; dennoch blieb die Zwischenberichterstattung weit hinter den Erwartungen internationaler Kapitalmärkte zurück.[123]

Ein weiterer Meilenstein für die Zwischenberichterstattung stellt die am 15.12.2004 verabschiedete Transparenzrichtlinie[124] zur europaweiten Harmonisierung der Transparenzanforderungen in Bezug auf kapitalmarktorientierte Emittenten dar, die im Rahmen des Aktionsplans zur Vollendung eines Binnenmarkts[125], der IAS-Verordnung zur Harmonisierung der Rechnungslegung folgte.[126] Sowohl mit der IAS-Verordnung als auch mit der Transparenzrichtlinie zielt die EU darauf ab, „einen Beitrag zur effizienten und kostengünstigen Funktionsweise des Kapitalmarktes zu leisten".[127] In der Begründung zur Transparenzrichtlinie heißt es: „Die rechtzeitige Bekanntgabe zuverlässiger und umfassender Informationen über Wertpapieremittenten stärkt das Vertrauen der Anleger nachhaltig und ermöglicht eine fundierte Beurteilung ihres Geschäftsergebnisses und ihrer Vermögenslage. Dies erhöht sowohl den Anlegerschutz als auch die Markteffizienz. […] Aus diesem Grund sollten Wertpapieremittenten durch regelmäßige Informationen ein angemessenes Maß an Transparenz für die Anleger gewährleisten."[128]

Mit dem Transparenzrichtlinie-Umsetzungsgesetz (TUG) vom 05.01.2007 mit Wirkung zum 20.01.2007 erfolgte – als deutscher Baustein im Harmonisierungsprozess – die Umsetzung der europarechtlichen Vorgaben der Transparenzrichtlinie.[129] Die Vorgaben des TUG wurden

---

[120] Vgl. Börsenzulassungsgesetz (1986). Ausnahme der nahezu unveränderten Umsetzung der EG-Richtlinie ist die Veröffentlichungsfrist, die von vier auf zwei Monate verkürzt wurde.

[121] Im Rahmen der Reform des Börsengesetzes durch das Gesetz zur weiteren Fortentwicklung des Finanzplatzes Deutschland vom 21.06.2002 wurden die Regelungen des § 44b BörsG ohne inhaltliche Änderungen in § 40 BörsG umgegliedert. Vgl. Viertes Finanzmarktförderungsgesetz (2002). Zu den Vorgaben der §§ 44b BörsG, vgl. Ammedick/Strieder (2002), Rn. 43–52.

[122] Vgl. Börsenzulassungs-Verordnung (1987). Zu den Vorgaben der §§ 53–62 BörsZulV, vgl. Ammedick/ Strieder (2002), Rn. 53–83. Zur Umsetzung der Zwischenberichtsrichtlinie, vgl. Köster (1992), S. 24–38; Coenenberg/Federspieler (1998), S. 269 f.; zur Umsetzung in Frankreich und Großbritannien, vgl. Coenenberg/Federspieler (1999), S. 169–173.

[123] Vgl. Köster (1992), S. 17 f., 24 f.; Müller/Stute (2006), S. 2803.

[124] Vgl. Transparenzrichtlinie (2004). Ausführlich vgl. d'Arcy/Meyer (2005), S. 151–158.

[125] Vgl. KOM (1999) 232, passim.

[126] Nach Art. 4 der IAS-Verordnung haben Unternehmen, deren Wertpapiere an einem organisierten Markt eines EU-Mitgliedstaats gehandelt werden, ihren Konzernabschluss nach IFRS aufzustellen.

[127] IAS-Verordnung (2002), Erwägungsgrund (4).

[128] Transparenzrichtlinie (2004), Erwägungsgrund (1), (2). Neben den periodischen Berichterstattungspflichten statuierte die Transparenzrichtlinie Regelungen zu anlassbezogenen Publizitätspflichten. Vgl. Transparenzrichtlinie (2004), S. 1–20. Vgl. auch Kapitel 2.2.3.

[129] Mit dem Artikelgesetz wurden neben der Änderung bestehender Einzelgesetze (insb. WpHG, BörsG und Börsenzulassungsverordnung (BörsZulV)), diverse Neuregelungen eingefügt (z. B. hinsichtlich Insiderinformationen (§ 15 WpHG)). Zur Umsetzung der Transparenzrichtlinie in Österreich, Frankreich und Großbritannien, vgl. Hebestreit/Rahe (2007), S. 120–122.

im Wertpapierhandelsgesetz kodifiziert, dass für Inlandsemittenten von Aktien oder Schuldtiteln i. S. d. § 2 Abs. 1 Satz 1 WpHG ab den Geschäftsjahren, die nach dem 31.12.2006 beginnen[130], die primäre gesetzliche Grundlage für die Erstellung von Zwischenberichten gem. §§ 37w bis 37z WpHG bildet.[131] Nunmehr umfasst die Zwischenberichterstattung, wie in Abbildung 1 dargestellt, die Zwischenberichtsinstrumente „Halbjahresfinanzbericht", „Quartalsfinanzbericht" und „Zwischenmitteilung der Geschäftsführung". Im Rahmen der weiteren Untersuchung erfolgt eine detaillierte Darstellung der Zwischenberichtsinstrumente, daher sei an dieser Stelle lediglich auf die grundlegenden Aspekte hingewiesen.

Abbildung 1: Zwischenberichtsinstrumente nach WpHG

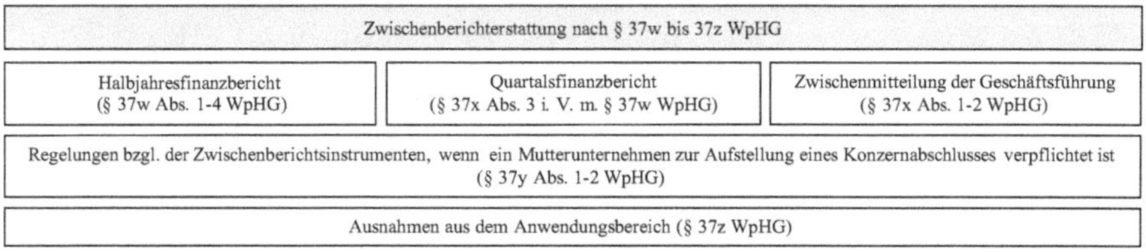

Quelle: Eigene Darstellung.

Im Zuge der Neueinführung der §§ 37w bis 37z WpHG wurden gem. Art. 3 des TUG die bislang einschlägigen § 40 BörsG i. V. m. §§ 53 ff. BörsZulV aufgehoben.[132] Konkretisierend in Bezug auf den Berichtsinhalt des TUG wurde am 08.03.2007 die Richtlinie mit Durchführungsbestimmungen zur Transparenzrichtlinie (Durchführungsrichtlinie) verabschiedet.[133] Die Umsetzung der Richtlinie erfolgte mit der Transparenzrichtlinie-Durchführungsverordnung (TranspRLDV) vom 13.03.2008.[134]

Ein Überblick über die gesetzgeberischen Initiativen zur Zwischenberichterstattung ab den 60er-Jahren in Abbildung 2 verdeutlicht die zunehmende Regulierung, die sich durch den europäischen Gesetzgeber auf die von Freiwilligkeit geprägte „deutsche" Zwischenberichterstattung niederschlug.

130 Vgl. § 46 Abs. 1 WpHG.

131 Zuvor waren nur Aktienemittenten zur Halbjahresfinanzberichterstattung verpflichtet; im Zuge des TUG wurden die Pflichten auf Schuldtitelemittenten erweitert.

132 Die bestehenden Regelungen der Deutschen Börse zur Erstellung von Zwischenberichten gelten ungeachtet der Gesetzesregelungen, wurden aber an die neuen Paragrafen des WpHG angepasst. Zu den ergänzenden Vorschriften der Börsenordnung der FWB vgl. Kapitel 3.3.2.

133 Vgl. Durchführungsrichtlinie (2007).

134 Vgl. TranspRLDV (2008).

Abbildung 2: Historische Entwicklung der Zwischenberichterstattung

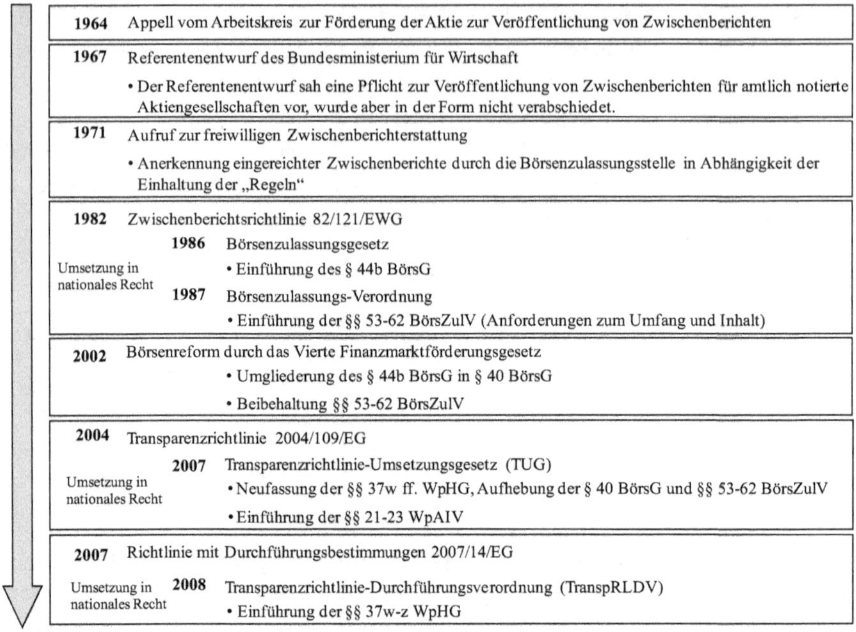

Quelle: Eigene Darstellung.

2.2.2 Funktionenschutz und Anlegerschutz als primäre Regelungsziele

Mit der Kodifizierung der Zwischenberichtspflichten im WpHG, das die „Verhaltenspflichten auf börslichen […] Kapitalmärkte[n]“ regelt und als „Grundgesetz des Kapitalmarktrechts“[135] gilt, wird die Zwischenberichterstattung eindeutig als kapitalmarktrechtliches Informationsinstrument deklariert.[136] Da die Regelungsziele des Kapitalmarktrechts im Funktionen- und im Anlegerschutz zu sehen sind[137], unterliegt die Zwischenberichterstattung folglich der gleichen Zielsetzung[138] und richtet sich an den gleichen Adressatenkreis: die (potenziellen) Investoren.[139] Zur Beantwortung der Frage, welchen Beitrag die Zwischenberichterstattung zur Erfüllung dieser Regelungsziele zu leisten vermag, ist eine Konkretisierung der zwei Schutzobjekte erforderlich.

---

[135] Hopt (2010), Rn. 1 beide Zitate [Hervorhebungen des Originals wurden getilgt].

[136] Unter den Begriff „Kapitalmarktrecht“ werden alle Normen bzw. Verhaltenspflichten subsumiert, mittels derer die Organisation der Kapitalmärkte und das Verhalten der Kapitalmarktteilnehmer geregelt werden. Vgl. Deckert/von Rüden (1998), S. 46, ähnlich Wiemann (1987), S. 20.

[137] Vgl. Buck-Heeb (2009), Rn. 7. Dem Funktionenschutz Vorrangigkeit zusprechend, vgl. Hopt (1991), S. 303. Unter dem Begriff „Anlegerschutz“ Funktionenschutz sowie Personenschutz subsumierend, vgl. Koch/ Schmidt (1981), S. 235 f.

[138] Vgl. Transparenzrichtlinie (2004), Erwägungsgrund (1). Vgl. auch Federspieler (1999), S. 44.

[139] Vgl. BT-Drs. 16/3644, S. 1. Ebenfalls Gläubiger als Adressaten der Zwischenberichterstattung sehend, vgl. Burger (1997), S. 365–366.

Die Notwendigkeit zur Sicherstellung der Funktionsfähigkeit des Kapitalmarkts[140] begründet sich durch seine tragende und ständig wachsende Bedeutung für die Volkswirtschaft als Finanzierungsquelle.[141] Konkretisiert werden kann die geforderte Kapitalmarkteffizienz durch die Aufteilung in drei Teilbereiche, die den Bezugspunkt der Normen bilden.[142] Es lassen sich die institutionelle, die operationale sowie die allokative Funktionsfähigkeit unterscheiden[143], deren Vorliegen sicherstellen soll, dass „im Zeitablauf stabile, kostengünstige und bedarfsgerechte Transaktionen durchgeführt werden können, um der Nachfrage nach Kapital gerecht zu werden."[144]

Voraussetzung für die Funktionsfähigkeit des Marktes ist ein hinreichender Schutz (des Vertrauens) des Anlegerpublikums[145], was die interdependente Beziehung beider Schutzziele zueinander verdeutlicht.[146] Die Schutzbedürftigkeit lässt sich auf die Tatsache zurückführen, dass Eigenkapitalgeber durch ihre Kapitalanlage und ungleichen Informations- und Machtverhältnissen diversen (ineinander übergehenden) Risiken des Finanzmarktes ausgesetzt sind.[147] Die größte Gefahr geht dabei von dem sog. Substanzerhaltungsrisiko (teilweiser oder vollständiger Verlust der Kapitalanlage) aus. Zunehmend in den Vordergrund rückend und im engen Zusammenhang zum Substanzerhaltungsrisiko steht das Risiko mangelnder bzw. mangelhafter Informationen über Güte und Risiken der Anlage, das sog. Informationsrisiko.[148]

---

140 Zum Begriff „Kapitalmarkt" vgl. Buck-Heeb (2009), Rn. 66–82. „Aufgabe des Kapitalmarktes ist die Transformation der Ersparnisse der privaten Haushalte in das für unternehmerische Investitionen benötigte Kapital", Kübler (1977), S. 89.

141 Der Kapitalmarkt dient auch öffentlichen Haushalten und Kreditinstituten zur Deckung ihres Finanzierungsbedarfs. Vgl. Buck-Heeb (2009), Rn. 2, 8; und der privaten Altersvorsorge, vgl. Kümpel (2004), Rn. 8.395–8.397.

142 Vgl. Kümpel (2004), Rn. 8.399.

143 Die institutionelle Funktionsfähigkeit umfasst die Grundvoraussetzungen für einen effektiven Marktmechanismus (freier Marktzugang, Marktbreite und -tiefe etc.). Vgl. Kümpel (2004), Rn. 8.403–8.411. Die operationale Funktionsfähigkeit ist bei minimalen Transaktionskosten gegeben, da niedrigere Kosten höhere Renditen ermöglichen, wodurch die Akzeptanz des Marktes zunimmt. Vgl. Merkt (2001), S. 300. Die allokative Funktionsfähigkeit wird durch die Bereitstellung der Informationen über die Angebots- und Nachfragesituation sichergestellt. Vgl. Bridts (1990), S. 56. Die allokative Funktionsfähigkeit setzt das Vorliegen der institutionellen und operationalen Funktionsfähigkeit voraus.

144 Coenenberg/Federspieler (1998), S. 268.

145 Anlegerschutz lässt sich in Schutz des einzelnen Individuums (Personenschutz) und institutionellen Schutz, d. h. die Gesamtheit aller Anleger, differenzieren. Vgl. Buck-Heeb (2009), Rn. 12–14.

146 Die Schutzobjekte tragen zur Zielerreichung des jeweilig anderen bei, vgl. Koch/Schmidt (1981), S. 237; Böhm (1979), S. 73. Ein effizienter Kapitalmarkt strahlt Vertrauen aus und animiert zum Investieren. Durch die höhere Anzahl an Marktteilnehmern stellt sich eine verbesserte Funktionsfähigkeit ein. Vgl. Kahle (2002), S. 97; Rothfuss (2005), S. 107. Unzureichender Anlegerschutz gefährdet die Funktionsfähigkeit des Kapitalmarkts durch mangelndes Vertrauen und etwaigen Desinvestitionen. Vgl. Hopt (1975), S. 52, 336. Zur Diskussion vgl. Merkt (2001), S. 301–306.

147 Vgl. Kapitel 2.1.1.

148 Neben dem Risiko eines absichtlichen kapitalschädigenden Fehlverhaltens des Managements unterliegen Investoren u. a. dem Ertrags- und dem Verschuldungsrisiko, vgl. Koch/Schmidt (1981), S. 231–233. Zu weiteren Risiken vgl. Hopt (1975). S. 53 f., S. 83–95, 289; Merkt (2001), S. 298 f. Gänzlich schutzlos sind die Kapitalgeber nicht. Rationale Kapitalgeber werden ihren Informationsnachteil durch z. B. Diversifikation berücksichtigen. Den nicht durch Diversifikation begrenzbaren Risiken wird mit vielfältigen Maßnahmen zum Anlegerschutz begegnet; zu den elementaren Schutzvorkehrungen zählen neben der Rechnungslegung die Vertretung der Anteilseigner im Aufsichtsrat. Vgl. Merkt (2001), S. 298 f.

Von zentraler Bedeutung für die Funktionsfähigkeit des Marktes ist die Transparenz hinsichtlich der Investitionsentwicklung, die dem Schutz des Vertrauens der Anleger durch die weitestmögliche Vermeidung von Informationsasymmetrien dient.[149] Diese Transparenz wird durch die jährliche Rechnungslegungspublizität und ergänzend durch die Zwischenberichterstattung ermöglicht. Rechtzeitige und verlässliche Informationen hinsichtlich der rentabelsten Kapitalanlage und der entsprechenden Risikoeinschätzung tragen zur Reduzierung des Informationsrisikos bei[150], da Investoren zeitnah über eine (bestandsgefährdende) Veränderung der Unternehmenslage informiert werden und Investitionen im Vorhinein ablehnen oder Kapitalanlagen rechtzeitig veräußern.[151] Von Vorteil gegenüber der jährlichen Rechnungslegung erweist sich die Zwischenberichterstattung, indem sie der Beschleunigung und wachsenden Komplexität der Wirtschaftsabläufe mit zeitnahen Informationen in geeigneter Weise begegnet.[152] Treffen die Investoren bessere Anlageentscheidungen, werden die Renditeerwartungen mit den Risiken der Anlage in Einklang gebracht und es stellen sich verlässlichere Börsenkurse ein, die zu einer optimierten Kapitalallokation beitragen.[153] Vertrauensbildende Maßnahmen in Gestalt der Zwischenberichterstattung dienen somit dem Schutz der Funktionsfähigkeit des Marktes.[154]

2.2.3 Stellung im Publizitätssystem kapitalmarktorientierter Unternehmen

Die Zwischenberichterstattung stellt nicht das einzige kapitalmarktrechtlich kodifizierte Publizitätsinstrument dar, das sich als Folgepflicht aus der Kapitalmarktorientierung ergibt. In den letzten Dekaden hat sich ein umfangreiches Publizitätssystem entwickelt, dass eine Vielzahl von Informationsinstrumenten bzw. -pflichten mit unterschiedlichem inhaltlichen Fokus, Umfang und unterschiedlicher Frequenz aufweist[155], wobei das Instrumentarium nicht losgelöst von den gesellschaftsrechtlichen Informationsinstrumenten betrachtet werden kann.[156] Die Rahmenbedingungen für kapitalmarktorientierte Unternehmen hinsichtlich der Publizität von Informationen an aktuelle und potenzielle Anleger werden durch diverse Rechtsgebiete

---

[149] Vgl. Kümpel (2004), Rn. 16.123. Die Effizienz wird zudem durch die Ersparnis von Kosten und Zeit bei der Informationsbeschaffung gefördert, vgl. Kümpel (2004), Rn. 16.213.

[150] Im Zuge dessen werden weitere Risiken der Kapitalgeber minimiert bzw. eliminiert. Beispielhaft für mögliche Schutznormen seien Verhaltensvorschriften, Aufsicht über Unternehmen, Schweigepflichten und Interessenvertretung erwähnt. Im Detail vgl. Hopt (1975), S. 288–333.

[151] Zu den Auswirkungen von Publizität auf die weiteren Anlegerrisiken vgl. Merkt (2001), S. 308. Vgl. Alvarez/Wotschofsky (2001), S. 119. Inwieweit durch Zwischenberichtsinformationen ein Anlegerschutz zu erreichen ist, hängt von der Effizienz des Kapitalmarktes bzgl. der Transformation von Informationen in Preise ab. In Bezug auf den Jahresabschluss vgl. Menken (1993), S. 71.

[152] Vgl. Bridts (1990), S. 79.

[153] Vgl. Merkt (2001), S. 297. Ähnlich Alvarez/Wotschofsky (2003), S. 148.

[154] Vgl. Rothfuss (2005), S. 108.

[155] Die vermittelten Informationen umfassen nicht nur reine Rechnungslegungsdaten, sondern auch sonstige Informationen zur Darstellung nach außen. Vgl. Pellens et al. (2008), S. 919.

[156] Vgl. Rothfuss (2005), S. 105. Aufgrund des Vorliegens von gesellschaftsrechtlichen Publizitätsvorschriften, die auf die Rechtsform und Unternehmensgröße abstellen und kapitalmarktrechtlichen Publizitätsvorschriften, die den Kapitalmarktzugang fokussieren, wird in Deutschland von einem dualen Publizitätssystem gesprochen. Zwischen dem Kapitalmarktrecht und dem Aktienrecht liegt eine enge Verknüpfung vor, wobei das Aktienrecht zunehmend vom Kapitalmarktrecht überlagert wird. Vgl. Lutter (1996), S. 76; Pellens et al. (2008), S. 928.

gesetzt.[157] Hierzu zählen insb. das WpHG und die Vorschriften des Aktien- und Handelsrechts sowie des Zivilrechts.[158] Für die folgenden Ausführungen bedarf es einer Einordnung des Zwischenberichts in das vorherrschende kapitalmarktrechtliche Publizitätssystem. Nur so kann das Entstehen von Erwartungslücken in Bezug auf die Zwischenberichtsinformationen verhindert werden.

Die Typisierung der einzelnen Publizitätsinstrumente bzw. -pflichten erfolgt hinsichtlich ihrer Rechtsgrundlage, ihrem Inhalt und ihrer Frequenz.[159] Instrumente, die innerhalb eines festgelegten Rhythmus offengelegt werden, sind unter die Kategorie „regelmäßige" Publizität zu fassen, wohingegen arrhythmische Publizitätsinstrumente, die an konkrete Anlässe geknüpft sind, als „anlassbezogen" bezeichnet werden.[160] Abbildung 3 illustriert die wesentlichen Publizitätsinstrumente bzw. -pflichten.

Abbildung 3: Stellung der Zwischenberichterstattung im kapitalmarktrechtlichen Publizitätssystem

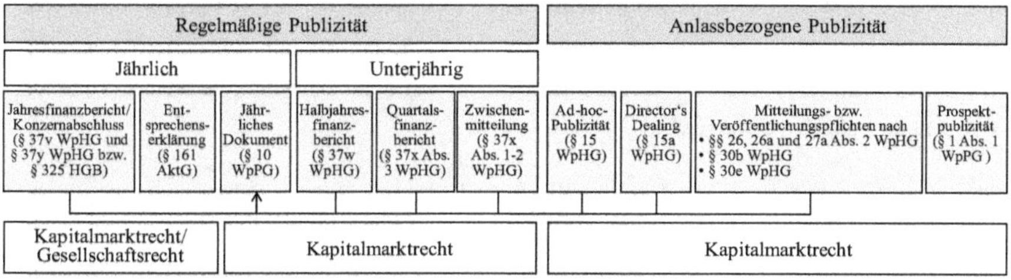

Quelle: Eigene Darstellung.[161]

Zu der Regelpublizität des WpHG zählt zum einen der Jahresfinanzbericht nach § 37v WpHG bzw. Konzernabschluss nach § 37y WpHG.[162] Unterliegt das von dieser Publizitätspflicht betroffene Unternehmen zudem der nationalen handelsrechtlichen Offenlegungspflicht nach § 325 HGB, gelten diese Bestimmungen vorrangig, sodass durch § 37v WpHG keine zusätzli-

[157] Vgl. Theiselmann (2010), S. 266.

[158] Zu den Rechtsquellen des Kapitalmarktrechts zählen neben dem WpHG und dem BörsG, u. a. das InvG, DepotG, WpPG sowie das WpÜG, vgl. Buck-Heeb (2009), Rn. 27–30.

[159] Vgl. zu einer ähnliche Abgrenzung Pellens et al. (2008), S. 924–926; zu einer weniger differenzierten Systematisierung vgl. Alvarez/Wotschofsky (2003), S. 5.

[160] Vgl. Alvarez/Wotschofsky (2003), S. 5, die von „situationsgebundenen" Publizitätsinstrumenten sprechen; Marten/Quick/Ruhnke (2007), S. 2 verwenden den Begriff „ereignisbezogen".

[161] Eine ähnliche Übersicht zum Rechtsstand im Jahr 2003 (§ 40 BörsG), vgl. Alvarez/Wotschofsky (2003), S. 14.

[162] Mindestbestandteile des Jahresfinanzberichts sind gem. § 37v Abs. 2 WpHG der gemäß dem nationalen Recht des Sitzstaates des Unternehmens aufgestellte und geprüfte Jahresabschluss, der Lagebericht und eine nach den Vorgaben des § 264 Abs. 2 Satz 3, § 289 Abs. 1 Satz 5 HGB entsprechende Erklärung (sog. Bilanzeid). Im Falle der Konzernrechnungslegungspflicht hat der Jahresfinanzbericht gem. § 37y Nr. 1 WpHG auch den geprüften, nach den in der EU anzuwendenden IFRS erstellten Konzernabschluss, den Konzernlagebericht, die Erklärung gem. § 297 Abs. 2 Satz 3, § 315 Abs. 1 Satz 6 HGB und eine Bescheinigung gem. § 134 Abs. 2a der WPO oder eine Bestätigung der Wirtschaftsprüferkammer gem. § 134 Abs. 4 Satz 8 WPO zu enthalten.

chen Verpflichtungen begründet werden.[163] Zum anderen stellt neben dem Jahresfinanzbericht der Zwischenbericht ein regelmäßiges Publizitätsinstrument dar.[164] Während sich der Berichtsinhalt des erst genannten auf das ganze Geschäftsjahr bezieht, umfassen unterjährig veröffentlichte Zwischenberichte einen Zeitraum von weniger als einem Jahr; es wird ein Ausschnitt des Geschäftsjahres dargestellt.[165] Dieser Ausschnitt umfasst bei Halbjahresfinanzberichten gem. § 37w WpHG ein Halbjahr, bei Quartalsfinanzberichten gem. § 37x Abs. 3 WpHG ein Quartal des Geschäftsjahres und bei Zwischenmitteilungen der Geschäftsführung gem. § 37x Abs. 1–2 WpHG hängt der Zeitraum von dem Veröffentlichungszeitpunkt ab. Anhand der Zwischenberichterstattung sollen die dem Investor zur Verfügung stehenden Information der jährlichen Berichterstattung um „regelmäßige, kurzfristig orientierte Zahlenangaben und Erläuterungen zur Geschäftstätigkeit des Emittenten in einem fest definierten Berichtszeitraum [ergänzt werden], die dem Investor eine Beurteilung seiner Zielerreichung durch sein Engagement erlauben sollen."[166] Aufgrund der weniger umfangreichen Darstellung im Vergleich zum Jahresfinanzbericht wird dem Zwischenbericht der „Charakter eines Kurzberichtes"[167] zugesprochen.[168] Ein weiterer Vorteil gegenüber der jährlichen Berichterstattung wird in der Disaggregation der Jahreszahlen gesehen, da diese bspw. das Erkennen von saisonalen Abhängigkeiten ermöglicht.[169]

Unterjährig besteht ferner eine Berichtspflicht in Form von Ad hoc-Mitteilungen gem. § 15 WpHG. Eine Veröffentlichung bedingt das Eintreten kursrelevanter Ereignisse. Sie fallen daher in die Kategorie der anlassbezogenen Publizitätsinstrumente und dienen der Ergänzung der Regelpublizität, indem kursrelevante Informationen z. B. nicht erst im nächsten Zwischenbericht veröffentlicht werden.[170] Mithilfe von Ad hoc-Mitteilungen sollen präventiv Insidergeschäften entgegengewirkt und so die Bildung unangemessener Börsen- und Marktpreise aufgrund fehlerhafter oder unvollständiger Information der Marktteilnehmer unterbunden werden.[171]

Ebenfalls dieser Kategorie zugehörig sind Director's Dealing-Mitteilungen nach § 15a WpHG, welche eine Veröffentlichung jener Geschäfte mit Aktien des Emittenten fordern, die

[163] Die Vorschriften des § 37v WpHG haben für Unternehmen mit Sitz in Deutschland nur deklaratorischen Charakter, konstitutive Wirkung haben die Vorschriften für (ausländische) Unternehmen, die nicht den handelsrechtlichen Offenlegungsvorschriften unterliegen.

[164] Vgl. Köster (1992), S. 8; Dahl (1995), S. 5.

[165] Vgl. Köster (1992), S. 11. Zu unterscheiden ist der Zwischenabschluss des § 299 HGB, der im Rahmen der Konzernrechnungslegung bei abweichenden Abschlussstichtagen in den Konzernabschluss einzubeziehen ist. Dieser dient lediglich der technischen Synchronisierung.

[166] Bridts (1990), S. 72.

[167] Busse von Colbe/Reinhard (1989), S. 1.

[168] Vgl. Köster (1992), S. 12.

[169] Vgl. Hebestreit (1992), S. 111.

[170] Vgl. Merkt (2001), S. 171; Feinendegen/Nowak (2001), S. 375; Henrici (2004), S. 126.

[171] Vgl. Buck-Heeb (2009), Rn. 285; Merkt (2001), S. 171; Henrici (2004), S. 126.

von Personen mit Führungsaufgaben bei diesem Emittenten getätigt werden[172] sowie die kapitalmarktrechtlichen Mitteilungspflichten des Meldepflichtigen nach §§ 26, 26a und 27a Abs. 2 WpHG, denen bei Eintreten bestimmter Stimmrechtsanteilsveränderungen nachzukommen ist.[173] Anlass zur Veröffentlichung von Informationen bieten ferner die Einberufung der Hauptversammlung gem. § 30b Abs. 1 Nr. 1 WpHG und die Ausschüttung und Auszahlung von Dividenden nach § 30b Abs. 1 Nr. 2 WpHG.[174] Gleiches gilt für Veröffentlichung zusätzlicher Angaben gem. § 30e WpHG, insb. der Angaben zu Änderungen der mit den zugelassenen Wertpapieren verbundenen Rechte, Wandelschuldverschreibungs- und Anleihenbegebungen und diesbezügliche Gewährleistungen und Informationen, die in einem Drittstaat veröffentlicht werden.[175]

Im Unterschied zu den bisher genannten anlassbezogenen Publizitätspflichten steht die Prospektpublizität allen Zulassungsfolgepflichten bei der Börsenzulassung anfallende Berichterstattungspflicht voran.[176] Unternehmen unterliegen gem. § 1 Abs. 1 i. V. m. § 3 Wertpapierprospektgesetz (WpPG) einer Veröffentlichungspflicht für einen Prospekt, wenn sie Wertpapiere im Inland öffentlich anbieten und als Bestandteil des Börsenzulassungsantrags, wenn Wertpapiere zum Handel an einem organisierten Markt zugelassen werden sollen.[177] Gleiches gilt bei jeder weiteren Kapitalbeschaffungsmaßnahme.

Mindestens einmal im Jahr sind gem. § 10 WpPG in einem einzigen Dokument alle Informationen zu veröffentlichen oder mittels Verweis aufzunehmen, die aufgrund der wesentlichen kapitalmarktrechtlichen Pflichten in den vorangegangenen zwölf Monaten publiziert wurden, im sog. jährlichen Dokument.[178] Das Dokument ist folglich als regelmäßiges Publizitätsinstrument anzusehen. Mit der Veröffentlichung „soll gewährleistet werden, dass kohärente und

172 Den Investitionsentscheidungen von Organmitgliedern kommt aufgrund ihres regelmäßigen Wissensvorsprungs eine Signalwirkung zu. Directors' Dealing-Mitteilungen sollen den Insiderhandel beschränken. Vgl. Schneider (2002), S. 1818; Pfüller (2009), Rn. 1–212.

173 Hiermit soll es Meldepflichtigen i. S. d. § 21 WpHG erleichtert werden, eine zuverlässige Basis für die Ermittlung ihres Stimmrechtsanteils zu erhalten. Vgl. Klawitter (2008), Rn. 119. Im Detail vgl. Dehlinger/Zimmermann (2009), Rn. 36–55; Buck-Heeb (2009), Rn. 459–462.

174 Zu den Angaben für Schuldtitelemittenten vgl. § 30b Abs. 2 WpHG. Weitere Pflichten bestehen gem. § 30c WpHG hinsichtlich Änderungen der Rechtsgrundlagen des Emittenten (z. B. Satzungsänderungen). Da hier eine reine Meldepflicht an die Bundesanstalt für Finanzdienstleistungsaufsicht und die Zulassungsstellen vorliegt, erfolgt keine Einordnung in das Publizitätssystem.

175 Zu den Angaben im Detail, vgl. Mülbert (2009), Rn. 1–23.

176 Ziel der Prospektpublizität ist es, Investoren ein fundiertes Urteil über die Rendite- und Risikoaussichten der Wertpapiere zu ermöglichen. Vgl. Merkt (2001), S. 169–172.

177 Zu den Prospektpflichten sowie den inhaltlichen Vorgaben des Wertpapierprospektgesetzes (WpPG) vgl. im Detail Buck-Heeb (2009), Rn. 158–179. Im Zusammenhang mit der Prospektpublizität wird die ergänzende Funktion des handelsrechtlichen Informationssystems deutlich, da Jahres- oder Konzernabschluss Pflichtbestandteile bilden. Vgl. auch Claussen (2000), S. 477–479.

178 Zu den Veröffentlichungsvorschriften vgl. § 14 Abs. 2 WpPG.

leicht verständliche Informationen regelmäßig veröffentlicht werden [...], um so ein angemessenes Informations- und Schutzniveau für den Anleger zu gewährleisten."[179]

Bedingt durch die Börsennotierung, aber gesellschaftsrechtlich kodifiziert, ist die Erklärung zum Deutschen Corporate Governance Kodex gem. § 161 Abs. 1 AktG, die unter die jährliche Regelpublizität zu subsumieren ist.[180] Im Rahmen der sog. Entsprechenserklärung haben Vorstand und Aufsichtsrat börsennotierter Aktiengesellschaften anzugeben, inwieweit den im amtlichen Teil des elektronischen Bundesanzeigers bekannt gemachten Verhaltensempfehlungen des DCGK entsprochen wurde und wird oder welchen Empfehlungen nicht entsprochen wurde oder wird. Die Erklärung ist gem. § 161 Abs. 2 AktG auf der Internetseite des Unternehmens dauerhaft öffentlich zugänglich zu machen.[181]

Die Einordnung in das Publizitätssystem verdeutlicht die ergänzende bzw. konkretisierende Stellung des Zwischenberichts hinsichtlich dessen Aktualitätsgrades. Beispielsweise nimmt der Zwischenbericht wesentliche Sachverhalte auf, die keinen Eingang in den Nachtragsbericht der jährlichen Berichterstattung fanden, wodurch es nicht erst zu einer Bekanntgabe im nächsten Jahresfinanzbericht kommt. Andererseits liefert der Zwischenbericht detailliertere Informationen als Ad hoc-Mitteilungen, da dieser eine umfassendere Darstellung der aktuellen Lage des Unternehmens zeigt und nicht nur pointiert auf eingetretene Sachverhalte hinweist. Ausgehend von der kapitalmarktrechtlichen Kodifizierung und seiner Stellung im kapitalmarktrechtlichen Publizitätssystem lassen sich für die Zwischenberichterstattung spezifische Funktionen ableiten.

2.3 Funktionsadäquate Anforderungen an die Zwischenberichterstattung

2.3.1 Informationsfunktion und ableitbare Subfunktionen

Vor dem Hintergrund des kapitalmarktrechtlichen Schutzgedankens sollen Anleger anhand unterjähriger Informationen, die „ein den tatsächlichen Verhältnissen entsprechendes Bild der Vermögens-, Finanz- und Ertragslage des Emittenten"[182] (*true and fair view*) sowie künftige Entwicklungen im Unternehmen aufzeigen, „in die Lage versetzt werden, eine bessere fundierte Beurteilung der Lage des Emittenten vorzunehmen"[183]. Es wird ihnen möglich, „Investitionsentscheidungen zu treffen und Erwartungen zukünftiger Zahlungen unter eingeschränktem Risiko zu bilden. Die Konsequenzen von getroffenen Entscheidungen sollen durch den Zwischenbericht einschätzbar werden."[184] Dadurch ist die Zwischenberichterstattung wie

---

[179] Friedl (2009), Rn. 6. Kritiker hingegen fordern eine ersatzlose Streichung des § 10 WpPG, da nur Informationen bekannt gegeben werden, die bereits durch andere Vorschriften zu veröffentlichen waren, vgl. Elsen/ Jäger (2008), S. 461 m. w. N.

[180] Die vom BMJ im September 2001 eingesetzte Regierungskommission hat am 26.02.2002 erstmalig den DCGK veröffentlicht.

[181] Zur Entsprechenserklärung des DCGK vgl. detailliert Kapitel 5.2.3.

[182] Transparenzrichtlinie (2004), Erwägungsgrund (9).

[183] Transparenzrichtlinie (2004), Erwägungsgrund (11).

[184] Federspieler (1999), S. 59. Die Informationsfunktion der Rechnungslegung in der (potenziellen) Entscheidungsverbesserung sehend, vgl. Ballwieser (1985), S. 28. Vgl. auch Müller (1976), S. 11.

auch jedes andere Publizitätsinstrument durch das ihnen inhärente Merkmal der Informationsvermittlung gekennzeichnet.[185]

Wohingegen dem Jahresabschluss zudem eine Bedeutung für die Gewinnausschüttung und Steuerermittlung zukommt, kann der nach deutschem Recht zu erstellenden Zwischenberichterstattung in Übereinstimmung mit dem kapitalmarktrechtlichen Schutzgedanken ausschließlich eine Informationsfunktion[186] zugesprochen werden.[187] Im Schrifttum wird diese Informationsfunktion präzisiert: Als wesentliche zwischenberichtsspezifische Funktionen gelten hierbei die Kontrollfunktion, die Prognosefunktion und die Verbindungsfunktion.[188]

Im Rahmen der Kontrollfunktion fungiert die Zwischenberichterstattung als Rechenschaftsinstrument, mit dem die Unternehmensleitung Rechenschaft über die Verwendung des ihr anvertrauten Kapitals ablegt.[189] Dabei steht die Geschäftstätigkeit der Zwischenberichtsperiode im Vordergrund. Zudem wird jedoch die bisherige Entwicklung im Hinblick auf das gesamte Geschäftsjahr fokussiert.[190]

Aufgrund der schnelleren, auf wesentliche Sachverhalte reduzierten Zwischenberichterstattung ist darüber hinaus eine frühzeitige Reaktion auf investorenrelevante Themen möglich, wodurch eine zeitnahe Erfolgskontrolle der Investition ermöglicht wird.[191] Ergebnisfortschritte, revidierte Ziele und verworfene Strategien der Unternehmensleitung werden eher ersichtlich, wodurch ein Urteil über die Leistung des Managements bereits nach vergangener Zwischenberichtsperiode gebildet[192] und daraufhin eine Entscheidung über eine (weitere) Verbindung zum Unternehmen getroffen werden kann.[193] Ergänzend zur jährlichen Berichterstattung erhöht sich durch die Zwischenberichterstattung die Transparenz der Managementleistung,

---

185 Vgl. für viele Wich (2009), S. 14 f.

186 Zur Definition der Informationsfunktion, vgl. Schildbach (1986), S. 6. Als Zweck von Informationen die Vorbereitung des Handels ansehend, vgl. Wittmann (1959), S. 14.

187 In den USA ist im Gegensatz die Ausschüttung von Zwischendividenden üblich. Bezogen auf deutsches Recht macht die alleinige Ausrichtung an der Informationsfunktion eine Diskussion über die Vereinbarkeit verschiedener Funktionen wie beim Jahresabschluss hinfällig. Zu den verschiedenen Funktionen des Jahresabschlusses vgl. Mellwig (1994), S. 323–326; Baetge (1976), S. 15–18; Volk (1990), S. 29–42; zu den Zielkonflikten vgl. Busse von Colbe (1994), S. 44–49.

188 Vgl. bereits Haase/Lanfermann (1970), S. 211. Für weitere Funktionen vgl. Rolvering (2002), S. 69. Die Zwischenberichterstattung zudem als Instrument der Investor Relations betrachtend, vgl. Ammedick/Strieder (2002), Rn. 10, 651; Lindemann (2004), S. 49 f.; Kirchhoff (2005), S. 47.

189 Allgemein, vgl. Leffson (1987), S. 111 f. Rechnungslegung dient dem Zweck, „Rechenschaft über abgewickelte […] und den Stand der laufenden Geschäfte durch Übermittlung interindividuell nachprüfbaren Wissens über die Handlungen und daraus resultierenden Bestände an Vermögen und Kapital zu liefern." Busse von Colbe (1994), S. 44 f. Die Ableitung eines Rechenschaftzwecks in rechtlich formeller Hinsicht kritisch sehend, da an den Zwischenbericht keine direkten Rechtsfolgen anknüpfen, die eine Rechenschaftspflicht begründen, vgl. Köster (1992), S. 83–85.

190 Vgl. Baetge/Schlösser (1993), S. 228; Köbrich (1989). S. 1477.

191 Vgl. Bridts (1990), S. 77; Federspieler (1999), S. 59.

192 Vgl. Kußmaul/Lutz (1993), S. 342.

193 Ein Abweichen der aktuellen Rechnungslegungsinformationen zu vormals prognostizierten Werten kann ein Auslöser für den Verkauf von Aktien sein, vgl. Lindemann (2004), S. 102.

wodurch die Kontrollmöglichkeit gesteigert wird.[194] Somit kann der Zwischenbericht als Instrument der Corporate Governance angesehen werden. Über die Kontrollfunktion seitens der Anleger hinaus ergibt sich für das Management die Situation, „nach externen Grundsätzen Rechenschaft vor sich selbst abzulegen", wodurch „frühzeitig eine Kontrolle des [...] Jahressolls"[195] ermöglicht wird.[196]

Die weitere der Zwischenberichterstattung zugeschriebene Funktion, namentlich die Prognosefunktion, entspricht auch dem Grundgedanken der jährlichen Rechnungslegung, als basierend auf den veröffentlichten Informationen das Abschätzen der künftigen Entwicklung möglich sein soll. Der Unterschied liegt im jeweiligen Prognosehorizont. Im Rahmen der Zwischenberichterstattung reicht dieser bis zum Geschäftsjahresende.[197] Das Fortschreiben der Angaben des letzten Jahresfinanzberichts soll Rückschlüsse auf das Jahresergebnis zulassen[198], wodurch der Zwischenbericht diesbezüglich eine Indikatorstellung einnimmt.[199] Durch jeden weiteren Zwischenbericht, der bereits realisierte Ergebnisse enthält, verkürzt sich der Prognosehorizont, was eine bessere Antizipation des Jahresendergebnisses zulässt.[200] Die prospektiven Angaben im Zwischenbericht sollen eher der Beurteilung der Ertragskraft bzw. Zahlungsfähigkeit und dem frühzeitigen Erkennen von Entwicklungstrends des jeweiligen Unternehmens in zukünftigen Perioden dienen. Basierend darauf ist es dem Adressaten möglich, die weitere Entwicklung seiner Kapitalanlage abzuschätzen.[201]

Die dritte Funktion – die Verbindungsfunktion – kann hingegen als zwischenberichtsspezifisch bezeichnet werden. Dem Terminus „Zwischenbericht" entsprechend bildet die Zwischenberichterstattung das Bindeglied zwischen den aufeinander folgenden Jahresfinanzberichten.[202] Eine Verbindung aufeinander folgender Jahresfinanzberichte ist nur möglich, wenn der Zwischenbericht wichtige Informationen des vorangegangenen Jahresabschlusses aufnimmt, diese durch die Darstellung derzeitiger Geschäftsentwicklungen fortführt und einen

---

194 Vgl. Dahl (1995), S. 60; Coenenberg/Federspieler (1999), S. 169. Zur Betrachtung der Kontrollfunktion aus institutioneller Sicht vgl. im Wesentlichen Köster (1992), S. 83–85. Zur gesellschaftsrechtlich geprägten Kontrollfunktion vgl. auch Federspieler (1999), S. 66.

195 Dahl (1995), S. 61, beide Zitate.

196 Die bilanziellen Auswirkungen der ergriffenen Maßnahmen werden in den Zwischenberichten zeitnah ersichtlich. Vgl. Federspieler (1999), S. 64–66; Dahl (1995), S. 61.

197 „*The purpose of the external interim report* [...] *is to help predict the outcome which ultimately appears on the annual report*", Green (1964), S. 36 [Hervorhebungen nicht im Original]. In der US-amerikanischen Literatur wird die Prognose der zukünftigen Entwicklung und insb. des Jahresergebnisses als Hauptzweck der Zwischenberichterstattung angesehen. Vgl. u. a. Brown/Niederhoff (1968), S. 489, 496; Kiger (1972), S. 114.

198 Vgl. Dahl (1995), S. 62 f.; Federspieler (1999), S. 61 f.; Streim (2000), S. 125; Brinkmann (2006), S. 60 m. w. N. Doch „*the usefulness for* [*forcasting the results of future operations*] *is limited by the difficulties inherent in any attempt to project the future from the record of the past*", Shillinglaw (1961), S. 222 [Hervorhebungen nicht im Original]. Gleicher Ansicht Kirchner (2000), S. 55.

199 Bereits ausgewiesene Periodenergebnisse stellen für die Einschätzung der wirtschaftlichen Aussichten ein Indiz dar, vgl. Moxter (1962), S. 203. Vgl. auch Federspieler (1999), S. 62.

200 Vgl. Dahl (1995), S. 64.

201 Rechnungslegung fungiert in diesem Sinne als „Grundpfeiler eines subjektiven Prognosemodells für Liquidität und Rentabilität", Busse von Colbe (1994), S. 47.

202 Vgl. Dahl (1995), S. 64.

Ausblick auf das Ende des Geschäftsjahres gibt.[203] Doch eine Verbindung liegt auch hinsichtlich der Prognose- und Kontrollfunktion des Zwischenberichts vor. Durch die Prognosefunktion ist das Management angehalten, seine zukünftigen Maßnahmen sorgfältig zu planen, um realistische Prognosen treffen zu können und anschließend sich selbst derart zu kontrollieren, dass den getätigten Prognosen entsprochen werden kann.[204]

2.3.2 Entscheidungsnützlichkeit als primäre Anforderung

Die bisherigen Kapitel verdeutlichten, dass die Zwischenberichterstattung i. S. ihrer Informationsfunktion ergänzend zur jährlichen Berichterstattung eine Grundlage für rationale Entscheidungen der Investoren darstellt. Das Fehlen weiterer an die Zwischenberichterstattung angeknüpfter Rechtsfolgen – eine ordnungsmäßige Erstellung und Veröffentlichung vorausgesetzt – führt dazu, dass die Zwischenberichterstattung ohne die Erfüllung dieser Informationsfunktion ihre Daseinsberechtigung verliert.[205] Zur Erfüllung der Informationsfunktion müssen Zwischenberichtsinformationen „potentiellen Einfluss auf die Anlageentscheidung ausüben“[206]. Infolgedessen ist die primäre Anforderung der Nutzen der Information für die wirtschaftlichen Entscheidungen der Investoren (Entscheidungsnützlichkeit = *decision usefulness*).[207]

Damit unterscheidet sich die Anforderung nicht von derjenigen, die bspw. internationale Standardsetzer für ihre kapitalmarktorientierten Rechnungslegungsstandards deklarieren.[208] Insofern gelten auch für die Zwischenberichterstattung die Grundvoraussetzungen für das Vorliegen von Entscheidungsnützlichkeit: Relevanz und Verlässlichkeit.[209] Gleichfalls sind die für eine informationsorientierte Rechnungslegung grundlegenden Merkmale wie Klarheit,

---

[203] Vgl. Ammedick/Strieder (2002), Rn. 7; Henrici (2004), S. 126. In Abhängigkeit zum Jahresfinanzbericht übernimmt die Zwischenberichterstattung daher eine Ergänzungsfunktion bzw. Korrektivfunktion in zeitlicher und sachlicher Dimension, vgl. Coenenberg/Henes (1995), S. 971. Da der Zwischenbericht den Zeitraum zwischen zwei Bilanzstichtagen schließt bzw. überbrückt, wird ihm zudem eine Überbrückungsfunktion zu gesprochen. Vgl. Baetge/Schlösser (1993), S. 226; Rolvering (2002), S. 71; BDO (1989), S. 8; Köster (1992), S. 47.

[204] Ähnlich Dahl (1995), S. 64.

[205] Vgl. Coenenberg/Henes (1995), S. 969.

[206] Federspieler (1999), S. 59.

[207] Vgl. Henes (1995), S. 8. Allgemein auf die Rechnungslegung bezogen, vgl. Wagenhofer/Ewert (2007), S. 5, 46. Zu unterschiedlichen Definitionen des „*decision usefulness*“-Kriteriums vgl. Hütten (2000), S. 225. Bestätigt die Information lediglich die getroffene Entscheidung kann bei dieser nicht von Entscheidungsnützlichkeit ausgegangen werden, vgl. Ballwieser (2004), S. 60. Die Konkretisierung der Zwischenberichterstattung (Stand: § 44 BörsG) verfolgend, wurden Anfang der 90er-Jahre Grundsätze ordnungsmäßiger Zwischenberichterstattung (GoZB) erarbeitet, vgl. Köster (1992), S. 82–158; Dahl (1995), S. 90–173; Rolvering/ Stahl (1999), S. 295; Alvarez/Wotschofsky (2001a), S. 68–70. Im Gegensatz zu den GoB konnten sich die GoZB in der Praxis nicht zu einem geschlossenen System herausbilden. Vgl. Selch/Rothfuss (2000), S. 508.

[208] Vgl. Framework des IASB F.12. Das Konzept der Entscheidungsnützlichkeit lässt sich auf die entscheidungswissenschaftlich und informationsökonomisch ausgerichtete Rechnungslegungsforschung zurückführen. Vgl. Staubus (1999), passim.

[209] Vgl. Busse von Colbe (1993), S. 20; Naumann (2006), S. 47 f.; Pellens/Jannett/Schmidt (2009), S. 415. Zur empirischen Operationalisierung von Relevanz vgl. Lindemann (2004), S. 104 f.

Stetigkeit und Neutralität zu berücksichtigen.[210] Ausschlaggebend ist jedoch, dass die Entscheidungsnützlichkeit der Zwischenberichterstattung in Abhängigkeit zu den charakteristischen Merkmalen dieses Publizitätsinstruments steht und den grundlegenden, die Entscheidungsnützlichkeit konkretisierenden Anforderungen, ein anderes Gewicht beizumessen ist. Um einen Maßstab für die Beurteilung der Entscheidungsnützlichkeit von Zwischenberichtsinformationen zu erlangen, ist es erforderlich, die grundlegenden Anforderungen zu präzisieren und mögliche Grenzen der Entscheidungsnützlichkeit zu identifizieren.

Im Sinne der Informationsökonomie gilt eine Information als relevant, wenn sie geeignet ist, die Erwartungen über künftige Zustände (i. S. d. Wahrscheinlichkeitsverteilung) und somit die Einschätzung der Vorteilhaftigkeit einzelner Entscheidungsalternativen zu ändern (Prognoseeignung).[211] Im Rahmen der Zwischenberichterstattung sind die Investoren als primäre Adressaten und deren konkreten Informationsinteressen zu fokussieren.[212]

Eine Ableitung des objektiven Informationsbedarfs der Adressaten scheitert jedoch wie auch bei der jährlichen Rechnungslegung an der Komplexität des Zielsystems,[213] da bereits die Gruppe der Investoren durch unterschiedliche Informationsbedürfnisse charakterisiert ist, was u. a. auf die individuelle Zielsetzung der Investoren (Zielpluralismus)[214], die Informationsintensität, die Informationsbeschaffungsmöglichkeiten[215] oder die Fähigkeit der Auswertung von Finanzberichten[216] zurückzuführen ist.

Dies führt (zwangsläufig) zur Ausrichtung an den Bedürfnissen eines „*average prudent investor*", der über eine ausreichende Fachkenntnis verfügt, aber bei seinen Anlageentscheidungen, die er auf Rechnungslegungsinformationen stützt, weder durch besondere Präferenzen noch eine bestimmte Risikoneigung geleitet wird.[217] Losgelöst von den Partikularinteressen wird

---

210 Vgl. Krönert (2001), S. 53–58. Zu weiteren Merkmalen vgl. Rolvering (2002), S. 71 f.; Griewel (2006), S. 43 f.

211 Vgl. Hirshleifer (1973), S. 31–39. Mit Bezug auf die Rechnungslegung vgl. Wagenhofer/Ewert (2007), S. 105; Ballwieser (2002), S. 117. Vgl. hierzu auch Böcking/Wesner (2004), S. S. 103.

212 Vgl. Moxter (1976), S. 94: „Ohne einen wohldefinierten Adressaten ist keine sinnvolle Rechenschaft denkbar" [Hervorhebungen im Original getilgt]. Die Schutzfunktion der Rechnungslegung kann nur erfüllt werden, „wenn der Rechenschaftsinhalt am Informationsinteresse der Adressaten ausgerichtet wird". Moxter (1976), S. 95. Konkret hieße das: Den Investoren sind derartige Informationen bereitzustellen, die sie vor Fehlentscheidungen schützen.

213 Vgl. Grotz-Martin (1983), S. 145. Zu den wissenschaftlichen Ansätzen zur Bestimmung des Informationsbedarfs vgl. zum deduktiven Ansatz Hepers (2005), S. 95 f.; zum induktiven Ansatz vgl. Krönert (2001), S. 41, 44–51 m. w. N.

214 Vgl. Krönert (2001), S. 15; vgl. auch Wich (2009), S. 42.

215 Zu den unterschiedlichen Informationsquellen von Kleinanlegern und institutionellen Anlegern, vgl. Rothfuss (2005), S. 127. Zur unterschiedlichen Sachkunde vgl. Volk (1990), S. 45–46, 51 f.

216 Zur Diskussion eines angemessenen Berichtsniveaus vgl. Hütten (2000), S. 266; die Ausrichtung an privaten (Klein-)Anlegern befürwortend, vgl. Köster (1992), S. 45; für die Ausgestaltung aus Sicht der institutionellen Anleger plädierend, vgl. Bridts (1990), S. 51 f.; Rothfuss (2005), S. 128.

217 Vgl. AICPA (1994), S. 18–20. Zur Schwierigkeit, mithilfe des „*average prudent investor*" einen konkreten Informationsbedarf abzuleiten, vgl. Bridts (1990), S. 46. Eine solche Typisierung aufgrund der erheblichen Schnittmenge der grundlegenden Informationsbedürfnisse befürwortend, vgl. BaFin (2005), S. 189; Leffson (1987), S. 183 f.; Sperl (1978), S. 47. Festzuhalten ist weiterhin, dass die individuellen Auswertungsmodelle,

vor dem Hintergrund der Konsumbefriedigung das Streben nach der Maximierung des Barwerts aller zukünftigen Zahlungen aus der (potenziellen) finanziell-vertraglichen Beziehung zu dem Unternehmen als verfolgtes Ziel unterstellt.[218] Die Generierung von Gewinnen hängt von zahlreichen Faktoren ab: Dispositionen des Managements als auch exogene Größen (Entwicklung des Unternehmensumfelds).[219] Da die Entscheidungen der Adressaten zukunftsgerichtet sind, kommen Informationen über die zukünftige Entwicklung des Unternehmens eine besondere Bedeutung zu.[220] Die Zwischenberichterstattung hat daher die „Dynamik des Unternehmensgeschehens“[221] abzubilden, um eine Beurteilung des Zielerreichungsgrad zu ermöglichen.[222]

In diesem Zusammenhang ist auch die für die Relevanz der Zwischenberichterstattung notwendige Vergleichbarkeit der Informationen zu sehen, an der Adressaten ein starkes Interesse haben.[223] Daher sind die innerbetriebliche intertemporale Vergleichbarkeit i. S. d. Unternehmensentwicklung, eine Soll-Ist-Vergleichbarkeit i. S. einer tatsächlichen Zielerreichung in Bezug auf den vormals bekannt gegebenen Sollwert und eine zwischenbetriebliche Vergleichbarkeit durch die Zwischenberichtsinformationen herzustellen.[224] Voraussetzungen sind u. a. das Vorhandensein entsprechender Vergleichszahlen sowie eine formale und materielle Stetigkeit – bspw. hinsichtlich der Anwendung von Bilanzierungs- und Bewertungsvorschriften.[225]

Für eine entscheidungsnützliche Zwischenberichterstattung sind zudem „verlässliche[...] Informationen über das vom Aktienemittenten im Laufe des Geschäftsjahres erzielte Ergebnis [...] erforderlich“[226]. Andernfalls würde der Adressat diese ignorieren und es käme zu keiner Erwartungsänderung.[227] Die Forderung nach Verlässlichkeit umfasst zwei Aspekte. Der erste

---

mithilfe derer die Adressaten Prognosen bilden, unbekannt sind. Vgl. Kahle (2002), S. 102. Welche Informationen die Adressaten tatsächlich für die Entscheidungen verwenden, bleibt ungewiss.

[218] Vgl. Coenenberg/Henes (1995), S. 979, 992; Hartmann-Wendels (1991), S. 10. Ballwieser/Küting/ Schildbach (2004), S. 546. Möglich ist auch die Verfolgung nicht finanzielle Bedürfnisse (z. B. Prestige), vgl. Moxter (1964), S. 10.

[219] Vgl. Hartmann-Wendels (1991), S. 10. Exogene Größen sind vom Management nicht beinflussbar, aber die Reaktion auf unvorhersehbare Ereignisse ist ein Indikator für die Managementqualität.

[220] Vgl. Jenkins (1994), S. 78, „*users need more forward looking information*“ [Hervorhebungen nicht im Original]. Vgl. auch AICPA (1994), S. 29.

[221] Krönert (2001), S. 51.

[222] Allgemein vgl. Volk (1990), S. 58 f.

[223] Vgl. Kahle (2002), S. 97.

[224] Vgl. Coenenberg/Bridts (1992), S. 192; Streim/Bieker/Leippe (2001), S. 183; ausführlich Köster (1992), S. 109–120. Mit dem vertikalen Vergleich können Investoren einen Bezug zum gesamten Geschäftsjahr herstellen, die Kompatibilität mit dem Jahresfinanzbericht überprüfen sowie Trends und Aktivitätsmuster erkennen, vgl. Bridts (1990), S. 147. Zu den Schwierigkeiten eines horizontalen Vergleichs aufgrund unterschiedlicher Branchen und Unternehmensgrößen oder der Struktur des Zwischenberichts vgl. Federspieler (1999), S. 174; Busse von Colbe/Reinhard (1989), S. 11.

[225] Vgl. Hepers (2005), S. 104; Alvarez/Wotschofsky (2003), S. 131.

[226] Transparenzrichtlinie (2004), Erwägungsgrund (16). Gleicher Ansicht, vgl. Marten/Quick/ Ruhnke (2007), S. 683; Coenenberg/Henes (1995), S. 992. Vgl. generell Busse von Colbe (1994), S. 39.

[227] Vgl. Wagenhofer/Ewert (2007), S. 6 f., 105. Informationen bleiben von (potenziellen) Investoren unberücksichtigt, solange diese nicht hinreichend nachprüfbar sind, vgl. Kahle (2002), S. 104. „Unzuverlässige Informationen können nicht entscheidungsnützlich sein.“ Ebenda S. 107.

Aspekt betrifft die Einschränkungen der Verlässlichkeit, die aus den angewandten Bewertungsmethoden resultieren, d. h., es ist eine Wertermittlung zu fordern, die zu einer den tatsächlichen Verhältnissen entsprechenden Abbildung führt. Die Verlässlichkeit kann daher nur so hoch sein, wie es die Rechnungslegungsvorschriften zulassen.[228] Das bedeutet nicht, dass die Angaben völlig sicher und präzise zu sein haben, dies ist allein schon aufgrund prospektiver Wertbestandteile nicht möglich[229]; vielmehr sind Unsicherheiten durch Erläuterungen, Wahrscheinlichkeiten oder Szenarien zum Ausdruck zu bringen.[230] Um aber im Hinblick auf die wirtschaftlichen Vorgänge im Unternehmen Rückschlüsse ziehen zu können, benötigen die Adressaten i. S. einer intersubjektive Nachprüfbarkeit[231] die Kenntnis über die angewandten Regelungen, andernfalls sind die ökonomischen Sachverhalte hinter den Zahlen nicht greifbar und die Informationen nicht nutzbar.

Der zweite Aspekt betrifft die Tatsache, dass der Zwischenbericht von dem Management (nach agency-theoretischer Sicht der Agent) selbst erstellt wird. Um Zweifel an der Verlässlichkeit der ermittelten Werte auszuräumen, ist eine Prüfung durch eine unabhängige Institution notwendig.[232] In dem Glaubwürdigkeitssignal, welches den Adressaten durch eine erfolgte Prüfung und der Bestätigung der Normkonformität vermittelt wird, ist ein wichtiger Einflussfaktor für die Erfüllung der Informationsfunktion zu sehen.[233] „Eine unterjährige Berichterstattung, die keiner externen Überprüfung unterliegt, kann nicht nur unbeabsichtigte Fehler enthalten, sondern auch von der Unternehmensleitung zum ‚Erwartungsmanagement' genutzt werden."[234] Hinsichtlich der Verlässlichkeit ist ebenso wie im Hinblick auf die Relevanz zu beachten, dass die Anforderungen von einem hohen Maß an Subjektivität geprägt sind; unterscheiden sich doch die Einschätzungen ein und derselben Information bei verschiedenen Adressaten von hinreichend verlässlich bis unglaubwürdig.[235]

Die genannten Anforderungen – Relevanz und Verlässlichkeit – unterliegen einem Spannungsverhältnis.[236] Die für die Verlässlichkeit notwendige Objektivierung verzerrt regelmäßig die reale Unternehmenslage.[237] Entscheidungsrelevante Informationen sind meist zukunftsge-

---

228 Allgemein vgl. Schruff (2001), S. 172.

229 „Die Verlässlichkeit ist nicht dadurch eingeschränkt, dass [...] im Vergleich zum Jahresabschluss häufiger auf Schätzmethoden zurückgegriffen werden muss." d'Arcy/Meyer (2005), S. 157.

230 Vgl. Hütten (2000), S. 236.

231 Vgl. Baetge (1976), S. 17. Ziel des Nachprüfbarkeitspostulats ist es, Manipulationsmöglichkeiten durch Vorgabe nicht beeinflussbarer Bewertungsparameter oder anhand von Informationen zu unvermeidbaren Ermessensspielräumen zu begrenzen, vgl. Hackmann (1987), S. 34.

232 Vgl. Menken (1993). S. 134.

233 Dies gilt auch für die Effizienz der Kapitalmärkte, vgl. Marten/Quick/ Ruhnke (2007), S. 13.

234 Schruff (2001), S. 163.

235 Zur subjektiven Beurteilung der Informationsglaubwürdigkeit vgl. Streim (1988), S. 3.

236 Zum viel diskutierten Spannungsverhältnis vgl. u. a. Kahle (2002), S. 104; Coenenberg/Straub (2008), S. 22. In der Ermittlung eines Kompromisses sieht *Kahle* eine Wertungsfrage, deren Beantwortung von der dominierenden Interessengruppe sowie gesellschaftlich-historischen Traditionen anhängig ist. Vgl. Kahle (2002), S. 104. Zu Auswirkungen einer höheren Relevanz und/oder Verlässlichkeit auf die zwischenbetriebliche Vergleichbarkeit vgl. Wohlgemuth (2007), S. 40.

237 Vgl. Wich (2009), S. 23.

richtet, die wiederum unsicherheitsbehaftet und wenig verlässlich sind. Das Kernproblem besteht folglich darin, das Optimum zu finden, in dem die Entscheidungsrelevanz und Verlässlichkeit gemeinsam maximiert werden.[238] Verstärkt wird dieses Spannungsverhältnis durch die Berücksichtigung der im Folgenden dargestellten zwischenberichtsspezifischen Anforderungen.

2.3.3 Konzeptionelle zwischenberichtsspezifische Anforderungen

2.3.3.1 Zeitnähe

Da sich die Forderung nach Zwischenberichten als logische Konsequenz aus dem langen Zeitabstand zwischen der jeweiligen Veröffentlichung der Jahresfinanzberichte ergibt[239], aus der eine gewisse „Inaktualität" des Jahresfinanzberichts resultiert, stellt die Zeitnähe ein wesentliches Merkmal für die Entscheidungsnützlichkeit der Zwischenberichtsinformationen dar.[240] Diese umfasst das rechtzeitige Vorliegen der Informationen zur Entscheidungsfindung des Adressaten[241] und deren Aktualität, d. h. die Informationen sind nicht bereits aufgrund neuer Gegebenheiten veraltet oder dem Adressaten durch andere Informationsquellen zugegangen.[242] Ein Mangel an Zeitnähe würde sich nicht nur negativ auf den Nutzen der Zwischenberichterstattung auswirken, gleichsam kann ohne eine rechtzeitige Unterrichtung eine Überwachung seitens der Investoren im Sinne der Kontrollfunktion nicht effektiv vollzogen werden. Mit Zunahme des zeitlichen Abstands zwischen Berichterstattung und Eintreten des Ereignisses wandelt sich das Kontrollrecht in die reine Kenntnisnahme.[243]

Je früher unterjährige Informationen (nach dem Stichtag) veröffentlicht werden, desto nützlicher sind sie für die Entscheidungsfindung. Doch die Vorteilhaftigkeit der Zeitnähe bildet einen restriktiven Faktor im Rahmen der unterjährigen Wertermittlung. Es sind die Methoden anzuwenden, die einerseits eine zeitnahe Berichterstattung sicherstellen und andererseits eine hinreichende Verlässlichkeit der Informationen gewährleisten.[244] Im Detail kann der anzustrebende Kompromiss kaum zu definieren sein. Doch sind viele Sachverhalte des Geschäfts-

---

[238] Zur Gewichtung der qualitativen Anforderungen vgl. Wohlgemuth (2007), S. 37.

[239] Vgl. Green (1977), S. 2: „*It seems logical to suppose that interim reports are published because the time between annual reports is too long*" [Hervorhebungen nicht im Original]. Dem Problem eines späten Veröffentlichungszeitpunkts wird im Rahmen der Jahresfinanzberichterstattung zunehmend mit dem sog. „*fast close*" begegnet, vgl. Raschke/Vogel (2002), S. 277. Zu den Herausforderungen beim *fast close* vgl. Mäder/ Schärli (2002), S. 1079–1083.

[240] Vgl. Förschle/Helmschrott (2001), S. 641. Rechnungslegungsinformationen können durch den Zeitablauf partiell oder vollständig an Wert verlieren. Daher begünstigt die Zeitnähe die Entscheidungsnützlichkeit. Vgl. Volk (1990), S. 8; Busse von Colbe (1993), S. 21.

[241] Der Informationswert der publizierten Ereignisse sinkt mit zunehmendem Abstand vom Zeitpunkt ihres Eintretens, vgl. Basedow (1972), S. 113.

[242] „Die Wahrnehmung [der Informationsfunktion] setzt zunächst voraus, daß den Adressaten den [...] Pflichtinformationen entsprechende Angaben bis zur Veröffentlichung nicht, nicht in gleicher Form oder nicht in dem gleichen Zeitraum zur Verfügung stehen." Hebestreit (1992), S. 110.

[243] Vgl. Müller (1976), S. 12.

[244] Durch das Gebot der Zeitnähe ist die Anforderung an die Richtigkeit und Genauigkeit der Informationen im Vergleich zur jährlichen Finanzberichterstattung zu relativieren, vgl. Bridts (1990), S. 137–138; gleicher Ansicht Peemöller (2009), Rn. 15.

jahres am Ende eines Quartals noch nicht abgeschlossen, was den Rückgriff auf Schätzungen impliziert.[245] Deren Angemessenheit in Bezug auf die Generierung verlässlicher Informationen kann erst ex post beurteilt werden. Etwaige Prüfungsmaßnahmen zur Sicherstellung der Verlässlichkeit wären, um eine fristgerechte Veröffentlichung zu gewährleisten, mit einem weniger zeitlich intensiven Aufwand vorzunehmen.[246]

Eine vorzeitige Bekanntgabe der Zwischenberichtsinformation über andere Kommunikationswege würde die Entscheidungsnützlichkeit des Zwischenberichts wesentlich beeinträchtigen, da die Auswertung von bereits bekannten Zwischenberichtsinformationen obsolet wäre.[247] Die Ausführungen zur Stellung des Zwischenberichts im Publizitätssystem zeigen[248], dass auch Ad hoc-Mitteilungen, die analog zu Zwischenberichten eine Informationsfunktion besitzen und dem kapitalmarktrechtlichen Schutzgedanken unterliegen[249], eine Art Aktualisierung bzw. Ergänzung der jährlichen Finanzberichterstattung vornehmen. Obwohl grundsätzlich von einer komplementären Beziehung zwischen Ad hoc-Mitteilung und Zwischenbericht ausgegangen wird[250], da die Ersteren situationsbedingte, kursbeeinflussende Informationen fokussieren[251], können inhaltliche Überschneidungen beider Publizitätsinstrumente nicht ohne Weiteres ausgeschlossen werden.[252] Im Fall einer inhaltlichen Überschneidung aufgrund kursbeeinflussender Information käme es im Rahmen der Ad hoc-Mitteilung sofort nach Eintritt zu einer Bekanntmachung und nicht erst im nächsten Zwischenbericht.[253] Eine genaue Beurteilung bedingt die Gegenüberstellung der jeweiligen gesetzlichen Vorschriften zur materiellen Ausgestaltung bzw. Anlässe der Berichtspflicht.[254] Neben Ad hoc-Mitteilungen bilden z. B. Pressekonferenzen eine Informationsgrundlage für die Investoren.[255] Diese Informationen dürften den Zwischenberichtsinformationen als Primärinformationen in qualitativer als auch quantitativer Hinsicht jedoch kaum entsprechen.[256]

---

[245] Auf den höheren Stellenwert von Schätzungen im Rahmen der Zwischenberichterstattung verweisend, vgl. Alvarez/Wotschofsky (2003), S. 130; auch IAS 34.41.

[246] Vgl. Förschle/Helmschrott (2001), S. 641; Alvarez/Wotschofsky (2003), S. 51.

[247] Auf den Jahresabschluss bezogen, vgl. Menken (1993), S. 69. Auch können *Keller/Möller* nachweisen, dass für Anleger die Jahresabschlüsse von Zwischenbericht erstattenden Unternehmen einen geringeren Informationsnutzen aufweisen als die Jahresabschlüsse von Unternehmen, die nicht unterjährig Bericht erstatten. Vgl. Keller/Möller (1993), S. 54–60.

[248] Vgl. Kapitel 2.2.3.

[249] Vgl. Ammedick/Strieder (2002), Rn. 4.

[250] Zum Verhältnis zwischen Ad hoc- Mitteilungen und Zwischenberichterstattung vgl. Alvarez/Wotschofsky (2000), S. 31; Rothfuss (2005), S. 141–143. Die Aufgaben der Zwischenberichterstattung erheblich umfangreicher und anspruchsvoller ansehend, vgl. Bridts (1990), S. 72.

[251] Vgl. Alvarez/Wotschofsky (2003), S. 11.

[252] Zur Diskussion zur zeitlichen Abstimmung der Veröffentlichung von Ad hoc-Mitteilungen, deren zu Grunde liegende Tatsachen sich aus den Ergebnissen regelmäßiger Publizitätsinstrumente ergeben, vgl. Schruff/ Nowak/Feinendegen (2001), S. 724.

[253] Vgl. Wölk (1997), S. 80; Rolvering (2002), S. 32.

[254] Vgl. hierzu Kapitel 3.5.

[255] Im Sinn der mittelstrengen Informationseffizienz spiegeln sich alle öffentlich zugänglichen Informationen unverzüglich in den Börsenkursen wider. Vgl. Schneider (1981), S. 24. Zur Abgrenzung der schwachen, mittelstrengen und strengen Kapitalmarkteffizienz vgl. Fama (1970), S. 383.

[256] Vgl. Hebestreit (1992), S. 111; Rothfuss (2005), S. 131 f.

2.3.3.2 Wesentlichkeit bzw. kondensierter Berichtsumfang

Die Maxime der Wesentlichkeit ist zwar jeder externen Berichterstattung immanent[257] und ergibt sich bereits aus dem Kriterium der Entscheidungsrelevanz[258], nimmt aber im Rahmen der Zwischenberichterstattung im Vergleich zur Jahresfinanzberichterstattung aus der Konzeptionierung als „Kurzbericht" eine gewichtigere Stellung ein.[259]

Der Grundsatz schlägt sich zum einen im Umfang und dem Detaillierungsgrad des Zwischenberichts nieder. Hierbei ist eine negative Abgrenzung angemessen: Auch im Zwischenbericht darf nichts Wesentliches fehlen.[260] Dabei kann sich auf die Aktualisierung des vorhergehenden Jahresfinanzberichts und Aufnahme neuer Entwicklungen und Einschätzungen beschränkt werden, soweit der letzte Jahresfinanzbericht vorliegt. Ein Verzicht auf die Erläuterung von spezifischen Wertermittlungsmethoden kann hingegen nicht mit dem Wesentlichkeitsgrundsatz begründet werden; diese sind stets anzugeben. Die Datenkomprimierung im Rahmen des Zwischenberichts hat den Vorteil, dass die wesentlichen Informationen schneller erfasst werden können und einen *„information overflow"* auf Investorenseite verhindert wird.[261]

Zum anderen ist die Wesentlichkeit konsequenterweise bei der Ermittlung der Rechnungslegungsinformationen maßgebend. Aufwändige Wertermittlungsverfahren, die im Rahmen der Jahresfinanzberichterstattung zur Anwendung kommen, sind lediglich angemessen, wenn die Ermittlung eine zeitnahe Veröffentlichung nicht unterbindet. Im Rahmen der Zwischenberichterstattung kann „auf eine der Genauigkeit der Jahresberichterstattung entsprechende Ermittlung der Zwischeninformationen immer dann verzichtet werden, wenn auf diese Weise nicht die allgemeine Aussagefähigkeit der Zwischeninformationen beeinträchtigt wird".[262]

In der Beurteilung, wann die Wesentlichkeitsgrenze über- bzw. unterschritten wird, sind die Sicht der Investoren als faktischer und die Werte am Ende der Zwischenberichtsperiode als zeitlicher Bezugspunkt zu berücksichtigen. Letzteres führt dazu, dass die Gewichtung eines Sachverhalts nicht zuletzt aufgrund der Kürze des Berichtszeitraums im Zwischenbericht von der im Jahresfinanzbericht stark abweichen kann;[263] die Grenzen der Wesentlichkeit verschieben sich.[264] Eindeutige bzw. quantitative Vorgaben für die Wesentlichkeit würden zwar Ermessensspielräume hinsichtlich der Beurteilung der Wesentlichkeit einschränken, eine Auf-

[257] Vgl. Leffson (1987), S. 181. Die Vermittlung vollständiger Informationen zur Antizipation zukünftiger Gewinne entsprechend dem entscheidungstheoretischen Ansatz erfährt bspw. aus dem Selbstschutzinteresse der Unternehmen eine Begrenzung (i. S. v. Verlusten von Wettbewerbsvorteilen) Begrenzung. Vgl. Ciesielski (1977), S. 34–39, 59–61; Köster (1992), S. 42.

[258] Vgl. Leffson (1987), S. 182; Ballwieser (2002), S. 118.

[259] Vgl. Henes (1995), S. 62; Federspieler (1999), S. 173; Kajüter/Barth/Meyer (2009), S. 463.

[260] Vgl. Bridts (1990), S. 139. Vgl. Dahl (1995), S. 135.

[261] Der Grundsatz der Wesentlichkeit „wirkt unter diesem Aspekt im Sinne der Informationsökonomie als Korrelat der reinen Informationsorientierung des Zwischenberichts." Bridts (1990), S. 143. Zu dem Verhältnis zwischen permanentem *„news flow"* und *„information overflow"* vgl. Henrici (2004), S. 118.

[262] Hebestreit (1992), S. 137.

[263] Vgl. Bridts (1990), S. 145; gleicher Ansicht Hebestreit (1992), S. 138.

[264] Vgl. Förster/Helmschrott (2001), S. 643; Köster (1992), S. 107.

stellung dieser Vorgaben erscheint jedoch bereits aufgrund des subjektiven Wesentlichkeitsempfindens der Adressaten und der Individualität der Unternehmen kaum möglich.[265]

2.3.3.3 Kosten-Nutzen-Verhältnis

Wie die grundlegenden Ausführungen zur Regulierung zeigen[266], sind Kosten-Nutzen-Abwägungen als wesentliche Restriktion in die Entwicklung von Regulierungsmaßnahmen einzubeziehen.[267] Dem zuvor geschilderten Nutzen der Zwischenberichterstattung stehen direkte wie auch indirekte Kosten bzw. Risiken gegenüber.[268] Die Kosten für den gesamten Erstellungs- und Veröffentlichungsprozess gelten als direkte Kosten[269] ebenso wie die Kosten, die hinsichtlich einer Einbeziehung eines Wirtschaftsprüfers oder anderer Prüfungsinstanzen anfallen. Indirekte Kosten können insb. wegen höherer Kapitalkosten aufgrund von Fehlinterpretationen der Zwischenergebnisse resultieren.[270] Die Gefahr einer unzutreffenden Erwartungsbildung in Bezug auf das Gesamtjahresergebnis fußt u. a. auf der disaggregierten Darstellung der Jahreszahlen, der unterjährigen Erfolgsermittlung und den am Wesentlichkeitsgrundsatz ausgerichteten weniger umfangreichen Erläuterungen.

Da die Kosten für die Zwischenberichterstattung wie auch der Nutzen unternehmensindividuell sind, schlägt eine Generalaussage hinsichtlich eines optimalen Kosten-Nutzenverhältnisses grundsätzlich fehl.[271] Aus diesem Grund und infolge der Notwendigkeit einer empirischen Untersuchung für eine sachgerechte Analyse des Verhältnisses bildet das Kosten-Nutzen-Verhältnis nicht den Mittelpunkt der folgenden Ausführungen, sondern wird nur an entscheidender Stelle in die Argumentation aufgenommen.

2.3.4 Mögliche Grenzen der Entscheidungsnützlichkeit

2.3.4.1 Methodik der unterjährigen Erfolgsermittlung

Die konzeptionellen Vorzüge der Zwischenberichterstattung, d. h. Zeitnähe und die verstärkte Fokussierung auf das Wesentliche, bilden zusammen mit den Kosten-Nutzen-Abwägungen zeitgleich formale Anforderungen, die Einschränkungen hinsichtlich des Inhalts der Zwischenberichte und insb. der zu Grunde liegenden Wertermittlung der Zwischenberichtsinformationen zur Folge haben. Nicht unmittelbar aus diesen Anforderungen, sondern vielmehr als Folge der Unterjährigkeit lassen sich weitere Aspekte identifizieren, die sich auf die Ent-

[265] Vgl. Volk (1990), S. 75 f.; Henes (1995), S. 54. Quantitative Kriterien werden der Situationsbezogenheit des Wesentlichkeitsprinzips nicht gerecht, vgl. Leffson (1986), S. 445.

[266] Vgl. Kapitel 2.1.3.

[267] „Der Informationsnutzen sollte unter diesem informationsökonomischen Aspekt mindestens den entstandenen Kosten entsprechen", Bridts (1990), S. 96.

[268] Zu den Kosten der Regulierung vgl. Watts/Zimmerman (1986), S. 169–172.

[269] Zu einer Auflistung der direkten Kosten vgl. Alvarez/Wotschofsky (2000a), S. 1794.

[270] Ebenso kann die Veröffentlichung schutzwürdiger innerbetrieblicher Informationen (z.B. die Planung neuer Produktentwicklungen oder Produktionsprozesse) zu indirekten Kosten führen, da sich durch diese Informationsbereitstellung der Zeitraum der Nutzungsmöglichkeit von Wettbewerbsvorteilen verkürzen kann, vgl. Henes (1995), S. 68. Zur Anerkennung des Geheimhaltungsinteresses vgl. Ciesielski (1977), S. 62 f.

[271] Vgl. Bridts (1990), S. 97.

scheidungsnützlichkeit von Zwischenberichtsinformationen restriktiv auswirken. Obgleich die nachfolgenden Aspekte ebenso im Rahmen der jährlichen Berichterstattung die Entscheidungsnützlichkeit begrenzen, da ein Geschäftsjahr als Teilperiode innerhalb der Bestehensdauer des Unternehmens anzusehen ist, fallen sie im Rahmen der Zwischenberichterstattung in höherem Maße ins Gewicht.

Im Hinblick auf die Entscheidungsnützlichkeit stellt sich zunächst die Frage, ob ihre Beeinträchtigung aufgrund der angewandten Periodisierungsgrundsätze erfolgt.[272] Die unterjährige Erfolgsermittlung stellt seit jeher ein wesentliches Problem der Zwischenberichterstattung dar[273], da durch den kürzeren Zeitraum weniger Geschäftsvorfälle innerhalb einer (Zwischenberichts-)Periode abgeschlossen werden, was die Periodisierung erschwert.[274] Streitpunkt ist, inwieweit die Periodenergebnisse isoliert oder im Hinblick auf den nachfolgenden Abschluss ermittelt werden sollen.[275] Die zwei fundamentalen Konzepte der Erfolgsabgrenzung sind der integrative (*integral* oder *depent view*) und der diskrete bzw. eigenständige Ansatz (*discrete* oder *independent view*; auch *discrete* oder *stand alone approch*).[276]

Nach dem integrativen Ansatz wird der Zwischenbericht als ein Teilausschnitt des kompletten Berichtsjahrs betrachtet, mit dem die Zeit bis zum nächsten (Konzern) Abschluss überbrückt wird.[277] Aufgrund der im Vordergrund stehenden Prognoseeignung[278] ist eine Abgrenzung der Erfolgskomponenten der Zwischenberichtsperiode unerlässlich. Schwankungen der Erträge und Aufwendungen werden geglättet und die Erfolgszahlen damit verstetigt[279], sodass die Zwischenberichtszeiträume die – auf die Jahreserwartungen bezogen – durchschnittliche Entwicklung des Unternehmens während der Berichtsperiode abbilden.[280] Dies führt zur Notwendigkeit, ergebnisbestimmende Komponenten zu schätzen, andernfalls könnte keine Glättung vorgenommen werden, „da die Größenordnung der Bezugsbasis für die Allokation von Aufwendungen und Erträgen nicht bekannt wäre."[281] Die gängigste Verteilungsmethode stellt den Umsatzerlösen die direkt zurechenbaren Aufwendungen gegenüber und schätzt die jähr-

---

272 Zur Ermittlungsproblematik von Aufwendungen und Erträgen im Rahmen eines Monatsberichts vgl. Müller (1982), S. 64–133.

273 Vgl. Coenenberg/Bridts (1992), S. 181; Alvarez/Wotschofsky (2003), S. 99.

274 Darauf verweisend, dass in der kurzfristigen Erfolgsrechnung und der Jahreserfolgsrechnung grundsätzlich die gleichen Periodisierungsprobleme bestehen, diese sich aber in der kurzfristigen Rechnung häufen und nicht so leicht überwunden werden können, vgl. Beste (1962), S. 28; Haase/Lanfermann (1970), S. 210. Zur Ermittlungsproblematik von Aufwendungen und Erträgen im Rahmen eines Monatsberichts vgl. bereits Schmalenbach (1909), S. 500–504.

275 Vgl. Busse von Colbe (1998), S. 141; Ammedick/Strieder (2002), Rn. 348.

276 Ihren Ursprung finden die fundamentalen Konzeptionen in den USA. Zur Entwicklungsgeschichte vgl. Bridts (1990), S. 104–107. Nach vereinfachender Formel entspricht das Zwischenergebnis der Halbjahresberichterstattung beim integrativen Ansatz dem „halben Jahresergebnis", beim eigenständigen Ansatz dem „Ergebnis des Halbjahres". Coenenberg/Haller/Schultze (2009), S. 958.

277 Vgl. Köster (1992), S. 67.

278 Vgl. Green (1964), S. 36; Bridts (1990), S. 108.

279 Vgl. Köster (1992), S. 67; Ammedick/Strieder (2002), Rn. 355.

280 Vgl. Busse von Colbe et al. (2010), S. 653.

281 Köster (1992), S. 67; Bridts (1990), S. 108. Zu den Modelle zur Abgrenzung von Aufwendungen und Erträgen vgl. Bridts (1990), S. 108–114.

lich anfallenden Aufwendungen und Erträge im Verhältnis vom am Quartalsende bereits realisierten Umsatz zum geplanten Jahresumsatz.[282]

Der besseren Prognosequalität eines Zwischenberichts mit Anwendung des integrativen Ansatzes steht die mangelnde Möglichkeit zur Beurteilung der tatsächlichen Ergebnisentwicklung in dem jeweiligen Quartal gegenüber.[283] Die Gewinnglättungen verhindern das Erkennen unterjähriger Ergebnisentwicklungen, insb. die Einflüsse saisonaler Effekte.[284] Die Glättung erfordert zudem ermessensbehaftete Entscheidungen, die dem Management weitere bilanzpolitische Freiräume verschaffen[285] und der Anforderung der Verlässlichkeit der Informationen widerspricht. Ferner ist ein Vergleich mit vorherigen Jahres- bzw. Konzernabschlüssen nicht möglich.

Beim diskreten Ansatz wird der verkürzte Abschluss wie der Jahresabschluss als abgeschlossene und unabhängige Abrechnungsperiode dargestellt (*stand alone period*).[286] Die angewandten Rechnungslegungsmethoden bzw. Abgrenzungskriterien haben denen des Jahres- bzw. Konzernabschlusses zu entsprechen.[287] Eine Bereinigung des Ergebnisses in Form von Gewinnglättungen erfolgt nicht. Mit dem diskreten Ansatz wird die Unternehmensentwicklung unbereinigt dargestellt, eine Hochrechnung auf Jahresergebnisse ist kaum möglich.[288] Dies entspricht auch nicht dem Ziel des diskreten Ansatzes, vielmehr wird die Darstellung des tatsächlichen Ergebnisses und des Geschäftsverlaufs fokussiert.[289] Die strenge Stichtagsbezogenheit bei der Erfassung von Erträgen und Aufwendungen kann zu starken Schwankungen in den Zwischenergebnissen führen; dies gilt umso mehr, wenn Unternehmen starken saisonalen Einflüssen unterliegen.[290] Doch die Kenntnis über saisonale Einflüsse trägt auch zu einem besseren Verständnis der Entwicklung während des Geschäftsjahres bei. Ohne die Vornahme von Glättungsmaßnahmen werden Wendepunkte in der Unternehmenslage frühzeitig abgebildet, jedoch birgt dies die Gefahr von Fehleinschätzungen der Unternehmensperformance, wenn bspw. im ersten Quartal ein Verlust ausgewiesen wird und sich im Verlauf des Geschäftsjahres ein Gewinn entwickelt.[291] Doch können diese Schwankungen die Ein-

[282] Vgl. Coenenberg/Haller/Schultze (2009), S. 958. Im Extremfall kann der integrative Ansatz zu reinen Planansätzen führen. Alle Erfolgskomponenten werden geglättet, sodass anstelle des tatsächlichen Halbjahresumsatzes der geschätzte halbe Jahresumsatz gezeigt wird. Vgl. BDO (1989), S. 15. Vgl. die Modelle von Shillinglaw (1961), S. 222–231 und Green (1964), S. 35–49.

[283] Auf die Korrekturmaßnahmen infolge von Fehlprognosen verweisend, vgl. Bridts (1990), S. 115.

[284] Vgl. Bridts (1990), S. 115; Baetge/Schlösser (1993), S. 229; Coenenberg/Henes (1995), S. 990.

[285] Vgl. Busse von Colbe et al. (2010), S. 654. In den zusätzlichen Schätzungen kein überzeugendes Gegenargument für die Anwendung des integrativen Ansatzes sehend, vgl. Grosse (1988), S. 80.

[286] Vgl. Coenenberg/Haller/Schultze (2009), S. 959.

[287] Vgl. Kilgert/Großmann (1990), S. 192; Dahl (1995), S. 82 f.

[288] Vgl. Hebestreit (1992), S. 121; Ammedick/Strieder (2002), Rn. 350.

[289] Vgl. Löhr (1996), S. 582.

[290] Vgl. Federspieler (1997), S. 946. Bei extremer Umsetzung des diskreten Ansatzes werden alle typischen Jahresendbuchungen im vierten Quartal vorgenommen, wodurch diese Teilperiode systematische überlastet wird. Vgl. Dahl (1995), S. 83.

[291] Vgl. Coenenberg/Haller/Schultze (2009), S. 959; Busse von Colbe et al. (2010), S. 654. Erläuterungspflichten können Fehlinterpretationen entgegen wirken.

schätzung der Unternehmenslage dahingehend verbessern, als bei einem Vergleich der Vorjahresberichte die Entwicklung nachvollzogen und die Erfolgschancen beurteilt werden können.[292]

Die aufgezeigten Kritikpunkte der beiden Grundkonzeptionen führten zur Entwicklung des kombinierten Ansatzes (*combination view*).[293] Dieser soll sowohl die Prognose des Jahreserfolgs als auch eine den tatsächlichen Verhältnissen entsprechende Darstellung der Unternehmenslage zum jeweiligen Quartal ermöglichen. Zumeist wird der diskrete Ansatz mit Verfahrenselementen des integrativen Ansatzes kombiniert.[294] Dafür werden Erträge und Aufwendungen nach ihrer Art differenziert und unterschiedlich (integrativ oder diskret) erfasst. Leistungsbezogene Erträge und Aufwendungen unterliegen diskreten Abgrenzungsmaßnahmen (Realisationsprinzip und sachliche Abgrenzung). Zeitraum bezogene Erträge und Aufwendungen sind auf das jeweilige Quartal zu verteilen.[295]

Der kombinierte Ansatz erscheint als sinnvoller Mittelweg, wenngleich sich als Resultat der Anwendung Abstriche hinsichtlich der Erfüllung von Prognose- und Kontrollfunktion ergeben. Um einer etwaigen Fehlinterpretation der Zwischenberichtsinformationen zu begegnen, ist die gewählte Methodik, die der Bilanzierung zu Grunde liegt, klar von dem bilanzierenden Unternehmen zu kommunizieren bzw. vom Gesetzgeber oder Standardsetter eindeutig vorzugeben.[296]

2.3.4.2 Prospektivität der Zwischenberichtsinformationen

Hohen Stellenwert in einer den Informationsbedürfnissen der Adressaten entsprechenden Zwischenberichterstattung besitzen prognostische Aussagen.[297] Der Zukunftsbezug äußert sich nicht allein in verbalen Ausführungen, sondern spiegelt sich auch in der Bewertung der Bilanzpositionen durch die in den Rechnungslegungsstandards vorgesehenen Schätzungen bzw. in den zu Grunde liegenden Annahmen wider. Die Wertermittlung der Zwischenberichtsinformationen ist von einem starken Zukunftsbezug geprägt, da Schätzungen einen notwendigen Bestandteil darstellen. Bereits im Rahmen des jährlichen Abschlusses werden zahlreiche Sachverhalte abgebildet, deren zugehörige Erfolgskomponenten nicht abschließen bzw. eindeutig bestimmt werden können. Im verstärkten Maße gilt dies für die Abgrenzung und Bewertung im Rahmen der Zwischenberichterstattung. Auch aufgrund der zeitnahen Veröf-

---

292 Vgl. Bridts (1990), S. 118; Federspieler (1997), S. 946.

293 Vgl. FASB: Discussion of Memorandum on an Analysis of Issues Related to Interim Financial Accounting and Reporting, Norwalk May 1978, zitiert nach Küting/Hayn (1993), S. 13.

294 Vgl. Busse von Colbe et al. (2010), S. 654.

295 Im Detail vgl. Henes (1995), S, 308. Zur Grundkonzeption der Erfolgsabgrenzung nach dem kombinierten Ansatz vgl. Alvarez/Wotschofsky (2003), S. 103–116.

296 Vgl. Rahe (2008), Rn. 189. In diesem Kontext ist die Aussage des IFRIC zu sehen, welches auf der Novembersitzung 2005 die kombinative Ausprägung des IAS 34 anerkannte, aber zugleich die dominante Stellung des eigenständigen Ansatzes hervorhob. Vgl. IFRIC (2005), S. 5 f. Mangels eindeutiger Ausrichtung ist eine Fehlinterpretation der Informationen eher wahrscheinlich.

297 In Bezug auf Informationen zu Ergebniserwartungen für das Gesamtjahr vgl. Gazdar/Piwinger (2005), S. 329.

fentlichung und der Wirtschaftlichkeit ist die Zwischenberichterstattung von einem erhöhten Umfang an Schätzungen geprägt.[298]

Prospektiven Informationen fehlt es an der Nachprüfbarkeit des Wahrheitsgehalts vor Eintritt des prognostizierten Ereignisses.[299] Durch die Angabe von Eintrittswahrscheinlichkeiten kann die Glaubwürdigkeit der Prognosen unterstützt werden.[300] Doch die „Richtigkeit" angegebener Eintrittswahrscheinlichkeit kann ex ante ebenso wenig beurteilt werden. Prognostische Informationen sind daher besonders von dem Spannungsverhältnis zwischen Relevanz und Verlässlichkeit geprägt.[301]

Bei Offenlegung der Grundannahmen und Bilanzierungsmethoden[302] besteht jedoch die Möglichkeit, „die Folgerichtigkeit einer logischen Beziehung zwischen bestimmten Annahmen und bestimmten, unter der Voraussetzung der Gültigkeit dieser Annahmen abgeleiteten Folgen zu beurteilen und gegebenenfalls ein Urteil über die Wahrscheinlichkeit abzugeben, die diesen Annahmen durch die Unternehmensleitung beigemessen werden."[303] Auch die erneute Veröffentlichung zu jedem Quartalsende führt in gewisser Weise zu einer Verifikation der Prognosen und zu einer Einschränkung der veröffentlichten Bandbreiten vorheriger Berichte. Dabei gilt die These, dass die Prognosesicherheit mit jedem neuen Quartalsbericht steigt, da sich der zeitliche Abstand zum prognostizierten Ergebnis fortwährend verringert.[304]

Die Entscheidungsnützlichkeit kann auch durch die Prüfung der zu Grunde liegenden Annahmen von (unabhängigen) Dritten gefördert werden, doch ist eine 100%ige Verlässlichkeit der publizierten Zwischenberichtsinformationen nicht zu erreichen.[305] Festzuhalten bleibt: Zwischenberichtsinformationen sind aufgrund der enthaltenen Prognosen mit einer begrenzten Objektivierbarkeit behaftet.[306]

---

[298] Vgl. Hebestreit (2009), Rn. 75.

[299] Vgl. Heyd (1982), S. 37; Henrici (2004), S. 119. „Schätzungen bergen die Gefahr, auf willkürlichen Annahmen zu beruhen." Köster (1992), S. 60.

[300] Vgl. Ciesielski (1977), S. 77. Eine einwertige Prognose als unsolide bezeichnend, vgl. Schneider (1981), S. 31.

[301] Insbesondere zukunftsorientierte Informationen sind durch den Konflikt zwischen Verlässlichkeit und Relevanz geprägt, vgl. Ballwieser (2002), S. 118.

[302] Vgl. Baetge (1976), S. 17 mit der Forderung nach Eindeutigkeit der Transformationsregeln, welche als Postulat der Objektivität bezeichnet wird. Vgl. auch Menken (1993), S. 329. Zum Nachprüfbarkeitspostulat vgl. auch Mandl/Rabel (1991), S. 452.

[303] Bretzke (1974), S. 296.

[304] Vgl. Brown/Niederhoff (1968), S. 496; Müller (1976), S. 12.

[305] Auf den Wirtschaftsprüfer bezogen, vgl. Busse von Colbe (1968), S. 116.

[306] Vgl. Menken (1993), S. 69 f.

2.3.4.3 Einflussnahme auf die Zwischenberichtsinformationen durch das Management

Die Entscheidungsnützlichkeit der Zwischenberichtsinformationen ist von der Wahrnehmung bestehender Gestaltungsmöglichkeiten i. S. v. Bilanzpolitik[307] im Rahmen der Zwischenberichterstattung abhängig.[308] „Das Interesse dafür, den Jahresgewinn schon im voraus kennen zu lernen, rührt in der Regel allein aus dem Wunsche, schon im Laufe des Jahres ‚Bilanzpolitik' treiben zu können und bei der Aufstellung der Jahresbilanz nicht durch unerwartete Ergebnisse sich überraschen zu lassen und vor Schwierigkeiten gestellt zu sehen."[309] Ist das Geschäftsjahr erst einmal abgelaufen, sind die bilanzpolitischen Möglichkeiten weitgehend eingeschränkt.[310]

Diese auf den Jahresfinanzbericht fokussierte Sichtweise impliziert, dass das Management grundsätzlich einen Anreiz hat, auf die unterjährige Berichterstattung zur Unternehmenslage Einfluss zu nehmen[311], wenn es durch die Maßnahme einen Nutzenzuwachs erwartet.[312] Dem Management ist folglich daran gelegen, die Erwartungen des Kapitalmarktes zu erfüllen bzw. solche Informationen zu veröffentlichen, die die Entscheidungen der Adressaten positiv für das Unternehmen beeinflussen. Unterjährig veröffentlichte Zahlen erhöhen den Druck auf das Management zusätzlich, was in den Augen der Kritiker der Zwischenberichterstattung „zu einer übermäßigen Betonung kurzfristiger Ergebnisentwicklungen und damit zu einer kurzfristigen Ausrichtung der Unternehmensführung"[313] führt.[314] Es stellt sich daher die Frage, welche Auswirkungen eine solche kurzfristige Ausrichtung auf die Nachhaltigkeit des Wirtschaftens des Unternehmens hat. Die Orientierung an kurzfristigen Ergebnissen führt zu dem Bestreben, einen sich abzeichnenden Verlust „möglichst lange bilanztechnisch auszugleichen, um bis zu einer schließlich notwendigen Bekanntgabe bereits Gegenmaßnahmen eingeleitet zu haben"[315]. Hieraus ergibt sich ein Zwang zur Ergebnisglättung.[316] Doch Gewinnglät-

---

307 Unter Bilanzpolitik wird die bewusste Gestaltung der Rechnungslegungsinstrumente im Rahmen des gesetzlichen Zugelassenen verstanden, um Rechtsfolgen und das Verhalten der Adressaten entsprechend der Zielvorstellung des Managements zu beeinflussen. Vgl. Schulte (1986), S. 8.

308 Vgl. Coenenberg/Henes (1995), S. 989. Ermessensspielräume geben einerseits eine Bandbreite für individuelle Entscheidungen des Bilanzerstellers, andererseits besteht die Gefahr einer extensiven Ausnutzung, was eine fehlende Vergleichbarkeit und Fehleinschätzung zukünftiger Bilanzrisiken zur Folge haben kann. Vgl. Mayer-Wegelin (2010), S. 2811.

309 Beste (1962), S. 25, in Bezug auf die kurzfristige Erfolgsrechnung. Für einen empirischen Nachweis der Vornahme von Glättungsmaßnahmen vgl. Francis/Hanna/Vincent (1996), S. 117–134.

310 Vgl. Haase/Lanfermann (1970), S. 210. „Je häufiger unterjährige Zwischenabschlüsse [...] erstellt werden, um so effizienter wird die *permanente* Bilanzpolitik." Haase/Lanfermann (1970), S. 210.

311 Zu den Motiven bilanzpolitischer Maßnahmen in Form von Erfüllung der Erwartungen von Analysten vgl. Lindemann (2004), S. 231–241 m. w. N.

312 Vgl. Herold (2006), S. 14; zum finanziellen und nicht finanziellen Nutzen vgl. ebenda S. 18–21. Zu den Voraussetzungen für Bilanzpolitik vgl. Wagenhofer/Ewert (2007), S. 237.

313 Henes (1995), S. 78.

314 Zur Diskussion vgl. Hoffmann (2010), Rn. 8; Henes (1995), S. 78; KOM (2003) 138, S. 17–19; Merkt (2006), S. 32 f.; Rappaport (1990), S. 104. Vgl. ebenso Wiedeking (2006), S. 14.

315 Henes (1995), S. 80. Kann ein niedriger Ergebnisausweis nicht durch Bilanzpolitik verhindert werden, wird oftmals ein so genanntes „*big bath*", d. h. übermäßige Verminderung des Ergebnisses vorgenommen. Vgl. Pfleger (1991), S. 27–30.

tungsmaßnahmen haben einen wesentlichen Einfluss auf den Informationsgehalt von Zwischenberichten.[317]

In dem Sinne verhält es sich auch mit vom Management abgegebenen Prognosen. Ein wesentlicher Grund zur (unterjährigen) Abgabe von Prognosen ist eine Anpassung der am Kapitalmarkt vorherrschenden Erwartungen an die (individuellen) Vorstellungen des Managements.[318] Mit der Abgabe von Prognosen ist das Management jedoch dem öffentlichen Druck der Prognoseerfüllung ausgesetzt und sieht sich der möglichen Konsequenz in Form von negativen Reaktionen des Aktienmarkts bei Verfehlen gegenüber.[319] Wesentliche Abweichungen von Prognosen sind i. d. R. zu begründen. Eine wenig überzeugende Begründung der Fehleinschätzung lässt das Management unglaubwürdig erscheinen, was einen Vertrauens- bzw. Reputationsverlust zur Folge haben könnte.[320] Der Erwartungsdruck schafft zudem den Anreiz, weitere sachverhaltsgestaltende[321] oder sachverhaltsabbildende[322] Maßnahmen i. S. der Bilanzpolitik durchzuführen. Meist zielt das Management darauf ab, die Gewinngrößen zu maximieren bzw. zu minimieren oder gewisse Kennzahlen in einem für ihn nützlichen Maß zu beeinflussen.[323]

Ein besonderes bilanzpolitisches Instrument stellen außerordentliche Abschreibungen dar, da diese i. d. R. subjektive Schätzungsrisiken beinhalten.[324] In der Periode der Abschreibung kommt es zu einer Ergebnisminderung und in den folgenden Perioden zu einer verminderten planmäßigen Abschreibung – gesetzt den Fall, die Vermögenswerte unterliegen einer planmäßigen Abschreibung. Dem jeweiligen Ziel entsprechend bezieht sich die bilanzpolitische Maßnahme auf die Höhe, die zeitliche Durchführung oder den Ausweis der vorgenommenen Abschreibung.[325] In diesem Zusammenhang sind auch Wertberichtigungen aktiver latenter

---

316 Beispielhaft sei auf das Verhalten US-amerikanischer Unternehmen verwiesen, die einem Bericht der SEC zufolge bei schlechteren Umsätzen noch nach dem Quartalsultimo Umsätze verbuchen, vgl. o. V. (1999), S. 20.

317 Ziel dieser Gewinnglättungs-Politik ist auch ein Bilden stiller Reserven, vgl. Henes (1995), S. 40 f.

318 Vgl. Herold (2006), S. 15. Möglich erscheint eine bewusst pessimistische Prognose, um die Qualität der eignen Managementleistung angesichts des offengelegten tatsächlich eingetretenen Werts möglichst positiv erscheinen zu lassen. Vgl. Müller/Wulf (2001), S. 2211; für einen empirischen Nachweis vgl. die Studie von Pellens/Nölte/Berger (2007), S. 24–29.

319 Vgl. Pellens/Nölte/Berger (2007), S. 24, 29.

320 Vgl. Henrici (2004), S. 119; Pellens/Nölte/Berger (2007), S. 27.

321 Sachverhaltsgestaltung wird vor dem Bilanzstichtag vorgenommen und dient der Erfüllung bzw. Vermeidung von Tatbestandsvoraussetzungen der Rechnungslegungsvorschriften. Vgl. Pfleger (1991), S. 32; Waschbuch (1994), S. 808. Für Beispiele vgl. Berens/Hoffjan (1999), S. 1286–1291.

322 Zur Differenzierung in formale und materielle Maßnahmen. Vgl. Kußmaul/Lutz (1993a), S. 400.

323 Vgl. Kußmaul/Lutz (1993), S. 344. Vgl. die Studie von *Erickson/Wang*: Bei Unternehmenszusammenschlüssen in Form eines Aktienerwerbs erhöhten die erwerbenden Unternehmen die Gewinne in den Quartalen vor dem Zusammenschluss, um infolge einer Steigerung des Aktienkurses die Anzahl der hinzugebenden Aktien zu minimieren, vgl. Erickson/Wang (1999), S. 149–176.

324 Vgl. Wagenhofer/Ewert (2007), S. 267 f. Grundlegend zur Nutzung von Abschreibungen als Instrument der Wirtschaftspolitik, vgl. Auer (2000), S. 169.

325 Vgl. Wagenhofer/Ewert (2007), S. 267. Vgl. die empirischen Ergebnisse von *Elliott/Shaw*, die in ihrer Studie nachweisen, dass ca. 63 % der 240 untersuchten Unternehmen außerplanmäßige Abschreibungen im vierten Quartal vornehmen, was als ein Indiz für Bilanzpolitik in Bezug auf die zeitliche Durchführung von Abschreibungen gewertet wird. Vgl. Elliott/Shaw (1988), S. 91–119. Vgl. die Studie von *Francis/Hanna/*

Steuern zu sehen: Ob aktive latente Steuern künftige Verwendung finden, hängt weitgehend von den Erwartungen und Einschätzung des Managements ab. Bei Zweifeln ist eine Wertberichtigung vorzunehmen, die sich vollumfänglich im Nettogewinn niederschlägt.[326]

Die Wirksamkeit der Bilanzpolitik hängt von der Tatsache ab, ob und inwieweit die bilanzpolitischen Maßnahmen von externer Seite erkennbar und eliminierbar sind, d. h. die Entscheidungen der Adressaten beeinflussen.[327] Auf Ermessensspielräumen basierende Bilanzpolitik und sachverhaltsgestaltende Maßnahmen sind für Dritte weniger offenkundig, da ihre Anwendung im Gegensatz zur Ausübung von Wahlrechten nicht im Anhang zu erläutern ist. Unterstützung bei der Aufdeckung der Einflussnahme durch das Management erhalten die Aktionäre annahmegemäß von internen wie auch externen Überwachungsinstanzen. Begrenzt wird das Management ferner durch die Folge- und Bindungswirkung der Maßnahmen.[328]

Doch ist Bilanzpolitik nicht a priori als negativ einzustufen, schließlich müssen die Folgen der Maßnahmen nicht zwingend mit den Zielen der Adressaten divergieren.[329] Unter agencytheoretischen Gesichtspunkten kann Bilanzpolitik den Informationsgehalt von Rechnungslegungsinformationen u. U. erhöhen.[330] Entsprechende Anreize vorausgesetzt, kann das besser informierte Management Wahlrechte und Ermessensspielräume so ausüben, dass weniger gut informierte Adressaten die zukünftige Unternehmensperformance besser einschätzen können.[331]

2.4 Zwischenergebnis

Die aus dem langen Zeitraum des unterschiedlichen Informationsstands zwischen Management und Kapitalmarktteilnehmern innerhalb eines gesamten Geschäftsjahres und der zunehmenden Kapitalmarktorientierung erwachsene Notwendigkeit von zusätzlichen unterjährigen Informationen für die Investoren kann mit der Publizität von Zwischenberichten entsprochen werden. Ergänzend zu der jährlichen Berichterstattung lässt die unterjährige Darstellung der Unternehmensentwicklung kontinuierlich Rückschlüsse auf die Qualität der Managementleistung zu und ermöglicht die Beurteilung der Kapitalanlage; die Zwischenberichterstattung dient als Grundlage von In- und Desinvestitionsentscheidungen und stellt ein sinnvolles In-

---

Vincent, die einen empirischen Nachweis erbringen, dass außerplanmäßige Abschreibungen auch bilanzpolitisch motiviert sind; dies betrifft im Speziellen Goodwillabschreibungen. Vgl. Francis/Hanna/Vincent (1996), S. 117–134.

[326] Vgl. Wagenhofer/Ewert (2007), S. 268.

[327] Vgl. Wohlgemuth (2007), S. 42. Zum meist wirkungsvolleren Einsatz der Kombination sachverhaltsgestaltender und -abbildender Maßnahmen vgl. Hoffmann (1996), S. 1251.

[328] Vgl. Küting (2001), Sp. 341. Einschränkend wirkt das Stetigkeitsgebot, das die konstante Anwendung von zuvor gewählten Methoden fordert und somit eine Bindungswirkung entfaltet. Vgl. Müller/Wulf (2001), S. 2213; Pfleger (1991), S. 55; Kußmaul/Lutz (1993a), S. 402. Zudem könnten sich die Maßnahmen in Folgeperioden gegenläufig entwickeln. Zum Kongruenzprinzip vgl. grundsätzlich Wagenhofer/Ewert (2007), S. 241.

[329] Vgl. Lindemann (2004), S. 190.

[330] Zur positiven Wirkung von bilanzpolitischen Maßnahmen vgl. Chaney/Lewis (1995), S. 319–345; Arya/Glover/Sunder (1998), S. 7–34; Pfleger (1991), S. 27–30.

[331] Vgl. Menken (1993), S. 294.

strument der Corporate Governance dar. Als kapitalmarktrechtliches Publizitätsinstrument mit der Fokussierung des Anleger- und Funktionenschutzes werden der Zwischenberichterstattung neben der Informationsfunktion und der daraus ableitbaren Kontroll- und Prognosefunktion keine weiteren Funktionen (z. B. Ausschüttungsbemessungsfunktion) mit etwaigen Rechtsfolgen zuteil. Demzufolge bemisst sich ihr Nutzen an der Bereitstellung entscheidungsnützlicher Zwischenberichtsinformationen für Investoren. Grundsätzlich bewegt sich die Zwischenberichterstattung damit in dem allgemeinen Rahmen der kapitalmarktorientierten Rechnungslegung und vermag keine weitere Funktionen für sich geltend zu machen oder über den Grad der Entscheidungsnützlichkeit jährlicher Rechnungslegungsinformationen hinauszugehen.

Als vorteilhaft i. S. der Entscheidungsnützlichkeit erweist sich die unterjährige Berichterstattung gegenüber der jährlichen Berichterstattung hinsichtlich ihrer Prognosefunktion. Obgleich die Zwischenberichterstattung ebenso durch vergangenheitsorientierte Informationen mit einer begrenzten Möglichkeit der Extrapolation zukünftiger Ergebnisse geprägt ist, sind durch den begrenzten Prognosehorizont, der im Verlauf des Geschäftsjahres weiter abnimmt, konkretere Prognosen möglich, die dem Anspruch der Prognosefunktion aus Investorensicht eher gerecht werden. Ähnlich positiv wirkt sich die Zwischenberichterstattung auf die Kontrolle des Managements aus, da die Wirksamkeit seiner Maßnahmen zeitnah offengelegt wird.

Die Entscheidungsnützlichkeit wird durch die konzeptionell bedingten zwischenberichtsspezifischen Anforderungen, die die Vorteilhaftigkeit der Zwischenberichterstattung begründen, beeinflusst. Die „natürliche" Grenze der Vermittlung entscheidungsnützlicher Informationen mittels externer Rechnungslegungsinstrumente und das Spannungsverhältnis zwischen Relevanz und Verlässlichkeit werden durch die zeitnahe Veröffentlichung und die Ausgestaltung als Kurzbericht mit einhergehendem Bedeutungszuwachs des Wesentlichkeitsgrundsatzes verschärft. Insbesondere können sich bestimmte Bewertungsmethoden, die zum Jahresende durchgeführt werden, für eine Zwischenberichtsperiode als zu aufwändig gestalten, wodurch es zur Anwendung von alternativen Wertermittlungsverfahren kommt, die aufgrund vermehrter Schätzungen ggf. weniger verlässliche Informationen generieren. Dadurch ist die Entscheidungsnützlichkeit der Zwischenberichterstattung zu relativieren. Ein weiterer wesentlicher Einflussfaktor auf die Aussagekraft der Zwischenberichtsinformationen ist die Methodik der unterjährigen Erfolgsermittlung. Entweder steht die Prognosefunktion der Zwischenberichterstattung durch Wahl des integrativen Ansatzes oder die durch Anwendung des eigenständigen Ansatzes die Darstellung des tatsächlichen Ergebnisses und des Geschäftsverlaufs und somit die Kontrollfunktion im Vordergrund. Als Mittelweg bietet sich der kombinierte Ansatz an, wobei sich hierbei sowohl in Hinsicht auf die Prognose- als auch auf die Kontrollfunktion Einschränkungen ergeben. Durch die Kommunikation des gewählten Ansatzes kann der Fehlinterpretation der Zwischenberichtsinformationen entgegengewirkt werden. Der bestehenden Gefahr einer kurzfristigen Ausrichtung und der Vernachlässigung der Nachhaltigkeit des Wirtschaftens durch die Unternehmensleitung aufgrund der möglichen Erwartungshaltung der Adressaten bei der Veröffentlichung von Zwischenberichten ist mit geeigneten Corporate Governance-Mechanismen entgegenzutreten.

Aus der Betrachtung der gesamten Bestehensdauer des Unternehmens stellen sich Geschäftsjahre wie einzelne Zwischenberichtsperioden dar, wodurch verdeutlicht wird, dass grundsätzlich die gleichen Einschränkungen auf die Entscheidungsnützlichkeit im Rahmen der Zwischenberichterstattung als auch in der jährlichen Berichterstattung wirken, aber in der Zwischenberichtsperiode in stärkerem Maße auftreten. Folgerichtig sind die Entscheidungsnützlichkeit und vor allem die sich aus dem Konzept der Zwischenberichterstattung ergebenen Anforderungen (1.) Zeitnähe, (2.) Wesentlichkeit und (3.) Kosten-Nutzen-Verhältnis bei der Ausgestaltung von Zwischenberichtsnormen zwingend zu berücksichtigen. Abbildung 4 veranschaulicht diese Anforderungen an die Zwischenberichterstattung.

Abbildung 4: Anforderungen an die Zwischenberichterstattung

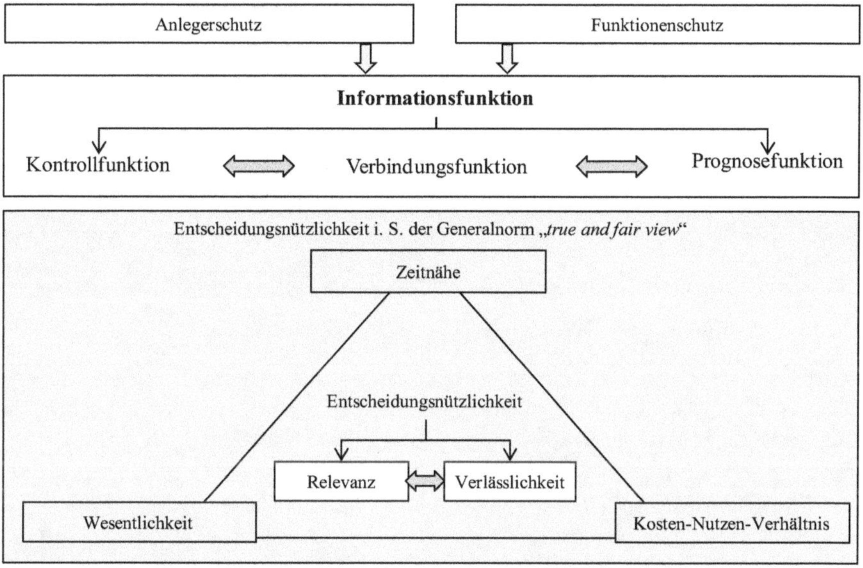

Quelle: Eigene Darstellung.

3 Gesetzliche Vorschriften zur Publizität von Zwischenberichtsinformationen vor dem Hintergrund der Entscheidungsnützlichkeit

3.1 Notwendigkeit der Systematisierung der Zwischenberichterstattungsnormen

Im Folgenden wird der Frage nachgegangen, ob die derzeitigen Gesetzesnormen zur Zwischenberichterstattung unter Berücksichtigung der zwischenberichtsspezifischen Anforderungen die Vermittlung entscheidungsnützlicher Informationen ermöglichen. Erschwert wird das Vorhaben, da bei der Ausgestaltung der Zwischenberichterstattung diverse Rechtsgebiete ineinandergreifen[332], deren Zusammenspiel bei der Beurteilung angemessen zu berücksichtigen ist. Dies ist nicht unproblematisch, zeichnen sich doch verschiedene Rechtsgebiete durch unterschiedliche Zielsetzungen und Regelungsgegenstände aus. Gleiches gilt für privatrechtliche Regelungen. Die Vornahme einer Systematisierung der einzelnen Normen zur Veröffentlichung und zur inhaltlichen Ausgestaltung erscheint vor dem Hintergrund eines besseren Verständnisses ihres Zusammenspiels notwendig. In Abbildung 5 werden die grundlegenden Gesetzesnormen – unterteilt nach den Regelungsbereichen „Veröffentlichung" und „Inhaltliche Ausgestaltung" – mit zunehmendem Detaillierungsgrad systematisiert.

Abbildung 5: Regelungssystematik der Zwischenberichterstattung

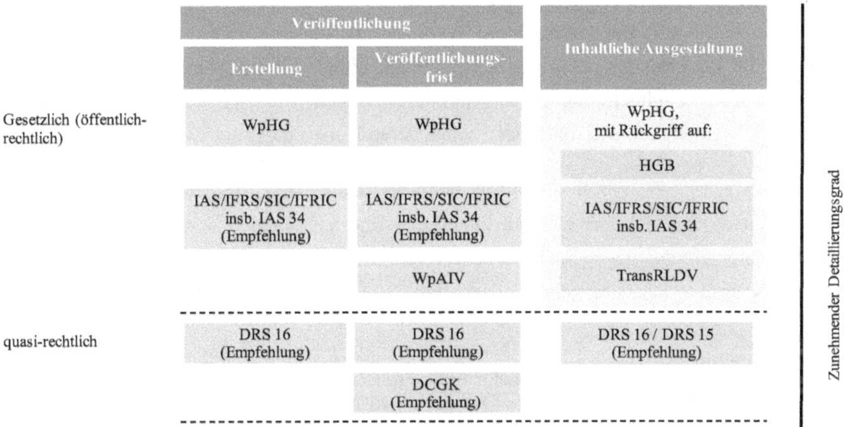

Quelle: Eigene Darstellung.

Primäre Gesetzesgrundlage für die Erstellungs- und Veröffentlichungspflicht von Zwischenberichten bildet das WpHG, dessen Vorschriften sich an Unternehmen richten, die als In-

[332] Aufgrund der Vielfältigkeit der Gesetzesgrundlagen bzw. konkretisierender Normen zur Zwischenberichterstattung sprechen *Ernstberger/Pfauntsch* von einer „hybriden Kapitalmarktregulierung", vgl. Ernstberger/Pfauntsch (2008), S. 196.

landsemittent[333] Wertpapiere i. S. d. § 2 Abs. 1 Satz 1 WpHG an einem organisierten Markt i. S. d. § 2 Abs. 5 WpHG begeben.[334] Das WpHG regelt ebenso den (Mindest-)Inhalt der jeweiligen Zwischenberichtsinstrumente (Halbjahres- und Quartalsfinanzbericht sowie Zwischenmitteilung der Geschäftsführung). Wenngleich die einzelnen Erstellungs- und Veröffentlichungspflichten dem Kapitalmarktrecht entspringen, greift das WpHG für die Konkretisierung der einzelnen Regelungsbereiche mittelbar auf Vorschriften des HGB sowie für Unternehmen, die der IAS-Verordnung unterliegen, auf internationale Regelungen in Form der IAS/IFRS insb. IAS 34 zurück. Es resultiert ein Zusammenspiel von Kapitalmarkt-, Handels- und Gesellschaftsrecht. Als Konkretisierung der Normen des WpHG wirken die Regeln der Wertpapierhandelsanzeige- und Insiderverzeichnisverordnung (WpAIV) vom 13.12.2004[335] sowie der § 11 der Transparenzrichtlinie-Durchführungsverordnung (TranspRLDV).[336]

Darüber hinaus ergänzen privatrechtliche Organisationen mit ihren Verlautbarungen die Ausgestaltung der Zwischenberichtsinstrumente. Der Inhalt der Zwischenberichte wird insb. durch die Verlautbarungen des DSR in Form des DRS 16 „Zwischenberichterstattung" konkretisiert, der wiederum auf Grundsätze des DRS 15 „Lageberichterstattung" zurückgreift.[337] DRS 16 ist insb. für Unternehmen außerhalb des Anwendungsbereichs der IAS-Verordnung maßgeblich. Faktische Bindungswirkung kommt dem DRS 16 gem. § 342 Abs. 2 HGB in dem Sinne zu, als mit Bekanntmachung der Standards die Beachtung der die Konzernrechnungslegung betreffenden Grundsätze ordnungsmäßiger Buchführung vermutet wird.[338] DRS 16 wurde zeitgleich und in Abstimmung zu den Vorschriften des TUG und der TranspRLDV entwickelt und macht sich selbst deren Konkretisierung zum Ziel.[339]

Zusätzlich werden von der Regierungskommission Deutsche Corporate Governance-Kodex im Rahmen des DCGK formale und inhaltliche Empfehlungen und Anregungen zur Zwischenberichterstattung gegeben. Eine (quasi) verpflichtende Einhaltung der Empfehlungen des DCGK ergibt sich dahingehend, dass gem. § 161 Abs. 1 AktG der Vorstand und Auf-

---

333 Als Inlandsemittenten gelten nach § 2 Abs. 7 WpHG Emittenten, für die die BRD der Herkunftsstaat i. S. d. § 2 Abs. 6 WpHG ist, mit Ausnahme der Emittenten, deren Wertpapiere nicht im Inland sondern nur in einem anderen Mitgliedstaat der EU bzw. EWR-Staat zugelassen sind und sie in diesem Staat Veröffentlichungspflichten der Transparenzrichtlinie (2004/109/EG) unterliegen. Weiterhin zählen Unternehmen, deren Herkunftsstaat ein Mitgliedstaat der EU bzw. ein EWR-Staat ist, als Inlandsemittent, wenn ihre Wertpapiere nur im Inland zum Handel an einem organisierten Markt zugelassen sind. Ein den Vorgaben des § 2 Abs. 5 WpHG entsprechender organisierter Markt stellt in Deutschland der regulierte Markt dar.

334 Auf die Vorteilhaftigkeit einer freiwilligen Aufstellung von Zwischenberichten seitens nicht kapitalmarktorientierter Unternehmen hinweisend, vgl. Knief/Nöthen (2002), S. 106.

335 Vgl. WpAIV (2004).

336 Vgl. TranspRLDV (2008).

337 Mit der Veröffentlichung vom BMJ im Bundesanzeiger (Nr. 110a) am 24.07.2008 findet der DRS 16 für Geschäftsjahre ab dem 01.01.2008 Anwendung. DRS 16 ersetzt den am 13.02.2001 im Bundesanzeiger vom bekannt gegebenen DRS 6. Zu den Regelungen des DRS 6 vgl. Ammedick/ Strieder (2002), Rn. 92–117, Alvarez/Wotschofsky (2003), S. 28–32. DRS 16 und DRS 15 erfuhren Änderungen durch DRÄS 5, vgl. Bundesanzeiger Nr. 27 vom 18.02.2010. S. 16–30.

338 Zum Status der (widerlegbaren) Konzern-GoB-Vermutung vgl. Böcking/Dutzi (2007), Rn. 61–70. Zu den GoB im Allgemeinen, vgl. Hommel (1998), S. 10.

339 Vgl. DRS 16, Zusammenfassung.

sichtsrat börsennotierter Aktiengesellschaften im Rahmen der sog. Entsprechenserklärung anzugeben haben, inwieweit den im amtlichen Teil des elektronischen Bundesanzeigers bekannt gemachten Verhaltensempfehlungen des DCGK entsprochen wurde und wird, oder welchen Empfehlungen nicht entsprochen wurde oder wird.[340] Seit Inkrafttreten des BilMoG ist die Entsprechenserklärung in die neu eingeführte Erklärung zur Unternehmensführung gem. § 289a HGB aufzunehmen.[341] Ferner besteht nunmehr die Pflicht, die Gründe für eine Nichtbeachtung der Empfehlungen anzugeben.[342]

Neben den unterjährigen Finanzberichtspflichten des WpHG und den sich auf diese Pflichten beziehenden Normen haben Emittenten, die den Regularien der Deutschen Börse unterliegen, gesonderte Vorschriften zur Zwischenberichterstattung zu beachten: Vor allem ergeben sich aus der Börsenordnung der Frankfurter Wertpapierbörse (BörsO FWB) konkrete unterjährige Publizitätspflichten insb. in Bezug auf die verpflichtende Veröffentlichung von Quartalsberichten.[343] Die Beachtung dieser Vorschriften ist nur insoweit verpflichtend, als die Notierung in bestimmten Handelssegmenten in Abhängigkeit zu der Einhaltung dieser konkreten Publizitätspflicht steht.

3.2 Halbjahresfinanzbericht

3.2.1 Verkürzter Abschluss

3.2.1.1 Mindestbestandteile

Die Pflicht zur Aufstellung eines Halbjahresfinanzberichts ergibt sich für inländische Aktien- und Schuldtitelemittenten aus § 37w Abs. 1 Satz 1 WpHG.[344] Nach Maßgabe des § 37w Abs. 2 WpHG hat sich der Halbjahresfinanzbericht auf die ersten sechs Monate des Geschäftsjahres zu beziehen und mindestens aus einem verkürzten Abschluss, einem Zwischenlagebericht sowie dem sog. Bilanzeid[345] zu bestehen.[346] Zu den obligatorischen Bestandteilen

---

[340] Von der Regelung des § 161 AktG sind börsennotierte Aktiengesellschaften i. S. d. § 3 Abs. 2 AktG betroffen. Zu weiteren von der Regelung betroffene Unternehmen vgl. BT-Drs. 16/10067, S. 104. Zur Rechtsnatur der DCGK-Empfehlungen, vgl. Hüffer (2010b), Rn. 3–5. Die Abgabepflicht der Entsprechenserklärung ist als Schritt in Richtung Kapitalmarktüberwachung zu sehen; die Kapitalmarktteilnehmer können Abweichungen von den Empfehlungen feststellen, bewerten und sanktionieren. Vgl. BT-Drs. 14/8769, S. 21; Böcking/Müßig (2003), S. 43.

[341] Zur Entsprechenserklärung vgl. Böcking/Dutzi/Eibelshäuser (2011), Rn. 31–34. Zur Erklärung zur Unternehmensführung im Allgemeinen, vgl. Böcking/Dutzi/Eibelshäuser (2011), passim.

[342] Vgl. BT-Drs. 16/10067, S. 104; Böcking/Eibelshäuser (2009), S. 568; Gelhausen/Fey/Kämpfer (2009), Rn. 87. Zu dem bisherigen Kommentierungsverhalten bei Abweichungen vom DCGK auf freiwilliger Basis, vgl. von Werder/Talaulicar/Pissarczyk (2010), S. 62–72.

[343] Vgl. hierzu im Detail, Kapitel 3.3.2.

[344] Vom Anwendungsbereich ausgenommen sind nach § 37w Abs. 1 Satz 1 WpHG Emittenten, die ausschließlich Wertpapiere begeben, die i. S. des § 2 Abs. 1 Satz 1 Nr. 2 WpHG Aktien gleichzustellen sind oder die ein zumindest bedingtes Recht auf den Erwerb von Aktien oder diesen gleichzustellenden Wertpapieren verbriefen. Weitere Ausnahmen bestehen gem. § 37z Abs. 1–3 WpHG u. a. für ausschließlich Schuldtitel begebene Unternehmen mit einer Mindeststückelung von 50.000 € und Kreditinstitute, wenn 1.) ihre Aktien an einem geregelten Markt zugelassen sind, 2.) sich deren Schuldtitel-Emissionsvolumen sich auf weniger als 100 Mio. € beläuft, 3.) für die Aktien kein Prospekt veröffentlicht wurde.

[345] Der Bilanzeid stellt die Erklärung nach den Vorgaben des § 264 Abs. 2 Satz 3 HGB, § 289 Abs. 1 Satz 5 HGB bzw. § 297 Abs. 2 Satz 4 HGB, § 315 Abs. 1 S. 6 HGB dar. Vgl. Kapitel 3.2.3.

des verkürzten Abschlusses zählen nach § 37w Abs. 3 WpHG eine verkürzte Bilanz, eine verkürzte Gewinn- und Verlustrechnung sowie ein Anhang. Die gesetzlichen Vertreter eines zur Aufstellung eines Konzernabschlusses verpflichteten Unternehmens haben gem. § 37y Nr. 2 WpHG für das Mutterunternehmen und die Gesamtheit der einzubeziehenden Tochterunternehmen einen Halbjahresfinanzbericht zu erstellen.[347] Die Aufstellung eines zusätzlichen Halbjahresfinanzberichts für das Mutterunternehmen ist nicht erforderlich.[348]

Durch die Vorgabe von Mindestinhalten steht es Unternehmen frei, weitere Bestandteile freiwillig in den Halbjahresfinanzbericht oder in den verkürzten Abschluss aufzunehmen.[349] Vor dem Hintergrund der Zielsetzung erscheint die Vorgabe von Mindestinhalten zunächst nicht zweckmäßig, da dieses Vorgehen impliziert, dass auch ohne die freiwillige Aufnahme weiterer Bestandteile, z. B. einer Eigenkapitalveränderungsrechnung oder Kapitalflussrechnung, den Adressaten ausreichend entscheidungsnützliche Informationen vermittelt werden können. Doch ist vom Gesetzgeber für den verkürzten Abschluss in erster Linie die Anwendung der IFRS vorgesehen: Durch die IAS-Verordnung, die „bereits den Weg für eine gemeinschaftsweite Annäherung der Bilanzierungsgrundsätze für Emittenten geebnet [hat], deren Wertpapiere zum Handel an einem geregelten Markt zugelassen sind und die einen konsolidierten Abschluss erstellen müssen“, wurde „bereits eine spezielle Regelung für Wertpapieremittenten geschaffen.“[350] Die Transparenzrichtlinie baut auf diesem Konzept auf und die IFRS werden „damit konsequent auch für die Kapitalmarktberichterstattung vorgeschrieben.“[351] Der für die Zwischenberichterstattung einschlägige, aus dem Jahr 1998 stammende IAS 34 „Zwischenberichterstattung“ des IASB[352] „verlangt ohnehin eine verkürzte Bilanz, eine verkürzte Gewinn- und Verlustrechnung und Anhangangaben. Darüber hinaus sieht IAS 34 eine verkürzte Aufstellung über Veränderungen des Eigenkapitals und eine verkürzte Kapitalflussrechnung vor“[353]. Daraus ergibt sich eine verpflichtende Erweiterung der Mindestbestandteile des § 37w Abs. 2 WpHG. Die Normierung dieser richtet sich folglich nur an Emittenten, die den verkürzten Abschluss nach nationalen Rechnungslegungsvorschriften bzw. keinen Konzernabschluss aufstellen.[354]

---

[346] Eine Erweiterung der Mindestinhalte ist mit der in § 37w Abs. 6 WpHG kodifizierten Verordnungsermächtigung möglich, mit der das BMF im Einvernehmen mit BMJ durch Rechtsverordnungen ermächtigt ist, u. a. nähere Vorgaben zum Inhalt des Halbjahresfinanzberichts zu erlassen.

[347] Zur Vereinfachung werden in den nachfolgenden Ausführungen die Konzernberichte synonym mit den Begriffen „Zwischenbericht“ und „Zwischenlagebericht“ verwendet.

[348] Vgl. BT-Drs. 16/2498, S. 46. Vgl. ferner Klawitter (2008), Rn. 76, Fn. 115.

[349] Vgl. Mock (2007), Rn 37.

[350] Transparenzrichtlinie (2004), Erwägungsgrund (9).

[351] Buchheim (2003), S. 242. Vgl. auch Transparenzrichtlinie (2004), Erwägungsgrund (9).

[352] Zur Entwicklungsgeschichte des IASB und dessen Ziele, sich als globaler Standardsetter zu etablieren und auf die Harmonisierung von Rechnungslegungsgrundsätzen hinzuwirken, vgl. Pellens et al. (2008), S. 80–88.

[353] BR-Drs. 579/06, S. 99.

[354] Vgl. BR-Drs. 579/06, S. 99. Bei Anwendung nationaler Rechnungslegungsvorschriften für den Konzernabschluss ist DRS 16 maßgeblich, der ebenso eine Erweiterung der Bestandteile vorsieht. Eine analoge Anwendung wird gem. DRS 16.9 für den verkürzten Einzelabschluss nach HGB empfohlen.

3.2.1.2 Anzuwendende Rechnungslegungsvorschriften

Auf den verkürzten Abschluss sind gem. § 37w Abs. 3 Satz 2 WpHG die für den Jahresabschluss geltenden Rechnungslegungsvorschriften anzuwenden.[355] Stellt ein Unternehmen einen handelsrechtlichen Jahresabschluss auf, sind die Ansatz-, Bewertungs- und Ausweisvorschriften des HGB auch für den verkürzten Abschluss obligatorisch.[356] Übt ein Unternehmen das Wahlrecht des § 325 Abs. 2a HGB aus, tritt an die Stelle des Jahresabschlusses ein nach den in § 315a Abs. 1 HGB bezeichneten internationalen Rechnungslegungsstandards (IFRS) aufgestellter Einzelabschluss; für den verkürzten Abschluss finden dann ebenfalls die IFRS, insb. der für Zwischenberichterstattung einschlägige Standard IAS 34 „Zwischenberichterstattung", Anwendung.[357] Gleiches gilt für Unternehmen, die gem. § 290 HGB der Pflicht zur Konzernrechnungslegung unterliegen; der verkürzte Abschluss im Rahmen des Konzern-Halbjahresfinanzberichts folgt gem. § 37y Nr. 2 WpHG i. V. m. § 37w Abs. 3 WpHG den Regelungen der IFRS.

Ebenso wie bei den Bestandteilen des verkürzten Abschlusses stellt sich mit dem Rückgriff auf handelsrechtliche bzw. internationale Rechnungslegungsvorschriften als Basis für die inhaltliche Ausgestaltung der kapitalmarktrechtlichen Regelpublizität die Frage, ob sich dadurch Zielkonflikte ergeben bzw. die Funktionserfüllung der Zwischenberichterstattung weiterhin gewährleistet werden kann. Die Zwischenberichtsinstrumente des WpHG sind grundsätzlich auf die Bedürfnisse von Investoren ausgerichtet; sie gelten als Schutzobjekt. Gleichfalls gelten die IFRS nach herrschender Meinung als kapitalmarktorientierte Rechnungslegungsstandards mit einer durch das IASB intendierten Primärausrichtung an den Interessen von potenziellen und aktuellen Investoren.[358] Als Fundamentalzweck der IFRS wurde vom IASB die Entscheidungsnützlichkeit von Rechnungslegungsinformationen deklariert: „Zielsetzung von Abschlüssen ist es, Informationen über die Vermögens-, Finanz- und Ertragslage sowie Veränderungen in der Vermögens- und Finanzlage eines Unternehmens zu geben, die für einen weiten Adressatenkreis bei dessen wirtschaftlichen Entscheidungen nützlich sind."[359] Die Entscheidungsnützlichkeit kann dabei nur erreicht werden, wenn insb. die Qualitätsmerkmale Entscheidungsrelevanz und Verlässlichkeit sowie Vergleichbarkeit und Ver-

---

[355] „Geschaffen wurde für den Bereich der Rechnungslegung und sonstigen Publizität ein Regelwerk aufeinander abgestimmter Maßnahmen." Buchheim/Ulbrich (2004), S. 274.

[356] Dies verdeutlicht die ergänzende Funktion der handelsrechtlichen Rechnungslegung in Bezug auf das Kapitalmarktrecht, vgl. Rothfuss (2005), S. 105.

[357] IAS 34 enthält selbst keine Verpflichtung zur Aufstellung von Zwischenberichten, sondern verweist auf andere Institutionen, die pflichtgemäß die Veröffentlichung von IFRS-konformen Zwischenberichten verlangen (IAS 34.1). Vgl. Peemöller (2009), Rn. 7.

[358] Vgl. Framework des IASB, Tz. 10. Der Hauptzweck der IFRS-Bilanz ist die Kapitalmarktinformation, vgl. Mellwig/Sabel (2005), S. 357. Vgl. auch Ballwieser (2003), S. 340 f.; Streim/Bieker/ Leippe (2001), S. 179. Zum aktuellen Projekt des IASB zur Überarbeitung des Framework vgl. Gassen/Fischkin/Hill (2008), S. 31–49.

[359] IASB-Framework, Tz. 12. Vgl. hierzu ausführlich Wich (2009), S. 13–16, 18–21. Das informationsökonomische Verständnis der Entscheidungsnützlichkeit wird vom IASB dahingehend erweitert, dass auch Informationen als nützlich angesehen werden, wenn diese bereits getroffene Entscheidungen bestätigen. Vgl. F.26 des IASB-Frameworks; Coenenberg/Straub (2008), S. 20.

ständlichkeit eingehalten werden.[360] Dementsprechend sind auch die Bilanzierungs- und Bewertungsmethoden von den qualitativen Anforderungen geprägt, auf die der – allein auf die komprimierte Informationsvermittlung im Rahmen von Zwischenberichten ausgerichtete – IAS 34 zurückgreift.[361] IAS 34 verfolgt das Ziel, den Adressaten durch eine zeitnahe und verlässliche Berichterstattung die Möglichkeit zu geben, „die Fähigkeit eines Unternehmens, Periodenüberschüsse und Mittelzuflüsse zu erzeugen, sowie seine Vermögenslage und Liquidität besser zu beurteilen."[362] Somit nimmt auch im Rahmen der Zwischenberichterstattung die Maxime „*decision usefulness*" die zentrale Stellung ein. Das allein vermag zwar noch keinen Aufschluss darüber geben, inwieweit ein (verkürzter) IFRS-Abschluss tatsächlich entscheidungsnützliche Informationen vermitteln kann[363], dennoch ist die gleiche Grundausrichtung für die Zielerreichung elementar.

Im Gegensatz hierzu ist das HGB trotz Reformierung durch das BilMoG, das u. a. die Stärkung der Informationsfunktion verfolgt, nach wie vor auch durch den Gläubigerschutz geprägt.[364] Es kann bezweifelt werden, ob ein nach handelsrechtlichen Bilanzierungs- und Bewertungsmethoden aufgestellter verkürzter Abschluss ohne weitere Konkretisierung und Anpassung den kapitalmarktrechtlichen Regelungszielen überhaupt gerecht werden kann.[365] Die Konkretisierung des verkürzten HGB-Abschlusses erfolgt mit Anwendung des DRS 16.[366] Dieser ist zwar grundsätzlich nur für konsolidierte Abschlüsse verpflichtend, doch wird in DRS 16.9 eine analoge Anwendung für den verkürzten Einzelabschluss nach HGB empfohlen. Im Einklang mit den in Kapitel 2 entwickelten Anforderungen an die Zwischenberichterstattung formuliert DRS 16.1 als Ziel der Zwischenberichterstattung „unterjährig entscheidungsnützliche Informationen über die Ertrags-, Finanz- und Vermögenslage und die voraussichtliche Entwicklung im Geschäftsjahr des Konzerns zu geben."[367] Die Entscheidungsnützlichkeit wird in diesem Zusammenhang durch „Entscheidungsrelevanz (d. h. die Information

---

360 Als grundlegende Annahmen gelten die Periodenabgrenzung und die Unternehmensfortführung. Vgl. IASB-Framework, Tz. 22–42.

361 Eine isolierte Anwendung des IAS 34 ist nicht möglich. In Zwischenabschlüssen sind die gleichen Bilanzierungs- und Bewertungsmethoden anzuwenden, die auch im jährlichen Abschluss Anwendung finden, vgl. IAS 34.28.

362 Zielsetzung des IAS 34. Laut IAS 34.6 soll der Zwischenbericht den letzten Abschluss aktualisieren und sich auf die Darstellung neuer Ereignisse etc. konzentrieren, eine Wiederholung bereits berichteter Informationen ist nicht vorgesehen.

363 Zur Entscheidungsnützlichkeit des IFRS-Abschlusses vgl. u. a. Wich (2009), passim.

364 Zur Stärkung der Informationsfunktion vgl. Gros/Wallek (2009), S. 541–547. Zur Entwicklung der deutschen Rechnungslegungskonzeption vgl. ausführlich Gros (2010), passim.

365 Strenger bereits vor Inkrafttreten des BilMoG, vgl. Merkt/Göthel (2003), S. 29: „Die jährliche [handelsrechtliche] Berichterstattung, die als Grundlage der Ausschüttungsbemessung und der Besteuerung dient, folgt dem Prinzip kaufmännischer Vorsicht und ist daher für die Informationen des Kapitalmarkts ungeeignet. Die unterjährige Berichterstattung dient nicht der Ausschüttungsbemessung sowie der Besteuerung und könnte deshalb dem True-and-Fair-View-Gedanken folgen." Als Vergleichszahlen fordert § 10 Nr. 1 Satz 3 TranspRLDV eine verkürzte Bilanz des Vorjahres und eine GuV für die entsprechenden sechs Monate des Vorjahres.

366 Zu der Konkretisierung der Bestandteile sowie der Anhangangaben vgl. DRS 16.15–33. Vgl. ferner §§ 10, 11 TranspRLDV.

367 DRS 16.1.

ist geeignet, den Informationsempfänger in einer ökonomischen Entscheidung zu beeinflussen) und Verlässlichkeit (d. h. die Information ist zutreffend bzw. plausibel und nachvollziehbar)“[368] determiniert. Der DRS 16 orientiert sich an den wertpapierhandelsrechtlichen Vorgaben und erweitert die Berichtspflichten bzw. gibt detailliertere Erläuterungen zu den gesetzlich geforderten Inhalten.

Aus der Vorgehensweise des Gesetzgebers, auf zwei unterschiedliche Rechnungslegungssysteme bei der Ausgestaltung des verkürzten Abschlusses zurückzugreifen, resultiert ein Mangel an Vergleichbarkeit. Die Anwendung der IFRS ermöglicht den Adressaten grundsätzlich die Vergleichbarkeit der Halbjahresfinanzberichte aller Emittenten der Mitgliedstaaten (zwischenbetriebliche Vergleichbarkeit) sowie die Vergleichbarkeit der Entwicklung des Geschäftsjahres im Hinblick auf die jährliche Berichterstattung (intertemporale Vergleichbarkeit). Kommen bei kapitalmarktorientierten Unternehmen mangels Konzernrechnungslegungspflicht nationale Vorschriften des Herkunftsstaates ohne internationale Abstimmung für den (verkürzten) Abschluss zur Anwendung, beschränkt sich die Vergleichbarkeit der Halbjahresfinanzberichte auf die nationale Ebene.[369]

Die soeben aufgeführten Kritikpunkte hinsichtlich des Rückgriffs vom WpHG auf die handelsrechtlichen Rechnungslegungsmethoden wiegen weniger schwer, wenn sich der Tatsache bewusst gemacht wird, dass nur vereinzelte, in den Anwendungsbereich des § 37w WpHG fallende Unternehmen keinen Abschluss nach IFRS zu erstellen haben und demnach den verkürzten Abschluss nach HGB erstellen würden. Darüber hinaus wäre in diesen Fällen aufgrund wirkender Marktkräfte von einer freiwilligen Aufstellung eines IFRS-Abschlusses und folglich auch eines verkürzten IFRS-Abschlusses auszugehen. In den folgenden Ausführungen wird aufgrund der überwiegenden Anzahl von IFRS-Anwendern aus der Gesamtanzahl der Unternehmen, die unter den Anwendungsbereich des § 37w WpHG fallen, der verkürzte Abschluss nach IFRS thematisiert.

---

[368] DRS 16.10.

[369] Den Rückgriff auf nationale Vorschriften als nicht nachvollziehbar ansehend, vgl. Buchheim (2003), S. 242.

3.2.1.3 Verkürzter Abschluss nach IFRS: IAS 34 „Zwischenberichterstattung“

3.2.1.3.1 Formale und inhaltliche Anforderungen

Das IASB räumt den zwischenberichterstellenden Unternehmen mit IAS 34.5 in Bezug auf den Berichtsinhalt und -umfang eines Zwischenberichts ein Wahlrecht ein.[370] Entweder hat der Zwischenbericht einen vollständigen Abschluss (*complete set of financial statements*) nach den Vorgaben des IAS 1.10 i. V. m. IAS 34.5 oder einen verkürzten Abschluss (*set of condensed financial statements*) nach den Vorgaben des IAS 34.8 zu enthalten. Wird die verkürzte Darstellungsform gewählt, hat der auf konsolidierter Basis aufgestellte Zwischenbericht nach IAS 34.8 mindestens aus einer verkürzten Bilanz, einer verkürzten Gesamtergebnisrechnung[371], einer verkürzten Eigenkapitalveränderungsrechnung, einer verkürzten Kapitalflussrechnung und ausgewählten erläuternden Anhangangaben zu bestehen. Ferner sind nach IAS 34.11 das unverwässerte und das verwässerte Ergebnis je Aktie im Rahmen der Gesamtergebnisrechnung anzugeben.[372]

Die verkürzte Darstellungsform erfordert gem. IAS 34.10 mindestens jede Überschrift (*heading*) und Zwischensumme (*subtotal*) des letzten Abschlusses zum Geschäftsjahresende. Zusätzliche Posten (*line item*) sind aufzuführen, wenn ihr Weglassen irreführend wäre. Damit wird nicht explizit vorgegeben, welche Posten bspw. die verkürzte Bilanz zu enthalten hat. Als Hilfestellung verweist IAS 34.12 allgemein auf die in IAS 1 dargestellten Beispiele, auf welche Weise die Darstellung der Bilanz, der Gesamtergebnisrechnung etc. erfolgen kann.[373] Unabhängig von der gewählten Darstellungsform sind nach IAS 34.20 diverse Vergleichsperioden für die einzelnen Rechenwerke in den verkürzten Abschluss aufzunehmen, um die temporale Vergleichbarkeit sicherzustellen.[374] Abbildung 6 veranschaulicht die darzustellenden Berichtsperioden am Beispiel eines Halbjahresfinanzberichts.[375]

---

[370] Ein Zwischenbericht ist nach IAS 34.4 ein Finanzbericht, der entweder einen vollständigen Abschluss oder einen verkürzten Abschluss für eine Zwischenberichtsperiode enthält.

[371] Die Gesamtergebnisrechnung kann gem. IAS 34.8(b) entweder als eine einzige verkürzte Gesamtergebnisrechnung oder eine verkürzte GuV mit einer Überleitung vom Gewinn oder Verlust zum Gesamtergebnis mit Ausweis der Bestandteile des sonstigen Ergebnisses dargestellt werden.

[372] Im Unterschied hierzu sind bei einem vollständigen Abschluss gem. IAS 34.5 die genannten Rechenwerke in vollständiger Form aufzunehmen: Ein Anhang, der alle Angaben der IFRS enthält und ggf. eine zusätzliche Bilanz zu Beginn der frühesten Vergleichsperiode, wenn ein Unternehmen Rechnungslegungsmethoden rückwirkend geändert hat.

[373] Wird hingegen ein vollständiger Abschluss veröffentlicht, hat dieser die Anforderung des IAS 1 „Darstellung des Abschlusses“ vollständig zu erfüllen.

[374] Vgl. IAS 34 IE.A1–2. Der Bilanz wird vergleichend die Vorjahresbilanz zum Ende des vergangenen Geschäftsjahres gegenübergestellt und nicht die Bilanz des entsprechenden Vorjahresquartals.

[375] Abbildung 6 veranschaulicht die Vergleichsperioden bei Aufstellung von Quartalsfinanzberichten. Stellt ein Unternehmen keine Quartalsfinanzberichte auf, sind in der Gesamtergebnisrechnung nur die 6-monatigen Rechnungen offenzulegen. Vgl. hierzu auch IAS 34.A1.

Abbildung 6: Mindestbestandteile des Zwischenberichts nach IAS 34 und darzustellende Vergleichsperioden

Quelle: In Anlehnung an IAS 34.A2.

IAS 34.21 weist darauf hin, dass zusätzlich die Darstellung eines Zwölfmonatszeitraums bis zum Ende der Zwischenberichtsperiode sowie Vergleichsinformationen für die vorangegangene zwölfmonatige Berichtsperiode bei stark saisonabhängigen Unternehmen nützlich sein können. Mit der Aufbereitung dieser Berichtsperioden können zwar saisonale Effekte eliminiert werden, Konjunkturschwanken, die mehr als ein Jahr umfassen, hingegen nicht.[376] Erläuternde Angaben wären erforderlich.

Vor dem Hintergrund der Restriktionen Zeitnähe, begrenzter Umfang und Kosten-Nutzen-Verhältnis stellt die fakultative Aufstellung eines verkürzten Abschlusses eine zwischenberichtsadäquate Möglichkeit dar, die eine Vermittlung entscheidungsnützlicher Informationen grundsätzlich nicht unterbindet. Allerdings könnte sich die Gesamtsumme eines Bilanzpostens nicht wesentlich verändert haben, die einzelnen Bestandteile jedoch schon.[377] Eine detaillierte Angabe kann u. U. entscheidungsrelevantere Informationen liefern. Da jedoch keine ausdrückliche Nennung der Mindestposten erfolgt, ist die Entscheidungsrelevanz des einzelnen Rechenwerks im Wesentlichen von der Auslegung des IAS 34 bzw. der Umsetzung der Unternehmen abhängig. Daher sollte auch beim verkürzten Abschluss die Mindestgliederun-

376 Vgl. Peemöller (2009), Rn. 24.

377 Eine Gliederung der Bilanz lediglich in langfristiges und kurzfristiges Vermögen sowie langfristige und kurzfristige Schulden als unzulässig erachtend, vgl. Baetge et al. (2010), Rn. 20.

gen des IAS 1 als Orientierungshilfe gelten; bezogen auf die Bilanz wären dann die in IAS 1.54 dargestellten Bilanzpositionen aufzunehmen.[378] Um Erwartungslücken zu vermeiden und die Vergleichbarkeit zu gewährleisten, ist vom IASB ein klarstellender Verweis zu einer Mindestgliederung in IAS 34 aufzunehmen.

Unabhängig davon, ob die verkürzte oder vollständige Darstellung gewählt wurde, ergibt sich, wie mit der Verabschiedung der Transparenzrichtlinie beabsichtigt, im Hinblick auf die Mindestanforderungen des § 37w Abs. 3 Satz 1 WpHG eine Erweiterung der Bestandteile des (verkürzten) Abschlusses[379], der einen umfassenderen Einblick in die Lage und Entwicklung des Unternehmens ermöglicht.[380] Mit den Vorgaben des IAS 34 wird nicht nur eine intertemporale strukturierte Vergleichbarkeit der verkürzten Abschlüsse möglich, sondern ebenfalls ein Vergleich über die Ländergrenzen hinweg mit den verkürzten Abschlüssen von Unternehmen aus anderen EU-Mitgliedstaaten.[381]

3.2.1.3.2 Anhangangaben

Wird ein vollständiger Abschluss im Rahmen des Halbjahresfinanzberichts erstellt, sind für den Anhang sämtliche Anhangangaben der anzuwendenden IFRS obligatorisch. Zusätzlich ist gem. IAS 34.7 i. V. m. IAS 34.15 und 15B eine Erläuterung der Ereignisse und Geschäftsvorfälle beizufügen, die für das Verständnis der Veränderungen, die seit Ende des letzten Geschäftsjahres bei der Vermögens-, Finanz- und Ertragslage eingetreten sind, erheblich.[382] Weitere Angaben, die aufzunehmen sind, wenn sie nicht bereits an anderer Stelle des Zwischenberichts geliefert werden, sind in IAS 34.16A beispielhaft aufgelistet. Der Angabepflicht der von IAS 34.15B und IAS 34.16A vorgegebenen Ereignisse und Sachverhalte, die insb. für den verkürzten Abschluss formuliert sind, liegt die Annahme zu Grunde, dass der Adressat auch Zugang zu dem vorangegangenen jährlichen Abschluss hat. Leitlinie ist, dass eine Aktualisierung von Anhangangaben mit relativ unwesentlichen Änderungen in Bezug auf den letzten Jahresfinanzbericht hinfällig ist.

---

[378] Da in IAS 1.54 von Posten (*line items*) in IAS 34.10 jedoch von Überschriften (*headings*) gesprochen wird, gehen *Baetge et al.* von einer sprachlichen Ungenauigkeit aus, da einzelne in IAS 1.54 aufgeführten Posten ebenso als Überschrift bzw. Zwischensumme interpretiert werden können. Sie sprechen sich für die Anwendung der Mindestgliederung des IAS 1 im verkürzten Abschluss aus. Vgl. Baetge et al. (2010), Rn. 19 f. Vgl. hierzu auch die *illustrative interim financial information 2010,* PwC (2010). Zu einer ähnlichen Mindestgliederung im HGB, allerdings als Erleichterungsvorschrift für kleine Kapitalgesellschaften, vgl. § 266 HGB, Abs. 1 Satz 3.

[379] Vgl. den Verweis in § 37 y Nr. 2 Satz 2 WpHG. Vgl. auch Zimmermann (2009), Rn. 18.

[380] Zur Bedeutung einer Kapitalflussrechnung und Eigenkapitalveränderungsrechnung für die Adressaten, vgl. Müller/Stute (2006), S. 2809 f. Die Wichtigkeit der Kapitalflussrechnung betonend, vgl. Strieder/Ammedick (2007a), S. 1371.

[381] Vgl. Alvarez/Wotschofsky (2003), S. 58.

[382] Im Rahmen des am 06.05.2010 veröffentlichten Sammelstandards zur Vornahme kleinerer Änderungen an den IFRS, sog. „*Improvements to IFRSs*“, hat das IASB den IAS 34 hinsichtlich der Anhangangaben zu wesentlichen Ereignissen und Geschäftsvorfällen geändert. Die Neuregelungen verfolgen das Ziel, die in IAS 34 enthaltenen Sachverhalte stärker zu betonen, die Angabepflichten begründen. In diesem Zusammenhang wurden auch die bisherigen Mindestangaben um weitere Angabepflichten ergänzt, die sich insb. auf Wertänderungen von Finanzinstrumenten beziehen. Vgl. IAS 34.BC3. Die Änderungen zum IAS 34 sind erstmals rückwirkend für Geschäftsjahre, die am oder nach dem 01.01.2011 beginnen, verpflichtend anzuwenden.

Folgende Ereignisse und Geschäftsvorfälle sind gem. IAS 34.15B bei Erheblichkeit anzugeben:

a) Abschreibung von Vorräten auf den Nettoveräußerungswert und Rückbuchung solcher Abschreibungen
b) Erfassung eines Aufwands aus der Wertminderung von finanziellen Vermögenswerten, Sachanlagen, immateriellen Vermögenswerten oder anderen Vermögenswerten sowie Aufhebung solcher Wertminderungsaufwendungen
c) Auflösung etwaiger Rückstellungen für Restrukturierungsmaßnahmen
d) Anschaffungen und Veräußerungen von Sachanlagen
e) Verpflichtungen zum Kauf von Sachanlagen
f) Beendigung von Rechtsstreitigkeiten
g) Korrekturen von Fehlern aus früheren Perioden
h) Veränderungen im Unternehmensumfeld oder bei den wirtschaftlichen Rahmenbedingungen, die sich auf den beizulegenden Zeitwert der finanziellen Vermögenswerte und Schulden des Unternehmens auswirken, unabhängig davon, ob diese Vermögenswerte oder Schulden zum beizulegenden Zeitwert oder zu fortgeführten Anschaffungskosten angesetzt werden
i) Jeder Kreditausfall oder Bruch einer Kreditvereinbarung, der nicht bei oder vor Ablauf der Berichtsperiode beseitigt ist
j) Geschäftsvorfälle mit nahestehenden Unternehmen und Personen
k) Verschiebungen zwischen den verschiedenen Stufen der Fair-Value-Hierarchie, die zur Bestimmung des beizulegenden Zeitwerts von Finanzinstrumenten zu Grunde gelegt wird
l) Änderungen bei der Einstufung finanzieller Vermögenswerte, die auf eine geänderte Zweckbestimmung oder Nutzung dieser Vermögenswerte zurückzuführen sind
m) Änderungen bei Eventualverbindlichkeiten oder -forderungen

Folgende weitere Angaben sind nach IAS 34.16A mindestens im verkürzten Abschluss aufzunehmen:

a) Erklärung, dass die gleichen Rechnungslegungs- und Bewertungsmethoden wie im letzten Abschluss des Geschäftsjahres angewandt wurden
b) Erläuterungen von saisonalen oder konjunkturellen Einflüssen
c) Angabe von Art und Umfang von Sachverhalten, die die Bilanzposten beeinflussen und aufgrund ihrer Art, ihres Ausmaßes oder ihrer Häufigkeit ungewöhnlich sind
d) Art und Umfang bei Schätzungen von Beträgen
e) Angaben zu Emissionen, Rückkäufen und Rückzahlungen von Schuldverschreibungen oder Eigenkapital
f) Angaben zu gezahlten Dividenden
g) Angabe von Segmentinformationen (intern und extern generierte Umsatzerlöse, Bewertung des Gewinn/Verlusts des Segments, Gesamtvermögenswerte etc.)

h) Angabe wesentlicher Ereignisse nach Ende der Zwischenberichtsperiode, die nicht im Abschluss der Zwischenberichtsperiode widergespiegelt worden sind
i) Angabe von Auswirkungen von Änderungen in der Zusammensetzung des Unternehmens während der Zwischenberichtsperiode (inkl. Unternehmenszusammenschlüsse, Verlust von Beherrschung etc.); im Falle von Unternehmenszusammenschlüssen sind die von IFRS 3 geforderten Angaben zu beachten
j) Angabe zu Änderungen von Eventualverbindlichkeiten

Besonderes Augenmerk gilt den von IAS 34.16A(g) geforderten Segmentinformationen[383], die obligatorisch sind, wenn IFRS 8 die Unternehmen zur Angabe von Segmentinformationen im Rahmen des jährlichen Abschlusses verpflichtet. Die segmentierten Angaben stellen quasi eine Erweiterung der Mindestbestandteile des verkürzten Abschlusses um eine „verkürzte" Segmentberichterstattung dar. „Nur wenn den Kapitalmarktteilnehmern die Entwicklung der einzelnen Segmente bekannt ist, können die Investoren sachgerechte Entscheidungen treffen."[384] Dies gilt unterjährig umso mehr, da die Angabe disaggregierter Daten bspw. zu einem besseren Verständnis saisonaler Erträge oder Aufwendungen führt und Fehlinterpretationen entgegenwirkt. Hervorzuheben sind ferner die Angaben zu Konjunktureinflüssen, die nicht mit den von IAS 34 vorgesehenen Vergleichsperioden umfasst werden konnten.

Im Anhang ist zusätzlich gem. IAS 34.19 eine Angabe zur Übereinstimmung mit den IFRS erforderlich: „Wenn der Zwischenbericht […] den Vorschriften dieses Standards entspricht, ist diese Sache anzugeben. Ein Zwischenbericht darf nicht als mit den Standards übereinstimmend bezeichnet werden, solange er nicht allen Anforderungen der International Financial Reporting Standards entspricht."[385] Die vom IASB gewählte Formulierung führt in der Praxis zu einer vermischten Angabe, in der die Anwendung der Bewertungsmethoden der IFRS und zusätzlich die Übereinstimmung mit IAS 34 bestätigt wird.[386] Auch im Schrifttum herrscht diesbezüglich Uneinigkeit.[387] IAS 34.3 verdeutlicht indes, dass, wenn ein Zwischen-

---

383 Mit der Neukonzeption der Segmentberichterstattung durch den IFRS 8 (verpflichtende Anwendung für Geschäftsjahre, die am oder nach dem 01.01.2009 beginnen) und insb. der Einführung des *management approach* waren Folgeänderungen an IAS 34.16(g) verbunden, die zu einer Ausweitung segmentierter Informationen im Rahmen der Zwischenberichterstattung führten. Vgl. IFRS 8.BC7, BC 9. Grundlegend zur Segmentberichterstattung, vgl. Benecke (2000), S. 165–180.

384 Böcking (1999), S. 511. Zur Notwendigkeit und Bedeutung der Segmentberichterstattung, vgl. auch Haller (2000), S. 757–766, zu Konsequenzen einer am *management approach* ausgerichteten Segmentberichterstattung, S. 796–801.

385 IAS 34.19. Zum sog. *„statement of compliance"* vgl. Alvarez/Wotschofsky (2003), S. 122. Bei der erstmaligen Erstellung eines Zwischenberichts nach IAS 34 sind die Vergleichszahlen des Vorjahres anzugeben, andernfalls darf die Übereinstimmungserklärung nicht abgegeben werden.

386 Vgl. die Untersuchungsergebnisse von Rabenhorst/Wiechens (2009), S. 523. Unternehmen, die Angabe einer Mischform empfehlend, vgl. Deloitte (2009), S. 11.

387 Der Auffassung, dass entweder eine Angabe zur Übereinstimmung mit IAS 34 erforderlich ist, wenn der verkürzte Abschluss den Vorschriften des IAS 34 entspricht oder bei Darstellung in Form des vollständigen Abschlusses mit sämtlichen Anhangangaben eine Angabe zu der Übereinstimmung mit allen Anforderungen der IFRS, vgl. Tesch (2010), S. 51 f.; Rahe (2008), Rn. 166. Zurückhaltender Baetge et al. (2010), Rn. 77, mit der Auffassung, dass die Angabe zur Übereinstimmung mit den IFRS für einen Zwischenbericht mit ver-

bericht eines Unternehmens als mit den IFRS übereinstimmend bezeichnet wird, dieser allen Anforderungen des IAS 34 zu entsprechen hat. Demnach ist auch bei verkürzter Darstellung, eine Übereinstimmung mit den IFRS abzugeben. Um Erwartungslücken zu vermeiden, ist seitens des IASB eine Konkretisierung des IAS 34.19 zu fordern.

Die Vorgabe von Mindestangaben und der Verzicht einer erneuten Angabe unveränderter Anhangangaben des vorangegangenen jährlichen Abschlusses entsprechen dem Grundsatz der Wesentlichkeit. Um Fehlinterpretationen entgegenzuwirken, sollte jedoch zur Klarstellung eine zusätzliche Erklärung vor Aufzählung der geänderten Angaben erfolgen, dass die Anhangangaben des letzten Geschäftsberichts, die nicht gesondert aufgeführt werden, unverändert Gültigkeit besitzen. Ferner bietet die Vorgabe von Mindestangaben die Möglichkeit zur Aufnahme weiterer bspw. branchenspezifischer Anhangangaben.[388] Dennoch lässt sich in Erwägung ziehen, gesonderte branchenspezifische Angaben explizit zu fordern, bspw. von Kreditinstituten.[389] Ebenso entspricht der Verzicht auf die Vorgabe eines konkreten Detaillierungsgrads – IAS 34 enthält keinerlei Angaben diesbezüglich – grundsätzlich der weniger umfangreichen Berichterstattung im Rahmen des Zwischenberichts.[390] Wiederum ist die Entscheidungsnützlichkeit der Zwischenberichtsinformationen von der Auslegung und Umsetzung der Unternehmen abhängig.

3.2.1.3.3 Erfassungs- und Bewertungsgrundsätze

Nach Maßgabe des IAS 34.28 hat ein Unternehmen in seinem Zwischenabschluss die gleichen Rechnungslegungsmethoden anzuwenden, die es in seinem jährlichen Abschluss eines Geschäftsjahres anwendet. In Bezug auf Abschlussposten und Erfassungskriterien sieht IAS 34.31 für die Zwischenberichtsperiode ebenso die gleichen Definitionen von Abschlussposten und Erfassungskriterien vor wie zum Geschäftsjahresende.[391] Kosten, die zum Ende der Zwischenberichtsperiode nicht die Definition von Vermögenswerten erfüllen, sind gem. IAS 34.30(b) nicht in der Bilanz abzugrenzen, um die Erfüllung der Definitionskriterien abzuwar-

---

kürzten Abschluss bedeutet, dass die in dem verkürzten Abschluss veröffentlichten Daten IFRS-konform ermittelt wurden.

[388] IAS 34 „verbietet nicht und hält Unternehmen auch nicht davon ab, mehr als das Minimum der von diesem Standard vorgeschriebenen Posten oder ausgewählten Anhangangaben in verkürzte Zwischenberichte aufzunehmen". IAS 34.7.

[389] Bereits im Jahr 1971 sah die Arbeitsgemeinschaft deutscher Wertpapierbörsen in den „Regeln" Abweichungen der auszuweisenden Zwischenberichtsinformationen für Kreditinstitute vor, um die branchenspezifischen Gegebenheiten adäquat zu berücksichtigen. Vgl. Arbeitsgemeinschaft deutscher Wertpapierbörsen (1971), S. 17. Zur Zwischenberichterstattung von Banken und der Zurechnung von Zwischengewinnen zum Kernkapital, vgl. Padberg/Werner (2003), S. 974–979.

[390] Beispielhaft sieht IAS 36.126 für jede Gruppe von Vermögenswerten die Angabe von Wertminderungsaufwendungen und Wertaufholungen vor.

[391] Für die Erfassung, d. h. den Einbezug in die Bilanz oder/und die GuV, hat der Abschlussposten die Definition von Vermögenswerten, Schulden, Erträgen oder Aufwendungen gem. dem Framework zu erfüllen und den jeweiligen Kriterien für die Erfassung zu entsprechen (IAS 34.29, 31). Ausnahme der stetigen Anwendung der Rechnungslegungsmethoden bilden Änderungen von Bilanzierungs- und Bewertungsmethoden, die nach dem Stichtag des letzten Abschlusses vorgenommen wurden und dann im nächsten Abschluss anzuwenden sind (IAS 34.28). Die Stetigkeit wird in Ausnahmefällen unterbrochen. Vgl. IAS 34 Anhang B.

ten oder um Erträge über die Zwischenberichtsperioden innerhalb eines Geschäftsjahres zu glätten. Dadurch soll die Vergleichbarkeit zur jährlichen Berichterstattung gewährleistet werden.[392] Ausgehend von der Forderung nach einer stetigen Anwendung der Rechnungslegungsmethoden kann dem IASB die Orientierung am diskreten Ansatz unterstellt werden.[393] Gemäß IAS 34.37–39 sind saisonal oder konjunkturell bedingte oder gelegentlich erzielte Erträge[394] sowie während des Geschäftsjahres unregelmäßig anfallende Aufwendungen am Zwischenberichtsstichtag nicht vorzuziehen oder abzugrenzen, wenn dieses Vorgehen nicht auch am Ende des Geschäftsjahres angemessen wäre.[395] Erhebliche Schwankungen in den Periodenergebnissen können hieraus resultieren.[396] Der Gefahr einer Fehlinterpretation aufgrund irreführender Schwankungen kann mit gesonderten Erläuterungen entgegengewirkt werden. Besteht hingegen tatsächlich ein Wendepunkt der Ertrags- und Liquiditätsentwicklungen, können die Investoren angemessene Maßnahmen ergreifen.

IAS 34.28 weist jedoch darauf hin, dass die Frequenz der Berichterstattung die Höhe des Jahresergebnisses nicht beeinflussen darf und daher Bewertungen unterjährig auf einer von Geschäftsjahresbeginn an bis zum Zwischenberichtstermin kumulierten Grundlage vorzunehmen sind. Die Zwischenberichtsperiode ist somit nicht gänzlich als eigenständige Einheit zu sehen, was wiederum dem integrativen Ansatz entspricht.[397] Eine Abkehr vom diskreten Ansatz und Hinwendung zu einer integrativen Abgrenzung[398] (antizipative Glättung) sieht das IASB ebenso im Rahmen der Abrechnung von Arbeitgeberanteilen an den Sozialversicherungsabgaben[399] und bei typischen Jahresendbuchungen wie bspw. am Jahresende zu leistende Prämien vor.[400] Als eine weitere konkrete Ausnahme in dem Regelwerk des IASB ist die unterjährige Ermittlung von Ertragsteuern anzusehen.[401] Generell sind integrative Abgrenzungen mit einer erhöhten Vornahme von Schätzungen verbunden, bei denen z. B. die Prognose des

---

392 Vgl. Alvarez/Wotschofsky (2003), S. 131.

393 Vgl. Busse von Colbe et al. (2010), S. 654; Lüdenbach (2007), S. 57.

394 Zinsaufwendungen sind demnach aufgrund der bestehenden rechtlichen Verpflichtung abzugrenzen, Dividendenerträge hingegen werden erst mit Entstehen des Rechtsanspruchs erfasst.

395 Bspw. sind Aufwendungen für Werbemaßnahmen, die im ersten Quartal anfallen, die entsprechenden Produkte jedoch ganzjährig verkauft werden, nicht auf vier Quartale zu verteilen, sondern in Übereinstimmung mit IAS 38.69(c) im Entstehungszeitpunkt d. h. im ersten Quartal zu buchen.

396 Zu der unterschiedlichen Behandlung von Mengen- und Preiskomponenten vgl. Lüdenbach (2007), S. 56–58.

397 Vgl. IAS 34.29.

398 Die Voraussetzung für eine integrative Erfolgsabgrenzung besteht in der kumulativen Erfüllung der Kriterien: Vorhersehbarkeit i. S. Planbarkeit der Erfolgskomponenten, Unregelmäßigkeit i. S. kein regelmäßiges unterjähriges Aufkommen und Wesentlichkeit i. S. v. betragsmäßiger großer Bedeutung. Hierzu und zu den unterschiedlichen Ansichten hinsichtlich der Berücksichtigung der Wesentlichkeit, vgl. Alvarez/Wotschofsky (2003), S. 114 m. w. N. Eine integrative Abgrenzung gewisser Erfolgskomponenten wird durch eine Verbesserung der Prognosefähigkeit des Jahresergebnisses gerechtfertigt. Ebenda S. 115.

399 Der in der Zwischenberichtsperiode zu buchende Aufwand ist auf Grundlage eines geschätzten jährlichen effektiven Sozialabgabensatzes zu erfassen. Vgl. IAS 34.B1. Vgl. auch Alvarez/ Wotschofsky (2003), S. 124.

400 Vgl. IAS 34.B5 f. Voraussetzungen für die vorgezogene Berücksichtigung sind das Vorliegen einer rechtlichen oder faktischen Verpflichtung und die verlässliche Schätzung Verpflichtung.

401 Vgl. Busse von Colbe et al. (2010), S. 654.

Jahresergebnisses erforderlich ist. Mit diesen Schätzungen geht ein erhöhter Gestaltungsspielraum für das Management bei Ansatz und Bewertung einher.[402]

Der Wesentlichkeitsgrundsatz wird in IAS 34.23 besonders betont, wobei Posten als wesentlich gelten, wenn ihre Auslassung oder fehlerhafte Angabe die wirtschaftlichen Entscheidungen von Adressaten beeinflussen könnten.[403] Ausschlaggebend bei der (quantitativen) Wesentlichkeitsbeurteilung ist das Verhältnis zu den Finanzdaten der Zwischenberichtsperiode. Bei der Einschätzung der Wesentlichkeit ist zu beachten, dass Bewertungen in höherem Maße auf Schätzungen beruhen, als es bei den jährlichen Finanzdaten der Fall ist. Obgleich diesem Vorgehen grundsätzlich zuzustimmen ist, kann dadurch die Situation entstehen, dass manche Posten im Zwischenbericht aufzuführen sind, da dies unter Zugrundelegen der entsprechenden Bezugsgrößen den (Bilanz-)Ansatz erforderlich ist, im Jahresfinanzbericht aufgrund anderer Relationen hingegen nicht. Eine Orientierungshilfe für die Bilanzierung im Rahmen des Zwischenberichts bietet IAS 34.Anhang B in Form von Beispielen.[404]

3.2.1.3.4 Änderungen von Rechnungslegungsmethoden und Schätzungen

Ergeben sich Änderungen von Rechnungslegungsmethoden, sind gem. IAS 34.43–45 Anpassungen in den Abschlüssen früherer Zwischenberichtsperioden des laufenden Geschäftsjahres und in den entsprechenden Vergleichsperioden vorzunehmen.[405] Verfolgtes Ziel ist die Anwendung einer einzigen Rechnungslegungsmethode für eine bestimmte Gruppe von Geschäftsvorfällen, um unklare Betriebsergebnisse sowie eine erschwerte Analyse und Verständlichkeit der Zwischenberichtsinformationen zu vermeiden. Die rückwirkende Änderung bewirkt die Anwendung der gleichen Bilanzierungs- und Bewertungsmethoden in allen Abschlüssen des Geschäftsjahres und die Vermeidung einer eingeschränkten Vergleichbarkeit. Eine Ausnahme von der rückwirkenden Anpassung besteht, wenn die Ermittlung undurchführbar ist, d. h. nur mit unverhältnismäßig hohen Kosten. In diesem Fall sind die neuen Rechnungslegungsmethoden prospektiv ab dem frühestmöglichen Zeitpunkt anzuwenden. Unter Wirtschaftlichkeitsgesichtspunkten betrachtet und dem Wesentlichkeitsgrundsatz entsprechend, erscheint diese Erleichterung zweckmäßig.

Treten für Sachverhalte, die bereits in einem Zwischenbericht des aktuellen Geschäftsjahres veröffentlicht wurden, Schätzungsänderungen für folgende Zwischenberichtsperioden des gleichen Geschäftsjahres ein, ist die ursprüngliche Schätzung in den folgenden Zwischenbe-

---

[402] Vgl. Ammedick/Strieder (2002), Rn. 418. Anhang C des IAS 34 liefert Beispiele, um die Anwendung des IAS 34.41 zu verdeutlichen.

[403] Konkretisierendes Merkmal der Relevanz bildet gem. F.29 f. die Wesentlichkeit.

[404] Dies betrifft vor allem: Arbeitgeberanteil an den Sozialabgaben (IAS 34.B1), Instandhaltungs- oder Überholungsmaßnahmen (IAS 34.B2), Rückstellungen (IAS 34.B3–4), Mitarbeiterprämien (IAS 34.B5–6), bedingte Leasingzahlungen (IAS 34.B7), immaterielle Vermögenswerte (IAS 34.B8), Pensionsaufwand (IAS 34.B9), Ertragsteuern (IAS 34.B12) und Vorräte (IAS 34.B25–26).

[405] Unter Rechnungslegungsmethoden versteht IAS 8.5 „die besonderen Prinzipien, grundlegenden Überlegungen, Konventionen, Regeln und Praktiken, die ein Unternehmen bei Aufstellung und Darstellung eines Abschlusses anwendet".

richtsperioden durch eine Abgrenzung zusätzlicher Aufwendungen zu ändern oder es wird eine Rückbuchung der bereits erfassten Beträge vorgenommen (IAS 34.29 i. V. m. IAS 34.30(a)). Eine rückwirkende Änderung der früheren Zwischenberichtsperioden des Geschäftsjahres erfolgt nicht (IAS 34.35–36); es besteht jedoch eine Angabepflicht. In der Periode, in der die anpassende Buchung erfolgt, kommt es zu einer „verfälschten" Darstellung; in der *year-to-date*-Darstellung der Quartale wird allerdings ein zutreffender Wert ausgewiesen.[406] Zu beachten gilt die Angabepflicht des IAS 34.26, wonach die Art und der Betrag einer wesentlichen Schätzungsänderung während der abschließenden Zwischenberichtsperiode eines Geschäftsjahres im Anhang des jährlichen Abschlusses anzugeben sind, wenn kein gesonderter Finanzbericht für die abschließende Zwischenberichtsperiode (zweiter Halbjahres- oder vierter Quartalsfinanzbericht) veröffentlicht wird.[407]

Für die Korrektur von Fehlern sieht IAS 34 keine Regelungen vor.[408] Entsprechend dem in IAS 8.10 statuierten Grundsatz für den Fall fehlender Rechnungslegungsvorschriften hat sich das Management an Vorschriften von IFRS zu orientieren, die ähnliche Fragestellungen behandeln: In diesem Fall ist es der IAS 8 selbst. Die Vorgaben zur Fehlerkorrektur für wesentliche Fehler aus früheren Perioden sind nach den Vorgaben des IAS 8.41–49 rückwirkend, potenzielle Fehler der aktuellen Periode in laufender Rechnung vor Abschlussveröffentlichung zu korrigieren. Durch die kumulierte Darstellung im Rahmen der Rechenwerke können Fehler in vorherigen Zwischenabschlüssen des gleichen Geschäftsjahres im nächsten Zwischenabschluss korrigiert angegeben werden. Bei Fehlern, die Zwischenberichte des Vorjahres betreffen, sind die entsprechenden Vergleichszahlen zu korrigieren. Entsprechende Anhangangaben wären zu fordern. Durch die Korrektur der im Rahmen der Zwischenberichterstattung aufgedeckten Fehler wird implizit eine zeitnahe Fehlerbeseitigung erzielt, wenn die Sachverhalte gleichermaßen im vorangegangenen jährlichen Abschluss fehlerhaft dargestellt wurden. Dies ist bei enger Auslegung des Wortlauts von IAS 8.43 nicht vorgesehen. Nach den Vorgaben des IAS 8.42 käme für die Korrektur des Konzernabschlusses nur der nächste „vollständige" Abschluss in Betracht.[409] Nach der Terminologie des IAS 34 würde ein Abschluss im Halbjahresfinanzbericht diesen Vorgaben nur entsprechen, wenn dieser nicht verkürzt (*set of condensed financial statements*), sondern als vollständiger Abschluss in Übereinstimmung mit den Vorgaben des IAS 1 (*complete set of financial statements*) veröffentlicht wird.[410] Vor dem Hintergrund der Zielsetzung des IASB – die Vermittlung entscheidungsnützlicher Informationen – kann jedoch nicht davon ausgegangen werden, dass eine Korrektur entdeckter Fehler erst ein halbes Jahr später vorzunehmen ist, nur weil im Rahmen des Halb-

---

406 Vgl. Lüdenbach (2007), S. 59.
407 Vgl. Baetge et al. (2010), Rn. 121.
408 Vgl. Theile/Leippe (2009), Rn. 4834.
409 Wesentliche Fehler aus früheren Perioden sind gem. IAS 8.42 „im ersten vollständigen Abschluss, der zur Veröffentlichung nach der Entdeckung der Fehler genehmigt wurde [*first set of financial statements authorised for issue*], rückwirkend zu korrigieren".
410 Vgl. hierzu die Ausführungen in Kapitel 3.2.1.3.4.

jahres ein verkürzter Abschluss aufgestellt wird. Eine Klarstellung dahingehend, dass Fehler im ersten (verkürzten) Abschluss nach Entdeckung zu korrigieren sind, ist dringend erforderlich. Andernfalls kann nicht gewährleistet werden, dass die Adressaten über das Ausmaß der Fehler zeitnah informiert werden. Ebenso wären entsprechende Anhangangaben i. S. d. IAS 8.49 zu erwarten, die sich in jedem Zwischenbericht bis zum nächsten Konzernabschluss fortführen. Dieser Erwartung kann mit der in IAS 34.15B(g) genannten Mindestangaben entsprochen werden, wonach Korrekturen von Fehlern aus früheren Perioden anzugeben sind. Anstelle einer Fehlerkorrektur gem. IAS 8 können fehlerhafte Zwischenberichte im Rahmen einer nachträglichen Änderung gem. IDR RS HFA 6 Rn. 44 korrigiert werden, mit dem Ziel, die fehlerhaften Abschlüsse durch fehlerfreie Abschlüsse zu ersetzen (sog. Rückwärtsänderung oder Neuaufstellung).

3.2.2 Zwischenlagebericht

3.2.2.1 Vorgaben des § 37w WpHG und Konkretisierung durch DRS 16 „Zwischenberichterstattung"

Der Zwischenlagebericht ist ein weiterer Pflichtbestandteil des Halbjahresfinanzberichts und bildet ein eigenständiges Rechnungslegungsinstrument[411], unabhängig davon, ob der verkürzte Abschluss nach HGB oder IFRS aufgestellt wurde.[412] Da das IASB den Lagebericht und folglich auch den Zwischenlagebericht als Berichtsinstrument in seinem Regelwerk bisher nicht vorsieht[413], gelten die Art. 46 der Vierten EG-Richtlinie bzw. Art. 36 der Siebenten EG-Richtlinie als maßgeblicher Orientierungspunkt bei der inhaltlichen Ausgestaltung.[414] Das IASB verfolgt ein Projekt zur Ausarbeitung eines dem Lagebericht ähnlichen Berichtsinstruments, in dessen Rahmen bereits im Jahre 2005 das Diskussionspapier *„Management Commentary"* veröffentlicht wurde.[415] Auf seiner Grundlage wurden im Juni 2009 ein Entwurf[416] und am 08.12.2010 ein sog. *practice statement „Management Commentary"* veröffentlicht.[417] Da das *practice statement* als erstes Dokument des IASB in dieser Form kein IFRS darstellt und somit nicht im Rahmen des Endorsement-Prozesses zu geltendem Recht wird, ist zum derzeitigen Stand nicht absehbar, wie die vorgesehenen Regelungen in der Be-

[411] Der Zwischenlagebericht muss „in sich abgeschlossen und verständlich sein", DRS 16.38. Vgl. auch Kajüter/Barth/Meyer (2009), S. 463. Kritisch zur Eigenständigkeit, vgl. Knorr (2001), S. 2: „Eine vollständige Eigenständigkeit kann jedoch der Aufgabe, eine Prognose auf das Jahresergebnis zu ermöglich, nicht gerecht werden." Ähnlich Wiederhold/Pukallus (2007), S. 271. Zur Diskussion vgl. Strieder/Ammedick (2007a), S. 1370.

[412] Vgl. Beiersdorf/Buchheim (2006), S. 1676.

[413] Vgl. PwC (2010a), Rn. 31.111.

[414] Vgl. Vierte EG-Richtlinie (1978) bzw. Siebenten EG-Richtlinie (1983). In diesem Zusammenhang vgl. auch Abänderungsrichtlinie (2006).

[415] Vgl. IASB (2005). Zum Projekt des IASB *„Management Commentary"* und dessen Relevanz für deutsche kapitalmarktorientierte Unternehmen vgl. Kajüter/Guttmeier (2009), S. 2333–2339.

[416] Vgl. IASB (2009).

[417] Vgl. IASB (2010). Zu einem Vergleich zwischen den Regelungen des *practice statement „Management Commentary"* und den Vorgaben des DSR 15 vgl. Melcher/Murer (2011), S. 430–434. Zusammenfassend stellen die Autoren fest, dass sich das *practice statements* „auf recht allgemein gehaltene Ausführungen beschränkt". Melcher/Murer (2011), S. 434.

richtspraxis zur Anwendung kommen und zur internationalen Harmonisierung sowie zur Qualitätssteigerung von Managementberichten beitragen werden.

Die Inhalte des Zwischenlageberichts sind in § 37w Abs. 4 Satz 1 WpHG geregelt und umfassen mindestens die Angabe der wichtigen Ereignisse des Berichtszeitraums des Unternehmens und ihre Auswirkungen auf den verkürzten Abschluss. Weiterhin sind die wesentlichen Chancen und Risiken zu beschreiben, wobei sich der Prognosezeitraum auf die dem Berichtszeitraum folgenden sechs Monate des Geschäftsjahres beläuft. Konzernabschlusspflichtige Aktienemittenten haben ferner gem. § 37w Abs. 4 Satz 2 WpHG die wesentlichen Geschäfte des Emittenten mit nahestehenden Personen anzugeben, alternativ ist die Angabe im Anhang möglich.[418] Die Betrachtung der Mindestvorgaben zeigt, dass diese allgemein formuliert und daher interpretations- bzw. konkretisierungsbedürftig sind.[419]

Aus der Notwendigkeit weiter gehender Erläuterungen[420] wurden vom DSR entsprechende Konkretisierungen im Rahmen des DRS 16 „Zwischenberichterstattung" erarbeitet.[421] Wie auch schon im Rahmen der Gesetzesbegründung des BilReG, als der deutsche Gesetzgeber explizit die Anwendung des DRS 15 für die Erstellung des Konzernlageberichts empfahl[422], verweist der deutsche Gesetzgeber zur näheren Bestimmung des Inhalts des Halbjahresfinanzberichts und somit des Zwischenlageberichts im Gesetzesentwurf zum TUG auf DRS 6, der mit der Bekanntmachung des DRS 16 von diesem ersetzt wurde.[423] Nach DRS 16.1 besteht das explizite Ziel der Zwischenberichterstattung darin, unterjährig entscheidungsnützliche Informationen über die Ertrags-, Finanz- und Vermögenslage und die voraussichtliche Entwicklung des Konzerns zu vermitteln. Insbesondere sollen prognoseorientierte Informationen des letzten (Konzern-)Lageberichts aktualisiert werden (DRS 16.2).

DRS 16 präzisiert und ergänzt u. a. die vom WpHG für den Zwischenlagebericht geforderten, von unbestimmten Rechtsbegriffen geprägten Inhalte, wobei teilweise – dies sei vorweggenommen – über die gesetzlichen Anforderungen hinausgegangen wird. Gemäß dem Äquivalenzprinzip finden nach DRS 16.37 die allgemeinen Grundsätze der Lageberichterstattung des DRS 15 unter Berücksichtigung der Zielsetzung der Zwischenberichterstattung, des begrenzten Prognosezeitraums und insb. des Wesentlichkeitsgrundsatzes entsprechend Anwendung im Zwischenlagebericht.[424] Auch die Gliederung des Zwischenlageberichts soll sich an der

[418] Der Aktienkauf oder -verkauf insb. durch Vorstands- oder Aufsichtsratsmitglieder fällt unter die Tatbestandvoraussetzungen von Directors' Dealings-Mitteilungen gem. § 15a WpHG. Aus dem Nebeneinander beider Regelungen ergeben sich daher Redundanzen. Zu den pflichtauslösenden Sachverhalten bei Directors' Dealings vgl. Schneider (2002), S. 1817–1821.

[419] Bezogen auf die gesamten Vorschriften der §§ 37w, 37y WpHG, vgl. Philipps (2007), S. 2327.

[420] Vgl. hierzu Böcking/Stein (2006), S. 760; Beiersdorf/Buchheim (2006), S. 1676.

[421] Vgl. Beiersdorf/Buchheim (2006), S. 1676; Böcking/Stein (2006), S. 760.

[422] Vgl. hierzu Böcking/Stein (2006), S. 754.

[423] Vgl. BT-Drs. 16/2498, S. 44.

[424] Zur Anwendung kommen die Grundsätze nach DRS 15.9–35: Grundsatz der Vollständigkeit, der Verlässlichkeit, der Klarheit und Übersichtlichkeit, der Vermittlung aus Sicht der Unternehmensleitung und der

Darstellung im Konzernlagebericht orientieren. Dabei erscheint die Anwendung der umfangreichen Gliederung des Konzernlageberichts für den Zwischenbericht kaum zweckmäßig.[425] Als Alternative schlägt DRS 16.39 die als „vollkommen ausreichend"[426] einzustufende Gliederung in:

- Bericht zur Ertrags-, Finanz- und Vermögenslage
- Bericht zur voraussichtlichen Entwicklung mit ihren wesentlichen Chancen und Risiken (Chancen- und Risikobericht)
- Bericht zu wesentlichen Geschäften mit nahestehenden Unternehmen und Personen

vor.

Da dem Gesetzestext für den Bericht zur Ertrags-, Finanz- und Vermögenslage keine näheren Ausführungen zu den möglichen Ereignissen zu entnehmen sind, enthält DRS 16.41 exemplarisch externe und interne Ereignisse.[427] Nach DRS 16.42 ist auf ungewöhnliche und nicht wiederkehrende Ereignisse sowie saisonale Einflüsse besonders einzugehen. Obgleich eine Quantifizierung der Auswirkungen auf die Vermögens-, Finanz- und Ertragslage von DRS 16 nicht explizit gefordert wird, sollte diese im Hinblick auf die Entscheidungsnützlichkeit vorgenommen werden.[428]

Vor der Überarbeitung des DRS 16 durch DRÄS 5 im Jahr 2010 sah der DSR analog zum (Konzern-)Lagebericht eine Trennung zwischen dem Prognosebericht mit integriertem Chancenbericht und dem Risikobericht vor. Infolge vielfacher Kritik wurde von dieser „künstlichen Trennung"[429] Abstand genommen.[430] Die neu eingefügte Tz. 39a des DRS 16 sieht nunmehr ein Wahlrecht vor: Die „Darstellung der Chancen der voraussichtlichen Entwicklung kann getrennt von der oder gemeinsam mit der Risikoberichterstattung im Zwischenlagebe-

Konzentration auf die nachhaltige Wertschaffung. Vgl. Busse von Colbe et al. (2010), S. 661; Böcking (2007), S. 35–38; Scheffler (2009), Rn. 126; Tesch (2010), S. 74–76.

425 Zustimmend, vgl. Strieder/Ammedick (2007a), S. 1370; abwägend Hebestreit/Rahe (2007), S. 116.

426 Strieder/Ammedick (2007a), S. 1370.

427 Als externes Ereignis werden z. B. die Änderungen der politischen und rechtlichen Rahmenbedingungen oder Änderungen in der konjunkturellen Entwicklung aufgeführt. Hinsichtlich interner Ereignisse werden u. a. Umstrukturierungs- und Rationalisierungsmaßnahmen, Wechsel in der Unternehmensleitung oder Unternehmenskäufe und -verkäufe genannt. Vgl. DRS 16.41.

428 Die Auswirkungen der wichtigen Ereignisse auf die Vermögens-, Finanz- und Ertragslage sind möglichst quantifiziert anzugeben. Vgl. Hönsch (2009), Rn. 27.

429 Kajüter et al. (2010), S. 463.

430 Zur Kritik, dass die Trennung von Prognosebericht und Chancen- und Risikobericht im (Konzern-) Lagebericht mit dem Gesetzeswortlaut schwer vereinbar ist, vgl. Kirsch/Scheele (2005), S. 1154; Böcking/Stein (2006), S. 757. Vgl. auch die empirischen Ergebnisse von Kajüter et al. (2010), S. 463, denen zufolge, keine eindeutig präferierte Darstellungsalternative von Prognose-, Chancen- und Risikobericht besteht. Die Untersuchung wurde im Auftrag des DRSC im Vorfeld zur geplanten umfassenden Überarbeitung der DRS zur Lageberichterstattung im Jahr 2010 durchgeführt, wobei die Ergebnisse bereits im DRÄS 5 berücksichtigt wurden. Die Untersuchung basiert auf der Befragung von Unternehmen, Wirtschaftsprüfern, Finanzanalysten und Hochschullehrern anhand von standardisierten Fragebogen und strukturierten Interviews. Zur Methodik ebenda S. 457 f.

richt erfolgen.“[431] Die Wahl sei davon abhängig zu machen, welche Darstellungsform die Chancen und Risiken im konkreten Einzelfall klarer zum Ausdruck bringt, wobei der Stetigkeitsgrundsatz zu beachten ist. Eine Trennung von Chancen und Risiken erscheint vor dem Hintergrund der Entscheidungsnützlichkeit unbefriedigend, da Chancen und Risiken sich i. d. R. gegenseitig bedingen und stets gemeinsam zu betrachten sind.[432] Eine getrennte Darstellung der Chancen und Risiken kann in dieser Hinsicht irreführend sein.

In Bezug auf die Beschreibung der wesentlichen Chancen und Risiken gewährt DRS 16.46 eine dem Grundsatz der Wesentlichkeit entsprechende Erleichterung, indem ein Verweis auf den letzten (Konzern-)Lagebericht bei unveränderten Chancen und Risiken als ausreichend erachtet wird. Ergeben sich wesentliche Änderungen von Chancen und Risiken gegenüber der letzten (Konzern-)Lageberichterstattung, sind diese zu beschreiben.[433] Als mögliche Änderungen kommen neben dem gänzlichen Wegfall oder der Neuaufnahme von Chancen und Risiken, die zum Zeitpunkt der vorhergehenden Berichterstattung noch nicht absehbar waren, auch veränderte Eintrittswahrscheinlichkeiten in Betracht.[434] Denkbar wären ebenso Änderungen möglicher negativer bzw. positiver Auswirkungen, wobei eine Verrechnung dieser als auch grundsätzlich die Verrechnung von Chancen und Risiken laut DRS 16.48 unterlassen werden soll. Auf bestandsgefährdende Risiken ist gem. DRS 16.49 ausdrücklich einzugehen. Ein bloßer Verweis ist nicht zulässig.

Im Rahmen dieser zukunftsorientierten Berichterstattung geht DRS 16 über den Gesetzestext hinaus. Während § 37w Abs. 4 die Beschreibung der wesentlichen Chancen und Risiken für die dem Berichtszeitraum folgenden sechs Monate des Geschäftsjahres fordert, sieht DRS 16.43 eine Aktualisierung der im letzten Konzernlagebericht angegebenen Prognosen vor. „Kommt die Unternehmensleitung aufgrund neuer Erkenntnisse zu dem Ergebnis, dass sich die im letzten Konzernlagebericht abgegebenen Prognosen und sonstigen Aussagen zur voraussichtlichen Entwicklung des Konzerns für das Geschäftsjahr wesentlich verändert haben, so ist hierüber zu berichten.“[435] Die Beurteilung der Wesentlichkeit hat gem. DRS 16.44 explizit aus Sicht der Unternehmensleitung zu erfolgen. Liegen keine derartigen Erkenntnisse vor, ist diese Tatsache gem. DRS 16.45 anzugeben. Hiermit wird dem Grundsatz der Klarheit Rechnung getragen. Während diese erweiternde Berichterstattung über geänderte Prognosen angesichts des Informationsnutzens für Investoren zunächst als sinnvolle Ergänzung angesehen werden kann, stellt sich bei Umsetzung der Berichtspflicht die Frage, welchen Detaillie-

[431] DRS 16.39a. Analog wurde mit dem DRÄS 5 auch die vom DRS 15 geforderte Trennung von Risikobericht und Prognosebericht im Rahmen des (Konzern-)Lageberichts aufgehoben.

[432] Es ist eine ausgewogene, gleichwertige Berichterstattung von Chancen und Risiken erforderlich, vgl. Ellrott (2010), Rn. 44.

[433] Analog zum (Konzern-)Lagebericht reicht eine reine Nennung nicht aus, vielmehr sind die Änderungen zu beurteilen und zu erläutern. In Bezug auf den Lagebericht vgl. Ellrott, Rn. 49. Zu den Grenzen der Chancen- und Risikoberichterstattung vgl. auch Kajüter (2004), S. 430.

[434] Zu den Risikoangaben zu Finanzinstrumenten im Rahmen des Zwischenlageberichts vor allem bei Kreditinstituten vgl. Henkel/Schmidt/ Ott (2008), S. 44.

[435] DRS 16.43. Vgl. auch Rahe (2008), Rn. 31.

rungsgrad die Investoren aufgrund der ungenauen Formulierung „hierüber zu berichten" erwarten können. Interessant ist in diesem Zusammenhang die Änderung der Wortwahl zu dieser Passage im Zeitablauf seitens des DSR. Der ursprüngliche Entwurf zum DRS 6 (Vorgängerstandard des DRS 16) E-DRS 21, sah in E-DRS 21.40 vor, dass bei wesentlichen Veränderungen abgegebener Prognosen „über diese Tatsache zu berichten" sei. In der zugehörigen Begründung zu dieser Textziffer heißt es: „Eine Erläuterung oder Quantifizierung der veränderten Prognose ist nicht gefordert."[436] Infolge dessen findet sich im Schrifttum die Auffassung, dass in E-DRS 21.40 nicht gefordert wird, „eine neue Planung für diese Zwecke zu erstellen", sondern „lediglich über die Erkenntnisse zu berichten, über die der Emittent auch ohne zusätzliche Ermittlungen verfügt."[437] Ein solcher Verzicht wäre aus Adressatensicht als unbefriedigend zu bezeichnen, da ohne die Angabe der neuen bzw. veränderten Prognosen die Auswirkungen auf die Unternehmensentwicklung für die Adressaten als Außenstehende des Unternehmens nur sehr schwer abschätzbar sind. Darüber hinaus lässt sich aufgrund des kürzeren Prognosehorizonts, ausgehend vom Ende des ersten Halbjahres bis zum Geschäftsjahresende, erwarten, dass das Management in der Lage ist, für die veränderte Prognose zumindest eine Trendaussage zu treffen.[438]

Der Prognosefunktion wird hiermit nicht in ausreichendem Maße Rechnung getragen. In Rahmen der Überarbeitung des DRS 6 zum DRS 16 wurde der damalige Wortlaut „über diese Tatsache zu berichten" geändert und durch die nicht weniger unbestimmte Formulierung der aktuellen Tz. 43 des DRS 16 „hierüber zu berichten" ersetzt. Gleichwohl scheint das Schrifttum davon auszugehen, dass die „prognoseorientierten Informationen [zu] aktualisieren"[439] sind. Dieser Ansicht kann nur zugestimmt werden. Um Missverständnissen vorzubeugen, ist eine Klarstellung seitens des DSR, welcher Detaillierungsgrad zu Grunde zu legen ist, nach wie vor erforderlich. Die Möglichkeit zur Klarstellung blieb im Rahmen des DRÄS 5 ungenutzt.

Der gesetzlich eingegrenzte Prognosezeitraum auf die verbleibenden sechs Monate des Geschäftsjahres wird von DRS 16.36 erweitert, indem empfohlen wird, wesentliche zukunftsorientierte Aussagen des letzten (Konzern-)Lageberichts, die über das laufende Geschäftsjahr hinausreichen, entsprechend wesentlichen aktuellen Entwicklungen anzupassen. Der Hinweis auf das Ereignis und eine Trendaussage wird dabei als ausreichend angesehen.[440] Aus Investorensicht stellt diese Empfehlung eine sinnvolle Erweiterung dar, mittels derer auch über den

[436] Begründung zum E-DRS 21.A42.
[437] Hebestreit/Rahe (2007), S. 116, beide Zitate.
[438] Es ist davon auszugehen, dass unternehmensintern quantifizierte Angaben zu geänderten Prognosen vorliegen. Zum einen fließen die Prognosen in die Wertermittlung von Bilanzposten (bspw. im Rahmen des Impairmenttests) ein und zum anderen ist das Management aufgrund seiner Sorgfaltspflichten dazu angehalten, revidierte Prognosen und neue Entwicklungen in seinen zukünftigen Maßnahmen zu berücksichtigen.
[439] Kajüter/Barth/Meyer (2009), S. 463. Gleicher Ansicht Seibt/Huizinga (2010), S. 294.
[440] Vgl. hierzu auch Strieder/Ammedick (2007a), S. 1369.

kurzfristigen Horizont hinaus eine Einschätzung der Unternehmensentwicklung vorgenommen werden kann.

Hinsichtlich der gem. § 37w Abs. 4 Satz 2 WpHG i. V. m. § 11 TranspRLDV für inländische Aktienemittenten geforderten Angaben zu wesentlichen Geschäften mit nahestehenden Personen und Unternehmen, [441] konkretisiert DRS 16.50–51, dass es sich nicht nur um Geschäfte mit wesentlichem Einfluss auf die Finanz- und Ertragslage, sondern auch auf die Vermögenslage im entsprechenden Berichtszeitraum handelt. Ein Wegfall des Geschäfts gilt ebenfalls als wesentlicher Einfluss.[442] Nach DRS 16.53 kann eine alternative Angabe im Anhang erfolgen. Diese Wahlmöglichkeit ist ohne einen entsprechenden Verweis auf den alternativen Angabeort vor dem Hintergrund der zwischenbetrieblichen Vergleichbarkeit abzulehnen.[443] Ohne einen entsprechenden Verweis könnte der Adressat fälschlicherweise zu dem Schluss gelangen, es lägen keine Geschäfte mit nahestehenden Unternehmen und Personen vor.

3.2.2.2 Auswirkungen der Implementierung eines Zwischenlageberichts auf die Entscheidungsnützlichkeit von Halbjahresfinanzberichten

Die Implementierung des Zwischenlageberichts als fester Bestandteil des Halbjahresfinanzberichts in Deutschland bzw. in Europa ermöglicht den Investoren neben den quantitativen Angaben aus den klassischen Rechenwerken der IFRS eine „besser fundierte Beurteilung der Lage des Emittenten“[444].[445] So kommt dem Zwischenlagebericht als überwiegend qualitativer Berichtsteil insb. in wirtschaftlichen Krisenzeiten neben den quantitativen Angaben im verkürzten Abschluss eine hohe Bedeutung zu.[446] Der Zwischenlagebericht bietet die Möglichkeit i. S. einer transparenten Berichterstattung den Investoren gegenüber, die Auswirkungen finanzwirtschaftlicher Krisenzeiten auf die eigene derzeitige Unternehmenslage bereits unterjährig darzulegen, was allein mit Angabe der Rechenwerke des verkürzten Abschlusses nicht möglich wäre.[447]

Ebenso sind die Konsequenzen für die verbleibenden sechs Monate des Geschäftsjahres im Rahmen der Prognoseberichterstattung (etwaige Abweichungen prognostizierter Daten zu den

---

[441] Die Definition von „nahestehenden Unternehmen und Personen“ ist IAS 24.9 zu entnehmen. Auch die Gesetzesbegründung zum BilMoG verweist auf IAS 24, vgl. BT-Drs. 16/10067, S. 72.

[442] Nach § 11 Abs. 1 TranspRLDV fallen darunter mindestens: (1.) Geschäfte mit nahestehenden Personen, die während der ersten Monate des aktuellen Geschäftsjahres stattgefunden haben und die Finanzlage oder das Geschäftsergebnis des Unternehmens während des Zeitraums wesentlich beeinflusst haben; (2.) Alle Veränderungen bei den Geschäften mit nahestehenden Unternehmen und Personen, die im letzten Jahresbericht dargelegt wurden und die die Finanzlage oder das Geschäftsjahresergebnis des Unternehmens während der ersten sechs Monate des aktuellen Geschäftsjahres wesentlich beeinflusst haben könnten. Vgl. hierzu Strieder/Ammedick (2007a), S. 1370. Zu den verpflichtenden Angaben, die von nicht konzernabschlusspflichtigen Emittenten zu veröffentlichen sind, vgl. § 11 Abs. 2 Satz 1 TranspRLDV und DRS 16.52.

[443] Sich generell für die Angabe im Lagebericht aussprechend, wenn Angaben des IAS 34 sowohl im Anhang als auch im Lagebericht in Betracht kommen, vgl. Strieder/Ammedick (2007a), S. 1372.

[444] Transparenzrichtlinie (2004), Erwägungsgrund (11).

[445] Vgl. Knauer/Wömpener (2010), S. 84.

[446] Vgl. Meyer/von Wolfersdorff (2008), S. 383.

[447] Denkbar sind in diesem Zusammenhang bspw. Informationen zu einer von der Prognose abweichenden Ertrags- oder Liquiditätssituation. Vgl. Picard/Schneider (2009), S. 56.

Istwerten) mit den wesentlichen Chancen und Risiken ersichtlich, denen aus Adressatensicht eine nutzensteigernde Bedeutung zukommt.[448] Gerade dies trägt der Prognosefunktion der Zwischenberichterstattung Rechnung und untermauert den kapitalmarktrechtlichen Schutzgedanken.[449] Da Chancen und Risiken wesentlich durch die Pläne des Managements und den damit verbundenen Erfolgsfaktoren determiniert sind, verhilft deren Darstellung den Adressaten, die Vorteils- bzw. Sinnhaftigkeit der Maßnahmen zu beurteilen und dementsprechend zur Optimierung ihrer wirtschaftlichen Entscheidungen.[450] Der im Vergleich zu dem zweijährigen Prognosehorizont des Konzernlageberichts kürzere Prognosehorizont bietet die Möglichkeit, getätigte Prognosen zu aktualisieren bzw. zu präzisieren. Diese Möglichkeit wird bislang weder gesetzlich noch im Rahmen des DRS 16 gefordert.

Angesichts dessen ist die Entscheidung des deutschen Gesetzgebers, über die Vorgaben der Transparenzrichtlinie hinauszugehen und explizit eine Chancenberichterstattung zu fordern, zu begrüßen. Die Transparenzrichtlinie sah in Art. 5 Abs. 4 Satz 1 lediglich die Beschreibung von „wesentlichen Risiken und Ungewissheiten“[451] vor. Mit der Konkretisierung durch den Begriff „Chancen“ wurden die Vorgaben für den Zwischenlagebericht an die entsprechenden Anforderungen des § 289 Abs. 1 Satz 4 bzw. § 315 Abs. 1 Satz 5 HGB für den (Konzern-) Lagebericht partiell angepasst.[452] Von einem annähernd deckungsgleichen Inhalt kann, was bereits aus obiger Nennung der Gesetzesvorgaben ersichtlich wurde, jedoch nicht ausgegangen werden.[453]

Die im Vergleich zum (Konzern-)Lagebericht vorgenommenen Einschränkungen des Inhaltes erscheinen vor dem Hintergrund der zwischenberichtsspezifischen Restriktionen hinsichtlich des Umfangs und der Zeitnähe nachvollziehbar. Eine Neufassung[454] des letzten (Konzern-) Lageberichts oder eine komplette Aktualisierung[455] würde nicht nur den begrenzten Umfang überschreiten und den Fokus auf die wesentlichen Ereignisse oder Veränderungen verdrän-

[448] Zur Relevanz der Prognoseberichterstattung vgl. Knauer/Wömpener (2010), S. 84–86 m. w. N. Gleicher Ansicht Meyer (2010), S. 229. Zur wachsenden Bedeutung von Managementprognosen vgl. Pellens/Nölte/ Berger (2007), S. 24. Qualitativen Prognosen kommt eine geringere Aussagekraft als quantitativen Aussagen zu, weisen aber im Gegenzug eine geringere Irrtumswahrscheinlichkeit auf. Vgl. Baetge/Kirsch/Thiele (2009), S. 746. Intervallprognosen wird der höchste Informationsgehalt zugesprochen, da sie im Vergleich zu Punktprognosen die erwartete Streuung aufzeigen. Vgl. Wolz (2004), S. 110.

[449] Vgl. hierzu die Ausführungen in Kapitel 2.2.2.

[450] Vgl. AICPA (1994), S. 30; Haller/Dietrich (2001a), S. 167.

[451] Transparenzrichtlinie (2004), S. 45.

[452] Vgl. Hebestreit/Rahe (2007), S. 114, die in diesem Zusammenhang von einer Konsistenz zwischen Jahres- und Halbjahresfinanzbericht ausgehend. Dennoch ist für den Zwischenlagebericht gesetzlich lediglich eine Beschreibung der Chancen und Risiken vorgesehen, wohingegen § 289 Abs. 1 Satz 4 bzw. § 315 Abs. 1 Satz 5 HGB eine Beurteilung und Erläuterung sowie die Angabe der zu Grunde liegenden Angaben fordert.

[453] Zur Gegenüberstellung des Lageberichts und des Zwischenlageberichts vgl. Wiederhold/ Pukallus (2007), S. 271. Zu einer detaillierten Beschreibung des Lageberichtsinhalts vgl. Böcking/ Dutzi (2007a), passim.

[454] Im Rahmen des Gesetzgebungsverfahrens zur Transparenzrichtlinie entstand bei manchen Emittenten die Befürchtung, der Gesetzgeber würde „sie verpflichteten für einen Referenzzeitraum von sechs Monaten einen kompletten Lagebericht neu zu erstellen“. KOM (2003) 138, S. 15.

[455] Die ursprüngliche Vorstellung der Kommission, im Halbjahresfinanzbericht eine vollständige Aktualisierung der letzten Fassung des im Jahresfinanzbericht veröffentlichten Lageberichts vorzunehmen, wurde im Rahmen des Gesetzgebungsverfahrens zur Transparenzrichtlinie verworfen. Vgl. KOM (2003) 138, S. 46.

gen[456], sondern gleichermaßen eine zeitnahe Berichterstattung konterkarieren. Die nun geforderten Inhalte sind an dem Grundsatz der Wesentlichkeit ausgerichtet.

Aus der Begrenzung des Berichtsumfangs aufgrund der Fokussierung des Wesentlichkeitsgrundsatzes kann jedoch nicht zwangsläufig auf einen dementsprechend weniger intensiven Arbeitseinsatz des Managements im Rahmen der Erstellung des Zwischenlageberichts geschlossen werden. Zur Identifizierung von wesentlichen Änderungen ist das Management gefordert, alle zuvor berichteten Chancen und Risiken sowie Prognosen einer eingehenden Beurteilung zu unterziehen. Durch die verstärkte Berücksichtigung des Grundsatzes der Wesentlichkeit erhalten zunehmend bilanzpolitische Ermessensspielräume Eingang in den Zwischenlagebericht, die das Management ausnutzen kann, um auf die subjektive Erwartungsbildung der Adressaten Einfluss zu nehmen. Es könnte bspw. versucht werden, positive Markterwartungen nach unten zu korrigieren, um eben bei Verfehlen dieser positiven Erwartungen negative Marktreaktionen zu vermeiden (*expectation management*).[457] Auch ohne ein opportun agierendes Management weisen die Informationen einen hohen Grad an Subjektivität auf. Dennoch steht die Berichterstattung aus Perspektive des Managements der Vermittlung von entscheidungsnützlichen Informationen nicht grundlegend entgegen [458], vielmehr wird der künftige Unternehmenserfolg durch die Managemententscheidungen geprägt bzw. bestimmt.

Ohne den Rahmen der Wesentlichkeit zu verlassen und damit den Umfang des Zwischenlageberichts bzw. Halbjahresfinanzberichts zu sprengen, wären einige Erweiterungen über das Gesetz und den DRS 16 hinaus angemessen. Relevant erscheinen bei der Berichterstattung über Veränderungen von getätigten Prognosen, auch die Veränderungen der zugrundeliegenden Annahmen in die Berichterstattung mit einzubeziehen.[459] Bei veränderten Risiken und Chancen ist nicht nur auf die Tatsache und ihre Auswirkungen auf die Vermögens-, Finanz- und Ertragslage einzugehen, sondern auch auf den geplanten Umgang mit diesen. Dies verhilft den Adressaten nicht nur zu einer besseren Einschätzung der zukünftigen Entwicklung, sondern dient zugleich als Basis für eine spätere Beurteilung der Managementleistung. Darüber hinaus könnte ein Nachtragsbericht in den Zwischenlagebericht integriert werden[460], wobei diesem mehr Bedeutung zukommen würde, je höher der Abstand zwischen dem Ende der Berichtsperiode und dem Veröffentlichungszeitpunkt ist. Angaben zu wesentlichen Ereignissen nach dem Ende der Zwischenberichtsperiode werden bereits von IAS 34.16A (h) gefor-

[456] Bspw. entspräche dann die Aktualisierung des Vergütungssystems gem. § 315 Abs. 2 Nr. 4 HGB nicht der Zielsetzung, wenn sich daraus keine wesentlichen Risiken ergeben.
[457] Vgl. Knauer/Wömpener (2010), S. 84.
[458] Vgl. Böcking/Stein (2006), S. 755; Haller/Dietrich (2001), S. 1047.
[459] Vgl. Picard/Schneider (2009), S. 56.
[460] Vgl. Strieder/Ammedick (2007a), S. 1370. Den Einsatz eines Disclaimers diskutierend, der angibt, dass keine besonderen Vorgänge nach dem Stichtag eingetreten sind, vgl. Wiederhold/Pukallus (2007), S. 271.

dert.[461] An dieser Stelle offenbart sich ein genereller Abstimmungsbedarf zu den nach IAS 34 geforderten Anhangangaben zum vorgesehenen Inhalt des Zwischenlageberichts.[462]

3.2.3 Bilanzeid

Der dritte Pflichtbestandteil des Halbjahresfinanzberichts stellt gem. § 37w Abs. 2 Nr. 3 WpHG einen nach den Vorgaben des § 264 Abs. 2 Satz 3 bzw. § 289 Abs. 1 Satz 5 HGB entsprechende Erklärung dar, der sog. Bilanzeid[463]. Dieser bildet ein separates Element der Halbjahresfinanzberichterstattung und ist folglich nicht in den verkürzten Abschluss oder Zwischenlagebericht zu integrieren.[464] Im Rahmen des Bilanzeids haben die gesetzlichen Vertreter[465] des Unternehmens zu versichern, dass der verkürzte Abschluss nach ihrem besten Wissen ein den tatsächlichen Verhältnissen entsprechendes Bild der Vermögens-, Finanz- und Ertragslage vermittelt oder falls dies nicht der Fall ist, der Anhang eine entsprechende Angabe enthält. Zudem muss versichert werden, dass der Zwischenlagebericht ebenso ein den tatsächlichen Verhältnissen entsprechendes Bild vermittelt und die wesentlichen Chancen und Risiken den Vorgaben entsprechend beschrieben sind. Analog ist, wie Abbildung 7 zu entnehmen ist, eine Erklärung im Rahmen der Konzernrechnungslegung für den verkürzten Abschluss entsprechend § 297 Abs. 2 Satz 4 HGB und für den Zwischenlagebericht entsprechend § 315 Abs. 1 Satz 6 HGB abzugeben.[466] Einen Formulierungsvorschlag für den Bilanzeid findet sich in DRS 16.56.

---

461 Vgl. hierzu 3.2.1.3.2.

462 Dieses Abstimmungsproblem besteht grundsätzlich bei deutschen kapitalmarktorientierten Unternehmen, die neben einem IFRS-Konzernabschluss einen Konzernlagebericht nach HGB erstellen müssen. Da für die Ausgestaltung der einzelnen Publizitätsinstrumente unterschiedliche Gremien zuständig sind, kann es zu Redundanzen der Berichterstattung kommen. Vgl. hierzu Prigge (2006), S. 79–87; Böcking/Stein (2006), S. 758.

463 Zu diesem Sprachgebrauch vgl. u. a. BT-Drs. 16/3644, S. 1. Bei der Einführung des Bilanzeids wurde sich an der im US-amerikanischen Sarbanes-Oxley Act, Section 302 vorgesehenen Erklärung der verantwortlichen Personen orientiert, vgl. BT-Drs. 16/2498, S. 55.

464 Vgl. Mock (2007), Rn. 36. Vgl. hierzu auch die Studienergebnisse von Philipps (2007), S. 2330, die belegen, dass im Jahr 2007 57 % der 131 im Prime Standard gelisteten Unternehmen den Bilanzeid entweder im verkürzten Abschluss oder im Zwischenlagebericht integrierten. Im Jahr 2008 integrierten neun der DAX 30-Unternehmen den Bilanzeid im verkürzten Abschluss, vgl. Rabenhorst/Wiechens (2009), S. 524.

465 Als gesetzlicher Vertreter werden bei einer deutschen Aktiengesellschaft nach dem Grundsatz der Gesamtverantwortung sämtliche Vorstandmitglieder verstanden, vgl. Fleischer (2007), S. 100; Klawitter (2008), Rn. 68, Fn. 94.

466 Der Bilanzeid soll unter Wissensvorbehalt sicherstellen, „dass die für die Finanzberichte maßgeblichen Verhältnisse des Unternehmens zutreffend dargestellt werden", BT-Drs. 16/3644, S. 1. Mit dem Wissensvorbehalt wird verdeutlicht, dass nur vorsätzliches und nicht fahrlässiges Handeln rechtliche Folgen auslöst, aber der Bemühungen um ein möglichst vollständiges Wissen hinsichtlich der Rechnungslegungsinformationen stets nachgekommen werden muss. Vgl. BT-Drs. 16/3644, S. 58. Zu dem Tatbestandsmerkmal „nach bestem Wissen" und den Schwierigkeiten bei der Auslegung der Formulierung, vgl. Hahn (2007), S. 376 f.

Abbildung 7: Rechtsnormen zum Bilanzeid

	Halbjahresfinanzbericht auf Einzelunternehmensebene		**Halbjahresfinanzbericht auf Konzernebene**	
	Verkürzter Abschluss	Zwischen-lagebericht	Verkürzter Abschluss	Zwischen-lagebericht
Gesetzesgrundlage für Halbjahres-finanzbericht	§ 37w Abs. 2 Nr. 3 WpHG	§ 37w Abs. 2 Nr. 3 WpHG	§ 37y Satz 1 Nr. 3 WpHG	§ 37y Satz 1 Nr. 3 WpHG
Mit Verweis auf	§ 264 Abs. 2 Satz 3 HGB	§ 289 Abs. 1 Satz 5 HGB	§ 297 Abs. 2 Satz 4 HGB	§ 315 Abs. 1 Satz 6 HGB

Quelle: Eigene Darstellung.

Nach Ansicht des Gesetzgebers ist in dem Bilanzeid ein geeignetes Instrument zu sehen, „um das Bewusstsein [der gesetzlichen Vertreter] dafür zu schärfen, dass Rechnungslegungsunterlagen richtig zu erstellen sind“[467], wodurch ihm eine Appell- und Warnfunktion zugesprochen wird. Durch die Abgabe des Bilanzeids soll das Vertrauen der Kapitalmarktteilnehmer in die Richtigkeit der Rechnungslegung (wieder) hergestellt werden (Vertrauensbildungsfunktion).[468] Voraussetzung für das Erzielen der intendierten Wirkung des Bilanzeids ist, dass die mit der Abgabe verknüpften strafrechtlichen Vorschriften[469] bei Pflichtverletzung eine Abschreckungswirkung entfalten[470] und/oder ein nicht bzw. falsch abgegebener Bilanzeid negative Marktreaktionen auslöst, wodurch eine Verhaltensbeeinflussung hervorgerufen wird.[471] Nur bei Vorliegen dieser Voraussetzung ist von einem positiven Effekt auf die Verlässlichkeit und somit auf die Entscheidungsnützlichkeit von Zwischenberichtsinformationen auszugehen.

Der im Schrifttum formulierten Kritik, die Einführung des Bilanzeids stelle eine zusätzliche Ausweitung der Finanzberichtspflichten dar, die ohnehin als zu umfangreich und bürokratisch empfunden werden[472], kann an dieser Stelle nicht entsprochen werden.[473] Allein die Tatsache, dass ein Bilanzeid ausgesprochen werden muss, kann nicht ursächlich für einen Mehraufwand bei der Erstellung des Halbjahresfinanzberichts sein. Der Bilanzeid unterstreicht nur die Anforderung, die ohnehin erfüllt sein muss, namentlich die Darstellung eines den tatsächlichen Verhältnissen entsprechenden Bildes. Die Erstellung des Bilanzeids an sich kann schwerlich

[467] BMF (2006), S. 120 in dem Diskussionsentwurf zum TUG.

[468] Als weitere Funktion wird dem Bilanzeid eine Signalfunktion zugesprochen, indem der Bilanzeid als Glaubwürdigkeitssignal für die Berichterstattung wirkt. Zu den Funktionen im Detail vgl. Fleischer (2007), S. 103–105. Vgl. auch Rodewald/Unger (2006), S. 1919.

[469] Nach § 331 HGB kann eine nicht richtige Abgabe des Bilanzeids mit einer Freiheitsstrafe bis zu drei Jahren oder mit einer Geldstrafe sanktioniert werden.

[470] Dies hängt wiederum von der Rechtsprechung ab, vgl. Böcking/Stein (2006), S. 45. In diesem Zusammenhang wird dem Bilanzeid eine Abschreckungsfunktion zugesprochen. Bestehende Rechtsfolgen sollen bei Pflichtverletzung präventiv auf ein Fehlverhalten hinwirken. Vgl. Fleischer (2007), S. 105.

[471] Die Sinnhaftigkeit des Bilanzeids bezweifelnd, vgl. Strieder/Ammedick(2007), S. 290.

[472] Die wahrgenommene Kritik kleinerer AGs wiedergebend, vgl. Hahn (2007), S. 376.

[473] Ein Unterlassen des Bilanzeids kann nicht toleriert werden. Vgl. hierzu die Studienergebnisse von *Philipps*, die zeigen, dass im Jahr 2007 bei drei Unternehmen von 131 im Prime Standard gelisteten Unternehmen der Bilanzeid völlig fehlte. Vgl. Philipps (2007), S. 2331.

als aufwändig empfunden werden, insb. durch die Vorgabe der Formulierung des DRS 16.[474] Mit der Implementierung des Bilanzeids im Rahmen des Halbjahresfinanzberichts stellt der Gesetzgeber Letzteren mit der jährlichen Finanzberichterstattung in Bezug auf die Verantwortung der gesetzlichen Vertreter gleich.

3.2.4 Veröffentlichungsfristen und Offenlegung

Der Halbjahresfinanzbericht ist gem. § 37w Abs. 1 WpHG nach Erstellung unverzüglich („so schnell wie möglich“[475]), spätestens jedoch zwei Monate nach Ablauf des Berichtszeitraums der Öffentlichkeit zur Verfügung zu stellen.[476] Bevor der Bericht der Öffentlichkeit zur Verfügung steht, hat das Unternehmen eine Bekanntmachung zu veröffentlichen, ab welchem Zeitpunkt und unter welcher Internetadresse der Bericht neben seiner Verfügbarkeit im Unternehmensregister öffentlich zugänglich ist.[477] Diese Bekanntmachung ist gleichzeitig mit ihrer Veröffentlichung der BaFin mitzuteilen. Anschließend ist die Bekanntmachung unverzüglich dem Unternehmensregister i. S. des § 8b HGB zur Speicherung zu übermitteln. Nach Veröffentlichung der Bekanntmachung ist auch der Halbjahresfinanzbericht unverzüglich an das Unternehmensregister zur Speicherung zu übermitteln.[478]

Die Frist von zwei Monaten war bereits in dem zuvor geltenden § 61 Abs. 1 BörsZulV a. F. enthalten. Die Forderung der Unverzüglichkeit hingegen wurde mit der Transparenzrichtlinie eingefügt. Offenbar erkannte der Gesetzgeber, dass die maximale Frist von zwei Monaten vor dem Hintergrund der für Zwischenberichte geforderten Zeitnähe wenig angemessen erscheint und verringerte daher den Zeitpunkt durch die Forderung nach einer unverzüglichen Veröffentlichung. Dies führt zu dem Erfordernis der Interpretation des unbestimmten Rechtsbegriffs „Unverzüglichkeit“.[479] Vom Schrifttum wird die vom DCGK Tz. 7.1.2 Satz 4 Halbsatz 2 empfohlene, von den wertpapierhandelsrechtlichen Regelungen unabhängige, Veröffentlichungsfrist von 45 Tagen als ein „realistische[r] Anhaltspunkt zur Beurteilung der Unverzüglichkeit“[480] angesehen.[481] Anhaltspunkte, wonach eine Frist von 45 Tagen als realistisch einzuschätzen ist, liefert die u. a. von den Kommissionsmitgliedern selbst durchgeführte

[474] Beispielhaft für eine wortgleiche Übernahme der Vorgabe von DRS 16.56 im Halbjahresfinanzbericht 2010 der Daimler AG, Zwischenbericht Q2 2010, vgl. Daimler (2010), S. 36.

[475] Transparenzrichtlinie (2004), Art. 5 Abs. 1 Satz 1, S. 45.

[476] Diese Veröffentlichungsfrist wird auch von IAS 34 empfohlen (IAS 34.1(b)).

[477] Der Hinweis auf die Internetpräsenz ist dabei nicht ausreichend. Laut Regierungsentwurf ist die konkrete Internetadresse gefordert, vgl. BT-Drs. 16/2498, S. 43.

[478] Die Pflichten hinsichtlich der Übermittlung an das Unternehmensregister zur Speicherung ergeben sich bereits aus § 8b Abs. 2 Nr. 9, Abs. 3 Satz 1 Nr. 2 HGB, wohingegen die zeitliche Konkretisierung in § 37w WpHG erfolgt. Vgl. BT-Drs. 16/2498, S. 42. Zu dem Grundmuster des Veröffentlichungs-, Mitteilungs- und Übermittlungsregimes vgl. Klawitter (2008), Rn. 64–66. Vgl. auch Winkeljohann/Küster (2008), Rn. 83–85.

[479] Für eine restriktive Auslegung der „Unverzüglichkeit“ vgl. Mock (2007), Rn. 8.

[480] Zimmermann (2009), Rn. 7.

[481] Der DCGK empfiehlt bereits seit seiner erstmaligen Veröffentlichung am 26.02.2002 eine Veröffentlichung von Zwischenberichten „binnen 45 Tagen nach Ende des Berichtszeitraums“. DCGK Tz. 7.1.2. Gleicher Ansicht Knorr (2001), S. 4. Die Frist von 45 Tage würde zwar dem Anspruch der zeitnahen Informationen eher gerecht, aber die Akzeptanz des (damalig im Entwurf vorliegenden DRS 6) sollte durch „eine überzogene Anforderung“ nicht gestört werden. Ebenda S. 4.

Auswertung der Entsprechenserklärung nach § 161 AktG (Kodex-Report). Dem Kodex-Report 2010 zufolge entsprechen 83,2 % von 175 an der Frankfurter Wertpapierbörse (FWB) notierten Unternehmen der Sollvorschrift und veröffentlichen ihre Zwischenberichte binnen 45 Tagen nach dem Stichtag der Zwischenberichtsperiode.[482]

Die Ergebnisse decken sich mit den Untersuchungsergebnissen von *Rabenhorst/Wiechens*, die in ihrer empirischen Studie die Veröffentlichungszeitpunkte der DAX 30-Unternehmen im Jahr 2008 untersuchen.[483] Die Studienergebnisse zeigen, dass sich die Veröffentlichung von 17 Tagen nach Periodenende bis zu 43 Tage erstreckt; der Durchschnitt liegt bei 32 Tagen.[484] Somit entsprechen die DAX 30-Unternehmen sowohl den gesetzlichen Regelungen als auch den Handlungsempfehlungen des DCGK Tz. 7.1.2. Da in der Aktualität der Informationen ein bedeutsamer Vorteil der Zwischenberichterstattung zu sehen ist, erscheint die durch die empirischen Befunde dokumentierte Bandbreite hinsichtlich des Veröffentlichungszeitraums befriedigend. Offenbar hat sich hier eine Marktlösung eingestellt. Das Argument, dass eine Veröffentlichung „bereits innerhalb weniger Wochen nach Ablauf des Berichtszeitraums schon technisch in den wenigsten Fällen möglich“[485] sei, kann insofern entkräftet werden, als die zuvor dargelegten Untersuchungsergebnisse auf das Gegenteil schließen lassen.[486] Auch US-amerikanische Unternehmen verfügen offenbar über die „technischen Möglichkeiten“, die Regularien der SEC in Bezug auf die Veröffentlichungsfrist von 45 Tagen einzuhalten.[487] Warum der Gesetzgeber die Zweimonatsfrist nicht explizit durch Angabe einer kürzeren Frist begrenzte, bleibt fraglich. Er lässt zwar dadurch eine gewisse Flexibilität für „langsame“ Unternehmen zu, schafft aber gleichzeitig grundsätzlich die Möglichkeit einer absichtlichen Verzögerung der Veröffentlichung. Die Chance, für den Zwischenbericht die notwendige Zeitnähe sicherzustellen, bleibt ungenutzt.

Unabhängig von der Veröffentlichungsfrist stellt die Bereitstellung der Halbjahresfinanzberichte auf der Internetseite und im elektronischen Unternehmensregister einen i. S. der Zeitnähe richtigen Schritt dar. Durch die Hinweisbekanntmachung nach § 37w Abs. 1 Satz 2 WpHG werden die Investoren zeitnah informiert, zu welchem Zeitpunkt der Halbjahresfinanzbericht einsehbar ist, was eine gewisse Chancengleichheit schafft. Um möglichst vielen

---

[482] Die DAX-Unternehmen entsprachen der Empfehlung zu 100 %, MDAX-Unternehmen zu 97,1 % und Unternehmen des General Standards zu 51,5 %. Vgl. von Werder/Talaulicar (2009), S. 694.

[483] Vgl. Rabenhorst/Wiechens (2009), S. 521–526. Zu weiteren Studienergebnissen vgl. Kapitel 3.4.2.

[484] Vgl. Rabenhorst/Wiechens (2009), S. 526. Als Indikator für den Veröffentlichungstermin dient die Datierung des Halbjahresfinanzberichts bzw. das Datum des Bilanzeids. Grundsätzlich wäre die Auswertung der Veröffentlichungsspanne vorzuziehen, diese ist der in Tagen gemessene Zeitraum zwischen dem Stichtag des Halbjahresfinanzberichts und dem Datum seiner Veröffentlichung. Zu ähnlichen Ergebnissen für den Quartalsfinanzbericht vgl. Ernstberger/Pfauntsch (2008), S. 206.

[485] Zimmermann (2009), Rn. 7. Vgl. ebenso Mock (2007), Rn. 8.

[486] Im Regelfall können die Daten des internen Berichtswesens als Grundlage dienen und mittels Überleitungsrechnung für Zwischenberichtszwecke verwendet werden. Vgl. d'Arcy (2006), S. 222; bereits Bridts (1990), S. 98, bezogen auf damalige technische Bedingungen.

[487] Die Veröffentlichungsfrist beläuft sich in den USA bereits seit 1946 für Halbjahresberichte und seit 1955 für Quartalsberichte auf 45 Tage. Vgl. Grosse (1988), S. 21.

Kapitalmarktteilnehmern eine rechtzeitige Kenntnisnahme zu ermöglichen, empfiehlt die BaFin eine Vorlauffrist von einer Woche vor Publizität des eigentlichen Berichts.[488]

Der Halbjahresfinanzbericht muss gem. § 24 WpAIV mindestens fünf Jahre öffentlich zugänglich bleiben. Obgleich sich die Entscheidungsnützlichkeit der in den vergangenen Halbjahresfinanzberichten enthaltenen Informationen aufgrund ihrer abnehmenden Aktualität vermindert, ermöglicht das Vorliegen der Berichte einen umfassenden Periodenvergleich, der bspw. Rückschlüsse auf die Ertragsstrukturen und die Ergebnisvolatilität des Unternehmens gestattet. Die Möglichkeit, anhand der vorliegenden Berichte unternehmensindividuelle Muster zu identifizieren, mindert die Gefahr von Fehlinterpretationen.

3.3 Zwischenmitteilung der Geschäftsführung und Quartalsfinanzbericht

3.3.1 Vorgaben des § 37x WpHG und Konkretisierung durch DRS 16 „Zwischenberichterstattung"

3.3.1.1 Alternative Zwischenberichtsinstrumente

Eine weitere unterjährige Publizitätspflicht betrifft die Veröffentlichung von Zwischenmitteilungen der Geschäftsführung nach § 37x Abs. 1 WpHG. Das Vorhaben, die Regelberichterstattung auf die Quartale auszuweiten[489], wurde im Rahmen des Gesetzgebungsverfahrens der Transparenzrichtlinie kontrovers diskutiert.[490] Während sich die Kommission für „umfassende Quartalsfinanzberichte auf Grundlage höchster internationaler Standards ähnlich den Anforderungen in den USA"[491] aussprach, forderte der Ausschuss für Recht und Binnenmarkt des Parlaments von „allen über eine halbjährliche Berichterstattung hinausgehende Publizitätspflichten abzusehen."[492] Nachdem auch der im Kommissions-Entwurf enthaltene Vorschlag von Quartalsangaben in einer tabellarischen Übersicht auf Ablehnung stieß[493], wurde sich auf eine „pragmatische Verbindung aus ausführlicherem Halbjahresfinanzbericht und weniger anspruchsvollen Quartalsangaben für Aktienemittenten für das erste und dritte Quartal einen Finanzjahres"[494] geeinigt.

Als beschlossene Kompromisslösung sieht § 37x Abs. 1 WpHG eine Veröffentlichung von Zwischenmitteilungen der Geschäftsführung für inländische Aktienemittenten vor. Im Gegensatz zur Veröffentlichungspflicht von Halbjahresfinanzberichten sind reine Schuldtitelemit-

[488] Vgl. BaFin (2009), S. 232.
[489] Zur deutlichen Ausweitung der kapitalmarktrechtlichen Regelpublizität vgl. Nießen (2007), S. 45.
[490] Vgl. Generaldirektion Binnenmarkt (2001), S. 11–13; Generaldirektion Binnenmarkt (2002), S. 5; KOM (2003) 138, passim. Zur Diskussion vgl. Buchheim (2003), S. 247–248; Merkt/Göthel (2003), S. 25 f.
[491] KOM (2003) 138, S. 4.
[492] Zimmermann (2009b), Rn. 4. Vgl. KOM (2003) 138, S. 4. Als Begründung führte der Ausschuss an, dass eine Quartalsberichterstattung eine kurzfristig orientierte Unternehmenspolitik fördere und eher das Ziel verfolgt werden sollte, das langfristige Investment zu fördern. Zudem würde sich aus der verpflichtenden vierteljährlichen Berichterstattung kein Gewinn an Transparenz ergeben. Vgl. Buchheim/Ulbrich (2004), S. 280; Zimmermann (2009b), Rn. 4.
[493] Zu den vorgeschlagenen Quartalsangaben vgl. KOM (2003) 138, S. 47.
[494] KOM (2003) 138, S. 3.

tenten von dieser Pflicht befreit.[495] Eine Zwischenmitteilung ist auch nicht von den Unternehmen zu erstellen, die gem. § 37x Abs. 3 WpHG ein Quartalsfinanzbericht nach den für den Halbjahresfinanzbericht geltenden Anforderungen des § 37w Abs. 2 Nr. 1 und 2, Abs. 3 und 4 WpHG veröffentlichen (befreiender Quartalsfinanzbericht). Ob die Erstellung von Quartalsfinanzberichten dabei auf „Vorschriften des nationalen Rechts oder den Regeln des geregelten Marktes" beruht oder die Emittenten „von sich aus Quartalsfinanzberichte gemäß den genannten Vorschriften oder Regeln veröffentlichen"[496], ist unerheblich.

3.3.1.2 Gegenüberstellung der Inhalte

Gegen das Vorliegen von zwei alternativen Berichtsformen für das Quartal ist grundsätzlich kein Einwand zu erheben, solange sie sich in ihrer Entscheidungsnützlichkeit für die Adressaten nicht unterscheiden. Für die Beurteilung eines etwaigen Unterschieds hinsichtlich der Entscheidungsnützlichkeit bietet sich unter Berücksichtigung der funktionsadäquaten Anforderungen in einem ersten Schritt eine Gegenüberstellung der Inhalte und in einem zweiten Schritt – vor dem Hintergrund der Zeitnähe – ein Vergleich der Regelungen zum Veröffentlichungszeitpunkt an.

Zwischenmitteilungen haben gem. § 37x Abs. 2 Satz 1 WpHG Informationen zu enthalten, die eine Beurteilung der Entwicklung der Geschäftstätigkeit des Emittenten der vergangenen drei Monate vor Ablauf des Mitteilungszeitraums ermöglichen. Inhalt der Zwischenmitteilungen sind gem. § 37x Abs. 2 Satz 2 WpHG: (1.) die Erläuterung der wesentlichen Ereignisse und Geschäfte des Mitteilungszeitraums und ihre Auswirkungen auf die Finanzlage sowie (2.) die Beschreibung der Finanzlage und des Geschäftsergebnisses. Die Angaben in der Zwischenmitteilung haben sich auf das Mutterunternehmen und die Gesamtheit der einzubeziehenden Tochterunternehmen zu beziehen, wenn das Unternehmen konzernrechnungslegungspflichtig ist. Eine zusätzliche Mitteilung allein für das Mutterunternehmen ist nicht vorgesehen. Eine Konkretisierung der Regelungen zur Zwischenmitteilung hinsichtlich des Inhalts sieht der DRS 16 in den Tz. 61–69 vor.

Über die gesetzliche Anforderung hinausgehend, fordert DRS 16.64 neben der Beschreibung der Finanzlage und des Geschäftsergebnisses – wobei das Letztgenannte unter die Beschreibung der Ertragslage subsumiert wird – zusätzlich eine Beschreibung der Vermögenslage. Diese Erweiterung kann als sinnvoll betrachtet werden, da zur Abrundung des Bildes der Unternehmenslage beigetragen wird.[497] Die Beschreibung der Finanz- und Vermögenslage soll nach DRS 16.68 auf den letzten (Konzern-)Lagebericht abstellen, bei der Ertragslage kann auf den entsprechenden Vorjahreszeitraum Bezug genommen werden. Für eine bessere Beurteilung der Entwicklung empfiehlt DRS 16.65 für die Zwischenmitteilung im zweiten Halbjahr

[495] Vgl. Zimmermann (2009a), Rn. 1. Zu den Anforderungen an Zwischenmitteilungen vgl. Kumm (2009), S. 1121.

[496] Transparenzrichtlinie (2004), Art. 6, Abs. 2, S. 46, beide Zitate.

[497] Vgl. E-DRS 21.A 63; ebenso Hebestreit/Rahe (2007), S. 118.

eine *year-to-date*-Basis. Eine Forderung nach quantitativen Angaben bleibt seitens des DSR aus.[498] Wie eine Beschreibung der Vermögens-, Finanz- und Ertragslage ohne Zahlenangaben zu entscheidungsnützlichen Informationen führen soll, ist unklar.[499] Erst die Angabe von Vergleichszahlen ermöglicht die Beurteilung der Entwicklung.

Als Orientierungshilfe für die wesentlichen (internen als auch externen) Ereignisse des Mitteilungszeitraums wird auf die von DRS 16 für den Zwischenlagebericht aufgeführten Ereignisse in DRS 16.41 verwiesen.[500] Neben diesen wesentlichen Ereignissen ist auf veränderte Einschätzungen hinsichtlich bestehender bestandsgefährdender Risiken oder auf hinzugekommene oder weggefallene bestandgefährdende Risiken in Bezug auf den letzten Konzernlagebericht gem. DRS 16.69 besonders einzugehen. Die Auswirkungen dieser wesentlichen Ereignisse im Berichtszeitraum sind im Rahmen von Zwischenmitteilungen lediglich auf die Finanzlage zu beziehen.[501] Die Entscheidungsnützlichkeit mit seiner über das Gesetz hinausgehenden Regelung steigernd, fordert DRS 16.64 neben den Auswirkungen auf die Finanzlage auch die Erläuterung der Auswirkungen der wesentlichen Ereignisse auf die Ertrags- und Vermögenslage.[502] Eine Quantifizierung der Auswirkungen ist gem. DRS 16.67 hingegen explizit nicht vorgesehen. Die fehlenden quantitativen Angaben stellen ein grundsätzliches Problem des Publizitätsinstruments Zwischenmitteilung dar. Darüber hinaus werden in der Zwischenmitteilung keine prognostischen Aussagen verlangt, wodurch der Prognosefunktion nicht ausreichend Rechnung getragen wird.

Den Informationen einer Zwischenmitteilung stehen die Informationen eines Quartalsfinanzberichts gegenüber. Ein von der Pflicht zur Erstellung von Zwischenmitteilungen „befreiender“ Quartalsfinanzbericht ist gem. § 37x Abs. 3 WpHG nach den Vorgaben des § 37w Abs. 2 Nr. 1 und 2, Abs. 3 und 4 WpHG d. h. Regelungen zum Inhalt des Halbjahresfinanzberichts zu erstellen. Damit sind für den Quartalsfinanzbericht deckungsgleich zum Halbjahresfinanzbericht ein verkürzter Abschluss und Zwischenlagebericht obligatorisch. Mangels Verweises ist der Bilanzeid als Pflichtbestandteil für den Quartalsfinanzbericht ausgenommen.[503] Angesichts der möglichen Steigerung der Verlässlichkeit, von welcher der Gesetzgeber ausgeht, ist der Verzicht auf den Bilanzeid nicht nachvollziehbar. Eine Erweiterung seitens des Gesetzgebers ist bei nachgewiesener Kapitalmarktwirkung oder Verbesserung der Qualität der Zwi-

---

498 Dies würde zwangsläufig die Erstellung eines Zwischenabschlusses voraussetzen, vgl. E-DRS 21.57.

499 Vgl. Hönsch (2009a), Rn. 14. Die Regel als paradox bezeichnend, vgl. d'Arcy/Meyer (2005), S. 158.

500 Vgl. Kapitel 3.2.2.1. Bspw. sind als externes Ereignis Änderungen in der konjunkturellen Entwicklung und als internes Ereignis Umstrukturierungs- und Rationalisierungsmaßnahmen anzugeben.

501 „Eine sinnvolle Einschätzung der Geschäftsentwicklung setzt [...] voraus, dass nicht nur die Auswirkungen der Ereignisse und Geschäfte auf die Finanz-, sondern auch auf die Vermögens- und Ertragslage beschrieben werden“, Hönsch (2009a), Rn. 17 [Hervorhebungen im Original getilgt].

502 Diese Konkretisierung befürwortend, Strieder/Ammedick (2007), S. 289.

503 Der Regierungsentwurf zum TUG sah den Bilanzeid auch für den Quartalsfinanzbericht vor, vgl. BT-Drs. 16/2498, S. 15. Vgl. Zimmermann (2009a), Rn. 16; Baetge/Haenelt (2009), S. 2502.

schenberichterstattung zu empfehlen.[504] Eine grafische Gegenüberstellung der Inhalte beider Zwischenberichtsinstrumente ist Abbildung 8 zu entnehmen.[505]

Abbildung 8: Gegenüberstellung der Berichtsinhalte von Quartalsfinanzbericht und Zwischenmitteilung

Quartalsfinanzbericht (§ 37x Abs. 3 i. V. m. § 37w WpHG)	Zwischenmitteilung der Geschäftsführung (§ 37x Abs. 1-2 WpHG)
• Verkürzter Abschluss Verkürzte Bilanz 30.09.20X1 und 31.12.20X0	• Beschreibung der Finanzlage, Vermögens- und Ertragslage
Verkürzte Gesamtergebnisrechnung (inkl. Ergebnis je Aktie) 01.01.20X1- 30.09.20X1 und 01.01.20X0-30.09.20X0 01.07.20X1- 30.09.20X1 und 01.07.20X0-30.09.20X0	• Beschreibung des Geschäftsergebnisses
Verkürzte Eigenkapitalveränderungsrechnung 01.01.20X1-30.09.20X1 und 01.01.20X0-30.09.20X0	
Verkürzte Kapitalflussrechnung 01.01.20X1-30.09.20X1 und 01.01.20X0-30.09.20X0	
Ausgewählte erläuternde Anhangangaben inkl. Segmentinformationen	
• Zwischenlagebericht • Wichtige Ereignisse des Berichtszeitraums Externe: Bspw. Änderungen in der konjunkturellen Entwicklung, Änderungen von Wechselkursen und Zinsen, etc. Interne: Bspw. Wechsel in der Unternehmensleitung, Unternehmenskäufe und -verkäufe, Abschluss oder Beendigung von Kooperationsvereinbarungen und Verträgen, etc.	• Wesentliche Ereignisse und Geschäfte des Mitteilungszeitraums Externe: Bspw. Änderungen in der konjunkturellen Entwicklung, Änderungen von Wechselkursen und Zinsen, etc. Interne: Bspw. Wechsel in der Unternehmensleitung, Unternehmenskäufe und -verkäufe, Abschluss oder Beendigung von Kooperationsvereinbarungen und Verträgen, etc.
• Auswirkungen dieser Ereignisse auf den verkürzten Abschluss	• Erläuterung der Auswirkungen dieser Ereignisse auf die Finanzlage, sowie auf die Vermögens- und Ertragslage
• Wesentliche Chancen und Risiken für die dem Berichtszeitraum folgenden sechs Monate	

Quelle: Eigene Darstellung.

Der reinen Darstellung der geforderten Inhalte nach zu urteilen, können zunächst beide Instrumente Quartalsangaben vermitteln, die grundsätzlich die Entscheidungssituation der Adressaten beeinflussen und verbessern können. Ein gänzlicher Verzicht auf eine Berichterstattung im Quartal kann das Vertrauen der Anleger erheblich beeinträchtigen und wäre mit den Zielen der Transparenzrichtlinie kaum vereinbar.[506] Die inhaltliche Gegenüberstellung von Zwischenmitteilung und Quartalsfinanzbericht nach den Regelungen des WpHG, IAS 34 und der Konkretisierung des DRS 16 lässt eindeutig die Überlegenheit des Quartalsfinanzberichts hinsichtlich der Entscheidungsnützlichkeit für die Investoren erkennen und zeigt, dass allein auf Grundlage der Forderungen des § 37x Abs. 2 Satz 2 WpHG die Zwischenmitteilung kaum den Anforderungen der Investoren entsprechen kann.[507] Ins Gewicht fallen dabei insb. die fehlende Prognoseberichterstattung und Darstellung von Vergleichszahlen. Die Möglichkeit eines Vergleichs von Quartalsentwicklungen im Verhältnis zu dem entsprechenden Quartal

504 Darauf verweisend, dass die unterschiedliche Vorgehensweise eher zur Verwirrung der Adressaten beiträgt, da diesen i. d. R. nicht alle einschlägigen Gesetzesregelungen geläufig sind, vgl. Strieder/Ammedick (2007), S. 290.

505 Die Konkretisierungen durch DRS 16 wurden farblich hervorgehoben.

506 Zu den Zielen der Transparenzrichtlinie vgl. Kapitel 2.2.1.2.

507 Vgl. Müller/Stute (2007), S. 38; Hutter/Kaulamo (2007), S. 556; Böcking/Kiehne (2010), S. 297.

im Vorjahr bleibt den Adressaten verwehrt. Demgegenüber steht der höhere Aussagewert von Quartalsfinanzberichten durch die Vorjahresangaben im verkürzten Abschluss.[508]

Die Konkretisierung des DRS 16 ist in Bezug auf den gesetzlich vorgegebenen Inhalt von Zwischenmitteilungen zwar positiv zu werten, doch kann auch dadurch kein dem Quartalsfinanzbericht ebenbürtiges Zwischenberichtsinstrument geschaffen werden. Es stellt sich die Frage, wie eine Vergleichbarkeit auf nationaler Ebene möglich sein soll, wenn Emittenten unterschiedliche Berichtsinstrumente veröffentlichen oder wie eine internationale Vergleichbarkeit erreicht werden soll, wenn jeder Mitgliedstaat eigene individuelle konkretisierende Verlautbarungen erlässt.[509]

3.3.1.3 Veröffentlichungsfristen für die Offenlegung

Für die Veröffentlichung von Zwischenmitteilungen sieht § 37x Abs. 1 Satz 1 WpHG einen Zeitraum zwischen zehn Wochen nach Beginn und sechs Wochen vor Ende der ersten und zweiten Hälfte des Geschäftsjahres vor. Das Ende des Mitteilungszeitraums selbst entspricht nach § 37x Abs. 2 Satz 1 WpHG dem Veröffentlichungszeitpunkt.[510] Nach Maßgabe des § 37x Abs. 2 Satz 1 Halbsatz 1 WpHG ist der Mitteilungszeitraum nicht auf drei Monate begrenzt, vielmehr richtet sich der von der Zwischenmitteilung zu erfassende Zeitraum nach dem gewählten Zeitpunkt der Veröffentlichung. Wann es innerhalb dieses gesteckten Rahmens zur Veröffentlichung kommt, können die Unternehmen frei entscheiden.[511] Demzufolge beträgt der Berichtszeitraum mindestens zweieinhalb und maximal viereinhalb Monate.[512] Im Widerspruch hierzu steht der Wortlaut des § 37x Abs. 2 Satz 1 Halbsatz 2 WpHG, wonach die Informationen der Zwischenmitteilung ausdrücklich die Beurteilung der Geschäftsentwicklung der „drei Monate vor Ablauf des Mitteilungszeitraums“ ermöglichen sollen. Das Schrifttum deutet dies im Hinblick auf die Begründung des Finanzausschusses und der Intention der Transparenzrichtlinie nachvollziehbarerweise als „Redaktionsversehen“.[513]

Mangels einer gesetzlichen Regelung muss in den Folgeperioden keine zeitliche Stetigkeit in Hinblick auf den Veröffentlichungszeitpunkt respektive Mitteilungszeitraum gewahrt werden,

---

[508] Auf die Bedeutung der Vergleichsmöglichkeit durch die Quartalsfinanzberichterstattung für die Adressaten hinweisend, vgl. IDW (2002), S. 62.

[509] Das Harmonisierungsziel aufgrund der mangelnden Vergleichbarkeit als verfehlt ansehend, vgl. d'Arcy/Meyer (2005), S. 158.

[510] Der Regierungsentwurf zum TUG sah zunächst als Erstellungszeitpunkt für die Zwischenmitteilungen das Ende des ersten und dritten Quartals vor, vgl. BT-Drs. 16/2498, S. 45. Aufgrund der Stellungnahme des Bundesrates wurde schlussendlich die flexiblere Vorgabe der Transparenzrichtlinie (Art. 6 Abs. 1 Satz 2) unverändert umgesetzt, vgl. BT-Drs. 16/2917, S. 3 f.

[511] Vgl. hierzu Bosse (2007), S. 45; Langenbucher (2008), Rn. 16.

[512] Vgl. Zimmermann (2009a), Rn. 11. Der Gesetzgeber nennt als Beispiel für die erste Geschäftsjahreshälfte des Jahres 2006 als frühesten Veröffentlichungszeitpunkt den 13.03.2006 und als spätesten Termin den 19.05.2006. Wird der frühere Zeitpunkt gewählt, muss die Zwischenmitteilung auch nur Informationen über diesen Zeitraum enthalten, würde die Mitteilung zum späteren Zeitpunkt veröffentlicht, müssen die Informationen diesen längeren Zeitraum abdecken. Vgl. BT-Drs. 16/3644, S. 57.

[513] Vgl. Beiersdorf/Rahe (2007), S. 100; Hutter/Kaulamo (2007), S. 552; Zimmermann (2009a), Rn. 11.

sodass dieser in folgenden Geschäftsjahren ohne sachlichen Grund variieren kann.[514] Der dadurch bestehende Gestaltungsspielraum ist nicht nur deswegen kritisch zu beurteilen, da weder eine intertemporale Vergleichbarkeit eines Unternehmens noch die Vergleichbarkeit mit anderen Unternehmen, die Zwischenmitteilungen veröffentlichen, gewahrt werden kann. Noch schwerer ins Gewicht fällt die mangelnde Vergleichbarkeit mit Unternehmen, die Quartalsfinanzberichte veröffentlichen.[515] Ein weiterer Kritikpunkt ergibt sich aus den Regelungen zum Veröffentlichungszeitpunkt: Bei Veröffentlichungen der ersten Zwischenmitteilung können sich Überschneidungen mit der Veröffentlichung des Jahresfinanzberichts ergeben. Selbst die Veröffentlichung beider Instrumente an einem Tag wäre theoretisch möglich.[516] Dies würde für die Adressaten die Möglichkeit einer konstanten Beurteilung ihrer Investition unterbinden. Eine Begrenzung findet eine solche Flexibilität regelmäßig durch die Finanzkalender des Unternehmens, deren Veröffentlichung von Kapitalmarktteilnehmern und insb. Analysten erwartet werden.[517] In dem Finanzkalender werden typischerweise zu Jahresbeginn alle geplanten Veröffentlichungszeitpunkte bekannt gegeben.

Bevor die Zwischenmitteilung der Öffentlichkeit zur Verfügung gestellt wird, hat das Unternehmen gem. § 37x Abs. 1 Satz 2 WpHG eine Bekanntmachung zu veröffentlichen, ab welchem Zeitpunkt und unter welcher Internetadresse die Zwischenmitteilung neben der Verfügbarkeit im Unternehmensregister öffentlich zugänglich ist. Wie beim Halbjahresfinanzbericht ist die Bekanntmachung gleichzeitig mit der Veröffentlichung der BaFin mitzuteilen und anschließend dem Unternehmensregister zur Speicherung zu übermitteln. Die Zwischenmitteilung ist nach Bekanntmachung der Veröffentlichung ebenfalls dem Unternehmensregister zu übermitteln.

Unklar ist, welche Veröffentlichungsfrist und Regelungen zur Mitteilung und Übermittlung einer Hinweisbekanntmachung für den Quartalsfinanzbericht gelten. Mangels Verweises von § 37x Abs. 3 WpHG auf die Veröffentlichungsfristen des Halbjahresfinanzberichts nach § 37w Abs. 1 WpHG wären diese zunächst nicht anzuwenden. Auch die für Zwischenmittei-

[514] Vgl. Hönsch (2009a), Rn. 15.

[515] Vgl. Zimmermann (2009a), Rn. 12.

[516] Auf das mögliche Zusammenfallen der Berichtszeitpunkte von Zwischenmitteilungen, jährlicher sowie halbjährlicher Publizität hinweisend, vgl. Buchheim/Ulbrich (2004), S. 281. Ebenso den Fall darstellend, dass sich bei extremer Ausnutzung der Veröffentlichungsfristen ein berichtsloser Zeitraum von knapp acht Monaten ergeben würde, ebenda S. 281.

[517] Die Ankündigung der Veröffentlichungstermine der einzelnen Berichtsinstrumente ergibt sich aus der verpflichtenden Bekanntmachung, ab welchem Zeitpunkt der Bericht öffentlich zugänglich ist, bspw. für die Zwischenmitteilung gem. § 37x Abs. 1 Satz 2. Im Rahmen der laufenden Öffentlichkeitsarbeit empfiehlt der DCGK Tz. 6.7 die Publikation eines Finanzkalenders mit „ausreichend Vorlaufzeit“, der die Termine der wesentlichen wiederkehrenden Veröffentlichungen enthält. Zu den periodischen Veröffentlichungen zählen u. a. Geschäftsberichte, Zwischenberichte, Termine von Hauptversammlungen. Vgl. von Werder (2010), Rn. 1249–1251. Im Jahr 2010 kommen dieser Empfehlung nach Angabe des Kodex Report zufolge 100 % der Unternehmen des Prime Standards nach, vgl. von Werder/Talaulicar (2010), S. 859. Unternehmen des Prime Standard haben nach § 67 BörsO FWB einen sog. Unternehmenskalender zu erstellen und fortlaufend zu aktualisieren.

lungen zur Anwendung kommenden Fristen scheinen nicht ausschlaggebend.[518] Da das Ziel der Zwischenberichterstattung, zeitnahe adäquate Informationen bereitzustellen, nicht erreicht werden kann, wenn Veröffentlichungsfristen „ins Belieben der Emittenten gestellt würde und damit auch mehr als drei Monate betragen könnte“[519], liegt es nahe, die Anwendung der Regelungen des Halbjahresfinanzberichts zu befürworten. Eine wie oben dargelegte Regelung zu den Veröffentlichungsfristen von Zwischenmitteilungen scheint aus Investorensicht für den Quartalsfinanzbericht ebenso wenig wie für die Zwischenmitteilungen sachgerecht. Nach Ansicht der BaFin ist es „daher nicht zu beanstanden, wenn ein Quartalsfinanzbericht nach den Vorgaben des § 37w Abs. 2 Nr. 1 und 2, Abs. 3 und 4 WpHG erstellt und […] veröffentlicht wird. Insgesamt ist zu beachten, dass der Quartalsfinanzbericht vor dem darauf folgenden Halbjahres- oder Jahresfinanzbericht zu veröffentlichen ist, um eine sinnvolle und eigenständige Information darzustellen.“[520]

Auch in Bezug auf die Mitteilung und Übermittlung einer Hinweisbekanntmachung enthält das WpHG keine weiteren Regelungen für den Quartalsfinanzbericht.[521] Mangels Verweises auf die entsprechenden Vorschriften des Halbjahresfinanzberichts in § 37w Abs. 1 WpHG entfällt die Pflicht zur Bekanntmachung ebenso wie die Meldung an die BaFin. Auch die in § 37x Abs. 1 WpHG für die Zwischenmitteilung normierten Verpflichtungen zur Veröffentlichung, Mitteilung und Übermittlung einer Hinweisbekanntmachung finden keine Anwendung. Insofern genügt es grundsätzlich, „wenn der Quartalsfinanzbericht in einem geeigneten elektronischen Medium verbreitet wird. Ausreichend ist es in einem solchen Fall auch, wenn eine Hinweisbekanntmachung in einem Börsenpflichtblatt veröffentlicht wird, die auf eine öffentlich zugängliche Stelle verweist, an dem der Bericht sofort auffindbar oder abrufbar ist.“[522] Ungeachtet dessen sieht § 37w Abs. 3 WpHG vor, dass der Quartalsfinanzbericht „unverzüglich, jedoch nicht vor seiner Veröffentlichung an das Unternehmensregister zu übermitteln ist.“ Da für die unterschiedliche Behandlung im Vergleich zum Halbjahresfinanzbericht und zur Zwischenmitteilung keine nachvollziehbaren Gründe ersichtlich sind, ist vom Gesetzgeber eine Gleichbehandlung herzustellen.[523] Weiterer Handlungsbedarf besteht für den

[518] Vgl. BaFin (2009), S. 238, „Die Frist des § 37x Abs. 1 Satz 1 WpHG ist nicht auf die Veröffentlichung eines Quartalsfinanzberichts i. S. v. § 37x Abs. 3 WpHG anwendbar.“ Anderer Ansicht, vgl. Mock (2007a), Rn. 30: „Da durch die Erstellung und Veröffentlichung des Quartalsfinanzberichts [...] die Verpflichtung zur Erstellung und Veröffentlichung der Zwischenmitteilung der Geschäftsführung ersetzt wird, muss sich hier an den Vorgaben des [§ 37x] Abs. 1 [WpHG] orientiert werden.“ Ebenso Coenenberg/Haller/Schultze (2009), S. 966. Zu den unterschiedlichen Ansichten hinsichtlich des genauen Veröffentlichungszeitpunkts, vgl. Kajüter/Reisloh (2007), S. 622 f. sowie Hebestreit/Rahe (2007), S. 118, die von rund sieben Wochen nach Ende des Quartals ausgehen; von sechs Wochen ausgehend, vgl. Mock (2007a), Rn. 30; Coenenberg/Haller/Schultze (2009), S. 966; Strieder/Ammedick (2007), S. 290.

[519] DAV (2009), Rn. 45.

[520] BaFin (2009), S. 238. Zur Diskussion vgl. Strieder/Ammedick (2007), S. 290; Hönsch (2009a), Rn. 25.

[521] Vgl. BaFin (2009), S. 238.

[522] BaFin (2009), S. 238.

[523] Vgl. Hönsch (2009a), Rn. 24. *Hönsch* fordert für Quartalsfinanzberichte die gleiche Art und Weise der Veröffentlichung wie bei (Halb-)Jahresfinanzberichten zur „Sicherstellung einer europaweiten Verbreitung […] in Übereinstimmung mit der Transparenzrichtlinie“, ebenda Rn. 24.

Gesetzgeber hinsichtlich des Veröffentlichungszeitpunkts des Quartalsfinanzberichts: Dieser ist zu verdeutlichen.

Als Hinweis, dass selbst der Gesetzgeber an der Adäquanz seiner Regelungen Zweifel hegt, kann die in Art. 33 der Transparenzrichtlinie festgelegte Überprüfung der Anwendung der Transparenzrichtlinie angesehen werden.[524] Vor diesem Hintergrund konnten bis zum 31.08.2010 im Rahmen einer öffentlichen Konsultation über die Modernisierung der Transparenzrichtlinie Stellungnahmen bei der Europäischen Kommission eingereicht werden.[525] Das Konsultationspapier sowie die Zusammenfassung der 111 eingegangenen Stellungnahmen zeigen jedoch, dass dem bestehenden, in den vorherigen Ausführungen identifizierten Handlungsbedarf nicht die notwendige Aufmerksamkeit zuteilwird.[526] Es bleibt abzuwarten, welche Modernisierungsmaßnahmen letztendlich vom Gesetzgeber ergriffen werden.

3.3.2 Ergänzende Vorschriften der Börsenordnung (BörsO FWB)

Die Einschätzung des Gesetzgebers hinsichtlich der notwendigen Transparenz für den Anlegerschutz und den Funktionenschutz des Kapitalmarkts scheint sich über Jahre hinweg von der Sichtweise der Börsen unterschieden zu haben.[527] Entsprechende Hinweise sind in den über das Gesetz hinausgehenden Publizitäts- und Transparenzanforderungen auf Grundlage privatrechtlicher Vereinbarungen zwischen Börse und Emittenten bestimmter Handelssegmente zu sehen, die erlassen wurden, um den Informationsbedürfnissen internationaler Investoren zu entsprechen. Für die Segmente der Deutschen Börse „Prime Standard", „General Standard", „Entry Standard" sind unterschiedlichen Transparenzstandards vorgesehen.[528] Wohingegen im General Standard die Mindestanforderungen der EU gelten, haben Unternehmen im Prime Standard darüber hinausgehende internationale Transparenzanforderungen zu erfüllen. Die Zulassung zum Prime Standard soll den Unternehmen ermöglichen, internationale Investoren anzusprechen und ist Voraussetzung für die Aufnahme in die Auswahlindizes DAX, MDAX, TecDAX und SDAX. Bereits seit Beginn des Jahres 2001 wurden für die

524 Vgl. Transparenzrichtlinie (2004), Art. 33, S. 57.

525 Zu der Konsultation und der Möglichkeit zur Stellungnahme, vgl. die Internetseite der Europäischen Kommission, Internet: http://ec.europa.eu/internal_market/securities/transparency/index_ de.htm, letzter Abruf 31.08.2011.

526 Vgl. Europäische Kommission (2010), S. 1–45.

527 Dies gilt nicht nur für deutsche Börsen, sondern gleichermaßen für einzelne Mitgliedstaaten in der EU. Vor Inkrafttreten der Transparenzrichtlinie hatten bereits Belgien, Finnland, Frankreich, Griechenland, Italien, Österreich, Portugal und Spanien einen vierteljährlichen Berichtsrhythmus auf allen oder bestimmten geregelten Märkten vorgeschrieben. Vgl. KOM (2003) 138, S. 15; Buchheim/Ulbrich (2004), S. 275.

528 Die Transparenzstandards der Deutschen Börse AG sind einsehbar unter, vgl. Internet: http://deutsche-boerse.com/dbag/dispatch/de/kir/gdb_navigation/lc/100_Market_Structure/10_transparency _standards, letzter Abruf 31.08.2011. Der Prime Standard stellt neben dem General Standard eines der zwei am 01.01.2003 von der Frankfurter Wertpapierbörse geschaffenen Börsensegmente dar. Es handelt sich hierbei aber nicht um eine börsenrechtliche Unterteilung.

Indizes DAX und MDAX nur noch Unternehmen berücksichtigt, die Quartalsfinanzberichte veröffentlichen.[529]

Als Zulassungsfolgepflicht für den Prime Standard besteht für die Emittenten der Aktien oder die Emittenten der vertretenen Aktien neben der Erstellung eines Jahresfinanzberichts gem. § 50 Abs. 1 Börsenordnung (BörsO) der Frankfurter Wertpapierbörse (FWB)[530] nach § 51 Abs. 1 BörsO die Pflicht zur Erstellung eines Halbjahresfinanzberichts und von zwei Quartalsfinanzberichten.[531] Der Halbjahresfinanzbericht ist nach den Vorgaben des § 37w Abs. 2 bis 4 WpHG und die Quartalsfinanzberichte nach den Vorgaben des § 37w Abs. 2 Nr. 1 und 2, Abs. 3 und 4 WpHG zu erstellen. Falls der Emittent verpflichtet ist, einen Konzernabschluss und Konzernlagebericht aufzustellen, sind für den Halbjahresfinanzbericht und analog für den Quartalsfinanzbericht die Vorgaben des § 37y Nr. 2 WpHG maßgeblich.[532] Halbjahresfinanzberichte sind gem. § 51 Abs. 2 BörsO für die ersten sechs Monate eines jeden Geschäftsjahres zu erstellen und Quartalsfinanzberichte zum Stichtag des ersten und des dritten Quartals eines Geschäftsjahres. Die mit der Indexzugehörigkeit verknüpfte Quartalsfinanzberichterstellungspflicht führt zur Befreiung von der Erstellung von Zwischenmitteilungen der Geschäftsführung nach § 37x WpHG.[533] Infolge der Bezugnahme auf die kapitalmarktrechtlichen Zwischenberichtspflichten (§§ 37w, 37x WpHG) ergeben sich aus den privatrechtlichen Regelungen der FWB keine konträren Zwischenberichtsinhalte bzw. Redundanzen. Angesichts der bereits bestehenden Gesetzessystematik ist dieses Vorgehen zu begrüßen. Die Berichte sind in deutscher und englischer Sprache zu verfassen und spätestens zwei Monate nach Ende des Berichtszeitraums über das *Exchange Reporting System* (ERS) der FWB elektronisch zu übermitteln. Über das ERS erfüllen die Emittenten des Prime Standard ihre Berichtspflichten und die FWB hat die Möglichkeit, u. a. den fristgerechten Eingang der Finanzberichte zu überwachen.[534] Eine Übersicht der Anforderungen des § 66 BörsO FWB ist der folgenden Abbildung zu entnehmen.

---

[529] Vgl. hierzu auch von Rosen (2000), S. 27; Ammedick/Strieder (2002), Rn. 237. Ebenso war die Notierung in dem damals neu geschaffenen Handelssegment „Neuer Markt" von der Veröffentlichung vierteljährlicher Berichte abhängig. Die Nichtbefolgung der Vorgaben führt zu einem Ausschluss aus dem Handelssegment. So wurde die Porsche AG aufgrund ihrer ablehnenden Haltung gegenüber der Veröffentlichung von Quartalsfinanzberichten aus dem MDAX ausgeschlossen. Auch gerichtlich konnte die Notierung im Prime Standard (ohne der Quartalsfinanzberichterstattungspflicht Folge zu leisten) nicht erzwungen werden. Vgl. Urteil des Hessischen VGH (6. Senat) vom 28.03.2007 (Aktenzeichen: 6 N 3224/04).

[530] Vgl. FWB (2011).

[531] Die Gruppe Deutsche Börse ist Trägerin der FWB. Während die Deutsche Börse AG als Dienstleistungsunternehmen unternehmerische Zielsetzungen verfolgt, gewährleistet die FWB in öffentlich-rechtlichem Auftrag die Veranstaltung des Börsenhandels. Vgl. Nonnenmacher (2009), Rn. 34.

[532] Vor Inkrafttreten des TUG enthielt die BörsO FWB eigenständige materielle Vorgaben zum Quartalsfinanzbericht. Nunmehr knüpfen die Vorschriften an die Regelungen des WpHG an. Durch die nunmehr geltenden Vorschriften des WpHG haben die eigenständigen Vorschriften der BörsO an Bedeutung verloren, vgl. Kümpel (2003), S. 4.

[533] Vgl. Zimmermann (2009a), Rn. 4.

[534] Die hessische Börsenaufsicht als Instanz des Hessischen Ministeriums für Wirtschaft, Verkehr und Landesentwicklung überwacht u. a. den rechtmäßigen Handel und untersucht Verstöße gegen das Börsenrecht. Bei Verstößen von Emittenten gegen börsenrechtliche Vorschriften leitet die Börsenaufsichtsbehörde oder die

Abbildung 9: Anforderungen des § 51 Abs. 1–6 Börsenordnung der Frankfurter Wertpapierbörse (BörsO FWB)

Anzuwenden von	Emittent der Aktien oder der Emittent der vertretenen Aktien, die im Prime Standard der FWB gelistet sind	
Art der Veröffentlichung	• Halbjahresfinanzbericht nach den Vorgaben des § 37w Abs. 2-4 WpHG (bzw. § 37 y Nr. 2 WpHG)	• Quartalsfinanzbericht nach den Vorgaben des § 37w Abs. 2 Nr. 1 u. 2, Abs. 3. Abs. 4 WpHG (bzw. § 37y Nr. 2 WpHG)
Umfassender Zeitraum	Halbjahresfinanzbericht • für die ersten sechs Monate	Quartalsfinanzbericht • für drei Monate zum Stichtag des ersten und dritten Quartals
Sprache	Deutsch und Englisch	Deutsch und Englisch
Prüfung	Halbjahresfinanzberichte können einer prüferischen Durchsicht durch einen Abschlussprüfer oder einer Prüfung gem. § 317 HGB unterzogen werden. Es gilt § 37w Abs. 5 WpHG.	Quartalsfinanzberichte können einer prüferischen Durchsicht unterzogen werden. Es gilt § 37x Abs. 3 Satz 3 WpHG.
Veröffentlichungsfrist	• Innerhalb zwei Monate nach Ende des jeweiligen Berichtszeitraums Übermittlung an Geschäftsführung in elektronischer Form (Ausnahme sind zu beachten). • Die Geschäftsführung stellt den Bericht dem Publikum elektronisch oder anderer geeigneter Weise zur Verfügung.	
Bedingung	• Gesetzlichen Vorschriften zum Halbjahres- und Quartalsfinanzbericht bleiben unberührt. • Von der BaFin gewährte Ausnahmen gelten unmittelbar, es sein denn, diese widersprechen den tragenden Gedanken des Prime Standard.	

Quelle: Eigene Darstellung.

Die Verpflichtung zur Quartalsfinanzberichterstattung respektive die Befreiung von Zwischenmitteilungen als fakultatives Berichtsinstrument verdeutlicht, dass nach Ansicht der FWB die alternative Berichtsform „Zwischenmitteilung" nicht den erhöhten Transparenzanforderungen der (internationalen) Investoren entspricht. Infolgedessen ergibt sich für die kapitalmarktorientierten Unternehmen eine „Zwei-Klassen-Gesellschaft", wobei die Klassen durch das jeweilige Zwischenberichtsinstrument im ersten und dritten Quartal gekennzeichnet sind.

Angesichts des geringeren administrativen Aufwands, der mit der Erstellung einer Zwischenmitteilung im Vergleich zum Quartalsfinanzbericht verbunden ist, erscheint es nachvollziehbar, dass die FWB als Vertreter des Kapitalmarkts für die kleineren Unternehmen des General Standards eine Erleichterungsvorschrift gelten lässt. Im Interesse des Funktionen- und Anlegerschutzes, was insb. durch die Vergleichbarkeit der Zwischenberichte gewahrt wird, ließe sich jedoch überdenken, ob die Differenzierung nach Marktsegmenten fortbestehen solle. Anstelle dessen scheint es gerechtfertigt, an alle Segmente des regulierten Marktes einheitlich hohe Anforderungen zu stellen.[535] Verstärkt wird diese Ansicht durch den empirischen Befund, dass Quartalsfinanzberichte im Vergleich zu Zwischenmitteilungen bei Kapi-

Börsengeschäftsführung Sanktionsverfahren vor dem Sanktionsausschuss als Organ der Börse (siehe § 11 BörsO FWB) ein. Die Sanktionsentscheidungen des Sanktionsausschusses sind im Einzelnen auf der Internetseite des Hessischen Ministeriums für Wirtschaft, Verkehr und Landesentwicklung abrufbar, vgl. http://www.wirtschaft.hessen.de/irj/HMWVL_Internet?cid=f9b5715ba0c55008240ecc9c0961f095, letzter Abruf: 31.08.2011.

535 Vgl. bereits vor Inkrafttreten des TUG, IDW (2002), S. 62. Vgl. auch Griewel (2006), S. 248.

talmarktteilnehmern einen höheren Stellenwert als Entscheidungsgrundlage einnehmen.[536] Es bleibt abzuwarten, ob den Adressaten zukünftig der Informationsgehalt von Zwischenmitteilungen ausreicht, um ihre Des- und Investitionsentscheidungen rational treffen zu können und die Unternehmen vor dem Hintergrund des Wettbewerbs um Kapital auf den Kapitalmärkten den Quartalsfinanzbericht aufgrund seiner umfangreicheren Informationen der Zwischenmitteilung vorziehen.[537]

3.4 Empirische Untersuchungen zur Umsetzung der Zwischenberichterstattungspflichten

3.4.1 Empirische Untersuchungen vor Inkrafttreten des TUG

Die Vermittlung entscheidungsnützlicher Zwischenberichtsinformationen ist, wie in den vorangegangenen Kapiteln erläutert, in erster Linie von den konkreten gesetzlichen Normen zur formalen und materiellen Ausgestaltung und dem Verpflichtungsgrad abhängig. Von Interesse ist die Umsetzung der Zwischenberichtspflichten. Rückschlüsse aus der Umsetzung lassen sich aus empirischen Studien des deutschsprachigen Raums mit dem Untersuchungsobjekt „Zwischenberichterstattung" ziehen. Obgleich für das Untersuchungsziel der aktuelle Rechtsstand maßgeblich ist, erfolgt zunächst ein kurzer Überblick zum Rechtsstand vor TUG unter Nennung einzelner markanter Studienergebnisse.[538] Mit der Berücksichtigung der Studien zum alten Rechtsstand wird der Frage nachgegangen, wie sich die im Laufe der Jahre zunehmende Regulierung[539] und der damit einhergehende steigende Verpflichtungsgrad der Zwischenberichterstattung in der Publizitätspraxis niedergeschlagen haben. Da Studienergebnisse wesentlich durch den methodischen Ansatz[540] beeinflusst werden und sich Studien insb. im Hinblick auf das Untersuchungsziel und den Untersuchungsumfang unterscheiden, erfolgt die Betrachtung unter Berücksichtigung der gewählten Methodik: „*event studies*" und „*disclousure index studies*".[541] Wohingegen *event studies* (auch Kapitalmarktstudien oder Ereignisstudien) von einem empirisch messbaren Zusammenhang zwischen der Publizität von Unternehmensinformationen und Reaktionen des Kapitalmarkts ausgehen und versuchen, aus den beobachteten Reaktionen Aussagen über die Entscheidungsnützlichkeit der Informationen abzuleiten,[542] messen *disclousure index studies* den Informationsgehalt von Zwischenberichten über Ersatzmaßstäbe.[543]

---

[536] Vgl. Haenelt (2009), S. 63 f. *Haenelts* Befund liegt einer im Jahr 2008 durchgeführten Befragung von 2.117 Kapitalmarktteilnehmern zur Bedeutung einzelner Publizitätsinstrumente zu Grunde. Zu weiteren empirischen Ergebnissen von *Haenelt* vgl. Kapitel 3.4.2.

[537] Vgl. Böcking/Kiehne (2010), S. 297.

[538] Die Studienaufbereitung fußt auf den Kriterien von Ernstberger/Pfauntsch (2008), S. 197–199.

[539] Zur historischen Entwicklung der Zwischenberichterstattung vgl. Kapitel 2.2.1.

[540] Vgl. Berndsen (1978), S. 122. Zu möglichen Forschungsansätzen vgl. Coenenberg (1993), S. 73; Ballwieser (2009), S. 194–198.

[541] Die Kategorisierung erfolgt in Anlehnung an Ernstberger/Pfauntsch (2008), S. 197–199.

[542] Zu den grundlegenden Annahmen des kapitalmarktorientierten Forschungsansatzes vgl. Coenenberg/Henes (1995), S. 972–974.

[543] Die Vorgehensweise kann sich auch auf das Beschreiben der Praxis der Zwischenberichtspublizität i. S. einer Bestandsaufnahme beschränken, vgl. Berndsen (1978), S. 123. Die Qualität der Zwischenberichtsinformatio-

Tabelle 1: Übersicht der empirischen Studien zur Zwischenberichterstattung vor TUG

Studie (Autor und Jahr)	Untersuchungsziel	Untersuchungsumfang, Zeitraum	Sollmaßstab/ Sollobjekt/ Untersuchungsmethode	Ergebnis
Müller (1976)	• Bestandsaufnahme der Zwischenberichtspublizität in Deutschland (wie häufig, wie aktuell und in welchem Umfang fließen den externen Interessenten Zwischenberichtsinformationen zu); einschließlich möglicher Erklärungen für die Berichtspraxis.	• Börsennotierte deutsche Unternehmen, die Zwischenberichte im Jahr 1972 veröffentlichen. • Vollerhebung (310 Zwischenberichte von 176 börsennotierten Gesellschaften).	• „Regeln" der Arbeitsgemeinschaft der deutschen Wertpapierbörsen. • Soll-Ist-Vergleich, Hypothesentest.	• Große Gesellschaften und Banken weisen zwar eine relativ gute Zwischenberichterstattung auf, jedoch lässt sich die Basishypothese, die Zwischenberichterstattung würde mit Erfolg praktiziert, nicht aufrechterhalten. • Als Einflussfaktoren werden die Unternehmensgröße, die Branche und das Ertragsniveau identifiziert.
Hebestreit (1992)	• Untersuchung zum aktuellen Publizitätsverhalten, Qualität der Zwischenberichterstattung britischer und deutscher Emittenten.	• 30 britische und 60 deutsche börsennotierte Unternehmen in den Jahren 1989 und 1990.	• Bestimmungen der Admission of Securities to Listing, BörsG, BörsZulV. • Soll-Ist Vergleich.	• Nicht in allen Fällen ist die Einhaltung der nationalen börsenrechtlichen Normen gewährleistet. • Zu den börsenrechtlich geforderten Pflichtangaben werden umfangreiche, freiwillige Informationen veröffentlicht. • Ergebnis des deutsch–britischen Vergleichs: Britische Zwischenberichte weisen tendenziell eine größere Aussagekraft als vergleichbare Publizitätsinstrumente deutscher Emittenten auf.
Baetge/ Schlösser (1993)	• Empirische Auswertung von Zwischenberichten zu ausgewählten Problembereichen der umgesetzten Zwischenberichtsrichtlinie 1982.	• 48 Zwischenberichte der Geschäftsjahre 1990 und 1992.	• BörsG, BörsZulV. • Inhaltsanalyse.	• 25 der 48 analysierten Gesellschaften verzichten im Zwischenbericht vollständig auf eine Segmentierung der Umsatzerlöse trotz gesetzlicher Forderung. • Unternehmen berichten weitaus mehr über besondere Umstände im Berichtszeitraum, als sie prospektive Angaben in den Zwischenbericht aufnehmen. • Von 48 Unternehmen wählen 42 in 1990 und 40 in 1992 die gesetzlich vorgeschriebene Mindestlösung, d.h. die Veröffentlichung eines Zwischenberichts je Geschäftsjahr.
Coenenberg/ Henes (1995)	• Informationsgehalt der Zwischenberichtspublizität nach § 44b BörsG.[544]	• Halbjahresberichte von 167 Unternehmen der Jahre 1988 bis 1993.	• § 44b BörsG. • Ergebnisstudie.	• Die Untersuchung bestätigt die Informationsrelevanz des Zwischenberichts.
Henes (1995)	• Empirische Überprüfung der Entscheidungsrelevanz der börsenrechtlichen Zwischenberichtspublizität nach § 44b BörsG.	• Zwischenberichte von 167 deutschen Unternehmen.	• § 44b BörsG. • Ergebnisstudie. • Hypothesentest.	• Die Untersuchung bestätigt die Entscheidungsrelevanz des Zwischenberichts. • Ein Vergleich mit der Nützlichkeit der US-amerikanischen Quartalsberichterstattung zeigt, dass der deutschen Halbjahresfinanzberichterstattung ein geringerer absoluter, gleichwohl jedoch ein vergleichbarer relativer Informationsgehalt – gemessen an den insgesamt im Veröffentlichungszeitraum – an den Markt gelangten Informationen zukommt.

nen kann mittels Vergleich verschiedener Zwischenberichte und/oder mit einem Vergleich zwischen dem Istzustand und einem Sollobjekt erfolgen. Hierbei wird oftmals versucht, die entsprechenden Einflussfaktoren für die Berichtsqualität zu identifizieren. Zur Nutzwertanalyse vgl. Bechmann (1978), S. 20 f. Bei der Bestimmung des Informationssolls kann auf einen Ersatzmaßstab, z. B. Gesetzesauslegungen oder Literaturmeinungen zurückgegriffen werden. Vgl. Berndsen (1978), S. 123. Die Erfassung der Zwischenberichtsinformationen erfolgt mittels einer Inhaltsanalyse. Zur Inhaltsanalyse vgl. Früh (2007), passim.

544 *Coenenberg/Henes* untersuchen in ihrer empirischen Studie die Entscheidungsrelevanz der Halbjahrespublizität gem. § 44 b BörsG. Der Informationsgehalt der Zwischenberichte spiegelt sich in Kursreaktionen in Form von Überrenditen zum Veröffentlichungszeitpunkt am Kapitalmarkt wider. *Coenenberg/Henes* gelangen zu dem Ergebnis, dass der Zwischenbericht bezogen auf seinen Informationsgehalt im Vergleich zum Jahresabschluss „ein annähernd gleichwertiges Publizitätsinstrument für die externen Berichtsadressaten darstellt". Coenenberg/Henes (1995), S. 992.

Coenenberg/ Federspieler (1998)	• Untersuchung der Entscheidungsrelevanz der Zwischenberichterstattung in Deutschland, Großbritannien und Frankreich.[545]	• Großbritannien: Zwischenberichte von 144 Unternehmen der Jahre 1988 bis 1994 (insg. 721 Zwischenberichte). • Frankreich: Zwischenberichte von 141 Unternehmen der Jahre 1990 bis 1995, (insg. 602 Halbjahresberichte).	• Ereignisstudie.	• Die Ergebnisse lassen bei allen drei betrachteten Kapitalmärkten auf eine grundsätzliche Entscheidungsrelevanz von Zwischenberichtsergebnissen schließen. • Eine signifikante Überlegenheit der weit reichenderen Publizitätsvorschriften in Großbritannien und Frankreich gegenüber den deutschen Zwischenberichten kann mittels des vorliegenden Untersuchungsdesigns nicht festgestellt werden.
Coenenberg/ Federspieler (1999)	• Informationsgehalt der Zwischenberichterstattung börsennotierter deutscher, britischer und französischer Unternehmen.[546]	• 719 Halbjahresberichte der Jahre 1988–1994 von 144 britischen Unternehmen • 602 Halbjahresberichte der Jahre 1990–1995 von 153 französischen Unternehmen.	• Ergebnisstudie. • Hypothesentest.	• Es bestehen erhebliche Unterschiede in den nationalen Regelungen zur Zwischenberichterstattung. • In allen drei Ländern kann aufgrund von beobachtbaren Kapitalmarktreaktionen auf eine Entscheidungsrelevanz von Zwischenberichten geschlossen werden.
Rolvering/ Stahl (1999)	• Aussagefähigkeit von Zwischenberichten ausgewählter DAX- und „Neuer Markt"-Unternehmen.	• Halbjahresberichte des Geschäftsjahres 1997 von 23 Industrie- und Handelsunternehmen des DAX. • 14 Quartalsberichte zum dritten Quartal von Unternehmen, die seit Juli 1997 am Neuen Markt gelistet sind.	• Bewertungsskala zur Messung der Qualität der Zwischenberichtsinformationen in Anlehnung an Krumbholz (1994), S. 3–6, 26–39.	• Insgesamt höhere Qualität der DAX-Unternehmen im Wirtschaftsbericht. • Höhere Berichtsqualität bzgl. der drei Unterkriterien Finanzierung, Aktienkurssituation, Forschung und Entwicklung bei Unternehmen des Neuen Marktes. • Die Berichtsqualität im Prognosebericht lässt in beiden Handelssegmenten zu wünschen übrig.
Federspieler (1999)	• Informationsgehalt der Zwischenberichterstattung deutscher, britischer und französischer Unternehmen.[547]	• 719 Halbjahresberichte von 144 britischen börsennotierten Unternehmen von 1988–1994. • 602 Halbjahresberichte von 153 französischen börsennotierten Unternehmen von 1990–1995.	• Ergebnisstudie. • Hypothesentest.	• Es kann von einer vorhandenen Entscheidungsrelevanz der veröffentlichten Zwischenberichte ausgegangen werden. • Zwischenberichte in Großbritannien und Frankreich enthalten im Vergleich zu Deutschland mehr Informationen und können als anspruchsvoller bezeichnet werden. • Ermittlung einer leichten Überlegenheit dieser beiden Systeme der Zwischenberichterstattung gegenüber den deutschen Zwischenberichten. • Für das deutsche Sample entfiel der größte Anteil der Informationen auf das veröffentlichte Zwischenergebnis.
Alvarez/ Wotschofsky (2000)	• Auswertung bereits veröffentlichter Zwischenberichte und Befragung dieser Unternehmen bzgl. ihrer Einschätzungen, Beurteilungen und Absichten.	• DAX 100-Unternehmen des Jahres 1998 für den Berichtszeitraum 1998.	• Soll-Ist-Vergleich, Befragung.	• Zwischenberichte der DAX-Unternehmen weisen eine bessere Berichtsqualität auf als MDAX-Unternehmen, im Detail gewisse Mängel bei der Einhaltung der Vorschriften, Tendenz zur freiwilligen Veröffentlichung weiterer Informationen. • Die Auswertung des Fragebogens deutet auf gegenwärtig hohes Interesse der Praxis an dem Themenbereich hin.
Selch/ Rothfuss (2000)	• Übereinstimmung der tatsächlichen Zwischenberichterstattung mit den börsenrechtlichen Anforderungen.	• Zufallsstichprobe von 50 börsennotierten Unternehmen. • Zwischenberichte des Geschäftsjahrs 1998 bzw. 1997/98.	• BörsG, BörsZulV, aus den GoB abgeleitete Berichtsgrundsätze. • Soll-Ist-Vergleich.	• Lediglich 16 % der Unternehmen erfüllen bei allen untersuchten Berichtselementen die Mindestanforderungen, d. h., es liegen keine mit „Normunterschreitung" eingestuften Berichtselemente bei diesen Unternehmen vor.

545 Die *event study* von *Coenenberg/Federspieler* greift partiell auf die bereits vorliegenden Studienergebnisse von Coenenberg/Henes (1995), S. 969–995, S. 974–992 und Henes (1995), S. 223–350 zurück. D. h.: Einbezug von 167 amtlich notierten Unternehmen in Deutschland für den Zeitraum von 1989 bis 1983, von denen insgesamt 433 Zwischenberichte in die Analyse eingehen.

546 Die *event study* von *Coenenberg/Federspieler* greift auf die bereits vorliegenden Studienergebnisse von Coenenberg/Henes (1995), S. 969–995 und Henes (1995), S. 223–350 zurück.

547 Die empirische Untersuchung von *Federspieler* greift auf die bereits vorliegenden Studienergebnisse von Coenenberg/Henes (1995), S. 969–995 und Henes (1995), S. 223–350 zurück.

d'Arcy/ Grabensberger (2001)	• Untersuchung der Qualität von Quartalsberichten am Neuen Markt.	• 47 Unternehmen des Neuen Marktes der Jahre 1999, 2000 und 2001.	• Regelungen des Börsensegments „Neuer Markt, IAS, US-GAAP. • Soll-Ist-Vergleich; Korrelationsanalyse.	• Qualität der Zwischenberichte ist mäßig, wenn die Erfüllung der Erfordernisse für Quartalsberichte des Regelwerks Neuen Markts sowie der IAS bzw. US-GAAP zu Grunde gelegt werden. • Häufig fehlen wichtige Angaben. • Ein signifikanter Zusammenhang zwischen Berichtsgüte, Marktkapitalisierung, Notierungsspanne oder Rechnungslegungssystem lässt sich nicht nachweisen.
Rolvering (2002) [548]	• Ziel der Untersuchung ist das Publizitätsverhalten börsennotierter Kapitalgesellschaften in Zwischenberichten anhand der unternehmensspezifischen Merkmale Unternehmensgröße, Aktionärsstruktur, Dauer der Börsennotierung, Indexzugehörigkeit und Rechnungslegungssysteme zu erklären.	• Zwischenberichte von 100 börsennotierten Unternehmen für das Geschäftsjahr 1999/ 2000, 2000/2001 bzw. 2001.	• Gesetzliche, gesetzesähnliche, privatrechtliche nationale und internationale Vorschriften zur Zwischenberichterstattung. • Nutzwertanalyse; Hypothesentest.	• Die Aussichten für das laufende restliche Geschäftsjahr werden im Zwischenlagebericht nur unzureichend angegeben und erläutert. • Der Gesamtqualitätsmittelwert aller Zwischenberichte beträgt 44,82 % von maximal 100 %. • Die Untersuchungsergebnisse zeigen, dass die meisten Unternehmen die Chance, die ihnen eine publizitätsfreudige Finanzkommunikation im Zwischenbericht bietet, noch nicht erkannt haben. • Die Unternehmen berichten im Zwischenabschluss deutlich besser als im Zwischenlagebericht. Als Einflussfaktoren werden die Unternehmensgröße, die Indexzugehörigkeit und das Rechnungslegungssystem identifiziert.
Rothfuss (2005)	• Untersuchung inwieweit die Zwischenberichte deutscher Emittenten den jeweiligen zu beachtenden nationalen bzw. internationalen Vorschriften gerecht werden.	• 115 börsennotierte Unternehmen der Jahre 2000 und 2001.	• BörsG, BörsZulV, IAS 34, APB 28, Regelwerk Neuer Markt, Leitfaden zu den Aktienindizes der Deutschen Börse AG, Grundsätze ordnungsmäßiger Zwischenberichterstattung. • Soll-Ist-Vergleich.	• Viele Gesellschaften nutzen die unterjährige Berichterstattung zu einer umfassenden Veröffentlichung von Informationen. • Von den 115 Unternehmen veröffentlicht nur ein Emittent im Jahr 2000 und 2001 einen Zwischenbericht, der in allen Bewertungskriterien den gesetzlichen Vorschriften bzw. den privatrechtlichen Bestimmungen des Regelwerks „Neuer Markt" entspricht. • Wenngleich im Untersuchungszeitraum 2001 bei den Emittenten mit einer Rechnungslegung nach den Regelungen des IASB eine höhere Anzahl an normgerechten Berichtselementen zu verzeichnen ist, so veröffentlichen von den 39 berichtspflichtigen Unternehmen nur sechs einen Zwischenbericht, der im Einklang mit den Anforderungen von IAS 34 steht. • Hinsichtlich der im Verhältnis zu den Bestimmungen des IAS 34 geringen Anforderungen von APB 28 bzw. dem Leitfaden zu den Aktienindizes der Deutschen Börse AG bietet sich ein etwas erfreulicheres Bild.

Event studies des deutschsprachigen Raums stammen von *Coenenberg/Henes* (1995), *Henes* (1995), *Coenenberg/Federspieler* (1998), *Coenenberg/Federspieler* (1999), und *Federspieler* (1999). Obgleich alle Studienergebnisse die Entscheidungsrelevanz des Zwischenberichts bestätigen, zeigt bspw. ein Vergleich mit der US-amerikanischen Quartalsberichterstattung, dass der deutschen Halbjahresfinanzberichterstattung zum Rechtsstand § 44b BörsG ein geringerer absoluter, gleichwohl jedoch ein vergleichbarer relativer Informationsgehalt zukommt.[549] *Federspieler* attestiert den deutschen Zwischenberichten – im Rahmen seiner vergleichenden Untersuchung zur Entscheidungsrelevanz der Zwischenberichterstattung in Deutschland,

---

548 Der Nutzwertanalyse liegen umfangreiche Einzelkriterien zu Grunde, deren Gewichtung auf einer (repräsentativen) Umfrage basiert. Die Einzelkriterien wurden entsprechend ihrer Aussagekraft beurteilt. Vgl. Rolvering (2002), S. 104–109.

549 Vgl. Henes (1995). Ähnlich vgl. Coenenberg/Henes (1995).

Frankreich und Großbritannien – eine schlechtere Qualität als den Zwischenberichten aus Großbritannien oder Frankreich.[550]

Zu den *disclousure index studies* zählen die Untersuchungen von *Müller* (1976), *Hebestreit* (1992), *Alvarez/Wotschofsky* (2000), *Selch/Rothfuss* (2000), *d'Arcy/Grabensberger* (2001), *Rolvering* (2002) und *Rothfuss* (2005). Stellvertretend sei auf die Studienergebnisse von *d'Arcy/Grabensberger* verwiesen: Sie bezeichnen die Qualität der Zwischenberichte als mäßig, wenn die Erfüllung der Erfordernisse für Quartalsberichte des Regelwerks Neuer Markt sowie der IAS bzw. US-GAAP zu Grunde gelegt werden.[551] *Rolvering* kommt u. a. zu dem Ergebnis, dass die Aussichten für das laufende restliche Geschäftsjahr im Zwischenlagebericht insgesamt nur unzureichend angegeben und erläutert werden.[552]

Obgleich die Untersuchungen methodische Unterschiede aufweisen, die die Vergleichbarkeit der Ergebnisse beeinträchtigen, lassen sich offensichtliche allgemein gültige Tendenzen ableiten. Grundtenor aller empirischen Untersuchungen ist eine schlechte Publizitätspraxis und erhebliche Mängel in der Prognosepublizität.[553]

3.4.2 Empirische Untersuchungen nach Inkrafttreten des TUG

Mit der Novellierung der Zwischenberichterstattung durch das TUG werden die Unternehmen vor neue Herausforderungen gestellt.[554] Bereits im Rahmen der Darstellung der neuen Zwischenberichtserstattungspflichten konnten Regelungslücken und Verbesserungspotenziale aufgezeigt, aber auch bestehende Auslegungsspielräume identifiziert werden. Vor diesem Hintergrund und der Tatsache, dass die Entscheidungsnützlichkeit von Zwischenberichtsinformationen ebenso von der Umsetzung der Berichtspflichten nach §§ 37w–37y WpHG durch die Ersteller abhängig ist, wird die Berichtspraxis in die Untersuchung mit einbezogen. Oftmals offenbaren sich Umsetzungsschwierigkeiten und ein möglicher Konkretisierungsbedarf erst nach erstmaliger Anwendung neu eingeführter Gesetzesregeln.[555]

---

550 Vgl. Federspieler (1999), S. 338–341.

551 Vgl. d'Arcy/Grabensberger (2001). Ähnlich Selch/Rothfuss (2000).

552 Vgl. Rolvering (2002).

553 Vgl. auch Ernstberger/Pfauntsch (2008), S. 199.

554 Zur Umsetzung der aus der Transparenzrichtlinie hervorgehenden halbjährlichen Berichterstattungspflichten von 130 an der London Stock Exchange gelisteten Unternehmen im Vereinigten Königreich im Jahr 2009 vgl. die empirischen Studienergebnisse von Deloitte (2010), S. 1–35. Die Umsetzung der Transparenzrichtlinie erfolgte in Unternehmen im Vereinigten Königreich mit den sog. *Disclosure and Transparency Rules* (DTR). Zur Umsetzung der Anforderungen an die „Lageberichterstattung" ist von den an der London Stock Exchange gelisteten Unternehmen ein sog. „*interim management report*" zu veröffentlichen. Insgesamt wird den Unternehmen laut den Studienergebnissen eine hohe Übereinstimmung mit den Vorschriften zur Zwischenberichterstattung attestiert, obwohl nur 21 % der 130 Unternehmen sämtliche Informationen des geforderten *interim management report* veröffentlichten. Ebenda S. 1.

555 Aus diesem Grund führt bspw. das IASB sog. *field tests* im Rahmen seines Standardsetzungsprozesses durch, um die Auswirkungen neuer Standards für die betroffenen Unternehmen besser abschätzen zu können. Vgl. IASCF (2008), Rn. 101–104.

Die nachfolgenden Studien thematisieren zum einen die mit dem TUG verpflichtend eingeführten Berichtsinstrumente Zwischenmitteilung und Quartalsfinanzbericht.[556] Zum anderen werden die formale Gestaltung der Halbjahresfinanzberichte und der Zwischenlagebericht als neu implementierter Mindestbestandteil untersucht. Eine umfassende Studie zur Qualität der Zwischenberichterstattung stellt die derzeit jüngste Untersuchung von *Haenelt* dar.

Tabelle 2: Übersicht der empirischen Studien zur Zwischenberichterstattung nach TUG

Studie (Autor und Jahr)	Untersuchungsziel	Untersuchungsumfang, Zeitraum	Sollmaßstab/ Sollobjekt Untersuchungsmethode	Ergebnis
Philipps (2007)	• Auslegung und erstmalige Umsetzung der Pflichten für Halbjahresfinanzberichte zum 30.06.2007.	• Auswertung der Halbjahresfinanzberichte von 131 Unternehmen des DAX, MDAX, TecDAX, SDAX (Stichtag: 30.06.2007).	• § 37w bzw. § 37y WpHG. • Soll-Ist-Vergleich.	• Die gesetzlichen Neuerungen werden noch nicht von allen Unternehmen vollumfänglich erfüllt. • Daher ergibt sich zum Teil für den Halbjahresfinanzbericht ein uneinheitliches Bild. Rund jedes dritte Unternehmen der Stichprobe ließ die Rechnungslegung im Halbjahresfinanzbericht zum 30.06.2007 einer prüferischen Durchsicht unterziehen. • Kein Unternehmen ließ eine Prüfung entsprechend § 317 HGB durchführen. • Die Ergebnisse zeigen, dass die vom TUG beabsichtigte Transparenz der Finanzberichterstattung i S. d. Vergleichbarkeit unterjähriger Finanzinformationen verschiedener Wertpapieremittenten aus Investorensicht (noch) nicht vollumfänglich erreicht ist.
Kajüter/ Reisloh (2007)	• Analyse der Berichterstattungspraxis in Bezug auf Zwischenmitteilungen.	• 105 Zwischenmitteilungen von Unternehmen des General Standards: des ersten Halbjahres 2007 (Stichtag: 01.07.2007).	• § 37x WpHG, DRS 16. • Soll-Ist-Vergleich.	• Die empirische Untersuchung signalisiert eine heterogene Praxis bei Inhalt und Form der Zwischenmitteilung, die auf die großen Freiräume, die das Gesetz und DRS 16 bieten sowie auf fehlende Erfahrungswerte zurückzuführen ist. • Problematisch erscheint hierbei, dass Zwischenmitteilungen aufgrund anders lautender Bezeichnungen und zusätzlicher freiwilliger Inhalte in einer Reihe von Fällen nicht eindeutig von Quartalsberichten zu differenzieren sind. • Zudem offenbart die empirische Analyse eine Reihe inhaltlicher Defizite.
Kajüter/ Reisloh (2008)	• Untersuchung der erstmaligen Anwendung der neuen Vorschriften	• 105 Zwischenmitteilungen von Unternehmen des General Standards: des ersten Halbjahres 2007 (Stichtag: 01.07.2007).	• DRS 16, freiwillige Berichtselemente. • Soll-Ist-Vergleich.	• Es besteht Verbesserungsbedarf für die Zwischenmitteilungen. Sie sollten eindeutiger bezeichnet werden. • Der Mitteilungszeitraum ist vollständig vom Beginn des Halbjahres bis zur Veröffentlichung abzudecken. • Das Geschäftsergebnis ist zu beschreiben. • Die Auswirkungen wesentlicher Ereignisse und Geschäfte im Mitteilungszeitraum auf die EFV-Lage sind zu erläutern. • Die Veröffentlichung soll am letzten Tag des Mitteilungszeitraums erfolgen. • Einhaltung aller Anforderungen bei Veröffentlichung eines befreienden Quartalsfinanzberichts.
Ernstberger/ Pfauntsch (2008)	• Qualität der Zwischenberichterstattung börsennotierter Unternehmen des Prime Standard sowie deren Veränderung gegenüber dem Vorjahr.	• 40 IFRS-Zwischenberichte zum ersten Quartal 2006 und 2007 der Performance Indizes DAX, MDAX, SDAX, TecDAX (Stichtag: 31.03.2007).	• WpHG, BörsO, IAS 34, E-DRS 16. • Nutzwertanalyse.	• Bei Sachverhalten, die klar geregelt sind, ist die Qualität als sehr gut zu beurteilen. Beim Lagebericht zeigt sich Verbesserungspotenzial, insb. bzgl. der Prognoseberichterstattung. • Wesentliche Unterschiede zwischen den Gesamtqualitätswerten zum ersten Quartal 2006 und 2007 konnten trotz der Neuerungen durch die Zwischenberichterstattungsregelungen nicht nachgewiesen werden.

[556] Die Studienaufbereitung fußt auf den Kriterien von Ernstberger/Pfauntsch (2008), S. 197–199.

Kajüter/ Barth/ Meyer (2009)	• Untersuchung der Praxis der Zwischenlageberichterstattung gem. § 37w WpHG	• Zwischenlageberichte der Halbjahresfinanzberichte von 80 HDAX-Unternehmen des Geschäftsjahres 2007 (Stichtag 30.06.2007).	• Anforderungen des DRS 16 • Soll-Ist-Vergleich.	• Vergangenheitsorientierte Berichterstattung zur Ertrags-, Finanz- und Vermögenslage entspricht weitgehend den Anforderungen. • Oft fehlen Angaben zu Auswirkungen von wesentlichen Ereignissen auf die Ertrags-, Finanz- und Vermögenslage. • Schlechter ist die Praxis bei zukunftsorientierten Informationen. Im Prognosebericht wird häufig nicht deutlich, ob sich Änderungen im Vergleich zum letzten Konzernlagebericht ergeben haben; sofern darüber berichtet wird, sind die Angaben oftmals vage, sodass den Informationen nur eine geringe Entscheidungsnützlichkeit zukommen dürfte. • Bei der formalen Gestaltung hat sich noch kein Standard herausgebildet. • Uneinheitlich ist die Praxis der Angaben zu nahestehenden Unternehmen und Personen, die zum Teil im Anhang, zum Teil im Zwischenlagebericht platziert werden.
Rabenhorst/ Wiechens (2009)	• Auswertung, wie die DAX 30-Unternehmen zweimal Gelegenheit hatten, Erfahrungen mit der Halbjahresfinanzberichterstattung nach den Vorschriften des WpHG zu sammeln.	• 30 Halbjahresfinanzberichte des Jahres 2008 von den Unternehmen des DAX (Stichtag: 30.06.2008).	• § 37w WpHG, IAS 34. • Soll-Ist-Vergleich.	• Große Vielfalt in der Praxis der Halbjahresfinanzberichterstattung bzgl. Umfang und Aufbau der Halbjahresfinanzberichte, Durchführung einer prüferischen Durchsicht, Zeitpunkt der Veröffentlichung. • Offensichtlich unterschiedliche Strategien der Unternehmen bei der unterjährigen Finanzberichterstattung: Bei einigen Unternehmen scheint allein die Erfüllung der gesetzlichen Verpflichtung im Vordergrund zu stehen, andere Unternehmen sehen darin ein darüber hinausgehendes Kommunikationsinstrument mit dem Kapitalmarkt: Deren Darstellung ist nicht nur ausführlicher, sondern enthält häufig auch weitere gesetzlich nicht geforderte Bestandteile.
Haenelt (2009)[557]	• Anforderungen des Kapitalmarkts an die Zwischenberichterstattung. • Empfehlungen zur inhaltlichen Gestaltung von IFRS-Zwischenberichten. • Analyse der inhaltlichen Qualität von IFRS-Zwischenberichte, mit welchen unternehmensspezifischen Merkmalen die Qualität der IFRS-Zwischenberichterstattung erklärt werden kann.	• IFRS-Halbjahresfinanzberichte von 75 Unternehmen aus der Grundgesamtheit von 118 Unternehmen des DAX, MDAX, SDAX (Geschäftsjahre 2007/2008, 2008 bzw. 2008/2009) (Stichtag: 31.08.2008).	• Befragung, Nutzwertanalyse. • Hypothesentests, multiple lineare Regressionsanalyse.	• IFRS-Zwischenberichte sind annähernd so wichtig wie der Geschäftsbericht. • Der Gesamtqualitätsmittelwert beträgt für den IFRS-Zwischenbericht 58,91 % bei einer Standardabweichung von 7,39 %. • Mit dem durchschnittlichen Gesamtqualitätswert besteht gegenwärtig noch ein erhebliches Potenzial, die IFRS-Zwischenberichterstattung zu verbessern und damit den Adressaten zusätzliche entscheidungsnützliche Informationen für die unterjährigen Anlageentscheidungen zu geben. • Vor allem kann die Qualität im Zwischenlagebericht noch erheblich verbessert werden. Statistisch signifikante Ergebnisse ergeben sich bei den Merkmalen Börsenindexzugehörigkeit, Unternehmensgröße, prüferische Durchsicht, Veröffentlichungsdauer, Streubesitzanteil.

Die empirische Analyse von *Kajüter/Reisloh* untersucht die erstmalige Umsetzung, der für das neue Zwischenberichtsinstrument „Zwischenmitteilung" einschlägigen Normen des § 37x WpHG.[558] Die aus der Vorgabe von Mindestinhalten resultierende Gestaltungsfreiheit führt in der Praxis teilweise zur freiwilligen Ergänzung der Zwischenmitteilungen, um die Rechenwerke Bilanz oder GuV, was den Unterschied zu Quartalsfinanzberichten nicht mehr eindeutig erkennen lässt. Diese fließende Grenze zum Quartalsfinanzbericht zeigt sich auch bei den Unternehmen, die anstelle der Zwischenmitteilung Quartalsfinanzberichte veröffentlichen,

[557] Die Studienergebnisse von *Haenelt* liegen den Studien von Baetge/Haenelt (2009) und Baetge/ Haenelt (2009a) zu Grunde. Auf eine erneute Darstellung wird daher verzichtet.
[558] Vgl. Kajüter/Reisloh (2007), S. 620–633.

indem auf Mindestbestandteile der Quartalsfinanzberichte wie z. B. auf den Zwischenlagebericht verzichtet wird. Hinsichtlich des Inhalts der Zwischenmitteilungen stellen die Autoren fest, dass 26 % der Unternehmen keine konkreten Ergebniszahlen erwähnen. Die Angabe wesentlicher Ereignisse fehlt bei 34 % der Unternehmen. Weitere Beeinträchtigungen der Aussagefähigkeit resultieren aus der zumeist fehlenden Angabe der Auswirkung von genannten Ereignissen auf die Vermögens-, Finanz- und Ertragslage.[559] Als positiv wurde die freiwillige Bereitstellung weiterer Informationen, z. B. in Form von prognostischen Angaben für den weiteren Geschäftsjahresverlauf, gewertet.[560]

Hinsichtlich des Veröffentlichungszeitpunkts zeigen *Kajüter/Reisloh*, dass die deutliche Mehrheit der Unternehmen trotz des flexiblen Mitteilungszeitraums ihre Zwischenmitteilung zum Ende der maximalen Frist (sechs Wochen vor Ende der ersten Hälfte des Geschäftsjahres) veröffentlichen, wobei hauptsächlich Finanzkennzahlen für die ersten drei Monate des aktuellen Geschäftsjahres offengelegt werden.[561] Dadurch werden teilweise bis zu sechs Wochen nicht von der Berichterstattung erfasst. *Kajüter/Reisloh* fassen zusammen: „De facto folgen die Unternehmen damit der Praxis von Quartalsberichten. Insofern erscheint fraglich, ob nicht ein fester dreimonatiger Mitteilungszeitraum, wie er zunächst in den Gesetzesentwürfen vorgesehen war, sinnvoller gewesen wäre. Er hätte zumindest die Vergleichbarkeit zwischen den Unternehmen erhöht und zu mehr Rechtssicherheit beigetragen."[562] Da die Unternehmen bei der erstmaligen Erstellung auf keine Erfahrungswerte zurückgreifen konnten, sind die Studienergebnisse nach Ansicht der Autoren zu relativieren.[563]

Die alternative Berichtsform zur Zwischenmitteilung, namentlich der Quartalsfinanzbericht, geht als Untersuchungsobjekt in die Studie von *Ernstberger/Pfauntsch* ein.[564] Unter Anwendung der Nutzwertanalyse werden die Abschnitte Rechenwerke, Zwischenlagebericht und sonstige Angaben des Quartalsfinanzberichts von 40 zufällig ausgewählten Unternehmen des Prime Standards der Jahre 2006 und 2007 untersucht.[565] Die Analyse zeigt einen durchschnittlichen Gesamtqualitätswert von 72,20 % im Jahr 2007, in 2006 belief sich dieser auf 71,00 %. Die Rechenwerke (Bilanz, GuV, Eigenkapitalveränderungsrechnung, Kapitalflussrechnung, Segmentberichterstattung) besitzen im Vergleich zum Zwischenlagebericht und den sonstigen

[559] Nur 13 % der Unternehmen sind auf die Auswirkungen der wesentlichen Ereignisse auf die Vermögens-, Finanz- und Ertragslage eingegangen. Vgl. Kajüter/Reisloh (2007), S. 628.

[560] Vgl. Kajüter/Reisloh (2007), S. 629 f.

[561] In Bezug auf die Veröffentlichung werden auch Mängel bei dem Mitteilungs- und Speicherungsverfahren offensichtlich. Die Zwischenmitteilungen sind nur von 41 % der Unternehmen im Unternehmensregister gespeichert, die Hinweisbekanntmachung gemäß § 37x Abs. 1 WpHG nur von 88 % der Unternehmen. Vgl. Kajüter/Reisloh (2007), S. 624 f.

[562] Kajüter/Reisloh (2007), S. 633. *Kajüter/Reisloh* ermitteln einen Verbesserungsbedarf für Zwischenmitteilungen, vgl. Kajüter/Reisloh (2008), S. 101.

[563] Vgl. Kajüter/Reisloh (2007), S. 620–633.

[564] Vgl. Ernstberger/Pfauntsch (2008), S. 195–206.

[565] Obwohl die Vorgaben des TUG erst im Jahr 2007 einschlägig waren, konnte das Jahr 2006 aufgrund der umfangreichen Forderungen des § 63 der BörsO FWB als Vergleichsjahr herangezogen werden. Die Grundgesamtheit von 160 Unternehmen wurde bereinigt, sodass die 40 Unternehmen von der bereinigten Grundgesamtheit von 88 Unternehmen zufällig ausgewählt wurden. Vgl. Ernstberger/Pfauntsch (2008), S. 203.

Angaben mit einem durchschnittlichen Teilqualitätswert von 91,99 % in 2007 (Vorjahr: 91,08 %) den höchsten Qualitätswert.[566] Deutlich schlechter fällt der durchschnittliche Teilqualitätswert des Zwischenlageberichts mit 78,53 % (2006: 77,39 %) aus. Die separate Untersuchung des Berichts der Vermögens-, Finanz- und Ertragslage und des Prognoseberichts ergibt, dass die Berichtsqualität des Ersteren in beiden Jahren ein hohes Niveau (2007: 91,10 % und 2006: 90,18 %) aufweist. Unterdurchschnittlich im Vergleich zum Gesamtlagebericht schnitt der Prognosebericht ab: Im Jahr 2007 liegt der Wert bei 65,97 % und in 2006 bei 62,32 %. Nur 13 Unternehmen (14 Unternehmen in 2006) machen prognostische Angaben zur Finanzlage.[567]

Zusammenfassend beurteilen *Ernstberger/Pfauntsch* die Qualität der Quartalsfinanzberichte in Bezug auf eindeutig geregelte Inhalte als sehr gut. Hingegen wird beim Berichtsbestandteil Zwischenlagebericht eine verbesserungswürdige Berichterstattungspraxis vor allem in Bezug auf die Prognoseberichterstattung festgestellt. Ein wesentlicher Unterschied der Gesamtqualität kann für die Jahre 2006 und 2007 nicht festgestellt werden, dies mag auch darin begründet sein, dass die Neuerungen des TUG für börsennotierte Unternehmen des Prime Standard keine wesentlichen Veränderungen hervorgerufen haben.[568]

In der Studie von *Kajüter/Barth/Meyer* werden die Zwischenlageberichte der Halbjahresfinanzberichte 2007 von im HDAX vertretenen Unternehmen anhand der Anforderungen des DRS 16 ausgewertet.[569] Die erstmalige Umsetzung der Zwischenlageberichterstattung lässt insgesamt Defizite erkennen: Zwar werden bei den vergangenheitsorientierten Angaben im Bericht zur Ertrags-, Finanz- und Vermögenslage weitgehend die Vorgaben von DRS 16 eingehalten, aber oftmals fehlt die Beschreibung der Auswirkungen der wesentlichen Ereignisse auf die drei Lagen. Die Publizitätspraxis der zukunftsorientierten Informationen ist deutlich schlechter, was sich auch mit Ergebnissen früherer empirischer Studien (zum Konzernlagebericht und Zwischenbericht)[570] deckt: Im Prognosebericht werden Änderungen im Vergleich zum letzten Konzernlagebericht häufig nicht eindeutig herausgearbeitet. *Kajüter/Barth/Meyer* sprechen den vagen Aussagen nur eine geringe Entscheidungsnützlichkeit zu. Im Chancen- und Risikobericht sind viele Unternehmen nicht auf die Chancen der voraussichtlichen Entwicklung eingegangen. In Bezug auf die formale Darstellung (Bezeichnung, Gliederungsüberschriften, Platzierung der Angaben zu wesentlichen Geschäften mit nahestehenden Per-

---

566 Vgl. Ernstberger/Pfauntsch (2008), S. 195–206.

567 Vgl. Ernstberger/Pfauntsch (2008), S. 195–206.

568 § 63 BörsO FWB sah bereits die Anwendung des IAS 34 sowie zwischenlageberichtsähnliche Angaben (z. B. Angaben von besonderer Bedeutung im Berichtszeitraum und Angaben über die Aussichten für das laufende Geschäftsjahr, wobei auch auf wesentliche Änderungen hinsichtlich der Risiken der künftigen Entwicklung seit Beginn des Geschäftsjahres einzugehen ist) vor. Vgl. § 63 BörsO FWB (Stand 16.10.2006).

569 Vgl. Kajüter/Barth/Meyer (2009), S. 462–470.

570 Beispielhaft für viele Quick/Reus (2009), S. 18–32.

sonen und Unternehmen) ergibt sich ein sehr uneinheitliches Bild – es hat sich noch kein Standard herausgebildet.[571]

Die zuvor dargestellten Studien untersuchen die Berichtspraxis direkt im ersten Jahr der verpflichtenden Anwendung der neuen Zwischenberichterstattungspflichten des TUG. Die Studie von *Rabenhorst/Wiechens* setzt im zweiten Jahr der Anwendung an und untersucht die Berichtspraxis der Halbjahresfinanzberichte 2008 der mehrheitlich nach IFRS bilanzierenden DAX 30-Unternehmen.[572] Ihren Untersuchungsergebnissen zufolge weisen die Halbjahresfinanzberichte eine starke Variation hinsichtlich des Aufbaus und des Gesamtberichtsumfangs auf.[573] Der Umfang der Halbjahresfinanzberichte beläuft sich auf Seitenzahlen von 23 bis 90 Seiten, was sich nicht zuletzt auf die grundsätzlich wenig einheitliche Inanspruchnahme der verkürzten Darstellungsform und der Verweismöglichkeit im Rahmen des Zwischenlageberichts zurückführen lässt.[574] Während gewährte Erleichterungsvorschriften in Bezug auf die verkürzte Darstellung der Rechenwerke von lediglich knapp der Hälfte der Unternehmen genutzt werde, wird die verkürzte Form des Anhangs in Form der von IAS 34 vorgegebenen erläuternden Anhangangaben von dem Großteil der Unternehmen aufgestellt. Im Rahmen der Umsetzung der Regelungen des § 37w Abs. 4 WpHG und des DRS 16 zur Zwischenlageberichterstattung zeigen die Untersuchungsergebnisse, dass 27 Unternehmen auf die Chancen und Risiken im Konzernlagebericht verweisen und ggf. Aktualisierungen und Ergänzungen vornehmen. Ein Unternehmen nimmt eine Risikoberichterstattung ohne Verweis vor. Bei zwei Unternehmen fehlen Angaben zu Chancen und Risiken gänzlich. Prognosen werden allerdings mit nur wenigen Ausnahmen von den Unternehmen ohne Bezugnahme auf den letzten Konzernlagebericht angegeben.[575] Die Autoren kommen zu dem Ergebnis, dass die Halbjahresfinanzberichterstattung „unabhängig von der jeweiligen Ausrichtung im Einzelfall bereits ein hohes Niveau erreicht hat. Erkennbare Mängel [...] sind vergleichsweise selten anzutreffen“[576].

Die jüngsten und umfassendsten empirischen Erkenntnisse zur Qualität der Zwischenberichterstattung nach Inkrafttreten des TUG liegen mit den Untersuchungsergebnissen von *Haenelt*

[571] Vgl. Kajüter/Barth/Meyer (2009), S. 465–470.

[572] Vgl. Rabenhorst/Wiechens (2009), S. 521–526. Bei ihrer Auswertung fanden die Unternehmen, die zum 30.06.2008 im DAX 30 vertreten waren, Berücksichtigung. Von der Infineon AG, ThyssenKrupp AG und Siemens AG wurden aufgrund des kalenderungleichen Geschäftsjahres die 6-Monats-Berichte zum 31.03.2008 in die Analyse einbezogen. Die Infineon AG stellt den verkürzten Abschluss unter Anwendung der Übergangsregeln des § 46 Abs. 2 WpHG nach US-GAAP auf. Weitere Studienergebnisse von *Rabenhorst/Wiechens* werden in Kapitel 5.3.3 thematisiert.

[573] Im Jahr 2007 war bei einer Vielzahl der untersuchten Unternehmen (noch) keine übersichtliche, gut strukturierte und aussagefähige Gliederung vorhanden, nur knapp über 40 % wiesen überhaupt eine gesonderte Gliederung auf. Vgl. Philipps (2007), S. 2329.

[574] Die Autoren kommen zu dem Schluss, dass manche Unternehmen lediglich die gesetzlichen (Mindest-)Anforderungen einhalten, andere Unternehmen den Bericht als eigenständiges Präsentationsmedium gegenüber den Investoren nutzen. Vgl. Rabenhorst/Wiechens (2009), S. 522.

[575] Vgl. Rabenhorst/Wiechens (2009), S. 521–526.

[576] Rabenhorst/Wiechens (2009), S. 526.

vor.[577] In einem ersten Schritt untersucht *Haenelt* mittels einer Befragung, welche Informationen eines IFRS-Zwischenberichts für Kapitalmarktteilnehmer von besonderer Bedeutung sind.[578] Darauf aufbauend wird in einem zweiten Schritt die Qualität der IFRS-Zwischenberichte bestimmt und untersucht, inwieweit den Informationsbedürfnissen der Kapitalmarktteilnehmer mit den publizierten Berichten von 75 zufällig ausgewählten Unternehmen des DAX, MDAX und SDAX entsprochen wird. Die Befragung der professionellen Kapitalmarktteilnehmer ergibt[579], dass Zwischenberichte für die Entscheidungsunterstützung von Fondsmanagern und Finanzanalysten annähernd so wichtig sind wie die jährliche Berichterstattung.[580] Die einzelnen unterjährigen Publizitätsinstrumente werden wie folgt eingeschätzt: Dem Halbjahresfinanzbericht wird eine hohe Bedeutung (4,17), dem Quartalsfinanzbericht eine hohe Bedeutung (3,82) und der Zwischenmitteilung der Geschäftsführung lediglich eine mittlere bis hohe (3,51) zugewiesen. Im Rahmen des IFRS-Zwischenberichts ging der verkürzte Abschluss mit einem prozentualen Gewicht von 53,43 % als wichtigster Berichtsbestandteil hervor[581], die Bedeutung des Zwischenlageberichts ist mit 32,77 % als durchschnittlich zu bezeichnen.[582] Im Zwischenlagebericht wird dem Bericht zur Vermögens-, Finanz- und Ertragslage eine hohe bis sehr hohe und dem Risikobericht eine hohe Bedeutung beigemessen.[583] Als Gesamtergebnis der Befragung stellt *Haenelt* fest, dass Kapitalmarktteilnehmer neben den gesetzlich geforderten und durch DRS 16 konkretisierten Berichtsinhalten zusätzliche Informationen als relevant erachten, bspw. detailliertere Rechenwerke anstelle einer verkürzten Darstellung, weitere Anhangangaben und ausführliche Angaben im Zwischenlagebericht i. F. v. Quantifizierungen veränderter Risiken und Prognosen in einer Bandbreite.[584]

---

[577] Die Studienergebnisse von *Haenelt* liegen den Veröffentlichungen von Baetge/Haenelt (2009) und Baetge/Haenelt (2009a) zu Grunde. Daher erfolgt keine erneute Darstellung der Letztgenannten.

[578] Im Rahmen der im Jahr 2008 durchgeführten Befragung wurden 950 Finanzanalysten, 217 Fondsmanager und 950 Wirtschaftsprüfer (in Summe 2.117) zur Bedeutung der einzelnen Berichtsgegenstände des Halbjahres- und Quartalsfinanzberichts nach IFRS befragt. Die Rücklaufquote beläuft sich auf 7,46 % (158 auswertbare Fragebogen), wodurch der Rücklauf als Stichprobe aus der Befragungsgesamtheit zu interpretieren ist. Vgl. Haenelt (2009), S. 45–49, 58–61. Kritisch zu Vornahme einer Stellvertreterbefragung, vgl. Ballwieser (2009), S. 16: Es „darf bei empirischen Untersuchungen zur Frage, was (potentielle) Entscheider für wichtig halten, nur sehr begrenzt auf Stellungnahmen der rechnungslegenden Kaufleute oder deren Interessenverbände Rücksicht genommen werden. Diese könnten vorrangig ihre eigenen Interessen einbringen und würden damit die Schutzfunktion der Rechnungslegung unterlaufen". [Hervorhebungen im Original getilgt].

[579] Der Fragebogen gliedert sich in drei Abschnitte: IFRS-Zwischenabschluss, Zwischenlagebericht und sonstige Angaben. Den einzelnen Abschnitten sollten entsprechend der Bedeutung im Verhältnis zu den jeweils anderen Abschnitten prozentual gewichtet werden. Als Antwortmöglichkeit waren die Ausprägung „sehr hoch" (5) bis „keine" (1) vorgesehen. Die Rücklaufquote beläuft sich auf 7,46 %. Vgl. Haenelt (2009), S. 55–61.

[580] Dem Geschäftsbericht wird ein absoluter Wert von 4,44 und dem IFRS-Zwischenbericht ein absoluter Wert von 4,15 zugewiesen. Vgl. Haenelt (2009), S. 63 f.

[581] Die Gesamtergebnisrechnung nimmt innerhalb des verkürzten Abschlusses mit einem Wert von 4,71 (hohe bis sehr hohe Bedeutung) den höchsten Stellenwert ein. Vgl. Haenelt (2009), S. 81.

[582] Die mäßige Wichtigkeit des Zwischenlageberichts erklärt *Haenelt* damit, dass viele Angaben, die entweder im Anhang oder im Zwischenlagebericht gemacht werden können, im Anhang des Zwischenabschlusses vorgenommen werden. Vgl. Haenelt (2009), S. 69.

[583] Vgl. Baetge/Haenelt (2009), S. 2504.

[584] Vgl. Haenelt (2009), S. 243–245.

Auf den Befragungsergebnissen aufbauend, ermittelte *Haenelt* einen Kriterienkatalog für eine entscheidungsnützliche Zwischenberichterstattung. Unter Anwendung der Nutzwertanalyse ergibt sich für 75 aus der Grundgesamtheit von 118 zufällig ausgewählten Unternehmen ein Gesamtqualitätswert der IFRS-Zwischenberichte von durchschnittlich 58,9 %.[585] Im Einzelnen erhält der verkürzte IFRS-Abschluss einen Teilqualitätswert von 67,1 %[586], der Zwischenlagebericht einen Wert von 44,4 % und der Qualitätswert der sonstigen Angaben liegt bei 61,7 %. Der Teilqualitätswert für den Zwischenlagebericht beläuft sich unter 50 %, wodurch der Unterschied zwischen den gesetzlich geforderten Angaben und den Anforderungen der befragten Kapitalmarktteilnehmer verdeutlicht wird. *Haenelt* schlussfolgert, dass für die Zwischenberichterstattung „noch ein erhebliches Potenzial [besteht], die IFRS-Zwischenberichterstattung zu verbessern und damit den Adressaten weitere entscheidungsnützliche Informationen für ihre unterjährigen Anlageentscheidungen zu geben."[587]

Zusammenfassend kann bei Betrachtung der Studien zum Rechtsstand vor und nach dem TUG festgestellt werden, dass die Zunahme der Regulierungsmaßnahmen grundsätzlich zu einer Verbesserung der Zwischenberichterstattungspraxis führte. Obgleich sich die Studien zum neuen Rechtsstand teilweise erheblich in der Methodik unterscheiden, können doch einige Tendenzen festgestellt werden. Formale Einschränkungen in Bezug auf die Klarheit und Übersichtlichkeit der Halbjahres- und Quartalsfinanzberichte sowie Zwischenmitteilungen fallen kaum ins Gewicht und sind angesichts der fehlenden Erfahrungswerte tolerierbar. In Bezug auf die Variationen im Umfang ist hingegen vor dem Hintergrund der Wesentlichkeit sicherzustellen, dass die Zwischenberichte keine freiwilligen Informationen enthalten, deren Entscheidungsnützlichkeit infrage zu stellen ist und zur Unübersichtlichkeit für den Adressaten beitragen. Die Vorteilhaftigkeit der Zwischenberichterstattung ergibt sich gerade aus dieser strikten Trennung.

In Bezug auf den Inhalt wird insb. für Zwischenmitteilungen und für die im Halbjahres- sowie Quartalsfinanzbericht vorgesehenen Erläuterungen und zukunftsorientierten Angaben im Rahmen der Zwischenlageberichterstattung Verbesserungspotenzial identifiziert. Die Praxis der Zwischenmitteilung zeigt, dass die Unternehmen zu der Aufnahme von Berichtsinhalten des Quartalsfinanzberichts tendieren und dabei die Angabe wichtiger Detailinformationen unterlassen. Durch die Ausnutzung der Veröffentlichungsfrist wird hingegen nicht der ganze Berichtszeitraum von den Zwischenmitteilungen abgedeckt. Die Entscheidungsnützlichkeit

---

[585] Der Gesamtqualitätswert wird durch eine additive Verknüpfung der gewichteten Teilqualitätswerte ermittelt. Für die Teilqualitätswerte des IFRS-Zwischenabschlusses erfolgte die Bewertung der einzelnen Kriterien auf einer Skala von 0 % und 100 %. Für die Angaben im Zwischenlagebericht wird eine differenzierte Bewertungsskala zu Grunde gelegt, die die unterschiedlichen Genauigkeits- und Detaillierungsgrade von vergangenheits- und zukunftsbezogenen Angaben berücksichtigt. Vgl. Haenelt (2009), S. 179–195.

[586] Die Eigenkapitalveränderungsrechnung wird mit einem durchschnittlichen Teilqualitätswert von 60,7 % am besten erläutert. Die Erläuterungen zur Gesamtergebnisrechnung bzw. Kapitalflussrechnung werden mit einem Wert von 42,67 % bzw. 44,00 % als unzureichend bezeichnet. Vgl. Baetge/Haenelt (2009), S. 2505 f.

[587] Haenelt (2009), S. 250 [Hervorhebungen im Original getilgt]. „Vor allem lässt sich [...] der Zwischenlagebericht verbessern." Baetge/Haenelt (2009), S. 2506.

von Informationen der Zwischenmitteilung bleibt hinter der des Quartalsfinanzberichts zurück.

Weiterhin auffallend sind die Mängel, die zumeist die zukunftsorientierte Berichterstattung im Zwischenlagebericht aufgrund vager bzw. fehlender Angaben aufweist.[588] Im Rahmen der Prognosepublizität zeigt sich eine Tendenz großer Zurückhaltung. Zweifelsohne stellen zukunftsgerichtete Informationen angesichts der mit ihnen verbundenen Unsicherheiten eine Herausforderung für das Management dar.[589] Zusätzlich wird die Erstellung verlässlicher Prognosen durch einen vorherrschenden Konjunkturabschwung erschwert.[590] Neben dem möglichen Verlust von Wettbewerbsvorteilen durch zu detaillierte zukunftsorientierte Aussagen lösen Prognosen Erwartungen in der Öffentlichkeit aus, an denen das Management gemessen wird.[591] Eine Zurückhaltung bei präzisen Trendaussagen ist demzufolge nachvollziehbar, obwohl davon auszugehen ist, dass entsprechende Plandaten für die Unternehmenssteuerung vorliegen und das Management auf Basis von Entwicklungsprognosen seine zukünftigen Maßnahmen festlegt.[592] Doch sind gerade diese zukunftsorientierten Aussagen wie auch Angaben zu etwaigen Abweichungen prognostizierter Daten zu den Istwerten für die Kapitalmarktteilnehmer von zentraler Bedeutung.[593] Ein Unterlassen der Angaben ist nicht zu tolerieren.[594] Fraglich erscheint, welchen Grad an Entscheidungsnützlichkeit zukunftsorientierte Informationen aufzuweisen vermögen, wenn diese eine derart geringe Präzision aufweisen.[595] Ebenso stellt sich die Frage nach den Durchsetzungsmechanismen, die eine ordnungsmäßige Umsetzung der Gesetzespflichten sicherstellen.

3.5 Ad hoc-Mitteilungen und das Verhältnis zur Zwischenberichterstattung

Neben Zwischenberichten stellen Ad hoc-Mitteilungen eine wesentliche unterjährige Informationsquelle für Investoren dar. Die Intention des Gesetzgebers, Ad hoc-Mitteilungen als ein die Regelpublizität ergänzendes Informationsinstrument und zugleich als insiderrechtliche Präventivmaßnahme einzusetzen[596], hat sich in den Vorgaben zu den publizitätspflichtigen Tatschen widerzuspiegeln. § 15 Abs. 1 WpHG statuiert für Inlandsemittenten i. S. d. § 2

[588] Auch die DPR erkennt im Zuge ihrer Prüfungen im Jahr 2009 eine „zunehmende Zurückhaltung der Unternehmen […] real vorhandene konkrete Risiken zu benennen, die es den Investoren ermöglichen, sich ein zutreffendes Bild über die Risiken der zukünftigen Konzernentwicklung zu machen." Vgl. Meyer (2010), S. 229 als Präsident der DPR.

[589] Vgl. Böcking/Kiehne (2010), S. 299. Zu der Glaubwürdigkeit nicht verifizierter Informationen, vgl. Wagenhofer/Ewert (2007), S. 372–374.

[590] Vgl. Meyer (2010), S. 229 als Präsident der DPR.

[591] Vgl. Böcking/Kiehne (2010), S. 299.

[592] Vgl. IDW (2008), Rn. 43.

[593] Vgl. hierzu die Studienergebnisse von Baetge/Haenelt, (2009), S. 2504. Ähnlich DPR (2010), S. 7.

[594] Gleicher Ansicht IDW (2008), Rn. 39–44.

[595] In Bezug auf die mangelnde Entscheidungsnützlichkeit vager Informationen bzgl. revidierter Prognosen im Zwischenlagebericht, vgl. Kajüter/Barth/Meyer (2009), S. 470. Zum Spannungsverhältnis zwischen Sicherheit und Genauigkeit von Prognosen vgl. Baetge/Haenelt (2009a), S. 459.

[596] Vgl. Schröder (2002), S. 74; Kümpel (2004), Rn. 16.64, 16.218.

Abs. 7 WpHG eine unverzügliche Veröffentlichungspflicht von Insiderinformationen, die sie unmittelbar betreffen.[597]

Unter Insiderinformationen werden gem. § 13 Abs. 1 WpHG „konkrete Informationen über nicht öffentlich bekannte Umstände, die […] geeignet sind, im Falle ihres öffentlichen Bekanntwerdens den Börsen- oder Marktpreis der Insiderpapiere erheblich zu beeinflussen", verstanden.[598] Eine Insidertatsache qualifiziert sich als ad hoc-publizitätspflichtig[599], wenn das Unmittelbarkeitskriterium erfüllt ist, d. h., sich die Information insb. auf Umstände bezieht, die im Tätigkeitsbereich des Emittenten eingetreten sind. Grundsätzlich umfasst dies alle unternehmensinternen Entwicklungen, geplanten Maßnahmen und Prozesse, denen Kursrelevanz zukommt.[600] Aber auch Informationen, die sich auf Umstände außerhalb des Tätigkeitsbereichs beziehen, können zu einer Ad hoc-Mitteilung verpflichten.[601] Das Kursbeeinflussungspotenzial ist gem. § 13 Abs. 1 Satz 2 WpHG gegeben, wenn „ein verständiger Anleger die Information bei seiner Anlageentscheidung berücksichtigen würde"[602].

Dies entspricht sinngemäß dem Konzept der Entscheidungsnützlichkeit, das für die Zwischenberichterstattung als primäre Anforderung formuliert wurde. Folgerichtig ist von einer Überschneidung der Inhalte beider Berichtsformen auszugehen. Von der BaFin werden im Emittentenleitfaden Fallkonstellationen dargestellt, die i. d. R. mit einem erheblichen Preisbeeinflussungspotenzial verbunden sind, wodurch grundsätzlich die Veröffentlichung einer Ad hoc-Mitteilung in Erwägung zu ziehen ist.[603] Genannt werden u. a. die Veräußerung von Kerngeschäftsfeldern, Übernahmeangebote, wesentliche Änderung der Ergebnisse der Jahresabschlüsse oder Zwischenberichte gegenüber früheren Ergebnissen oder Marktprognosen sowie Restrukturierungsmaßnahmen mit erheblichen Auswirkungen.

Die beispielhafte Auflistung der Fallkonstellationen verdeutlicht die Ähnlichkeit der Tatbestände mit den im Rahmen der Zwischenlageberichterstattung anzugebenden Chancen und Risiken. Infolgedessen kann der an die Zwischenberichterstattung gestellten Anforderung von Zeitnähe nicht ausnahmslos entsprochen werden. Durch die kontinuierlichen kursrelevanten Informationen der Ad hoc-Mitteilungen werden die berichtslosen Zeiträume zusätzlich verkürzt. Dies macht die Zwischenberichterstattung nicht obsolet, sondern verdeutlicht vielmehr das Zusammenspiel der einzelnen kapitalmarktrechtlichen Publizitätsinstrumente. Die im Rahmen von Ad hoc-Mitteilungen veröffentlichten Informationen spiegeln sich zeitnah in den

---

597 Zu den Übermittlungs- und Veröffentlichungspflichten vgl. § 15 Abs. 4 Satz 1 Nr. 1 und 2 WpHG Zur Befreiungsmöglichkeit vgl. § 15 Abs. 3 WpHG.

598 Der Begriff „Umstand" schließt überprüfbare Werturteile und Prognosen mit ein. Vgl. Griewel (2006), S. 199.

599 Zu den unterschiedlichen Tatbestandsmerkmalen von Insidertatsachen und ad hoc-publizitätspflichtigen Sachverhalten, vgl. Kümpel (2004), Rn. 16.233–16.240.

600 Vgl. Buck-Heeb (2009), Rn. 292; Cahn (2005), S. 5 f.

601 Vgl. Langenbucher (2008), Rn. 24–29.

602 Coenenberg/Haller/Schultze (2009), S. 974.

603 Vgl. BaFin (2009), S. 56.

Rechenwerken der Unternehmen wider. Anhand von Halbjahresfinanzberichten bzw. Quartalsfinanzberichten können die u. a. bilanziellen Folgen der eingetretenen Sachverhalte von den Adressaten nachvollzogen werden. Sinnvoll erscheint es, den Bezug zu den veröffentlichten Ad hoc-Mitteilung im Zwischenlagebericht explizit herzustellen.[604] Zwischenmitteilungen eignen sich mangels quantifizierter Angaben dafür nicht. Ein rückwirkender Bezug von Zwischenberichten auf Ad hoc-Mitteilungen stellt sich aus dem von der BaFin vorgesehenen Tatbestand der ad hoc zu berichtenden wesentlichen Änderung von prognostizierten Zwischenberichtsergebnissen ein. Das Verfehlen von getätigten Prognosen, die Markterwartungen geweckt haben, kann in hohem Maße kursrelevant sein.[605] Ausgangspunkt dieser Situationen bildet jedoch eine Fehlprognose des Managements. Auf diese ist auch im Rahmen der Zwischenberichterstattung durch einen Soll-Ist-Vergleich einzugehen.

3.6 Zwischenergebnis

Die Umsetzung der Transparenzrichtlinie hat zu einer deutlichen Ausweitung der unterjährigen Berichtspflichten von inländischen Aktien- und Schuldtitelemittenten geführt. Überschattet werden die neuen Regelungen zur Zwischenberichterstattung jedoch von der komplexen und wenig transparenten Regulierungssystematik. Während die Erstellung und Veröffentlichung im WpHG kodifiziert ist, wird für die materielle Ausgestaltung überwiegend auf andere Rechtsbereiche verwiesen. Für konzernrechnungslegungspflichtige Unternehmen erfolgt für die Ausgestaltung des (verkürzten) Abschlusses als Bestandteil des Halbjahres- und des Quartalsfinanzberichts ein Rückgriff vom WpHG auf das HGB und über einen Verweis des § 315a HGB auf die IFRS. Mit dem einschlägigen IAS 34 erfolgt alsdann die notwendige, aber auch vom Gesetzgeber intendierte Erweiterung der Bestandteile des verkürzten Abschlusses. Bei näherer Betrachtung der formalen Anforderungen des IAS 34 wird der Bedarf an klarstellenden Regelungen offensichtlich. Die vor dem Hintergrund der Wesentlichkeit zweckmäßige Vereinfachung, für die erläuternden Anhangangaben einen Verweis auf den vorangegangenen jährlichen Abschluss vorzunehmen, zieht nur dann keinen Informationsverlust nach sich, wenn bei Fortbestehen der Gegebenheiten eine klarstellende Angabe in Form eines Disclaimers aufgenommen wird. Ferner offenbaren sich Redundanzen zwischen den von IAS 34 geforderten Angaben im Anhang und dem Zwischenlagebericht, was u. a. aus dem fehlenden, verpflichtend anzuwendenden Gegenstück zum Lagebericht auf Seiten des IASB resultiert. Eine künftige Vermeidung der Redundanzen erfordert einen Abstimmungsbedarf der Regelungen seitens des Gesetzgebers und des IASB.

Für den Inhalt des Zwischenlageberichts als Bestandteil des Halb- und Quartalfinanzberichts sind die Regelungen des WpHG maßgeblich. Die Aufwertung der Zwischenberichterstattung um die im Zwischenlagebericht vorgesehenen Informationen ist aus Sicht der Informationsbedürfnisse der Investoren als positiv zu erachten. So wird die wert- und zukunftsorientierte

[604] Ähnlich Ammedick/Strieder (2002), Rn. 4; Strieder (2002), S. 738.
[605] Vgl. Feinendegen/Nowak (2001), S. 382.

Berichterstattung auch unterjährig unterstützt, was zur Optimierung der subjektiven Erwartungsbildung der Kapitalgeber beiträgt; ein zeitnaher und kontinuierlicher Soll-Ist-Vergleich i. S. einer Abweichungsanalyse zu den im (Konzern-)Lagebericht berichteten Angaben wird möglich. Obgleich DRS 16 die kapitalmarktrechtlichen Regelungen konkretisiert, wird noch nicht das ganze Potenzial des Zwischenlageberichts genutzt, was auch die jüngsten empirischen Ergebnisse vermitteln; insb. die Prognoseberichterstattung wird als verbesserungswürdig eingestuft. Um die Vorteilhaftigkeit der unterjährigen Berichterstattung zusätzlich nutzen und der Prognosefunktion gerecht werden zu können, ist eine (quantitative) Aktualisierung von Prognosen notwendig. Eine Bekräftigung dessen im Gesetzestext oder eine eindeutige Regelung im DRS 16 erscheint notwendig.

Da im Rahmen von Zwischenmitteilungen der Geschäftsführung als alternative Berichtsform für das erste und dritte Quartal kein verkürzter Abschluss offenzulegen ist, bleibt die Zwischenmitteilung von den zuvor genannten Problembereichen nahezu unberührt. Auch Prognoseinformationen und Vergleichszahlen werden gesetzlich nicht gefordert, wodurch diese niedrigeren Mindestanforderungen für das Management leichter und mit weniger administrativem Aufwand zu erfüllen sind. Ferner wird auf die Aufnahme einer Versicherung der gesetzlichen Vertreter für die Richtigkeit der Angaben (sog. Bilanzeid) verzichtet.[606] Mit dieser Berichtsform wird in Kauf genommen, dass den Adressaten ein Vergleich der Quartalsentwicklungen verwehrt bleibt. Es verwundert daher umso mehr, dass die Zwischenmitteilung vom Gesetzgeber – auch erkennbar an dem Aufbau der Rechtsvorschrift des WpHG – im Grunde als vorrangiges Berichtsinstrument vor der Veröffentlichung des Quartalsfinanzberichts angesehen wird. Durch die Einbettung der Vorschriften für den Quartalsfinanzbericht in den § 37x WpHG „Zwischenmitteilung der Geschäftsführung" und die Verweistechnik auf die entsprechenden Regelungen des Halbjahresfinanzberichts wird erneut ein wenig transparentes Regelungssystem geschaffen. Mangels diverser Verweise bestehen Unklarheiten bspw. in Bezug auf den Veröffentlichungszeitpunkt. Unter Berücksichtigung der vom Gesetzgeber verfolgten Ziele „Anleger- und Funktionenschutz" erscheint die Wahlmöglichkeit zwischen Quartalsfinanzbericht und Zwischenmitteilung grundsätzlich als nicht nachvollziehbar. Auch der DCGK spricht keine Empfehlung hinsichtlich der Veröffentlichung von Quartalsfinanzberichten aus, obwohl die fakultative Veröffentlichung einer Zwischenmitteilung im ersten und dritten Quartal angesichts der geforderten Entscheidungsnützlichkeit insb. der Vergleichbarkeit als unbefriedigend erscheint.

Vor diesem Hintergrund ist nachvollziehbar, dass die Frankfurter Wertpapierbörse als Vertreter des Kapitalmarkts dieses Wahlrecht für Unternehmen des Prime Standards aufhebt und verpflichtend die Veröffentlichung von Quartalsfinanzberichten verlangt. Somit erstrecken sich die Defizite der Zwischenmitteilung allein auf die Finanzberichterstattung der Unternehmen des General Standards. Soweit diese Unternehmen die Veröffentlichung einer Zwi-

[606] Dies gilt auch in Bezug auf den Quartalsfinanzbericht, für den ein Bilanzeid nicht vorgesehen ist.

schenmitteilung mit den gesetzlich vorgegebenen Mindestinformationen als nachteilig empfinden, steht es ihnen frei, weitere Informationen aufzunehmen. Bereits derzeit werden in veröffentlichten Zwischenmitteilungen entgegen den Vorgaben des § 37x Abs. 2 WpHG vereinzelnd Rechenwerke (z. B. Bilanz oder GuV) von den Unternehmen aufgenommen. Diese Unternehmen könnten auch freiwillig einen Quartalsfinanzbericht aufstellen, wobei dann auch weit reichendere Zwischenlageberichtsinformationen offenzulegen wären. Bislang scheinen die Unternehmen mehrheitlich jedoch noch nicht von einem Nachteil auszugehen, da die Informationen der Zwischenmitteilungen von nationalen Investoren, die im Fokus der im General Standard gelisteten Unternehmen stehen, noch als ausreichend erachtet werden.

Weitere Erkenntnisse zur Bedeutung von Quartalsfinanzberichten und Zwischenmitteilungen ergeben sich vor dem Hintergrund der jüngsten Wirtschafts- und Finanzmarktkrise. Vermehrt rückt die Aussagekraft von unterjährigen Finanzinformationen insb. im Rahmen der Quartalsfinanzberichte in den Fokus der öffentlichen Diskussion. Auf der einen Seite werden (unterjährig) angewandte Bilanzierungspraktiken kritisiert, die zu einer Verbesserung der Quartalszahlen geführt haben. Die Anwendung dieser war nicht aus den Quartalsfinanzberichten ersichtlich.[607] Die Erfüllung der Informationsfunktion scheint verfehlt. Auf der anderen Seite wird auf Basis von veröffentlichten Zwischenberichten die Auslegung und Anwendung von Bilanzierungsvorschriften der IFRS verglichen und öffentlich diskutiert.[608] In diesem Fall kommt die Zwischenberichterstattung ihrer Informations- und Kontrollfunktion in dem Sinne nach, als durch die Angabe der vorgenommenen Bewertung im Rahmen des (verkürzten) Abschlusses und vor allem der zu Grunde liegenden Bewertungsannahmen die Entscheidungen und Einschätzungen des Managements für die Adressaten ersichtlich sind. Zwischenmitteilungen sind hingegen kaum Gegenstand der Diskussion. Ein wesentlicher Grund hierfür könnte sein, dass die allgemein gehaltenen Informationen einer Zwischenmitteilung erst gar keine Möglichkeit für eine Detailkritik bieten. Es bleibt abzuwarten, ob die Berichtsform in Form der Zwischenmitteilung den Informationsbedarf der Adressaten (bezogen auf die Unternehmen des General Standards) auch zukünftig zu decken vermag.

Die Qualität von Zwischenberichten i. S. der Entscheidungsnützlichkeit wird auch im Rahmen von empirischen Studien untersucht. Entsprechend dem gestiegenen Verpflichtungsgrad für die Zwischenberichterstattung deuten die empirischen Ergebnisse auf eine erhöhte Qualität der unterjährigen Finanzberichterstattung hin, meist gemessen an der Einhaltung rein formaler und weniger auf den Inhalt bezogener Zwischenberichtspflichten. Eindeutige Regelungen werden größtenteils befolgt. Verbesserungspotenzial bleibt dennoch bestehen. Wie bereits aus der oben angeführten Diskussion im Rahmen der Wirtschafts- und Finanzmarktkrise er-

[607] Zur Verfahrensweise von Kreditinstituten, die kurzfristige Schuldenlast mittels Repo-Geschäften kurz vor Veröffentlichung der Quartalsergebnisse zu senken, vgl. Freiberger (2010), S. 30.

[608] Beispielhaft sei auf die unterschiedliche Bewertung bzw. Vornahme von Wertminderungen von griechischen Anleihen verwiesen, die im Rahmen von Zwischenberichten 2011 von Geldinstituten und Versicherungsunternehmen vorgenommen wurden. Vgl. Osman (2011), S. 40.

kennbar ist, lässt sich nicht allein von der Einhaltung der Formalien auf die Entscheidungsnützlichkeit der Zwischenberichtsinformationen schließen. Ebenso haben die in den Zwischenberichtsperioden zur Anwendung kommenden Bilanzierungs- und Bewertungsmethoden wesentlichen Einfluss auf die Entscheidungsnützlichkeit.

4 Bilanzielle Abbildung ausgewählter Sachverhalte vor dem Hintergrund entscheidungsnützlicher Zwischenberichtsinformationen

4.1 Fokussierung des Untersuchungsgegenstands

Nachdem in Kapitel 2 sowohl die Anforderungen an die Zwischenberichterstattung als auch mögliche Einschränkungen der Entscheidungsnützlichkeit zur Diskussion standen, wurden in Kapitel 3 u. a. die derzeitigen nach § 37w bzw. § 37x Abs. 3 WpHG geforderten Bestandteile und Inhalte der Quartals- und Halbjahresfinanzberichte an diesen Maßstäben beurteilt. Da die zur Anwendung kommenden Bilanzierungs- und Bewertungsvorschriften ebenso Einfluss auf die Erfüllung der Zwischenberichtsfunktionen haben, wird nachfolgend eine Analyse der Entscheidungsnützlichkeit an ausgewählten Bilanzierungssachverhalten vorgenommen, wodurch der verkürzte (Zwischen-)Abschluss als wesentlicher Bestandteil des Halbjahres- bzw. Quartalsfinanzberichts fokussiert wird. Über eine Beurteilung der von dem zentralen Grundsatz der *„true and fair view"* geprägten IFRS für die Konzernrechnungslegung hinausgehend, sind die zwischenberichtsspezifischen Anforderungen als auch die von IAS 34 vorgesehenen Konkretisierungen der IFRS zu berücksichtigen. Es gilt zu prüfen, ob der Zwischenbericht tatsächlich als eigenständiges Instrument bezeichnet werden kann und ob die Zwischenberichtsinformationen geeignet sind, um die Performance des Managements zu beurteilen und die zukünftige Unternehmensentwicklung zu prognostizieren. Um auf besonders für die Zwischenberichterstattung relevante Sachverhalte einzugehen, stehen nachfolgend die Bilanzierung von Ertragsteuern zum einen und die bilanzielle Abbildung des derivativen Goodwills sowie insb. seine Folgebewertung zum anderen im Fokus der Betrachtung.

Die Auswahl wurde einerseits durch die Bedeutung der jeweiligen Bilanzposten für die wirtschaftlichen Entscheidungen der Adressaten und andererseits durch ihre im Rahmen der Zwischenberichterstattung spezifische Bilanzierung und Bewertung beeinflusst. Kennzeichnend ist in diesem Zusammenhang die unterschiedliche Handhabung des IASB in Bezug auf die Anwendung der gleichen Rechnungslegungsmethoden wie im jährlichen Abschluss: Während für die Ertragsteuern nicht die gleichen Rechnungslegungsvorschriften wie im jährlichen Abschluss zur Anwendung kommen, wird bei der (Folge-)Bewertung des Goodwills an der für den jährlichen Bericht obligatorischen Regelung festgehalten. Anhand der beiden Sachverhalte soll dargestellt werden, welche möglichen Auswirkungen die (unterschiedliche) Anwendung des integrativen bzw. eigenständigen Ansatzes auf die Zwischenberichterstattung hat.[609] Dies ist nicht zuletzt notwendig, um Fehlinterpretationen der im Rahmen der Zwischenberichterstattung veröffentlichten Informationen zu begegnen.

Steuern stellen einen der wesentlichsten Mittelabflüsse für Unternehmen dar, wodurch die Steuerpositionen ein besonderes Informationsinteresse der Adressaten bilden.[610] Insbesondere

---

[609] Zu den Methoden der unterjährigen Erfolgsermittlung vgl. Kapitel 2.3.4.1.

[610] Zur Relevanz offengelegter Steuerpositionen für Adressaten, vgl. von Eitzen/Dahlke (2008), S. 1.

gewinnt die (Konzern-)Steuerquote[611] als strategischer Erfolgsfaktor an Bedeutung und wird bei der Beurteilung der (relativen) Steuerbelastung des Konzerns herangezogen.[612] Bei der zutreffenden Darstellung der Steuerposition kapitalmarktorientierter Unternehmen sind nicht nur tatsächliche Steuern, sondern auch latente Steuern von hoher Bedeutung, wobei Letzteren eine komplexe Wertermittlung zu Grunde liegt. Dabei gilt es insb. in der Zwischenberichterstattung als Herausforderung, einen sinnvollen Zusammenhang zwischen dem IFRS-Ergebnis vor Steuern und dem ausgewiesenen Steueraufwand mithilfe des Ansatzes von latenten Steuern herzustellen.[613] Die Ursache ist u. a. darin zu sehen, dass nach aktuellem Steuerrecht Ertragsteuern eine Jahresgröße darstellen und keine eigenständige Veranlagung für die Quartale vorgesehen ist. Die unterjährige Angabe der Steuerbelastung „ist letztlich eine Prognoseinformation, die gleichzeitig von erheblicher Bedeutung für die Einschätzung des verwendbaren Ergebnisses ist."[614] In diesem Zusammenhang ist besonders der Aktivierungsgrad aktiver latenter Steuern für Adressaten von Relevanz, da diese i. S. einer Signalwirkung auf positive Ertragserwartungen seitens des Managements hinweisen.[615] Eine unterjährige Veränderung könnte demnach grundsätzlich auf veränderte Zukunftsaussichten hindeuten. Ebenso führen hohe Schwankungen der (Konzern-)Steuerquote zwischen den einzelnen Quartalen zu vermehrten Nachfragen von Unternehmensexternen.[616] Daraus kann sich der Anreiz ergeben, unterjährig auf eine Glättung der Steuerquote mit dem Ziel hinzuwirken, Ausschläge in der Steuerquote zu vermeiden.[617]

In einem zweiten Themenkomplex werden die Grundsätze zur Erfassung und Bewertung des Goodwills in Zwischenberichtsperioden thematisiert. Die als Goodwill auszuweisende Differenz zwischen dem Kaufpreis eines erworbenen Unternehmens und dessen neu bewerteten Reinvermögens basiert u. a. auf vielfältigen mit dem Unternehmenserwerb verknüpften er-

611 Unter der Steuerquote wird das Verhältnis des Ertragsteueraufwands bzw. -ertrags des Geschäftsjahres zu dem erwirtschafteten Ergebnis vor Ertragsteuern auf Konzernebene verstanden. Durch die Berücksichtigung von latenten Steuern steigt die Aussagefähigkeit der Steuerquote, da diese einen Kompensationseffekt ausüben, der die Steuerquote an den nominalen Steuersatz angleicht. Lediglich permanente Differenzen üben einen Einfluss auf die Steuerquote aus, da ihnen kein korrespondierender Anstieg der latenten Steuern gegenübersteht. Vgl. Herzig/Dempfle (2002), S. 3 f. Kritisch zur Aussagekraft der Steuerquote vgl. Göttsche/ Brähler (2010), S. 918–925.

612 Zur Bedeutung der Steuerquote als Steuerungsgröße und Performanceindikator für das Steuermanagement vgl. Risse (2010), S. 80–92; Zielke (2006), S. 2585; Herzig (2007), S. 177.

613 Vgl. Krimpmann (2011), S. 45. In Bezug auf den jährlichen Abschluss vgl. Linzbach (2009), S. 14. Durch den Ansatz latenter Steuern sollen der durch die bilanziellen Abweichungen zwischen den Bilanzansätzen in IFRS- und Steuerbilanz hervorgerufene Ergebnisunterschied und das hieraus resultierende Missverhältnis zwischen dem Jahresüberschuss nach IFRS und dem tatsächlichen Steueraufwand ausgeglichen werden. Vgl. Linzbach (2009), S. 14; Kuhn/Röthlisberger/ Niggli (2003), S. 637. Die Entscheidungsnützlichkeit latenter Steuern grundsätzlich infrage stellend, vgl. Ballwieser (2010), S. 547. Zu einem Überblick der Studienergebnisse internationaler Wertrelevanzstudien zur Entscheidungsnützlichkeit latenter Steuern vgl. ebenda S. 547–459.

614 Coenenberg/Bridts (1991), S. 127.

615 Vgl. Schmundt (2008), S. 159.

616 Höhere Schwankungen der Steuerquote führen häufig zu Nachfragen von Unternehmensexternen (z. B. Analysten) sowie -internen (Management und Aufsichtsrat), vgl. Loitz (2006), S. 388.

617 Zum Ziel der Optimierung der ausgewiesenen (Konzern-)Steuerquote und möglichen Steuergestaltungsmaßnahmen, vgl. Lühn (2007), S. 550–560.

warteten Synergieeffekten.[618] Nicht nur vom wertmäßigen Umfang[619], sondern auch von seiner Bedeutung als Repräsentant für zukünftige Erfolgsaussichten stellt der Goodwill einen wesentlichen Posten in den Bilanzen kapitalmarktorientierter Unternehmen dar.[620] Im Rahmen seiner Folgebewertung tritt an die Stelle einer planmäßigen Abschreibung der international als *impairment only-approach* bezeichnete Ansatz, den Goodwill regelmäßig einem Werthaltigkeitstest (sog. Impairmenttest) zu unterziehen und lediglich im Falle eines identifizierten Wertminderungsbedarfs eine entsprechende Wertminderung vorzunehmen. Bewahrheiten sich die zuvor in den Kaufpreisen berücksichtigten optimistischen Geschäftsaussichten nicht oder kommt es zu einer allgemeinen Verschlechterung der Unternehmenslage, werden Wertminderungen der Vermögenswerte, deren Wert von Umsatz- und Ertragserwartungen beeinflusst wird und insb. des Goodwills als „schwächstes Glied in der Vermögens-Kette" eher wahrscheinlich. Ein wertberichtigter Goodwill wird oftmals als ein Indiz für eine Fehlinvestition oder Fehlsteuerung des Managements angesehen[621] und diese vermeintliche Transparenz – so die Auffassung von Teilen des Schrifttums – würde die Verantwortlichkeit der Unternehmensleitung für Fehlentscheidungen und Fehlsteuerungen erhöhen.[622] Im Sinne der Informations- als auch der Kontrollfunktion der Zwischenberichterstattung wäre zu erwarten, dass derartige (negative) Entwicklungen, verkörpert durch Wertminderungen des Goodwills[623], frühzeitig offengelegt werden, um Investoren die Möglichkeit zur rationalen Beurteilung ihrer Finanzinvestition zu geben.

[618] Vgl. Pellens/Jannett/Schmidt (2009), S. 422. Den Umfang des Goodwills hingegen allein von der Verhandlungsmacht des Erwerbers abhängig sehend, vgl. Brösel/Zwirner (2009), S. 194.

[619] Im Jahr 2009 weisen von 136 im DAX, MDAX, SDAX und TecDAX notierten Unternehmen 91,18 % der Unternehmen einen Goodwill aus. Bei 11 Unternehmen übersteigt der Goodwill das Eigenkapital; die höchsten Relationen weisen u. a. ProSiebenSat. 1 Media AG (395,14 %), GfK SE (143,05 %), Sky Deutschland AG (136,47 %) und Continental AG (136,31 %) auf. Vgl. Küting (2010), S. 1859 f. Zur Vorjahresstudie mit ähnlichen Werten vgl. Küting (2009), S. 1855–1861.

[620] Zu der Bedeutung des Goodwill vgl. Busse von Colbe et al. (2010), S. 235.

[621] Vgl. Zülch/Lienau/Willeke (2005), S. 109; Haaker (2008), S. 376; Pfeil/Vater (2002), S. 668. Der *impairment only-approach* erlaubt es grundsätzlich, „die in der ökonomischen Realität tatsächlich eingetretene Wertminderung auch bilanziell nachzuvollziehen." Saelzle/Kronner (2004), S. S165. Zur Indikatorfunktion des Goodwill für den Wert eines Unternehmens, vgl. Henning/Lewis/Shaw (2000), S. 375–386. Doch mit „der Zeit können sich die unterlassenen Abschreibungen so hoch auftürmen, daß bei Durchführung das Management um seinen Arbeitsplatz oder gar um das Unternehmen fürchten muß". Ordelheide (1997), S. 585.

[622] Vgl. Pfeil/Vater (2002), S. 668.

[623] Zum (möglichen) Ausmaß von Goodwill-Wertminderungen sei auf die empirischen Ergebnisse von *Küting* verwiesen. Von 124 untersuchten Unternehmen, die im Geschäftsjahr 2009 einen Goodwill ausweisen, nehmen 27 Unternehmen eine Wertminderung vor, wobei sich das Gesamtvolumen auf 4.370,983 Mio. € beläuft. Vgl. Küting (2010), S. 1860.

4.2 Ertragsteuern in der Zwischenberichterstattung

4.2.1 Vorgaben des IAS 34

Für den Ansatz, die Bewertung und den Ausweis von Ertragsteuern[624] im Rahmen des jährlichen Abschlusses bildet IAS 12 „Ertragsteuern" den maßgeblichen Standard. Entsprechend dem in IAS 34.28 fokussierten eigenständigen Ansatz, nach dem im Zwischenabschluss die gleichen Rechnungslegungsmethoden wie im jährlichen Abschluss anzuwenden sind, könnte zunächst davon ausgegangen werden, dass für die Ertragsteuern im Halbjahres- bzw. Quartalsfinanzbericht eine zum Geschäftsjahresende analoge Ermittlung der (temporären) Differenzen für die latenten Steuern in Form eines Bilanzvergleichs nach Vorgabe des IAS 12 respektive die Ermittlung tatsächlicher Steuern, basierend auf den Istergebnissen im Quartal, vorgesehen sei.[625] Zur Veranschaulichung der anzuwendenden Rechnungslegungsmethoden gibt IAS 34.30(c) jedoch vor: „Ertragsteueraufwand wird in jeder Zwischenberichtsperiode auf der Grundlage der besten Schätzung des gewichteten durchschnittlichen jährlichen Ertragsteuersatzes erfasst, der für das gesamte Geschäftsjahr erwartet wird. Beträge, die für den Ertragsteueraufwand in einer Zwischenberichtsperiode abgegrenzt wurden, werden gegebenenfalls in einer nachfolgenden Zwischenberichtsperiode des Geschäftsjahres angepasst, wenn sich die Schätzung des jährlichen Ertragsteuersatzes ändert."[626] Dieser als Vereinfachungsregel angesehene Grundsatz[627] wird anhand von Beispielen im Anhang B des IAS 34 in den Randziffern B12–22 und einem Beispiel zur Verwendung von Schätzungen im Anhang C des IAS 34 in der Randziffer C5 näher ausgeführt.[628] Konkretisierend gibt IAS 34.B14 vor, dass für jede Steuerhoheit ein gesonderter geschätzter durchschnittlicher jährlicher effektiver Ertragsteuersatz zu bestimmen und auf das entsprechende Vorsteuerergebnis des Rechtskreises anzuwenden ist. Ein analoges Vorgehen ist für unterschiedliche Kategorien von Erträgen vorgesehen. Hiermit soll ein „hohes Maß an Genauigkeit im Rahmen der Schätzungen zu jedem Zwischenberichtstermin erzielt werden"[629]. Kann eine derartige Differenzierung nicht

---

[624] Gem. IAS 12.2 werden unter dem Begriff „Ertragsteuern" (*income taxes*) alle in- und ausländischen Steuern auf Grundlage des zu versteuernden Ergebnisses verstanden. Dies umfasst tatsächliche Steuern (*current taxes*) und latente Steuern aus der Steuerabgrenzung (*deferred taxes*).

[625] Das bilanzorientierte *„temporary differences"*-Konzept des IAS 12 fordert eine passivische (aktivische) latente Steuerabgrenzung in den Fällen, in denen Wertdifferenzen für Posten in der IFRS-Bilanz und der Steuerbilanz bei ihrer späteren Auflösung zu höheren (niedrigeren) Steuerbelastungen führen, als solche, die sich aus Sicht der IFRS-Bilanz ergeben würden. Die Ergebniswirkung der Bildung latenter Steuern richtet sich dabei nach den zugrundeliegenden Geschäftsvorfällen (IAS 12.57). Grundlegend zu der Konzeption des IAS 12 vgl. Pellens et al. (2008), S. 213–232. Zum aktuellen Stand des IASB-Projekts *„Income Taxes"*, vgl. Simlacher/Schurbohm-Ebneth (2009), S. 389–399. Zur Angleichung der Regelungen des HGB an die IFRS im Rahmen des BilMoG in Bezug auf die Bildung latenter Steuern nach dem *„temporary-concept"* und den verbleibenden Unterschieden, vgl. Ballwieser (2010), S. 545; Kühne/Melcher/Wesemann (2009), S. 1005–1014.

[626] Im Folgenden wird der Begriff „Steueraufwand" zu Grunde gelegt. Die Ausführungen gelten jedoch entsprechend für den Ausweis eines Steuerertrags.

[627] Vgl. Rahe (2008), Rn. 9; Federspieler (1997), S. 946 f.

[628] Die Beispiele umfassen die unterjährige Periodisierung der Ertragsteuern bei einem stufig progressiven Steuertarif, vgl. IAS 34.B15 und die Periodisierung bei einem ausgeglichenen Geschäftsjahr (Ergebnis von null), vgl. IAS 34.B.16. Ferner wird die Ermittlung des Ertragsteueraufwands bei einem vom Steuerjahr abweichenden Geschäftsjahr aufgezeigt, vgl. IAS 34.B17 f., und die Berücksichtigung von Verlustvorträgen beispielhaft dargestellt, vgl. IAS 34.B20–B22.

[629] Peemöller (2009), Rn. 45.

durchgeführt werden, ist ein gewichteter Durchschnittssteuersatz für die Rechtskreise oder Ertragskategorien zu bilden, soweit dieser einen angemessenen Näherungswert (*reasonable approximation*) an die genauen Steuersätze je Rechtskreis oder Ertragskategorie darstellt.[630]

Aus der konkretisierenden Veranschaulichung und den Beispielen lässt sich ableiten, dass mit der von IAS 34 vorgegebenen Ermittlungsmethodik eine Orientierung am Jahresergebnis erfolgt. Infolge dessen sind die jeweiligen Zwischenberichtsperioden für Zwecke der Ertragsteuerberechnung als integraler Bestandteil des Geschäftsjahres zu betrachten und stellen nicht länger eigenständige Perioden dar.[631] Demgemäß ist weder ein Bilanzvergleich zur Ermittlung latenter Steuern entsprechend den Vorgaben des IAS 12 noch die Ermittlung tatsächlicher Steuern, basierend auf den Istergebnissen im Quartal und dem nominalen Steuersatz, der sich aus dem aktuell gültigen gesetzlichen Tarif ergibt, zulässig.[632] Einen „Systembruch" sieht das IASB mit dieser Vorgehensweise dem Wortlaut des IAS 34.B13 zufolge insofern nicht, als auf das jeweilige Quartalsergebnis der gleiche Steuersatz wie auf das erwartete gesamte Jahresergebnis angewendet wird. Damit wird die Übereinstimmung mit dem in IAS 34.28 kodifizierten Grundkonzept (Anwendung der gleichen Rechnungslegungsmethoden wie im jährlichen Abschluss) gewahrt.[633]

4.2.2 Ableitung einer grundsätzlichen Vorgehensweise zur Ermittlung der Steuerpositionen

Nach Vorgabe des IAS 34.30(c) ist zur Ermittlung des Ertragsteueraufwands für das jeweilige Quartal zunächst die Schätzung eines gewichteten, durchschnittlichen jährlichen Ertragsteuersatzes erforderlich. Da IAS 34 die verwendeten Begriffe nicht näher definiert und keine konkrete Ermittlungsweise vorgibt, sind zwangsläufig andere Rechnungslegungsdokumente zur Auslegung des IAS 34.30(c) heranzuziehen.

Entsprechend der Konzeption des IAS 8.10 hat in Fällen des Fehlens von expliziten Regelungen, das Management über die Anwendung bzw. Entwicklung von Rechnungslegungsmethoden zu entscheiden, mittels derer entscheidungsnützliche Informationen vermittelt werden können.[634] Bei der im Rahmen der Entscheidungsfindung einzuhaltenden Reihenfolge bilden Vorschriften der IFRS, die ähnliche Fragestellungen behandeln, den ersten Orientierungs-

---

630 Vgl. IAS 34.B14. Eine stärkere Differenzierung der Ertragsteuersätze nicht zwangsläufig mit einer besseren Schätzung der Ertragsteuern verbunden sehend (Problem der Scheingenauigkeit), vgl. Baetge et al. (2010), Rn. 158.

631 Vgl. Loitz (2006), S. 389; Höfer (2009), S. 88. Im Fall einer Behandlung als eigenständige Periode wäre eine stichtagsbezogene Analyse für das jeweilige Quartal vorzunehmen. Vgl. Loitz (2007), S. 2048.

632 Vgl. Loitz (2006), S. 389; Dahlke (2007), S. 1832.

633 Vgl. IAS 34.B13: Die Abgrenzung anhand des geschätzten durchschnittlichen jährlichen effektiven Ertragsteuersatzes „entspricht dem grundlegenden in Paragraph 28 dargestellten Konzept, dass in den Zwischenabschlüssen die gleichen rechnungslegungsbezogenen Ansatz- und Bewertungsmethoden wie in den jährlichen Abschlüssen eines Geschäftsjahres anzuwenden sind. Ertragsteuern werden auf einer jährlichen Basis festgesetzt. Zur Berechnung des Ertragsteueraufwands einer Zwischenberichtsperiode wird auf das Vorsteuerergebnis [...] der gleiche Steuersatz wie auf das erwartete gesamte Jahresergebnis angewendet, d. h. der geschätzte durchschnittliche jährliche effektive Ertragsteuersatz".

634 Zu den Anforderungen an Rechnungslegungsmethoden vgl. IAS 8.10(a), (b).

punkt. Im Fall der Ertragsteuerermittlung kommt primär IAS 12 in Betracht. Auf zweiter Stufe hat sich das Management an den Definitionen des Frameworks zu orientieren. Als letzter Bezugspunkt kann auf Verlautbarungen anderer Standardsetter mit einem den IFRS ähnlichen Rahmenkonzept sowie auf sonstige Rechnungslegungsverlautbarungen und anerkannte Branchenpraktiken zurückgegriffen werden. Vor dem Hintergrund des Konvergenzprojektes zwischen IASB und FASB kann davon ausgegangen werden, dass ein Rückgriff auf die Regelungen der US-GAAP auch IAS 8-konform wäre.[635]

Bei der Konkretisierung des gewichteten durchschnittlichen jährlichen Ertragsteuersatzes kann die Definition des IAS 12.86 für den durchschnittlichen effektiven Steuersatz zu Grunde gelegt werden. Letzterer, auch als (Konzern-)Steuerquote bezeichnet[636], ergibt sich aus dem Steueraufwand, geteilt durch das IFRS-Ergebnis vor Steuern.[637] Die Ermittlung des gewichteten, durchschnittlichen jährlichen Ertragsteuersatzes, auch als Plansteuerquote bezeichnet, setzt folglich für Zwecke der unterjährigen Ertragsteuerberechnung zwei Prognosen voraus – zum einen das erwartete IFRS-Ergebnis[638] des laufenden Geschäftsjahres und zum anderen den auf dieses Ergebnis voraussichtlich entfallenden Ertragsteueraufwand.[639] Mangels näherer Vorgaben zum Ertragsteueraufwand im IAS 34 erfolgt ebenso eine Auslegung anhand der Definition des IAS 12.5, wonach der Steueraufwand die Summe aus tatsächlichen und latenten Steuern umfasst, die in die Ermittlung des Gewinns oder Verlusts der Periode eingeht.[640] Die Plansteuerquote ergibt sich somit – wie nachfolgend dargestellt – als Quotient der genannten Plangrößen und ist auf das tatsächlich realisierte Quartalsergebnis anzuwenden:

$$\text{Plansteuerquote} = \frac{\text{Erwarteter tatsächlicher Steueraufwand} + \text{erwarteter latenter Steueraufwand}}{\text{Erwartetes IFRS-Jahresergebnis vor Steuern}} \times \mathbf{100}.$$

Da IAS 34 keine konkreten Regelungen zur Ermittlung der Plansteuerquote enthält, könnte die Plansteuerquote entweder als Gesamtsteuerquote ermittelt werden oder sich als Summe einer separaten Quote für latente und tatsächliche Steuern zusammensetzen.[641] Bei enger Auslegung des Wortlauts von IAS 34.30(c), wonach die Ermittlung auf „der besten Schätzung des

[635] Zu den einschlägigen US-amerikanischen Standards die Zwischenberichterstattung betreffend, zählen APB Opinion 28 „*Interim Financial Reporting*", SFAS 109 „*Accounting for Income Taxes*", FIN 18 „*Accounting for Income Taxes in Interim Periods*", SFAS 154 „*Accounting Changes and Error Corrections*". Für Unternehmen, die den Regelungen der SEC unterliegen, ist ferner Reg S-X Rule 10-01 „Interim Financial Statements" maßgeblich. Ebenso können Verlautbarungen des DSR herangezogen werden. Der einschlägige Standard des DSR zur Bewertung von latenten Steuern ist der am 03.09.2010 im Bundesanzeiger Nr. 133 durch das BMJ bekannt gemachte DRS 18 „Latente Steuern." Zu weiteren, in die Entscheidungsfindung einzubeziehenden Verlautbarungen und Branchenpraktiken vgl. von Eitzen/Dahlke (2008), S. 22.

[636] Zu den Begrifflichkeiten vgl. Herzig (2003), S. 431.

[637] Die Konzernsteuerquote (*effective tax rate* = ETR) stellt das Verhältnis des tatsächlichen und latenten Ertragsteueraufwands der Periode zu dem in der gleichen Periode erwirtschafteten Konzernergebnis vor Ertragsteuern dar. Vgl. Dahlke (2007), S. 1832.

[638] IAS 34.B12: „Der Ertragsteueraufwand einer Zwischenberichtsperiode wird anhand des Steuersatzes abgegrenzt, der auf das erwartete gesamte Jahresergebnis angewendet würde".

[639] Vgl. Hebestreit (2009), Rn. 102; Nonnenmacher (2009), Rn. 70.

[640] Vgl. Krimpmann (2011), S. 45; Loitz (2006), S. 389; Meyer et al. (2010), Rn. 5.

[641] Aus deutscher Sicht wäre auch eine Aufteilung der tatsächlichen Steuerquote in eine effektive KSt-Quote und eine effektive GewSt-Quote denkbar, vgl. PwC (2010), S. 12.

gewichteten durchschnittlichen Ertragsteuersatzes" beruht, kann der Eindruck entstehen, dass von einem einheitlichen effektiven Steuersatz auszugehen ist und eine separate Berücksichtigung latenter Steuern nicht erforderlich sein mag.[642] Jedoch muss die Ermittlungsmethode den Ausweis der entsprechenden Positionen in der Bilanz und GuV gewährleisten. Für den Ausweis in der Zwischenberichterstattung gibt IAS 34 keinen gesonderten klarstellenden Hinweis, dass der Ertragsteueraufwand in tatsächlichen und latenten Steueraufwand aufzuteilen ist, respektive eine Differenzierung zwischen tatsächlichen und latenten Steuern in der Bilanz zu erfolgen hat. Letzteres ergibt sich implizit aus dem allgemeinen Verweis des IAS 34.12 auf die in IAS 1 dargestellten Beispiele, auf welche Weise die Darstellung der Bilanz, der Gesamtergebnisrechnung etc. erfolgen kann; verpflichtend auszuweisen wären demnach i. V. m. IAS 1.54 und IAS 1.82 die Bilanzposten „Steuerschulden und -erstattungsansprüche" und „latente Steueransprüche und -schulden" sowie der Posten „Steueraufwendungen" in der Gesamtergebnisrechnung.[643]

Als mögliche Verfahren kommen die Ermittlung anhand von Planbilanzen oder anhand einer Plan-GuV, aber auch die Ermittlung unter Zuhilfenahme einer Planüberleitungsrechnung in Betracht, die, wie noch gezeigt wird, sich insb. durch den Detaillierungsgrad hinsichtlich der ermittelten Steuerquoten unterscheiden. Abbildung 10 veranschaulicht die grundsätzliche Vorgehensweise zur unterjährigen Ermittlung der Ertragsteuern bzw. des Ertragsteueraufwands.

Abbildung 10: Grundsätzliche Vorgehensweise zur unterjährigen Ermittlung des Ertragsteueraufwands

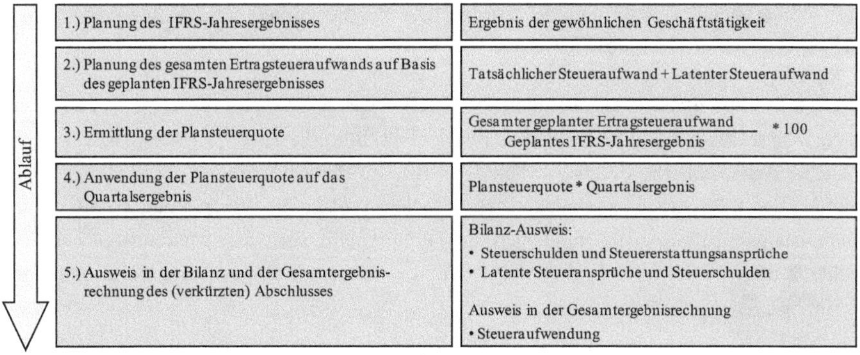

Quelle: Eigene Darstellung.

[642] IAS 34.30(c) kann „so interpretiert werden, dass eine separate Berücksichtigung der latenten Steuer außerhalb der Ermittlung der *estimated effective tax rate* nicht gewollt bzw. erforderlich ist." Burkhardt (2008), S. 293. IAS 34 „sieht bei der Berechnung des Steueraufwands im Zwischenabschluss keine Trennung zwischen tatsächlichen und latenten Steuern vor. Es ist folglich ein einheitlicher effektiver Steuersatz zu bestimmen, der auf das Vorsteuerergebnis angewandt wird." Dahlke (2007), S. 1835.

[643] Nach IAS 1.54(n), (o) sind mindestens die Posten „Steuerschulden und -erstattungsansprüche" und „latente Steueransprüche und -schulden" gemäß IAS 12 in der Bilanz darzustellen. Ein entsprechender Ausweis im verkürzten Abschluss ist daher erforderlich. Gleicher Ansicht Burkhardt (2008), S. 292; allgemein Baetge et al (2010), Rn. 19. Bei einer verkürzten Darstellung auch eine Zusammenfassung als möglich erachtend, vgl. Höfer (2009), S. 89. Vgl. auch Kapitel 3.2.1.3.1.

4.2.3 Ermittlung der Plansteuerquote

4.2.3.1 Mögliche Verfahren zur Ermittlung der Plansteuerquote

4.2.3.1.1 Ermittlung anhand von Planbilanzen

Eine Möglichkeit zur Ermittlung der Plansteuerquote besteht in der Aufstellung von Planbilanzen. Ausgangsbasis bilden eine Planbilanz nach IFRS und eine Planbilanz nach steuerrechtlichen Vorgaben für das gesamte Geschäftsjahr. Das zu versteuernde Einkommen wird aus dem geplanten IFRS-Ergebnis abgeleitet, indem es um temporäre Differenzen, die auf dem Wege des Bilanzvergleichs ermittelt werden, und permanenten Differenzen korrigiert wird.[644] Durch Multiplikation mit dem geltenden Steuersatz ergibt sich zunächst der geplante Steueraufwand für das Geschäftsjahr, woraufhin die Plansteuerquoten bestimmt werden können.

Zur Verdeutlichung dient das folgende Beispiel, dessen Zahlenwerte in den Tabellen 3–6 aufgeführt sind[645]: Unternehmen A erwartet für das Jahr 2009 ein Ergebnis vor Steuern i. H. v. 100.000 €. Zwischen der IFRS-Bilanz und der Steuerbilanz liegen zwei Abweichungen vor. Eine permanente Differenz i. H. v. 30.000 € ergibt sich aus steuerlich nicht abzugsfähigen Betriebsausgaben in Form einer nicht abzugsfähigen Strafzahlung (z.B. Zwangsgeld); es wurde eine Rückstellung für steuerliche Nebenleistungen gebildet. Ferner liegt eine abzugsfähige temporäre Differenz i. H. v. 20.000 € aufgrund einer Drohverlustrückstellung vor, die voraussichtlich im folgenden Geschäftsjahr in Anspruch genommen wird. Zudem hat Unternehmen A aus den Vorjahren werthaltige Verlustvorträge i. H. v. 10.000 €, für die in der Vergangenheit aktive latente Steuern gebildet wurden. Der für die Periode gültige Steuersatz beträgt 30 %.

Für die Ermittlung der Plansteuerquote ist zunächst das zu versteuernde Ergebnis zu bestimmen. Übertragen auf den beispielhaften Sachverhalt, führt die zuvor passivierte Rückstellung zu einer das steuerliche Ergebnis erhöhenden Bilanzdifferenz, da durch die vorherige Passivierung das IFRS-Ergebnis gemindert wurde. Ebenso durfte die Strafzahlung die steuerliche Bemessungsgrundlage nicht mindern. Das IFRS-Ergebnis vor Steuern ist entsprechend um beide Beträge zu korrigieren, womit sich das zu versteuernde Ergebnis vor Verlustvorträgen ergibt.[646]

---

644 Vgl. PwC (2008), S. 18.

645 Das Beispiel orientiert sich an den Ausführungen von Meyer et al. (2010), S. 230 f. Aus Vereinfachungsgründen bleiben bspw. eine Mindestbesteuerung gem. § 10d EStG und Unterschiede in den Regelungen zu Verlustvorträgen nach GewSt und KSt unberücksichtigt. Zur (begrifflichen) Vereinfachung wird das Quartal als typische Zwischenberichtsperiode angesehen.

646 Vgl. Meyer et al. (2010), Rn. 34.

Tabelle 3: Ermittlung der Plansteuerquote anhand von Planbilanzen

	in €
Geplantes IFRS-Ergebnis vor Steuern	100.000
Abzugsfähige temporäre Differenz: Drohverlustrückstellung	+20.000
Permanente Differenz: Nicht abzugsfähige Betriebsausgaben in Form einer Strafzahlung	+30.000
Geplantes zu versteuerndes Ergebnis vor Verlustvorträgen	150.000

Das errechnete zu versteuernde Einkommen ist maßgeblich für die Nutzung der Verlustvorträge.[647] Bei der Beurteilung der Wahrscheinlichkeit des Vorhandenseins eines zu versteuernden Gewinns, gegen den noch nicht genutzte steuerliche Verluste bzw. Steuergutschriften verwendet werden können, sind die Kriterien des IAS 12 an dem Zwischenberichtsstichtag heranzuziehen.[648] Die für die Periode nutzbaren Verlustvorträge sind von dem zu versteuernden Ergebnis vor Verlustvorträgen zu subtrahieren. Auf das resultierende zu versteuernde Einkommen nach Verlustvorträgen ist der gesetzliche Steuersatz gem. IAS 12.46 anzuwenden, was den geplanten tatsächlichen Steueraufwand des Geschäftsjahres ergibt. Auf den beispielhaften Sachverhalt angewandt, sind die Verlustvorträge i. H. v. 10.000 € werthaltig und mindern das zu versteuernde Einkommen. Das geplante zu versteuernde Ergebnis führt bei einem Steuersatz von 30 % zu einem geplanten tatsächlichen Steueraufwand i. H. v. 42.000 €.

Tabelle 4: Ermittlung der geplanten tatsächlichen Steuern im Rahmen der Plansteuerquotenermittlung anhand von Planbilanzen

	in €
Geplantes zu versteuerndes Ergebnis vor Verlustvorträgen	150.000
Nutzung von Verlustvorträgen (ohne Mindestbesteuerung)	-10.000
Geplantes zu versteuerndes Ergebnis nach Verlustvorträgen	140.000
Geplanter tatsächlicher Steueraufwand (140.000 * 30 %)	42.000

Im Anschluss ist der latente Steueraufwand zu berechnen. Dafür sind zunächst die im Rahmen des Bilanzvergleichs festgestellten Differenzen in temporäre Differenzen und permanente Differenzen zu unterscheiden. Für als temporär klassifizierte Differenzen sind latente Steuern zu bilden. Für die Nutzung des Verlustvortrags sind ggf. aktive latente Steuern aufzulösen. Auf die ermittelte Bemessungsgrundlage ist der gesetzliche Steuersatz anzuwenden.

647 Steuerliche Verlustvorträge begründen selbst keinen unmittelbaren Steuererstattungsanspruch, sondern lediglich das Recht zur Verrechnung mit positiven Einkünften nachfolgender Veranlagungszeiträume, was einen wirtschaftlichen Vorteil in Form von zukünftigen Steuerminderungen verkörpert. Vgl. Schulz-Danso (2009), Rn. 63. Vgl. die Beispielrechnung des IAS 34.B 22. Die Abbildung eines unterjährig entstehenden Verlustvortrags wird jedoch nicht thematisiert. Allgemein zur Abgrenzung latenter Steuern auf Verlustvorträge, vgl. Zwirner/Künkele (2009), S. 183.

648 Vgl. IAS 34.B21. Zu den Voraussetzungen für die Bilanzierung eines latenten Steueranspruchs für Verlustvorträge vgl. IAS 12.34. Kritisch gegenüber den aus dieser Regelung entstehenden Ermessensspielräumen aus Sicht der DPR vgl. Mayer-Wegelin (2010), S. 2812.

Tabelle 5: Ermittlung des geplanten latenten Ertragsteueraufwands anhand von Planbilanzen

	in €
Temporäre Bilanzdifferenzen Rückstellung für drohende Verluste	-20.000 (latenter Ertrag)
Nutzung der Verlustvorträge Auflösung der aktiven latenten Steuern	+10.000 (latenter Aufwand)
Bemessungsgrundlage für latente Steuern	-10.000 (latenter Ertrag)
Geplanter latenter Steuerertrag (-10.000 * 30 %)	-3.000

Nach Ermittlung des geplanten tatsächlichen und des geplanten latenten Steueraufwands steht der gesamte Steueraufwand i. H. v. 39.000 € für das Geschäftsjahr fest und die jeweiligen Quoten können bestimmt werden. Für die tatsächlichen Steuern ergibt sich bei einem IFRS-Jahresergebnis von 100.000 € eine Quote von 42 % und für die latenten Steuern eine Quote von -3 %. Die Summe der beiden Quoten ergibt eine Plansteuerquote von 39 %.

Die beiden Plansteuerquoten für tatsächliche und latente Steuern können nunmehr auf das tatsächlich realisierte Quartalsergebnis angewandt werden, womit der in der Gesamtergebnisrechnung auszuweisende Betrag feststeht.

Tabelle 6: Ermittlung des geplanten latenten Steueraufwands im Rahmen der Plansteuerquotenermittlung anhand von Planbilanzen

	in €
IFRS-Quartalsergebnis	30.000
Geplante tatsächliche Steuerquote von 42 %	12.600
Geplante latente Steuerquote von -3 %	-900
Ertragsteueraufwand im 1. Quartal	11.700

Die Bilanzposition für die tatsächlichen Steuern (Steuerrückstellung) wird um den errechneten tatsächlichen Steueraufwand i. H. v. 12.600 € angepasst. Für den bilanziellen Ausweis der latenten Steuern sind Steuerschulden und Steuererstattungsansprüche zu unterscheiden. Daher sind die bestehenden temporären Differenzen zu differenzieren und entsprechend der Relation von aktiven zu passiven latenten Steuern für das gesamte Geschäftsjahr aufzuteilen.[649] Da bei dem beispielhaften Unternehmen keine passiven latenten Steuern, sondern lediglich aktive latente Steuern vorliegen, ergibt sich ein Verhältnis von aktiven zu passiven latenten Steuern von 100 % zu 0 %. Demzufolge sind die Effekte aus den temporären Differenzen nur auf die aktiven latenten Steuern zu verteilen. Der ermittelte Betrag von -900 € ist mit dem bisher ausgewiesenen Betrag der aktiven latenten Steuern zu verrechnen und bildet den Ausweis für das Quartal.

[649] Vgl. Meyer et al. (2010), Rn. 42.

4.2.3.1.2 Ermittlung anhand einer Plan-Gewinn- und Verlustrechnung

Als Alternative zu den Planbilanzen kann die Plansteuerquote anhand einer Plan-GuV ermittelt werden. Die Ermittlung der separaten Steuerquoten für die erwarteten latenten Steuern und die erwarteten tatsächlichen Steuern gleicht zunächst, d. h. bis zur Berechnung des erwarteten zu versteuernden Ergebnisses, der Ermittlung anhand von Planbilanzen. Da dem Unternehmen jedoch keine Planbilanzen in der Form vorliegen, wird eine Klassifizierung zwischen permanenten und temporären Unterschieden vorgenommen, um die latenten Steuern zu berechnen. Das geplante Ergebnis wird vom Unternehmen sodann i.d.R. in ein handelsrechtliches und ein steuerliches Ergebnis überführt, wobei die Umkehrung der bestehenden Differenzen betrachtet wird. Übertragen auf den beispielhaften Sachverhalt, gestaltet sich die Ermittlung wie in Tabelle 7 dargestellt:

Tabelle 7: Ermittlung der Plansteuerquote anhand einer Plan-GuV

	in €	Klassifizierung
Geplantes IFRS-Jahresergebnis vor Steuern	100.000	
Nicht abzugsfähige Betriebsausgaben	+30.000	Permanente Differenz
Rückstellung für einen drohenden Verlust	+20.000	Temporäre Differenz
Nutzung der Verlustvorträge	-10.000	Temporäre Differenz
Geplantes, zu versteuerndes Ergebnis	140.000	

	in €
Geplanter Steueraufwand, tatsächliche Steuern (140.000 * 30 %)	42.000
Geplanter Steuerertrag, latente Steuern (-20.000+10.000) * 30 %	-3.000

Erwartete Steuerquote, tatsächliche Steuern (140.000 * 30 %) / 100.000	42 %
Erwartete Steuerquote, latente Steuern (-10.000 * 30 %) / 100.000	-3 %
Erwartete Gesamtquote	39 %

Unter Anwendung der Plan-GuV werden auch zwei separate Quoten ermittelt. Es ergeben sich grundsätzlich die gleichen Werte wie bei der Anwendung der Planbilanz. Der Unterschied zwischen den beiden Methoden wird in dem Aufwand gesehen, den die Aufstellung des jeweiligen Planrechenwerks erfordert. Die Ermittlung anhand der Plan-GuV ist zunächst, da keine Planbilanzen aufzustellen sind, und die Unternehmen ohnehin eine Ergebnisplanung aufstellen, als weniger aufwändig zu erachten. Doch obwohl das Vorliegen der entsprechenden Bilanzen nicht erforderlich ist, setzt eine genaue Berechnung der Plansteuerquote implizit eine Bilanzbetrachtung voraus. Die Verlässlichkeit der Plansteuerquote ist somit in erster Linie davon abhängig, inwieweit das Unternehmen z. B. ohne Vorliegen der steuerlichen Buchwerte aus der Steuerbilanz die temporären Differenzen ermitteln kann.

4.2.3.1.3 Ermittlung anhand einer Planüberleitungsrechnung

Eine weitere Möglichkeit, die Plansteuerquote zu bestimmen, ist die Herleitung über eine Planüberleitungsrechnung. Im Vergleich zu den zuvor dargestellten Ermittlungsverfahren handelt es sich bei der Planüberleitungsrechnung nicht um ein Rechenwerk an sich, sondern vielmehr um eine Art der Darstellung. Vorbild ist die nach IAS 12.81(c) für den Anhang des jährlichen Abschlusses vorgesehene (absolute oder relative) Überleitung vom erwarteten Steueraufwand zum ausgewiesenen effektiven Steueraufwand, die sog. steuerliche Überleitungsrechnung (*numerical* [*tax*] *reconciliation* = Tax Rate Reconciliation (TRR)).[650] Im Rahmen der Zwischenberichterstattung wären die entsprechenden Plandaten für die Überleitungsrechnung (Plan-Tax Rate Reconciliation) zu verwenden.[651] Von dem geplanten Ertragsteueraufwand (geplantes IFRS-Jahresergebnis vor Steuern multipliziert mit dem Steuersatz des Mutterunternehmens[652]) wird unter Berücksichtigung etwaiger Überleitungseffekte auf den erwarteten effektiven Gesamtertragsteueraufwand übergeleitet.[653] Das Verhältnis zwischen dem erwarteten effektiven Gesamtertragsteueraufwand und dem erwarteten IFRS-Ergebnis vor Steuern entspricht der Plansteuerquote.

Ausgangspunkt der Überleitung bildet entsprechend dem beispielhaften Sachverhalt der erwartete Ertragsteueraufwand von 30.000 € (100.000 * 30 %). Aus der nicht abzugsfähigen Betriebsausgabe, die zu einer Erhöhung des zu versteuernden Einkommens geführt haben, d. h. zu einer Abweichung in der steuerlichen Bemessungsgrundlage, ergibt sich ein Überleitungseffekt i. H. v. 9.000 € (30.000 € * 30 %). Die temporäre Differenz und die Nutzung der Verlustvorträge wirken sich zwar auf das zu versteuernde Einkommen aus, führen aber aufgrund der ausgleichenden Wirkung der Auflösung bzw. Bildung latenter Steuern zu keinem Überleitungseffekt.[654] Es resultiert ein Steueraufwand i. H. v. 39.000 €. Das Verhältnis des gesamten Steueraufwands i. H. v. 39.000 € zum Jahresergebnis vor Steuern i. H. v. 100.000 €

[650] Die Überleitungsrechnung soll die Relation zwischen Vorsteuerergebnis und effektivem Steueraufwand des Konzerns erklären, da der ausgewiesene effektive Steueraufwand trotz der Abgrenzung latenter Steuern i. d. R. von einem erwarteten Steueraufwand, der sich durch die Anwendung des gesetzlichen Steuersatzes auf das Konzernergebnis vor Steuern ergibt, abweicht. Vgl. Dempfle (2006), S. 133. Zu den trotz der vorgenommenen Steuerabgrenzung verbleibenden Abweichungen vgl. Dempfle (2006), S. 136 f.; von Eitzen/ Dahlke (2008), S. 107–118. Zur Überleitungsrechnung, vgl. Risse (2010), S. 81 f. Zu den Erstellungsproblemen in Bezug auf die Anhangangaben des IAS 12 vgl. von Eitzen/Dahlke (2008), S. 117; empirisch Loitz/ Weber (2008), S. 2152 f.

[651] Für die Schätzung des Ertragsteueraufwands sind das IFRS-Vorsteuerergebnis, das HGB-Vorsteuerergebnis, die gesetzlichen Steuersätze und die Bestandteile des Steueraufwands, die sich auf den effektiven Steuersatz auswirken können, erforderlich. In die Schätzung einzubeziehen sind u. a. voraussichtliche Veränderungen der Abweichungen zwischen HGB-Bilanz und Steuerbilanz, voraussichtlich in der aktuellen Periode vorzunehmende Wertberichtigungen aktiver latenter Steuern aus Verlust- oder Zinsvorträgen, etc. Zu den benötigten Daten, vgl. Dahlke (2007), S. 1833.

[652] Der anzuwendende Steuersatz ist typischerweise der Steuersatz des Mutterunternehmens, vgl. IAS 12.85; Dahlke/von Eitzen (2003), S. 2237.

[653] Vgl. Dahlke (2007), S. 1832; Burkhardt (2008), S. 292. Als wesentliche Überleitungspositionen sind u. a. zu berücksichtigen: Auswirkungen von Steuersatzabweichungen, Auswirkungen aus Abweichungen in der steuerlichen Bemessungsgrundlage, Ansatz und Bewertung aktiver latenter Steuern (z. B. Vornahme von Wertberichtigungen aktiver latenter Steuern), aperiodische Effekte (z. B. Steuererstattungen aus Verlustvorträgen), vgl. Dahlke/von Eitzen (2003), S. 2238.

[654] Vgl. Meyer et al. (2010), Rn. 23.

ergibt eine erwartete Steuerquote von 39 %. Zur Veranschaulichung dient die folgende Tabelle 8[655]:

Tabelle 8: Ermittlung der Plansteuerquote anhand einer steuerlichen Überleitungsrechnung (TRR)

	in €	**Steueraufwand in €**
Geplantes IFRS-Ergebnis vor Steuern	100.000	
Erwarteter Ertragsteueraufwand bei 30 %		+30.000
Berücksichtigung der Ursachen für Differenzen: Nicht abzugsfähige Betriebsausgaben	30.000	+9.000
Erwarteter effektiver Gesamtertragsteueraufwand		39.000

Die geplante Steuerquote ist mit dem Istergebnis des jeweiligen Quartals zu multiplizieren. Bei den annahmegemäß vorliegenden Istergebnissen in den einzelnen Quartalen ergibt sich bei einer Plansteuerquote von 39 % der in Tabelle 9 dargestellte Steueraufwand als Ausweis in der Gesamtergebnisrechnung:

Tabelle 9: Steueraufwand der einzelnen Quartale

	Istergebnis des Quartals vor Steuern in €	**Steueraufwand in € (erwartete Steuerquote: 39 %)**
1. Quartal 2009	30.000	11.700
2. Quartal 2009	20.000	7.800
3. Quartal 2009	40.000	15.600
4. Quartal 2009	10.000	3.900
Gesamt (kumuliert)	100.000	39.000

Neben dem Steueraufwand in der Gesamtergebnisrechnung sind in der (verkürzten) Bilanz jedoch auch tatsächliche und latente Steuern darzustellen. Da infolge der Ermittlung einer Gesamtsteuerquote keine Differenzierung zwischen latenten und tatsächlichen Steuern für den Bilanzausweis möglich ist, erfordert die separate Darstellung die nachträgliche Aufteilung anhand eines Verteilungsschlüssels.

Zur Aufteilung kann sich bspw. an den Vorjahresergebnissen orientiert werden, sodass eine proportionale Aufteilung entsprechend dem Verhältnis von tatsächlichen zu latenten Steuern des Vorjahres erfolgt.[656] Dem Vorteil dieser Verfahrensweise, der in der Einfachheit der Berechnung zu sehen ist[657], steht eine erhebliche Einschränkung der Entscheidungsnützlichkeit der auf diese Weise ermittelten Steuerpositionen gegenüber. Die Vermittlung eines den tatsächlichen Verhältnissen entsprechenden Bildes erscheint kaum möglich, da für alle Zwischenberichtsperioden ein konstantes Verhältnis von tatsächlichen zu latenten Steuern respek-

655 Zu einer schematischen Darstellung der Ermittlung anhand einer steuerlichen Überleitungsrechnung vgl. Dahlke (2007), S. 1832.

656 Vgl. Meyer et al. (2010), Rn. 29. Eine weitere Möglichkeit zur Verteilung des Steueraufwands sieht *Dahlke* darin, „den laufenden Steueraufwand nach den geleisteten Vorauszahlungen zuzüglich der nicht anrechenbaren Quellensteuern zu bemessen.“ Dahlke (2007), S. 1835. Diese Vorgehensweise erscheint nur sachgerecht, wenn „regelmäßig Anpassungen der Vorauszahlungen an die voraussichtliche Körperschaft- und/oder Gewerbesteuerschuld des Veranlagungszeitraumes beantragt werden“. Dahlke (2007), S. 1835.

657 Vgl. Burkhardt (2008), S. 293.

tive eine konstante Zunahme temporärer Differenzen angenommen wird.[658] Als weitere Möglichkeit kann die Aufteilung erfolgen, indem die latenten Steuern als Residualgröße errechnet werden. Ausgehend von einer Istermittlung der tatsächlichen und latenten Steuern wird eine etwaige Differenz zwischen diesem Wert und dem Gesamtsteueraufwand im Quartal als Veränderung der latenten Steuer bilanziert. Ein dem Gesamtjahr entsprechendes Verhältnis wird mit dieser Vorgehensweise i. d. R. auch nicht erreicht.[659]

Vor diesem Hintergrund erscheint die Ermittlung einer Gesamtsteuerquote als unzweckmäßig.[660] Um das für den bilanziellen Ausweis notwendige Aufteilungsproblem zu umgehen, empfiehlt sich anstelle einer Gesamtsteuerquote die Ermittlung von zwei separaten Plansteuerquoten anhand von Planbilanzen oder einer Plan-GuV. Dies erfordert jedoch eine detailliertere Planungsrechnung des Unternehmens.

4.2.3.2 Abhängigkeit der Entscheidungsnützlichkeit von der Qualität der steuerlichen Plandaten

Eine notwendige Voraussetzung für die Berechnung der Plansteuerquote anhand des geplanten IFRS-Jahresergebnisses und des geplanten Steueraufwands ist – unabhängig vom gewählten Ermittlungsverfahren – das Vorliegen einer Planungsrechnung.[661] Zu ermitteln sind u. a. das IFRS-Ergebnis, die steuerlichen Buchwerte, die temporären Differenzen und deren Auflösungszeitpunkte sowie die anzuwendenden Steuersätze.[662] Für die erforderliche Planungsrechnung ist keine eigens der Steuerermittlung dienliche Planung aufzustellen, vielmehr soll die steuerliche Planung in eine umfassende, mit den Zielen des Managements abgestimmte Planungsrechnung integriert sein, die auch weitere Planzahlen für Rechnungslegungszwecke liefert.[663] Zu den bei der Planung zu berücksichtigenden Faktoren zählen der Zeitraum der Planung, die Anzahl der in die Planung einzubeziehenden Unternehmen (Breite der Datenbasis), die Planungsebene, das Verfahren an sich und die Frequenz der Planungsanpassung.[664]

Der Planungszeitraum beträgt i. d. R. drei bis fünf Jahre (mittelfristige Planungsrechnung)[665], wobei für die hier relevanten Zwecke in erster Linie entscheidend ist, dass der Planungshorizont mindestens den nächsten Bilanzstichtag zum Geschäftsjahresende umfasst.[666] Bei der

---

[658] Vgl. Burkhardt (2008), S. 293.
[659] Vgl. Meyer et al. (2010), Rn. 29.
[660] Vgl. Meyer et al. (2010), Rn. 29 f.
[661] Vgl. Höfer (2009), S. 88. Zu der Notwendigkeit der Planungsrechnung und den grundlegenden Planungsproblemen in Bezug auf die Bilanzierung latenter Steuern im jährlichen Abschluss vgl. Meyer/Ruberg (2010), S. 1540 f.
[662] Zu den Aufgabenfeldern der Steuerabteilung zur Generierung der IFRS-relevanten steuerlichen Informationen vgl. Kirsch (2005), S. 1419.
[663] Vgl. Meyer et al. (2010), Rn. 10. Zur Ableitung von Plandaten im Detail, vgl. Meyer/Ruberg (2010), S. 1542 f. Zu den Phasen des Informationsmanagementprozesses für den IFRS-Abschluss und insb. der Verarbeitung und Verdichtung der von dezentralen Unternehmensbereichen gelieferten Informationen vgl. Kirsch (2005), S. 1419.
[664] Vgl. Meyer et al. (2010), Rn. 11–14.
[665] Vgl. Meyer et al. (2010), Rn. 10.
[666] Vgl. Loitz/Puth (2008), S. 1655.

Überlegung, welche Tochterunternehmen des Konzerns in die Planung einbezogen werden, ist der Wesentlichkeitsgrundsatz zu beachten. Komplexe Konzernstrukturen unterbinden eine Berücksichtigung aller Tochterunternehmen. Daher sollten bei der Beurteilung Kriterien wie die jeweilige Unternehmensgröße, der Umsatz etc. einbezogen werden. Als maßgebliche Ebene für die Planung kommen z. B. die rechtliche Konzernstruktur, aber auch interne Planungseinheiten in Betracht, wobei sich die Steuerzuordnung an den rechtlichen Strukturen zu orientieren hat.[667] Das Planungsverfahren kann entweder ausgehend von der untersten Ebene (*bottom-up*) oder der obersten Ebene, der Konzernebene (*top-down*), vorgenommen werden.[668] Möglich ist ebenso eine Kombination der zuvor genannten Verfahrensweisen, bei der das Mutterunternehmen sowie die einzelnen Tochterunternehmen Planungsergebnisse miteinander abstimmen. Damit werden hohe Anforderungen an das Rechnungswesen und die Steuerabteilung der Unternehmen gestellt, denen die umfassende und rechtzeitige Datenbeschaffung obliegt.[669]

Weiterhin ist die Frequenz der Planung bzw. Hochrechnung festzulegen, um eine Aktualisierung der Plansteuerquote vornehmen zu können. Obgleich IAS 34 keinen expliziten Verweis auf eine Prüfung der Plansteuerquote zu jedem Stichtag einer Zwischenberichtsperiode enthält, ist entsprechend dem grundlegenden Ermittlungskonzept des IAS 34.30(c), demzufolge die Ermittlung des Ertragsteueraufwands in jedem Quartal auf Grundlage der besten Schätzung des erwarteten effektiven Steuersatzes zu erfolgen hat, von einer Prüfung der Angemessenheit der Plansteuerquote mit etwaigen Anpassungen zu jedem Stichtag (zum Stichtag des zweiten und dritten Quartals) auszugehen.[670] Andernfalls kann das Vorliegen der „besten Schätzung" nicht sichergestellt werden. Für das Management sollte die Motivation eines zumindest quartalsweisen Soll-Ist-Abgleichs der Planungsszenarien allein schon aus der Tatsache resultieren, als die Plansteuerquote direkt das Steuerergebnis der ersten drei Quartale beeinflusst. Zudem lösen unerwartete Ausschläge der Steuerquote vom dritten Quartal zum vierten Quartal vermehrt Nachfragen u. a. zur Güte der Unternehmensplanung von Unternehmensexternen als auch Unternehmensinternen aus.[671]

---

667 Eine ausschließliche Orientierung der Unternehmensplanung an wirtschaftlichen Einheiten (*business units*) ist für steuerliche Zwecke schwer nutzbar, solange die Steuerberechnung an den rechtlichen Einheiten anknüpft, vgl. Loitz (2006a), S. 441.

668 Die Alternativen in Bezug auf die Ermittlung des effektiven Steuersatzes näher erläuternd, vgl. Dahlke (2007), S. 1835.

669 Ferner ist für die Entwicklung adäquater Planungsrechnungen eine enge Abstimmung mit dem Controlling und der Unternehmensleitung notwendig. Vgl. Meyer/Ruberg (2010), S. 1539.

670 Ebenso eine Überprüfung der Schätzungen zu jedem Stichtag einer Zwischenberichtsperiode als erforderlich ansehend, vgl. Dahlke (2007), S. 1833; Tesch (2010), S. 64. Nach FIN 18.6 wird eine Prüfung zu jedem Zwischenberichtsstichtag explizit vorgeschrieben: „*The rate is revised, if necessary, as of the end of each successive interim period during the fiscal year to the enterprise's best current estimate of its annual effective tax rate.*" [Hervorhebungen nicht im Original].

671 Der beste Indikator für die Güte der Planungsrechnung stellt das vierte Quartal des Geschäftsjahres dar. Wenn nicht wesentliche ungewöhnliche Effekte im letzten Quartal vorlagen, lassen sich starke Schwankungen der Steuerquote zwischen dem dritten Quartal und der Steuerquote zum Geschäftsjahresende auf Mängel in der Steuerplanung zurückführen. Vgl. Loitz (2006), S. 388.

4.2.3.3 Beurteilung der dargestellten Ermittlungsverfahren unter Einbezug empirischer Erkenntnisse

Durch die allgemein gehaltene Vorgabe des IASB zur Ermittlung des unterjährigen Ertragsteueraufwands eröffnen sich, wie die vorherigen Ausführungen zu den einzelnen Ermittlungsverfahren zeigen, für die bilanzierenden Unternehmen gewisse Gestaltungsspielräume. Die zwingende Vorgabe eines konkreten Ermittlungsverfahrens ist insofern obsolet, als sich grundsätzlich mit allen genannten Ermittlungsverfahren die gleiche (Gesamt-)Plansteuerquote ermitteln lässt. Vielmehr gewähren die wenig konkreten Vorgaben des IAS 34 den Unternehmen die Möglichkeit, das optimale, ihrem unternehmensindividuellen Planungswesen entsprechende Ermittlungsverfahren für die Plansteuerquote zu implementieren, um eine zeitnahe Veröffentlichung sowie eine dem Wesentlichkeitsgrundsatz entsprechende Wertermittlung zu fördern. Der Verzicht auf die Vorgabe eines konkreten Ermittlungsverfahrens lässt hingegen ebenso den Schluss zu, dass sich nach Ansicht des IASB die Informationen, die anhand der verschiedenen Verfahren ermittelt wurden, an Relevanz und Verlässlichkeit nicht wesentlich unterscheiden. Das mag bezweifelt werden, besteht doch bspw. durch den fehlenden Detaillierungsgrad bei Anwendung der Planüberleitungsrechnung eine Aufteilungsproblematik für den bilanziellen Ausweis von tatsächlichen und latenten Steuern. Unterschiedliche Verteilungsschlüssel können nicht nur zu einem verzerrten Bild der Vermögens- und Ertragslage führen, sondern sich ebenso zulasten der zwischenbetrieblichen Vergleichbarkeit auswirken. Letztendlich ist für die Entscheidungsnützlichkeit die Umsetzung der Regelungen durch die Unternehmen und insb. die Güte der Planungsrechnung entscheidend. Damit stellt sich die Frage, inwieweit von einer – wie vom IASB intendierten – Vereinfachungsmöglichkeit bei der unterjährigen Bewertung der Ertragsteuern ausgegangen werden kann.

Hinweise darüber, wie die Umsetzung der Regelungen des IAS 34 durch die quartalsfinanzberichtspflichtigen Unternehmen erfolgt und welche Verfahren zur Ermittlung der Plansteuerquote in der Praxis zur Anwendung kommen, können den Erkenntnissen aus einer im Jahr 2007 von *PricewaterhouseCoopers* (*PwC*) durchgeführten Befragung zur Steuerermittlung in der Quartalsfinanzberichterstattung entnommen werden.[672] Auf die Frage, mit welchem Verfahren die Unternehmen die Ertragsteuern in den Quartalen ermitteln, gaben ca. 40 % der 91 befragten Unternehmen an, die Ermittlung des Ertragsteueraufwands anhand der von IAS 34 vorgesehenen Plansteuerquote zu ermitteln. Hingegen berechnen ca. 50 % der befragten Unternehmen die latenten und tatsächlichen Steuern auf Basis von Istwerten (Quartalsergebnisse

[672] Vgl. hierzu und zum Folgenden PwC (2008), S. 1–44; vgl. auch Loitz/Puth (2008), S. 1655–1660 mit einer erneuten Darstellung dieser Studienergebnisse. An der Befragung nahmen 91 Unternehmen unterschiedlicher Marktsegmente (u. a. DAX, MDAX, SDAX, TecDAX) teil, wobei ca. 75 % der Unternehmen ihre Abschlüsse nach IFRS aufstellen. Eine konkrete Aussage über die Repräsentativität der Befragungsergebnisse wird in der Studie nicht getroffen; Angaben zur Grundgesamtheit und zur Rücklaufquote sind nicht enthalten. Vgl. PwC (2008), S. 1–44.

und Bilanzdifferenzen).[673] Von den Unternehmen, deren Steuerermittlung über eine Plansteuerquote erfolgt, nehmen 80 % keine separate Ermittlung der tatsächlichen und der latenten Steuerquote vor und ermitteln eine geplante Gesamtsteuerquote, um einen erhöhten Planungs- und Ermittlungsaufwand zu vermeiden.[674] Der resultierenden Aufteilungsproblematik zwischen tatsächlichen und latenten Steuern wird mitunter mit Pauschalmethoden begegnet.[675] Eine, zur Aufteilung des ermittelten Steueraufwands, separate Planung von tatsächlichen und latenten Steuern wird von ca. 40 % der befragten Unternehmen vorgenommen. Eine Möglichkeit sieht die Planung der tatsächlichen Steuern mit anschließender Ermittlung der latenten Steuern als Residualgröße vor (26 %); auch wird zunächst der latente Steueraufwand anhand der erwarteten temporären Effekte ermittelt, wobei sich die tatsächlichen Steuern als Residuum zum Gesamtsteueraufwand ergeben (17 %). Zur Aufteilung wird jedoch auch – von einer Minderheit – auf Vorjahresbilanzstände zurückgegriffen.[676]

Zur Ermittlung der Veränderungen temporärer und permanenter Differenzen legen 27 % der befragten Unternehmen Planbilanzen zu Grunde, bei 43 % der Unternehmen erfolgt eine GuV-orientierte Ermittlung. Hingegen schätzen 32 % der Unternehmen die erwarteten temporären und permanenten Differenzen z. B. anhand von Vorjahreswerten, was auf die Komplexität der direkten Ermittlung zurückgeführt wird.[677] Selbst unter Berücksichtigung des Wesentlichkeitsgrundsatzes, demzufolge ein weniger aufwändiges und ressourcenträchtiges Ermittlungsverfahren zu präferieren wäre, ist die Anwendung vereinfachter, auf Vorjahreswerten basierender Ermittlungsmethoden abzulehnen. Aufgrund der ermessensbehafteten Aufteilung in tatsächliche und latente Steuern lässt sich das Vorliegen einer hinreichenden Verlässlichkeit bezweifeln. Demzufolge ist der Anwendung von Planbilanzen oder einer Plan-GuV der Vorzug zu gewähren. Auch wenn für die Ermittlung anhand einer Plan-GuV keine komplette IFRS-Bilanz sowie Steuerbilanz aufgestellt werden muss, setzt die Klassifizierung mittelbar die Kenntnis der künftigen Entwicklung von Differenzen zwischen beiden Bilanzen voraus.

Die Befragungsergebnisse deuten auf die Vielfalt der Abwandlungen der Steuerermittlung anhand einer (vermeintlichen) Plansteuerquote hin.[678] Durch die partielle Vermischung der Methoden und den Rückgriff auf prospektive Größen, Istdaten und Vorjahreswerte ist die temporale Vergleichbarkeit der Abschlüsse eines Unternehmens als auch eine zwischenbet-

[673] Vgl. PwC (2008), S. 11. Aufgrund umfangreicher Berechnungen u. a. bei Anpassungen der Steuerquote „gehen viele Unternehmen in der Praxis dazu über, eine Iststeuerberechnung durchzuführen". Krimpmann (2011), S. 45.

[674] Vgl. PwC (2008), S. 18.

[675] Vgl. Loitz/Puth (2008), S. 1657.

[676] Die Aufteilung erfolgt bei 2 % der Unternehmen anhand eines zuvor festgelegten Verhältnisses (Bilanzstände des Vorjahres). 15 % der Unternehmen gaben keine Antwort auf diese Frage.

[677] Vgl. PwC (2008), S. 19; Loitz/Puth (2008), S. 1657.

[678] Denkbar wäre auch z. B. eine Schätzung der Plansteuerquote anhand der Vorjahresquote mit ggf. Anpassungen um erwartete Sondereffekte und nicht basierend auf Planzahlen. Auch könnte der nominale Steuersatz zur Anwendung kommen, was zur Folge hätte, dass der Steueraufwand aufgrund der nicht berücksichtigten permanenten Differenzen i. d. R. zu niedrig ausgewiesen wird.

riebliche Vergleichbarkeit erheblich eingeschränkt. Nun bestände die Möglichkeit die Nachvollziehbarkeit der steuerlichen Positionen durch erläuternde Anhangangaben, wie es im Fall des jährlichen Abschlusses z. B. durch die Überleitungsrechnung vorgesehen ist, zu erhöhen. Doch sieht IAS 34 keine expliziten Angaben im verkürzten Abschluss in Bezug auf die Ermittlung von Ertragsteuern vor.[679] Grundsätzlich ließe sich zumindest eine Erläuterungspflicht des Ermittlungsverfahrens über die Pflichtangabe des IAS 34.16A(a) herleiten. Wie vorstehend erläutert, wird im Rahmen der Bewertung von Ertragsteuern nicht auf die gleiche Ermittlungsmethodik wie in der jährlichen Berichterstattung zurückgegriffen. Insofern ergibt sich eine Ausnahme des prinzipiellen Verzichts des IAS 34 auf eine (erneute) Darstellung der angewandten Rechnungslegungsmethoden im Anhang; respektive kann die zwischenberichtsspezifische Ermittlung nicht mit einer Erklärung gem. IAS 34.16A(a), dass die gleichen Rechnungslegungsmethoden wie im letzten Abschluss eines Geschäftsjahres befolgt wurden, umfasst werden. Dies würde grundsätzlich eine Erläuterungspflicht der gewählten Ermittlungsmethodik bedingen.[680] Dem Wortlaut des IAS 34.B13 zufolge sieht das IASB die Ermittlung anhand der Plansteuerquote als übereinstimmend mit den Rechnungslegungsmethoden des jährlichen Abschlusses, womit der Tatbestand für eine verpflichtende Angabe nach IAS 34.16A(a) nicht erfüllt ist. Somit mag es nicht überraschen, wenn zwischenberichtspflichtige Unternehmen keine Angabe zur Ermittlungsmethodik der Steuerpositionen veröffentlichen. Eine Klarstellung im Wortlaut des IAS 34 ist daher zwingend erforderlich: Anzugeben wäre die Art und Weise, wie die Plansteuerquote ermittelt wird bzw. wie die (bilanzielle) Aufteilung von latenten und tatsächlichen Steuern erfolgt.

Die Untersuchungsergebnisse der Befragung zeigen jedoch auch, dass ca. 50 % entgegen der nach IAS 34 vorgesehenen Ermittlung anhand einer Plansteuerquote die latenten und tatsächlichen Steuern analog zur Vorgehensweise im jährlichen Abschluss nach den Vorgaben des IAS 12 auf Basis von Istwerten ermitteln.[681] Streng genommen liegt mit dieser Vorgehensweise eine nicht IAS 34-konforme Bilanzierung vor.[682] Eine Angabe der Übereinstimmung mit den IFRS gem. IAS 34.19 (sog. *statement of compliance*) dürfte von den Unternehmen nicht abgegeben werden.[683] Vor dem Hintergrund der zwischenberichtsspezifischen Anforde-

[679] Nach DRS 16.26 ist die „gewählte Vorgehensweise zur Ermittlung […] im verkürzten Anhang zu beschreiben."

[680] Eine Erläuterung der Methode der unterjährigen Ertragsteuerermittlung gem. IAS 34.16(a) als verpflichtend ansehend, vgl. Dahlke (2007), S. 1831. Gleicher Ansicht Loitz (2007), S. 2052.

[681] Darauf hinweisend, dass Unternehmen der Einführung anderer Verfahren zur Steuerermittlung kritisch gegenüberstehen und daher die gleiche Vorgehensweise wie im Jahresfinanzbericht anwenden. Vgl. Loitz (2006), S. 391. Eine Istberechnung „aufgrund der deutschen Steuersystematik als problemlos realisierbar" ansehend, da „der Steuersatz für Kapitalgesellschaften nach deutschem Recht innerhalb eines Jahres konstant bleibt und somit als gewichteter Steuersatz im Sinne des IAS 34.30(c) verwendet werden kann." Krimpmann (2011), S. 45.

[682] Vgl. Loitz/Puth (2008), S. 1655. Ebenso ist die Vornahme einer Schätzung anhand von Vorjahreswerten, die laut den Befragungsergebnissen von einer Minderheit der Unternehmen vorgenommen wird, nicht IAS 34-konform. Vgl. PwC (2008), S. 11. Zu einer Übersicht, welche Fehler bei der Bilanzierung von Ertragsteuern nach IAS 12 vorliegen können, vgl. Dahlke (2006), S. 586.

[683] Zur Angabe der Übereinstimmung mit den IFRS, vgl. Kapitel 3.2.1.3.2.

rungen erscheint jedoch die analoge Vorgehensweise zum jährlichen Abschluss gegenüber der nach IAS 34 vorgesehenen Ermittlung in gewissen Aspekten von Vorteil. Nicht nur, dass die entstehende Routine im Erstellungsprozess – vorbehaltlich einer entsprechenden Fortentwicklung der Steuerbilanz – zu einer besseren Qualität der steuerlichen Zwischenberichtsinformationen und zu einer zeitnahen Berichterstattung beitragen könnte, es würde sich auch die Vergleichbarkeit dahingehend erhöhen, als die Ermittlungsweise eindeutig vorgegeben ist. Im Zuge dessen könnte auch das Abhängigkeitsverhältnis zum Planungswesen entschärft werden, da die Ermittlung auf Istdaten und nicht länger auf prospektiven Daten basiert. Dies wäre insb. für die Unternehmen von Vorteil, deren Planungsrechnung einen weniger zutreffenden Steueraufwand ergeben würde, als wenn sie sich an eine diskrete Ermittlungsweise halten. Dieser Vorteil wird jedoch durch das Abhängigkeitsverhältnis zur Qualität der unterjährigen Steuerbilanz ersetzt, aus der ebenso Verzerrungen resultieren können. Nicht zuletzt würde die Orientierung an Istzahlen der konzeptionellen Ausrichtung des IAS 34 an dem eigenständigen Ansatz entsprechen. Vor diesem Hintergrund stellt sich die Frage, warum das IASB eine zum jährlichen Abschluss analoge Wertermittlung basierend auf Istwerten kategorisch ausschließt.

Das Schrifttum vertritt die Ansicht, dass die Angabe der Ertragsteuern zwangsläufig eine Prognoseinformation darstellt; daher sind bei der Ermittlung „auch dann die Verhältnisse des Gesamtjahres zu berücksichtigen, wenn hinsichtlich anderer Abgrenzungen grundsätzlich dem eigenständigen Ansatz gefolgt wird und insoweit nur die Verhältnisse der Zwischenberichtsperiode entscheiden.“[684] Auch aus einer analytischen Perspektive wäre die Ermittlung, basierend auf Istzahlen, nicht zu präferieren, da sich jeder steuerliche Effekt in vollem Umfang auf die Steuerquote auswirkt und in erheblichen Ausschlägen der Steuerquote resultieren kann.[685] Durch die implizite Glättung durch Anwendung einer Plansteuerquote werden derartige Ausschläge unterbunden[686] und aus der unterjährigen Plansteuerquote – soweit bekannt – ließe sich aus Adressatensicht eine Prognose auf das Jahresergebnis ableiten, was der Prognosefunktion der Zwischenberichterstattung entsprechen würde.

---

[684] Coenenberg/Bridts (1991), S. 127.
[685] Vgl. Loitz (2006), S. 391.
[686] Vgl. Loitz (2006), S. 391.

4.2.4 Unterjährige Anpassungen der erwarteten Steuerquote

4.2.4.1 Vorgaben des IAS 34

Um den Vorgaben des IAS 34.30(c) zu folgen, sind eine kontinuierliche Prüfung der Plansteuerquote zu jedem Bilanzstichtag und etwaige Anpassungen an den neuen Kenntnisstand vorzunehmen.[687] Treten unterjährig Ereignisse ein, die sich in einer wesentlichen Anpassung des geplanten IFRS-Ergebnisses oder des geplanten Steueraufwands niederschlagen, womit eine Anpassung der Plansteuerquote verbunden ist, liegt nach Maßgabe des IAS 34 eine Schätzungsänderung vor.[688] Die Anpassung der Steuerquote hat nicht rückwirkend zu erfolgen, sondern ist mittels Abgrenzung zusätzlicher Aufwendungen oder Rückbuchung des bereits erfassten Betrags in den folgenden Zwischenberichtsperioden zu berücksichtigen (IAS 34.29 i. V. m. IAS 34.30(c)). Bei einer erneuten Plansteuerquotenberechnung wird die Änderung antizipiert und unmittelbar und in voller Höhe im Ergebnis erfasst.[689] Die geänderte Plansteuerquote wird auf die künftigen Quartale angewandt.[690] Eine Angabe der Art und des Umfangs der Schätzungsänderung sieht IAS 34.16A(d) im Anhang der aktuellen Zwischenberichtsperiode vor.

Diese grundsätzliche Vorgehensweise geht entsprechend der Intention des IAS 34 davon aus, dass sich die auftretenden Ereignisse, die zu einer Schätzungsänderung und folglich Anpassung der Plansteuerquote führen, auf die gewöhnliche Geschäftstätigkeit zurückführen lassen.[691] Doch es können unterjährig (als auch bereits bei erstmaliger Planung der Steuerquote) einmalige Sachverhalte eintreten, deren steuerliche Effekte sich nicht unter die gewöhnliche Geschäftstätigkeit subsumieren lassen. Um eine Verzerrung der Steuerquote zu unterbinden, sieht IAS 34 für gewisse Sachverhalte eine gesonderte – nicht der integralen Methode entsprechende – Behandlung vor.[692] Nicht in die geplante Steuerquote einzubeziehen, sondern ausschließlich in der jeweiligen Zwischenberichtsperiode zu berücksichtigen, in der sie eintreten, sind gem. IAS 34.B19 bzw. B20 „Steuervorteile, die sich auf ein einmaliges Ereignis beziehen“[693] und „Vorteile aus einem steuerlichen Verlustrücktrag“[694]. Bei Vorliegen dieser in Anlehnung an die US-amerikanische Regelung der US-GAAP FIN 18 als *„discrete items“* bezeichneten Sachverhalte wird eine Plansteuerquote ohne Einbezug des Sondereffektes ermittelt und auf das tatsächliche Quartalsergebnis angewandt; die steuerlichen Effekte aus dem

687 Vgl. Krimpmann (2011), S. 45.
688 Vgl. hierzu Kapitel 3.2.1.3.4.
689 Vgl. Baetge et al. (2010), Rn. 159; Hebestreit (2009), Rn. 103. Der Nachholeffekt führt zu einem Ausschlag der Steuerquote in dem Quartal, in dem die Anpassung vorgenommen wird.
690 Vgl. Meyer et al. (2010), Rn. 49.
691 Die Steuerquote soll das Ergebnis der gewöhnlichen Geschäftstätigkeit und den auf dieses Ergebnis entfallenden Steueraufwand widerspiegeln. Vgl. Meyer et al. (2010), S. 235.
692 Vgl. Loitz/Puth (2008), S. 1565.
693 IAS 34.B19. Damit sind z. B. ertragsteuerliche Auswirkungen eines Investitionszuschusses bei der Ermittlung der effektiven Steuerquote zu berücksichtigen und nicht nur in der Zwischenberichtsperiode, in der die Investition durchgeführt wurde; dies widerspricht der eigenständigen Betrachtungsweise. Hingegen werden Steuervergünstigungen einmaliger Ereignisse nur in der Zwischenberichtsperiode berücksichtigt, in der die Ereignisse eintreten. Vgl. Peemöller (2009), Rn. 47.
694 IAS 34.B20.

einmaligen Sachverhalt werden separat bestimmt. In Summe ergibt sich der Gesamtsteueraufwand für das Quartal.[695] Dabei ist zu unterscheiden, ob die Auswirkungen des *discrete item* lediglich zu Steueraufwand bzw. -ertrag führen, oder bereits vor Berechnung der Quote aus dem geplanten IFRS-Ergebnis auszusondern sind.[696]

Es stellen sich nunmehr die Fragen, nach welchen Maßgaben die Unternehmen zu entscheiden haben, ob ein ungeplanter unterjährig auftretender Sachverhalt als *discrete item* zu klassifizieren ist. IAS 34 nennt keine weiteren Hinweise zu einer Definition. Bei einer weiten Auslegung des IAS 34.B19 könnten grundsätzlich alle „einmalige[n] Ereignis[se]" als *discrete item* erfasst werden. Da bei Regelungslücken bspw. auf die Vorschriften der US-GAAP zurückgegriffen werden kann, könnten entsprechend der Definition in FIN 18.16 eine Berücksichtigung von *„significant unusual or extraordinary items"* in *„the interim period in which they occur"* erfolgen.[697] Welche konkreten steuerlichen Auswirkungen eine solche Klassifizierung nach sich zieht und welche Konsequenzen sich für die Entscheidungsnützlichkeit der Zwischenberichtsinformationen respektive die Eigenständigkeit des Berichtsinstruments ergeben, wird im nachfolgenden Kapitel am Beispiel einer unterjährig auftretenden Steuersatzänderung dargestellt.[698]

4.2.4.2 Berücksichtigung von Sondereffekten bei Anpassung der Plansteuerquote am Beispiel einer Steuersatzänderung

4.2.4.2.1 Alternativen zur Abbildung der Steuersatzänderung

Für die Abbildung von Steuersatzänderungen kommen grundsätzlich zwei Alternativen in Betracht.[699] Zu einem die Klassifizierung als *discrete item* und zum anderen die Berücksichtigung über die Anpassung der Steuerquote. Bereits die weite Auslegung der „einmaligen Effekte" nach IAS 34.B19 berechtigt eine Klassifizierung der Steuersatzänderung als *discrete item*, die über die verpflichtende Neubewertung der latenten Steuern eine Planungsänderung auslöst, aber sich nicht auf die gewöhnliche Geschäftstätigkeit zurückführen lässt. Die Behandlung einer Steuersatzänderung als *discrete item* wäre auch insoweit IFRS-konform, als IAS 8.37 i. V. m. IAS 34.28 eine durch eine Schätzungsänderung hervorgerufene Anpassung des Buchwerts in der Periode vorsieht, in der die Änderung eintritt.[700] Ein weiterer Hinweis auf die Zulässigkeit dieser Vorgehensweisen kann dem Wortlaut des IAS 34.B13 entnommen

[695] Vgl. PwC (2008), S. 14.
[696] Vgl. Meyer et al. (2010), Rn. 52.
[697] Vgl. PwC (2008), S. 15; PwC (2010), S. 19.
[698] Zu den (bilanziellen) Auswirkungen der Senkung des Steuersatzes im Rahmen der Unternehmenssteuerreform im Jahre 2008, vgl. Giersberg (2008), S. 16. Infolge der Steuersatzänderung nahmen die Unternehmen eine Neubewertung der aktiven latenten Steuern vor, wodurch es zu hohen Aufwandsbuchungen kam.
[699] Vgl. Loitz (2007), S. 2049; Schulz-Danso (2009), Rn. 171. Weiterhin wäre es möglich, die Anpassung der Plansteuerquote nur für die tatsächlichen Steuern vorzunehmen. Die Umkehreffekte in der Zukunft hingegen werden zu dem Zeitpunkt erfasst, mit dem die Steuersatzänderung verabschiedet ist. Aufgrund der aufwändigen Ermittlung der einzelnen Effekte erscheint diese Methode wenig praxisgerecht, vgl. hierzu Loitz (2007), S. 2049.
[700] Vgl. Loitz (2007), S. 2050.

werden, nachdem sich der anzuwendende Steuersatz auf das „gesamte Jahresergebnis" bezieht; der Effekt aus einer Steuersatzänderung entsteht jedoch nur einmal im Jahr und wird „nicht auf ‚Basis des Gesamtergebnisses' des Jahres kalkuliert"[701]. Infolge eines Rückgriffs auf die Regelungen der US-GAAP ist die Berücksichtigung der Steuersatzänderung als *discrete item* explizit durch FIN 18.16 i. V. m. APB 28.20 vorgesehen.[702] Dieser Argumentation steht entgegen, dass nach Ansicht des IASB der „geschätzte durchschnittliche Jahressatz" „eine Mischung der progressiven Steuersatzstruktur" – „einschließlich beschlossener oder angekündigter Änderungen der Ertragsteuersätze, die später im Geschäftsjahr in Kraft treten"[703] wiedergeben würde.[704] Demnach wäre die erwartete Steuerquote unter Einbeziehung der Steuersatzänderung anzupassen. Eine rückwirkende Änderung ist jedoch bei beiden Alternativen ausgeschlossen, da keine Änderung der Rechnungslegungsmethode gem. IAS 34.43 bzw. IAS 8.7–31 vorliegt.[705] Ferner ist nach IAS 34.B13 eine gleichmäßige Verteilung der steuerlichen Effekte auf die verbleibenden Quartale nicht vorgesehen.[706] Angesichts der bestehenden Alternativen ist gem. IAS 8.10 der Methode der Vorzug zu gewähren, mit der den Adressaten entscheidungsnützliche Informationen vermittelt werden können.

4.2.4.2.2 Erfassung als *discrete item*

Im Folgenden wird im Rahmen eines beispielhaften Sachverhalts demonstriert, welche Auswirkungen die Einstufung eines einmaligen Sondereffekts in Form der Steuersatzänderung als *discrete item* auf die im jeweiligen Quartal ausgewiesenen Ertragsteueraufwendungen und die Plansteuerquote hat:[707] Im dritten Quartal des laufenden Geschäftsjahres (20X1) wird durch den Bundesrat einer Steuersatzsenkung von 40 % auf 30 % mit Wirkung für das kommende Geschäftsjahr (20X2) verabschiedet.[708] Das geplante IFRS-Jahresergebnis beläuft sich auf 4.000 € und es wird mit einer geplanten Steuerquote von 40 % gerechnet. Das zu versteuernde Ergebnis beläuft sich in jedem Quartal auf 1.000 €. Es besteht eine temporäre Differenz

---

[701] Loitz (2007), S. 2050.

[702] Vgl. APB 28.20: „*The tax effect of a change in tax laws or rates on taxes currently payable or refundable for the current year shall be reflected after the effective dates prescribed in the statutes in the computation of the annual effective tax rate beginning no earlier than the first interim period that includes the enactment date of the new legislation. The effect of a change in tax laws or rates on a deferred tax liability or asset shall not be apportioned among interim periods through an adjustment of the annual effective tax rate.*" [Hervorhebungen nicht im Original].

[703] IAS 34.B13, alle drei Zitate.

[704] Vgl. Loitz (2007), S. 2050; Peemöller (2009), Rn 44.

[705] Vgl. hierzu Kapitel 3.2.1.3.4. Vgl. auch Loitz (2007), S. 2049; Tesch (2010), S. 71.

[706] Vgl. Loitz (2007), S. 2049. Die erwartete Steuerquote wird auf einer von Geschäftsjahresbeginn bis zum Stichtag der Zwischenberichtsperiode kumulierten Grundlage neu geschätzt und auf das kumulierte Quartalsergebnis angewendet. Mittels einer proportionalen Verteilung auf nachfolgende Zwischenberichtsperioden kann der Steueraufwand nicht ermittelt werden. Ebenda S. 2049.

[707] Das Beispiel orientiert sich an den Ausführungen von *Loitz*, vgl. Loitz (2007), S. 2050–2052.

[708] Vgl. Loitz (2007), S. 2050. Nach IAS 12.47 f. sind für die Bewertung von latenten Steueransprüchen und Steuerschulden die Steuersätze zu verwenden, die am Abschlussstichtag gültig oder angekündigt sind. Unterstellt, dass der Bundespräsident die Gegenzeichnung, Ausfertigung und Verkündung des Gesetzes nicht verweigert, erlangen Steuersatzänderungen in Deutschland durch die Verabschiedung des Bundesrats materielle Wirkung eines tatsächlichen Inkrafttretens. Vgl. Freiberg (2007), S. 200; Lienau (2006), S. 51; Meyer et al. (2010), Rn. 111, Fn. 90.

i. H. v. 3.000 €, für die zuvor erfolgswirksam passive latente Steuern gebildet wurden. Etwaige Änderungen der latenten Steuern sind folglich ebenfalls erfolgswirksam zu erfassen.[709] Der Umkehreffekt tritt erst im nachfolgenden Jahr (20X2) ein.[710]

Tabelle 10: Behandlung der Steuersatzänderung als *discrete item*

	1. Quartal	2. Quartal	3. Quartal	4.Quartal
Ermittlung effektive Steuerquote				
Geplantes IFRS-Ergebnis für das gesamte Geschäftsjahr 20X1	4.000	4.000	4.000	4.000
Erwarteter Steueraufwand	1.600	1.600	1.600	1.600
Erwartete Steuerquote	40 %	40 %	40 %	40 %
Bilanzposition „Latente Steuerschuld" unter Berücksichtigung des *discrete item*				
Temporäre Differenz	3.000	3.000	3.000	3.000
Latente Steuerschuld (40 %)	1.200	1.200		
Latente Steuerschuld (30 %)			900	900
Latenter Steueraufwand	0	0	-300	0
Ermittlung Steueraufwand				
IFRS-Ergebnis vor Steuern	1.000	1.000	1.000	1.000
Tatsächliche Steuern (20X1: 40 %)	400	400	400	400
Latente Steuern	0	0	-300	0
Effektiver Steueraufwand	400	400	100	400
Steuersatz des Quartals	40 %	40 %	10 %	40 %
Kumuliertes Ergebnis				
Kumuliertes Ergebnis vor Steuern	1.000	2.000	3.000	4.000
Kumulierter Steueraufwand	400	800	900	1.300
Kumulierte effektive Steuerquote	40 %	40 %	30 %	32,5 %

Die Einstufung der Steuersatzänderung als *discrete item* führt zu einer Berücksichtigung der Steuersatzänderung im dritten Quartal; die latente Steuerschuld wird um die Steuersatzdifferenz i. H. v. 300 €, die sich infolge der Steuersatzreduktion von 10 % auf die bestehende latente Steuerschuld von 3.000 € ergibt, angepasst.[711] Aus diesem Einmaleffekt resultieren eine sehr niedrige Steuerquote im dritten Quartal und eine deutlich gesunkene Steuerquote für die kumulierten Quartale von 30 %, die im weiteren Verlauf des Jahres leicht ansteigt. Da die

[709] Im Unterschied dazu sind Effekte erfolgsneutral zu behandeln, wenn latente Steuern außerhalb des Gewinns oder Verlusts erfasst wurden, bspw. bei Neubewertungen von Sachanlagen unter Anwendung der Neubewertungsmethode i. S. d. IAS 16.31–42. Vgl. auch IAS 12.61A–65A.

[710] Auf die Darstellung des Sachverhalts, wenn sich die temporäre Differenz im Verlauf des Jahres und nicht erst des Folgejahres umkehrt, wird an dieser Stelle verzichtet. Die Situation mag wohl eine erhöhte Praxisrelevanz ausweisen, führt aber bei der im Fokus stehenden Fragestellung zu keinem zusätzlichen Erkenntnisgewinn. Vgl. hierzu Freiberg (2007), S. 202; zu einer komplexeren Darstellung, vgl. Loitz (2007), S. 2051.

[711] Bei Bestehen weiterer latenter Steuern wären diejenigen, die sich bis zum Bilanzstichtag noch umkehren würden, von der Neubewertung auszunehmen.

erwartetet Steuerquote nicht angepasst wurde, weicht aufgrund der Beeinflussung durch das *discrete item* die kumulierte Steuerquote von dieser ab.

4.2.4.2.3 Anpassung der Plansteuerquote

Wird die Steuersatzänderung nicht als *discrete item* eingestuft, sondern durch eine Anpassung der Plansteuerquote berücksichtigt, wird im dritten Quartal eine neue erwartete Steuerquote für das Jahr 20X1 berechnet. Übertragen auf den beispielhaften Sachverhalt, ergibt sich durch die Neuberechnung eine neue Plansteuerquote für das Gesamtjahr von 32,5 %, da sich der erwartete Steueraufwand um 300 € auf 1.300 € vermindert.

Tabelle 11: Änderung der Plansteuerquote aufgrund der Steuersatzänderung

	in €
Geplantes IFRS-Ergebnis vor Steuern	4.000
Erwartete tatsächliche Steuern bei 40 %	1.600
Auswirkungen der temporären Differenz Latenter Steuerertrag ((3.000 * 40 %)-((3.000 * 30 %))	-300
Erwarteter effektiver Gesamtertragsteueraufwand	1.300
Erwartete Gesamtsteuerquote	32,5 %

Die neue Plansteuerquote ist auf das kumulierte Ergebnis des dritten Quartals anzuwenden. Der kumulierte Steueraufwand beträgt auf Basis des kumulierten IFRS-Ergebnisses i. H. v. 3.000 € bei einer erwarteten Steuerquote von 32,5 % im dritten Quartal 975 €. Ausgangspunkt für die Aufteilung von latenten und tatsächlichen Steuern bildet die Änderung der latenten Steuern; eine Anpassung der tatsächlichen Steuern erfolgt nicht, da diese von der Steuersatzänderung im Jahr 20X1 unberührt bleiben. Für die latenten Steuern ergibt sich hingegen eine Änderung (Steuerertrag) i. H. v. 300 €. Bei einer Gleichverteilung auf die vier Quartale würde sich ein Betrag von 75 € ergeben. Da eine rückwirkende Anpassung nicht vorgesehen ist, werden die Beträge des ersten und des zweiten Quartals i. H. v. 150 € im dritten Quartal berücksichtigt; es resultiert ein latenter Steuerertrag i. H. v. 225 €. Der kumulierte Ertragsteueraufwand im dritten Quartal i. H. v. 975 € setzt sich somit aus 1.200 € tatsächlichen Ertragsteuern und der Auflösung der latenten Steuern i. H. v. 225 € zusammen. Dies führt angesichts des bereits unveränderbaren kumulierten Steueraufwands von 800 € zum zweiten Quartal zu einem effektiven Steueraufwand von 175 € im dritten Quartal. Diese Änderung ist zudem bilanziell zu erfassen, wodurch sich der Bilanzposten von 1.200 € auf 925 € im dritten Quartal vermindert.[712] Im vierten Quartal sind die latenten Steuern um weitere 75 € aufzulösen, sodass der Gesamteffekt aus der Steuersatzänderung i. H. v. 300 € geglättet wird.

---

[712] Vgl. Loitz (2007), S. 2050 f.

Tabelle 12: Anwendung der angepassten Plansteuerquote

	1. Quartal	2. Quartal	3. Quartal	4.Quartal
Ermittlung effektive Steuerquote				
Geplantes IFRS-Ergebnis für das gesamte Geschäftsjahr 20X1	4.000	4.000	4.000	4.000
Erwarteter Steueraufwand	1.600	1.600	1.300	1.300
Erwartete Steuerquote	40 %	40 %	32,5 %	32,5 %
Bilanzposition „Latente Steuerschuld" unter Berücksichtigung des *discrete item*				
Temporäre Differenz	3.000	3.000	3.000	3.000
Latente Steuerschuld (40 %)	1.200	1.200		
Latente Steuerschuld (30 %)			975	900
Latenter Steueraufwand	0	0	-225	-75
Ermittlung Steueraufwand				
IFRS-Ergebnis vor Steuern	1.000	1.000	1.000	1.000
Tatsächliche Steuern (20X1: 40 %)	400	400	400	400
Latente Steuern	0	0	-225	-75
Effektiver Steueraufwand	400	400	175	325
Steuersatz des Quartals	40 %	40 %	17,5 %	32,5 %
Kumuliertes Ergebnis				
Kumuliertes Ergebnis vor Steuern	1.000	2.000	3.000	4.000
Kumulierter Steueraufwand	400	800	975	1.300
Kumulierte effektive Steuerquote	40 %	40 %	32,5 %	32,5 %

Mit Anpassung der Plansteuerquote ergibt sich ebenfalls eine deutlich gesunkene Quote im dritten Quartal, wobei der Effekt der Steuersatzänderung im Quartal des Entstehens der Veränderung geringer ist als bei der Einstufung des Sachverhalts als *discrete item*, da hier keine Abkopplung des Effekts vom eigentlichen Steueraufwand, sondern eine Glättung des Effekts erfolgt. Im Vergleich liegt eine bessere Glättung der kumulierten Steuerquote vor.

4.2.4.2.4 Beurteilung der Alternativen unter Einbezug der Berücksichtigung von *discrete items* in der Bilanzierungspraxis

Die vorstehenden Ausführungen verdeutlichen die Auswirkungen der unterschiedlichen Verfahrensweisen auf die Plansteuerquote und folglich auf den Ausweis der latenten Steuern und den Ertragsteueraufwand in den einzelnen Quartalen. Bei einer Anpassung der Plansteuerquote erfolgt eine Glättung des Effekts, was der integrativen Ausrichtung des IASB bei der unterjährigen Steuerermittlung entsprechen würde. Demgegenüber würde die Einstufung als *discrete item* mit dem eigenständigen Ansatz korrespondieren; der Effekt wird nur in der Periode abgebildet, in der die nicht unter die gewöhnliche Geschäftstätigkeit zu subsumierende Steuersatzänderung eintritt. Aus Sicht der Entscheidungsnützlichkeit erscheint die Einstufung als *discrete item* einer Anpassung der Plansteuerquote zunächst vorzugswürdig, da die Steuererträge ein einmaliges Ereignis widerspiegeln und die Erfassung außerhalb der Plansteuerquote erfolgt.[713] Der Effekt wird vollständig zu dem Zeitpunkt abgebildet, in dem die Steuersatzänderung durch den Beschluss eingetreten ist. Somit wird eine Verzerrung des Bildes der Unternehmenslage vermieden. Je nachdem, welcher Auslegung der *discrete items* das Unternehmen folgt, werden mehr oder weniger Sondereffekte in die Quote hinein- und herausgerechnet. Konzeptionell hingegen entspricht diese Vorgehensweise nicht der vom IASB gewählten integrativen Ermittlungsmethodik.

In der Praxis variiert die Berücksichtigung von *discrete items*. Den Ergebnissen der im Jahr 2007 von *PwC* durchgeführten Befragung zur Steuerermittlung in der Quartalsberichterstattung[714] zufolge werden von 59 % der Unternehmen steuerliche Sondereffekte in die Plansteuerquote integriert. Eine separate Berücksichtigung von *discrete items* neben der Ermittlung der Plansteuerquote nehmen 41 % der befragten Unternehmen vor. Die unternehmensindividuelle Umsetzung wird auch in Bezug auf die Entscheidung, welche Sachverhalte als *discrete item* eingestuft werden, offensichtlich. Manche Unternehmen (14 %) folgen der US-GAAP-Definition, dagegen nehmen 33 % Unternehmen eine eigenständige Bestimmung vor.[715] Eine erhöhte Übereinstimmung ist bei den Sachverhalten zu erkennen, die als *discrete item* eingestuft werden: Die Neueinschätzung der Nutzbarkeit von Verlustvorträgen aus dem Vorjahr (71 %), die Neueinschätzung von Betriebsprüfungsrisiken (54 %), die Veräußerung von Beteiligungen (50 %) und die steuerlich nicht abzugsfähige Teilwertabschreibung auf Beteiligungen werden vorwiegend als *discrete item* benannt.[716]

Ein weiterer Sachverhalt, dessen Berücksichtigung als *discrete item* vor dem Hintergrund der Entscheidungsnützlichkeit gegenüber einer Berücksichtigung in der Plansteuerquote zu präferieren wäre, sind sog. Verlustgesellschaften.[717] Die Prüfung der Werthaltigkeit von aktiven latenten Steuern auf Verlustvorträge ist unterjährig verpflichtend vorzunehmen; etwaige Auswirkungen auf die Plansteuerquote sind vom Unternehmen zu berücksichtigen. In welcher Art die Berücksichtigung erfolgt, steht den Unternehmen mangels konkreter Regelungen in IAS 34 frei.[718] Verlustgesellschaften werden von 34 % der Unternehmen als *discrete item*

713 Vgl. Loitz (2007), S. 2052.

714 Zum Untersuchungsgegenstand und zur Methodik der Studie vgl. Kapitel 4.2.3.3. Die meisten empirischen Studien konzentrieren sich auf die Ermittlung der Ertragsteuern gem. IAS 12. Obwohl keine Aussage zur Repräsentativität der Studie möglich ist, liegen mit den Studienergebnissen von *PwC* die einzigen nennenswerten Erkenntnisse vor. Vgl. PwC (2008), passim.

715 Vgl. PwC (2008), S. 15. 44 % der Unternehmen gaben nicht an, nach welcher Definition *discrete items* eingestuft werden. Der hohe Prozentsatz wird als korrespondierend zu der allgemeinen Berücksichtigung von *discrete items* angesehen, die von 59 % der Unternehmen nicht vorgenommen wird. Vgl. PwC (2008), S. 15.

716 Vgl. PwC (2008), S. 16. Zur Beantwortung dieser Frage waren Mehrfachnennungen möglich.

717 Vgl. Meyer et al. (2010), Rn. 53.

718 Entgegen der impliziten Wahlmöglichkeit hinsichtlich der Behandlung von Verlustgesellschaften als *dicrete item* nach IAS 34 sieht FIN 18.22.(a), wenn die Verlustnutzung nicht „*beyond reasonable doubt*" erwartet wird, vor: „*If in a separate jurisdiction an enterprise anticipates an 'ordinary' loss for the fiscal year or has an 'ordinary' loss for the year-to-date for which* [...] *no tax benefit can be recognized, the enterprise shall exclude 'ordinary' income (or loss) in that jurisdiction and the related tax (or benefit) from the overall com-*

berücksichtigt, wohingegen 25 % der Unternehmen eine vollständige Berücksichtigung in der Planung vornehmen.[719] Letzteres hat zur Folge, dass sich aufgrund der fehlenden Steuerwirkung der Verlustgesellschaft mit nicht werthaltigen Verlustvorträgen der Steueraufwand bzw. -ertrag des Konzerns nicht ändert, jedoch das IFRS-Jahresergebnis durch den Verlust beeinflusst wird. Die Plansteuerquote würde sich vermindern und ein verzerrtes Bild bewirken, insb. den Ausweis eines nicht mit dem IFRS-Ergebnis korrespondierenden Steueraufwands.[720]

Erhebliche Auswirkungen auf die Darstellung der Steuerposition und der Steuerquoten im Quartal bedingen eine einheitliche Vorgehensweise mit dem Umgang von Sondereffekten. Innerhalb eines Unternehmens verstetigt IAS 8.13 (Stetigkeitsprinzip) die Einstufung der Sachverhalte im Zeitablauf, doch ist auch ein einheitliches Vorgehen innerhalb des Konzerns sicherzustellen.[721] Um eine die Vergleichbarkeit umfassende Entscheidungsnützlichkeit ansatzweise herzustellen, sind konkretere Vorgaben zum Umgang mit *discrete items* seitens des IAS 34 erforderlich. Eine abschließende Auflistung von Sachverhalten, die nicht in der Plansteuerquote berücksichtigt werden, kann aufgrund der Individualität der Unternehmen als Lösungsmöglichkeit für ein einheitliches Vorgehen jedoch nicht überzeugen. Ohne eine entsprechende Anhangangabe sind für den Adressaten die Gründe für den „Einschlag" in dem entsprechenden Quartal nicht ersichtlich. Für die Nachvollziehbarkeit der Steuerposition und für die Herstellung einer Basis für die unternehmensübergreifende Vergleichbarkeit der Steuerquoten ist eine Anhangangabe erforderlich. Eine entsprechende Angabepflicht für *discrete items* besteht nach IAS 34 nicht. Allerdings sind gem. IAS 34.16A(c) Art und Umfang von Sachverhalten anzugeben, die u. a. Vermögenswerte und Schulden sowie das Periodenergebnis beeinflussen und aufgrund ihrer Art, ihres Ausmaßes oder ihrer Häufigkeit ungewöhnlich sind, was im Fall der Steuersatzänderung unzweifelhaft zutrifft. Eine klare Formulierung einer Angabepflicht im Anhang ist hingegen mindestens zu fordern.

4.2.5 Zusammenfassende Betrachtung der Entscheidungsnützlichkeit der Zwischenberichtsinformationen in Bezug auf Ertragsteuern

Das IASB wird mit den nur allgemein formulierten Vorgaben in IAS 34.30(c) und den wenigen Anwendungsbeispielen im Anhang B des IAS 34 dem Komplexitätsgrad der unterjährigen Ertragsteuerermittlung nicht gerecht. Auf die relevanten Fragestellungen wird in IAS 34 nicht eingegangen. Nur unter Anwendung der Regelung des IAS 8.11 und den Rückgriff auf IAS 12 sowie der ausführlicheren US-amerikanischen Regelungen kann vom Management eine Ableitung (mehr oder weniger) konkreter Konzepte zur Umsetzung des allgemeinen

---

putations of the estimated annual effective tax rate and interim period tax (or benefit)". [Hervorhebungen nicht im Original].

719 Vgl. PwC (2008), S. 17.

720 Vgl. Loitz/Puth (2008), S. 1657; PwC (2008), S. 17. Zu einer beispielhaften Darstellung der Auswirkungen von Verlustgesellschaften auf die Plansteuerquote vgl. Meyer et al. (2010), Rn. 55–57.

721 Vgl. PwC (2008), S. 15.

Grundsatzes des IAS 34.30(c) erfolgen.[722] Vorbehaltlich der Berücksichtigung etwaiger Erwartungsrevisionen führt die Anwendung der Plansteuerquote jedoch grundsätzlich zu einem stabilen Verhältnis zwischen dem Vorsteuerergebnis und dem Steueraufwand in den jeweiligen Zwischenberichtsperioden[723], da i. d. R. eine Glättung der steuerlichen (nicht ungewöhnlichen) Effekte auf Basis eines Durchschnittswerts vorgenommen wird.[724] Mit dem Rückgriff auf die Schätzungen verbleibt dennoch ein hoher Komplexitätsgrad für die Steuerermittlung. Neben der aktuellen Ergebnissituation sind die Einflüsse vorhergehender Zwischenberichtsperioden sowie prospektive Einflussfaktoren zu berücksichtigen. Abschlusspolitische Verzerrungen können durch die Ermittlung der Plansteuerquote, die aufgrund der Zukunftsungewissheit zwangsläufig mit Unsicherheit belastet ist, nicht ausgeschlossen werden.[725]

Nicht zuletzt wird durch die uneinheitliche Handhabung der Unternehmen Handlungsbedarf seitens des IASB signalisiert, um mit einer Konkretisierung der Vorgaben des IAS 34 der Vielfalt an teilweise nicht IAS 34-konformen Umsetzungsversuchen hinsichtlich der Ermittlungsmethoden der Plansteuerquote und der Behandlung von Sondereffekten in der Bilanzierungspraxis Einhalt zu gebieten. Vor allem sollte das IASB im Fall der Ertragsteuern vom prinzipiellen Verzicht des IAS 34 auf eine (erneute) Darstellung der angewandten Rechnungslegungsmethoden im Anhang Abstand nehmen und von den Unternehmen die notwendige Transparenz der Wertermittlung fordern. Dies würde sich mit hoher Wahrscheinlichkeit positiv auf die von den Unternehmen gewählten Methoden auswirken und die Erreichung des vom IASB artikulierten Ziels, mit Anwendung des IAS 34 unterjährig entscheidungsnützliche Informationen zu vermitteln, in Bezug auf die Ermittlung und Darstellung der Ertragsteuern fördern. Gleichfalls könnte sich dies positiv auf die Durchsetzung der Regelungen auswirken, die angesichts der vorherrschenden Bilanzierungspraxis als nicht ausreichend erscheint.

---

722 Auch ein Rückgriff auf im Schrifttum erläuterte Branchenpraktiken etc. ist derzeit nur eingeschränkt möglich, da die unterjährige Steuerabgrenzung (noch) nicht den Fokus der fachlichen Diskussionen bildet.

723 Vgl. Coenenberg/Bridts (1991), S. 128.

724 Vgl. Ernsting (2000), S. 2537; Loitz (2007), S. 2048.

725 Vgl. Ernsting (2000), S. 2538. „Eine ‚richtige‘ Ermittlung der [Ertragsteuern] für die Zwischenperioden ist [...] nicht erreichbar, da die ermittelte Steuerlast immer Prognosecharakter hat.“ Coenenberg/Bridts (1991), S. 136.

4.3 Derivativer Goodwill in der Zwischenberichterstattung

4.3.1 Vorgaben des IAS 34

Für die (bilanzielle) Behandlung eines Goodwills[726] statuiert IAS 34 – im Vergleich zur Vorgehensweise bei Ertragsteuern – keine gesonderte Regelung. Vielmehr gibt IAS 34.B36 explizit vor, dass „ein Unternehmen an einem Zwischenberichtstermin in Bezug auf Wertminderungen die gleichen Prüf-, Erfassungs- und Wertaufholungskriterien wie am Ende seines Geschäftsjahres anwendet." Somit sind auch im Rahmen der Zwischenberichterstattung die Regelungen des IAS 36 „Wertminderung von Vermögenswerten" obligatorisch.[727] Da der Goodwill im Kern Synergiepotenziale widerspiegelt und ihm daher keine von anderen Vermögenswerten unabhängigen Zahlungsmittelzuflüsse zuzuordnen sind, entzieht sich dieser einer eigenständigen, isolierten Werthaltigkeitsüberprüfung. Quasi ersatzweise wird die Werthaltigkeit indirekt auf Ebene von zahlungsmittelgenerierenden Einheiten (*cash generating unit* = CGU)[728] oder einer Gruppe von CGUs überprüft.[729]

Im Rahmen des Impairmenttests wird gem. IAS 36.90 der Buchwert (*carrying amount*)[730] der CGU einschließlich des erworbenen Goodwillanteils dem erzielbaren Betrag der CGU (*recoverable amount*) gegenübergestellt. Dem als Vergleichsmaßstab mit dem Buchwert fungierenden erzielbaren Betrag liegt entweder eine veräußerungsorientierte oder eine verwertungsorientierte Ermittlung zu Grunde.[731] Der beizulegende Zeitwert abzüglich Veräußerungskosten (*fair value less cost to sell* = FVLCTS) stellt einen (markt-)typisierten hypothetischen Veräußerungswert[732] dar, „der nur diejenigen werttreibenden Faktoren beinhaltet, die auch ein unabhängiger Dritter für das *stand-alone*-Objekt bei seiner Wertermittlung einrechnen würde."[733] Indessen verkörpert der Nutzungswert (*value in use* = VIU) das betriebsspezifische Nutzenpotenzial in Form des Barwerts der erwarteten zukünftigen Cashflows aus der Nutzung der Vermögenswerte. Der erzielbare Betrag entspricht dem jeweils höheren Wert aus VIU und FVLCTS.[734] Vor der Prüfung der CGU sind jedoch gem. IAS 36.97 f. alle in der CGU enthaltenen Vermögenswerte, die zur selben Zeit im Rahmen des obligatorischen jährlichen Impairmenttests geprüft werden oder für die Anzeichen einer Wertminderung vorliegen,

---

[726] Zur Definition des Goodwills vgl. IFRS 3Anhang A. Vgl. auch IAS 36.81.

[727] Als Anwendungshilfe für IAS 36 erarbeitete das IDW im Jahr 2005 IDW RS HFA 16 „Bewertungen bei der Abbildung von Unternehmenserwerben und bei Werthaltigkeitsprüfungen nach IFRS".

[728] IAS 36.6 definiert die CGU als „kleinste, identifizierbare Gruppe von Vermögenswerten, die Mittelzuflüsse erzeugen, die weitestgehend unabhängig von den Mittezuflüssen anderer Vermögenswerte oder anderer Gruppen von Vermögenswerten sind".

[729] Vgl. Hachmeister (2006), S. 257–259. Vereinfacht wird nachfolgend der Begriff „CGU" verwendet; gleichermaßen gelten die Regelungen jedoch auf für eine Gruppe von CGUs.

[730] Der Buchwert der CGU ist die Summe aus: Buchwerte der zugeordneten Vermögenswerte, anteiliger Buchwert der *corporate assets*, Buchwert des zugeordneten Goodwills, abzüglich der Buchwerte angesetzter Schulden, wenn der erzielbare Betrag der CGU nicht ohne Einbezug dieser Schulden ermittelt werden kann.

[731] Vgl. Wohlgemuth (2007), S. 237.

[732] Vgl. Haaker (2008), S. 365.

[733] Wohlgemuth (2007), S. 242.

[734] Zur Definition des VIU und FVLCTS, vgl. IAS 36.6. Zum ökonomischen Rationalkalkül, auf dem das Konzept des Impairmenttests basiert, vgl. Hoffmann (2010a), Rn. 6; Ruhnke (2008), S. 315.

einem Impairmenttest zu unterziehen und ggf. im Wert zu berichtigen; erst im Anschluss wird die ganze Einheit – und implizit der Goodwill – auf ihre Werthaltigkeit untersucht.[735]

Abbildung 11: Prüfung der goodwilltragenden CGU auf Wertminderung

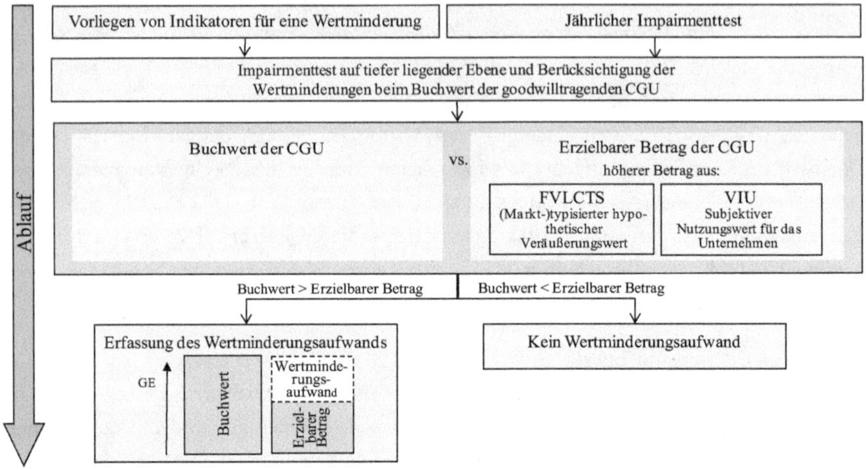

Quelle: Eigene Darstellung.

Da der IAS 36 nicht zwischen vorübergehender und dauernder Wertminderung unterscheidet, ist stets ein Wertminderungsaufwand zu erfassen, wenn der erzielbare Betrag der CGU den Buchwert der CGU unterschreitet. Um den Buchwert der CGU zu vermindern, hat die Verteilung des Wertminderungsaufwands nach der in IAS 36.104 festgelegten Reihenfolge zu erfolgen: Zunächst wird die Wertdifferenz erfolgswirksam mit dem der CGU zugeordneten Goodwill verrechnet (IAS 36.60). Ein darüber hinausgehender Wertminderungsbedarf ist buchwertproportional auf die der CGU zugeordneten Vermögenswerte zu verteilen.[736] Die Zuordnung des Wertminderungsaufwands auf die Vermögenswerte findet gem. IAS 36.105 durch den vermögenswertindividuellen erzielbaren Betrag und die Nicht-Negativitätsbedingung des Buchwertes Begrenzung. Somit darf der Buchwert eines Vermögenswerts nicht unter den höchsten Wert von FVLCTS, VIU und null vermindert werden.[737]

Wird der Goodwill als Schlüsselgröße der Bilanzanalyse betrachtet, da dieser die Aussage zur Lage des Unternehmens maßgeblich bestimmen kann[738], sollten zur Erfüllung der Informations- und Kontrollfunktion der Zwischenberichterstattung wesentliche (negative) Entwicklun-

[735] Ein analoges Verfahren erfordert IAS 36.98, wenn der Goodwill einer Gruppe von CGUs zugeordnet wurde.
[736] Die Verteilung des Wertminderungsbedarfs auf die in der CGU enthaltenen Vermögenswerte erfolgt damit unabhängig von der Verursachung, vgl. Wohlgemuth (2007), S. 263.
[737] Bei einem erfassten Wertminderungsaufwand sind gem. IAS 36.64 alle damit in Beziehung stehenden latenten Steueransprüche oder -schulden nach IAS 12 zu bestimmen, indem die berichtigten Buchwerte mit ihrer steuerlichen Basis verglichen werden.
[738] Vgl. Gräfer/Schneider (2010), 117 f.; Küting (2010), S. 1856. Zum möglichen Einfluss des Goodwills bzw. der Wertminderungen desselben vgl. Küting (2010), S. 1860.

gen, verkörpert durch Wertminderungen des Goodwills, frühzeitig offengelegt werden, um Investoren die Möglichkeit zur rationalen Beurteilung ihrer Finanzinvestition zu geben. Empirischen Studien zufolge scheint jedoch die unterjährige Erfassung von Goodwill-Wertminderungen eher selten zu erfolgen, die Mehrheit der Unternehmen berichtet über Goodwill-Wertminderungen im Rahmen des jährlichen Finanzberichts.[739]

Folgende Erklärungen kommen für diesen Befund in Betracht[740]:

(1.) Es liegen unterjährig keine Wertminderungen vor.
(2.) Eine vorliegende Wertminderung wird unterjährig weder qualitativ noch quantitativ erkannt.
(3.) Eine Wertminderung liegt unterjährig vor, wurde erkannt, aber nicht bilanziert.

Offensichtlich ist die Entscheidungsnützlichkeit der Zwischenberichterstattung von dem Zutreffen eines der möglichen Erklärungsansätze abhängig. Zur Beantwortung der Frage, ob das Zutreffen der einzelnen drei Möglichkeiten durch die Konzeption des Impairmenttests überhaupt möglich ist, ist Letztere näher zu beleuchten.

Nicht nur weil die Basis für die Folgebewertung bereits im Zugangszeitpunkt gelegt wird, sondern auch weil sich die Anwendung des IFRS 3 bei einer erstmaligen Abbildung eines Unternehmenszusammenschlusses ebenso auf die Entscheidungsnützlichkeit auswirkt, erfolgt zunächst eine Betrachtung des erstmaligen Ansatzes des Goodwills in einem Zwischenabschluss.

4.3.2 Erstmaliger Ansatz und Allokation des Goodwills im Zwischenabschluss

Für einen Unternehmenszusammenschluss, der erstmals in einem Zwischenbericht abzubilden ist, ergibt sich wie auch im Rahmen des Jahresfinanzberichts die Bilanzierung nach der Erwerbsmethode des IFRS 3. Damit sind gem. IFRS 3.5 folgende Schritte erforderlich: (1.) Identifizierung des Erwerbers, (2.) Bestimmung des Erwerbszeitpunkts, (3.) Ansatz und Bewertung der erworbenen identifizierbaren Vermögenswerte, der übernommenen Schulden und aller nicht beherrschenden Anteile an dem erworbenen Unternehmen sowie (4.) die Bilanzierung und Bestimmung des Goodwills oder eines Gewinns aus einem Erwerb zu einem Preis unter Marktwert. Für die Bestimmung des Goodwills werden gem. IFRS 3.32 zum Erwerbs-

---

[739] Vgl. Wöhrmann (2009), S. 109, 161: Von 259 Unternehmen (Prime Standard) weisen im Jahr 2005 227 Unternehmen einen Goodwill aus, von denen 60 Unternehmen (26 %) eine Wertminderung vornehmen. Im Jahr 2006 weisen 224 Unternehmen einen Goodwill, von denen 52 Unternehmen (23 %) eine Wertminderung vornehmen. Vgl. Wöhrmann (2009), S. 121, 161. Bezogen auf alle Wertminderungen bis zum Geschäftsjahresende (inkl. für immaterielle Vermögenswerte) stellt *Wöhrmann* fest, dass in ca. 10 % der Fälle eine Wertminderung bis Ende des dritten Quartals vorgenommen wird. *Wöhrmann* schlussfolgert, dass „die Früherkennung von Wertminderungen bislang nicht zu zufriedenstellenden Ergebnissen führt". Wöhrmann (2009), S. 167. Mit ähnlichen Ergebnissen vgl. Glaum/Street/Vogel (2007), S. 51.

[740] Auf ähnliche Erklärungsansätze schließend vgl. Wöhrmann (2009), S. 109 f.

zeitpunkt im Rahmen der Kaufpreisallokation[741] sämtliche stille Reserven der zu diesem Zeitpunkt identifizierten Vermögenswerte (Schulden) aufgedeckt und die Differenz zwischen dem gezahlten Kaufpreis und dem neu bewerteten Reinvermögen unter Berücksichtigung latenter Steuern als Goodwill angesetzt.[742]

Zumeist gestaltet sich die Kaufpreisallokation jedoch so umfangreich, als eine erstmalige Bilanzierung des Unternehmenszusammenschlusses am Ende der Berichtsperiode (*end of the reporting period*), in der der Unternehmenszusammenschluss stattfindet, kaum abschließend möglich ist. Dies gilt insb. für Zwischenabschlüsse, da die Kaufpreisallokation aufgrund der kurzen Veröffentlichungsfrist spätestens zwei Monate nach Ablauf des Stichtags abzuschließen wäre.[743] Vor diesem Hintergrund sieht IFRS 3.45 einen Bewertungszeitraum von maximal einem Jahr vom Erwerbszeitpunkt vor, in dem für die Posten vorläufige Werte in den Abschlüssen anzugeben sind. Bei Vorliegen neuer Informationen sind die vorläufigen Werte rückwirkend zu korrigieren. Erscheint die Erwartungshaltung einer vollständigen Abbildung des Unternehmensabschlusses mit endgültigen oder aber auch vorläufigen Werten zu einem dem Erwerbszeitpunkt folgenden Stichtag einer Zwischenberichtsperiode, bspw. wenn der Erwerbszeitpunkt und der Stichtag gerade mal zwei Wochen auseinander liegen, unangemessen, kann zumindest eine qualitative Berichterstattung (auch im Rahmen des Zwischenlageberichts) erwartet werden.

Im Falle einer erstmaligen Bilanzierung eines Unternehmenszusammenschlusses im Rahmen der Zwischenberichterstattung und eines im Zuge dessen entstandenen Goodwills sieht IAS 34.16A(i) eine Erweiterung der sonst ausgewählten und weniger umfangreichen erläuternden Anhangangaben vor. Da mit einem Unternehmenszusammenschluss weit reichende Konsequenzen verbunden sein können, ist es nachvollziehbar, dass Adressaten ein verstärktes Interesse an der neuen Unternehmensstruktur entwickeln, um die Basis für eine rationale Neubeurteilung ihrer Investition zu erhalten. Die Relevanz dieser Informationen für die Zwischenberichterstattung anerkennend und den Informationsinteressen der Adressaten auch unterjährig nachkommend, fordert IAS 34.16A(i) explizit die Angabe aller nach IFRS 3.59–63 i. V. m. IFRS 3.B64–B67 verpflichtenden Informationen. Angesichts der Informationsfunktion der Zwischenberichterstattung und der Relevanz dieser Informationen erscheinen die Ausweitung der Anhangangaben und somit die Erweiterung des „Kurzberichts“[744] angemessen.

---

[741] Zur Kaufpreisallokation und insb. zu den immanenten Ermessensspielräumen vgl. u. a. Hachmeister (2006a), S. 425–427. Aus Sicht der DPR vgl. Mayer-Wegelin (2010), S. 2811 f.

[742] Zum Bewertungswahlrecht der Minderheitenanteile gem. IFRS 3.19 und insb. der Full Goodwill-Methode vgl. Busse von Colbe et al. (2010), S. 239–242. Zu den Ursachen für die Entstehung eines derivativen Goodwills und die daraus abgeleiteten Bezeichnungen einzelner Goodwillkomponenten vgl. IFRS 3. BC313; Busse von Colbe et al. (2010), S. 236 f.

[743] Damit würde die Gefahr einer fehlerhaften Bilanzierung erheblich steigen. Zu der Fehleranfälligkeit der Bilanzierung von Unternehmenszusammenschlüssen vgl. Meyer (2010), S. 229.

[744] Busse von Colbe/Reinhard (1989), S. 1.

Zunächst unabhängig davon, inwieweit die Kaupreisallokation abgeschlossen ist, ist der Goodwill gem. IAS 36.80 vom Übernahmetag an zum Zweck der Überprüfung auf Wertminderungen jeder CGU[745] oder Gruppe von CGUs des erwerbenden Unternehmens zuzuordnen, die aller Voraussicht nach an den erwarteten Synergien des Unternehmenszusammenschlusses Nutzen ziehen soll. Die Zuordnung des Goodwills erfolgt losgelöst von anderen Vermögenswerten und Schulden, die im Rahmen des Unternehmenszusammenschlusses erworben wurden.[746] Den CGUs sind ebenso Vermögenswerte zuzuordnen, die von mehreren Geschäftseinheiten oder vom Gesamtunternehmen genutzt werden sog. *corporate assets*; die Zuordnung hat gem. IAS 36.102(a) auf einer vernünftigen und stetigen Basis zu erfolgen.[747]

Maßgebend für die Allokation des Goodwills auf die CGU ist, dass die CGU die niedrigste Ebene des Unternehmens darzustellen hat, auf der der Goodwill für interne Managementzwecke überwacht wird bzw. auf der dieser in die Steuerungsentscheidungen des Managements einbezogen wird.[748] Auf dieser Ebene kann durch das Management eine Erfolgskontrolle des Akquisitionsprojekts erfolgen.[749] Die Allokation des Goodwills steht dabei in Abhängigkeit zum Detaillierungsgrad des internen Steuerungssystems; bei einer weniger differenzierten Ausgestaltung des Steuerungssystems kommt es zu einer Zuordnung des Goodwills auf einer höheren Ebene, i. d. R. auf Ebene von Geschäftssegmenten. Letztere bilden gem. IAS 36.80 i. V. m. IFRS 8.5. die maximale Größe für CGUs. Doch je größer die CGU ist, der ein derivativer Goodwill zugeordnet wird, desto wahrscheinlicher ist der Ausgleich eines Werteverlusts des Goodwills durch Wertzuwächse anderer Goodwills oder im Wert gestiegener anderer Vermögenswerte derselben CGU, sog. Substitutionseffekt.[750] Nach der gesamtbewertungsorientierten Werthaltigkeitsprüfung des IAS 36 kommt es zu einer Wertminderung „wenn eine das strategische Erfolgspotenzial gefährdende Entwicklung vorliegt."[751] Denn aufgrund der Vermischung bzw. Kompensation derivativer Goodwills mit originären Komponenten kommt es nur dann zu einer Wertminderung, wenn der aus „originären und derivativen Komponenten

---

[745] Auf das bilanzpolitische Potenzial bei der Abgrenzung von CGUs aufgrund fehlender quantitativer Grenzen für die weitestgehende Unabhängigkeit der Mittelzuflüsse hinweisend, vgl. Klingels (2005), S. 73–77, 119; Wohlgemuth (2007), S. 254. Vgl. auch Brösel/Zwirner (2009), S. 194. Zu Anhaltspunkten für die Bestimmung quantitativer Grenzen vgl. Klingels (2005), S. 86–89.

[746] Vgl. Hermens/Klein (2010), S. 6. Der Goodwill wird regelmäßig auf einer höheren Ebene als die Vermögenswerte und Schulden geführt. Vgl. Wohlgemuth (2007), S. 248.

[747] Zu möglichen Zurechnungsverfahren vgl. Beyhs (2002), S. 162. Der Buchwert einer CGU wäre entsprechend niedriger, wenn keine Zuordnung der *corporate assets* erfolgen würde. Auf die ermessensbehaftete Zuordnung hinweisend, vgl. Hommel (2001), S. 1946.

[748] Vgl. Hermens/Klein (2010), S. 6; Wohlgemuth (2007), S. 247. Die Abgrenzung nach den operativen Steuerungs- und Überwachungsstrukturen des Unternehmens folgt der Struktur des internen Berichtswesens (*management approach*).

[749] Vgl. Wirth (2005), S. 194.

[750] Vgl. Wohlgemuth (2007), S. 253. Bei kleineren CGUs können die Risiken leichter durchschlagen, vgl. Mayer-Wegelin (2009), S. 95. Zu einer Darstellung des Substitutionseffekts anhand einer Beispielrechnung vgl. Haaker (2008), S. 372. Zur Diskussion der Aktivierung eines originären Goodwills aufgrund der Abschaffung der planmäßigen Abschreibung vgl. Kahle (2002), S. 106.

[751] Wohlgemuth (2007), S. 263.

bestehende [Goodwill] geringer ist als der ursprünglich ausschließlich derivative."[752] Die Entwicklung der ursprünglichen Investition wird durch die Kompensation begrenzt nachvollziehbar.[753] Obgleich bei der Abgrenzung der CGUs auf die unternehmensindividuelle Steuerungsstruktur als Abgrenzungsmaßstab zurückgegriffen werden soll und die Bildung der CGU gem. IAS 36.72 dem Stetigkeitsgrundsatz unterliegt,[754] wodurch einer aus bilanzpolitischen Erwägungen motivierte Abgrenzung der CGUs Grenzen gesetzt sind[755], verbleibt ein gewisser Gestaltungsspielraum.[756] Ertragsstarken Einheiten könnte ein relativ großer Anteil des Goodwills zugewiesen werden und ertragsschwachen ein geringer Teil, um eine Wertminderung unwahrscheinlicher zu machen.[757] Kommt es zu einer Kompensation, bedeutet dies hingegen auch, „*that goodwill acquired in a business combination is being consumed and replaced by internally generated goodwill, provided that an entity is able to maintain the overall value of goodwill*!"[758]. Kann die Kompensation aus dieser Sichtweise heraus als positiv erachtet werden, steht die verzerrte Darstellung der tatsächlichen Investitionsentwicklung den Anforderungen an eine entscheidungsnützliche (Zwischen-)Berichterstattung entgegen.

Die erstmalige Allokation des Goodwills hat gem. IAS 36.84 vor Ende der jährlichen Periode, in der der Unternehmenszusammenschluss stattfand, zu erfolgen, ist jedoch bis spätestens zum Ende der Periode, die nach dem Erwerbsdatum beginnt, abzuschließen. Gesetzt den Fall, die Bilanzierung für einen Unternehmenszusammenschluss kann nur vorläufig festgestellt werden, weist IAS 36.85 darauf hin, dass unter diesen Umständen ebenso die Allokation des Goodwills vor Ende der Berichtsperiode (*end of the annual period*), in der der Unternehmenszusammenschluss stattfand, nicht abschließend vorzunehmen sein könnte. In diesem Fall for-

---

752 Wohlgemuth (2007), S. 264.

753 „Ein positives Unternehmensumfeld kann in einem gewissen Umfang einzelne Fehlinvestitionen kaschieren." Küting (2009), S. 1866.

754 Vgl. grundsätzlich zu der Einschränkung von bilanzpolitischen Spielräumen durch das Stetigkeitsprinzip, Wagenhofer/Ewert (2007), S. 243. Im Falle einer Abweichung der Stetigkeit sind im Anhang umfangreiche Angaben zu den Gründen der Neuverteilung zu leisten (IAS 36.130, 134).

755 Nach IAS 36.69 ist bei der Beurteilung der Unabhängigkeit der Mittelzuflüsse zu berücksichtigen, wie das Management die Unternehmenstätigkeiten steuert oder Entscheidungen über die Fortsetzung oder den Abgang der Vermögenswerte trifft.

756 Zu den Gestaltungsmöglichkeiten vgl. Klingels (2005), S. 119–238. Zu der Identifizierung von CGUs und Segmenten nach den gleichen Kriterien vgl. Mayer-Wegelin (2009), S. 95.

757 Vgl. Kuhner (2008), S. 24. Die „bereichsspezifische Aufteilung des Goodwill steht letztlich im Belieben des Unternehmens", Hommel (2001), S. 1946. Vgl. auch. Brösel/Zwirner (2009), S. 194; Hoffmann (2010a), Rn. 57; Hachmeister (2006a), S. 429; Bartels/von Kanitz (2008), S. 306; Pellens/Sellhorn (2001), S. 719; Kirsch (2004), S. 138 f. Die Kritik an der wandelbaren Zusammensetzung der CGU und der Zuteilung des Goodwills kann insoweit entschärft werden, als die IFRS eine vertikale Vergleichbarkeit der Jahresabschlussinformationen fordern. IAS 36.27 schreibt eine stetige Identifizierung der CGU für gleiche Vermögenswerte, in Ausnahme einer gerechtfertigten Änderung, vor, wodurch eine Neuverteilung beschränkt wird. Weiterhin bestehen bleibt die Möglichkeit mithilfe einer Neuordnung der internen Organisationsstruktur die gebildeten CGU oder die Zuteilung des Goodwills in Folgeperioden zu verändern. Vgl. Hommel (2001), S. 1946. Wird durch eine Reorganisation die Zusammensetzung der Goodwill-tragenden CGU verändert, ist der Goodwill gem. IAS 36.87 anhand relativer Werte oder einer besser geeigneten Methode umzuverteilen. Zu Folgen von Restrukturierungsvorgängen in Form von Änderungen der ursprünglichen CGUs sowie der Reallokation des Goodwill und zur Umsetzung des *relative value approach* bei Reorganisationen vgl. Hermens/Klein (2010), S. 6–12.

758 IFRS 3 BC 140 [Hervorhebungen nicht im Original].

dert IAS 36.133 die gesonderte Angabe des Betrags des nicht zugeordneten Goodwills mit den entsprechenden Gründen, warum der Betrag nicht zugeordnet werden konnte.[759] Da IAS 34 eine solche Angabe nicht explizit fordert, bleibt es den Unternehmen überlassen, freiwillig eine Angabe über einen nicht zugeordneten Goodwill in der Zwischenberichtsperiode aufzunehmen. Aus Gründen der Klarheit sollte eine entsprechende Angabepflicht in den IAS 34 eingeführt werden.

4.3.3 Anlässe zur Überprüfung der goodwilltragenden CGU auf eine Wertminderung

4.3.3.1 Jährlich obligatorischer Impairmenttest

Nach IAS 36.90 sind CGUs, denen ein Goodwill zugeordnet wurde, einmal jährlich und bei Vorliegen von Indikatoren, die auf eine Wertminderung hinweisen, im Rahmen eines Impairmenttests auf ihre Werthaltigkeit zu prüfen. Die Durchführung des obligatorischen jährlichen Impairmenttests hat nicht zwingend zum Ende des Geschäftsjahres zu erfolgen, eine Durchführung innerhalb der ersten drei Quartale wäre ebenso möglich.[760] Empirische Untersuchungen zeigen jedoch, dass die Mehrzahl von Unternehmen den jährlichen Impairmenttest im vierten Quartal durchführt.[761] Angesichts der personellen Ressourcenbindung und des Zeitdrucks im Rahmen der Erstellung des Jahresfinanzberichts erscheinen die Ergebnisse der Studien zunächst erstaunlich, könnte doch davon ausgegangen werden, dass Unternehmen den zeitaufwändigen Impairmenttest eher in andere Quartale verlegen.[762] Als mögliche Erklärung für den Befund kommt der Zeitpunkt für die Aufstellung der Planungsrechnung der Unternehmen in Betracht. Dieser liegt typischerweise am Ende eines Geschäftsjahres. Da mit Abschluss der Planungsrechnung, dies sei vorweggenommen, alle entscheidenden Parameter für die Durchführung des Tests vorliegen, empfiehlt es sich den Zeitpunkt für die Durchführung des Tests mit dem der Aufstellung der Unternehmensplanung abzustimmen.[763] Der gewählte Zeitpunkt des jährlichen Impairmenttests ist in den Folgeperioden stetig beizubehalten.

---

[759] Vgl. Ballwieser/Paarz (2011), Rn. 44.

[760] Vgl. Hoffmann (2010a), Rn. 9. Vgl. auch PwC (2010a), Rn. 18.70: „*An entity can choose to perform their impairment test at less busy times of the year.*" [Hervorhebungen nicht im Original].

[761] Vgl. Glaum/Street/Vogel (2007), S. 51. Der Untersuchung liegen 357 IFRS-Abschlüsse von börsennotierten europäischen Unternehmen des Geschäftsjahres 2005 zu Grunde, die im Jahr 2005 einen Unternehmenszusammenschluss durchgeführt haben oder einen Goodwill aus vorhergehenden Transaktionen ausweisen. Von diesen 357 Unternehmen legen 205 Unternehmen die Zeitpunkte ihres Impairmenttests offen. 170 Unternehmen führen den jährlichen Impairmenttest am Bilanzstichtag bzw. wenige Tage zuvor durch, weitere 14 Unternehmen geben das vierte Quartal als Zeitspanne an. Vgl. Glaum/Street/Vogel (2007), S. 51. Zu ähnlichen Ergebnissen vgl. PwC (2007), S. 30. *Hoffmann* geht indes davon aus, dass „bei börsennotierten Gesellschaften der 30.9 gewählt [wird], weil zu diesem Datum ohnehin ein Zwischenbericht [...] zu erstellen ist und das ermittelte Ergebnis dann in die Jahres-Gesamtrechnung einfließen kann." Hoffmann (2010a), Rn. 9.

[762] Vgl. Glaum/Street/Vogel (2007), S. 51: „*Overall, we find it somewhat surprising that so many companies elect to perform the goodwill impairment test at the balance-sheet date.*" [Hervorhebungen nicht im Original].

[763] Der HFA des IDW empfiehlt die Durchführung des Impairmenttests nach Abschluss des jährlichen Zyklus der Unternehmensplanung, vgl. IDW RS HFA 16, Rn. 11. In der Praxis wird für die Durchführung des jährlichen Tests häufig ein Zeitpunkt zeitnah nach Erstellung und Genehmigung der Unternehmensplanung gewählt, vgl. Alvarez (2006), S. 227.

Erstmalig ist gem. IAS 36.96 die Werthaltigkeit einer CGU, der in einer aktuellen jährlichen Periode im Rahmen eines Unternehmenszusammenschlusses Komponenten eines Goodwills zugeordnet wurde, vor Ablauf dieser jährlichen Periode (*current annual period*) zu prüfen. Grund für diese Regelung sah das IASB in der Beobachtung, dass „*acquirers can sometimes 'overpay' for an acquiree, resulting in the amount initially recognised for a business combination and the resulting goodwill exceeding the recoverable amount of the investment*"[764]. „*The board was concerned that it might be possible for entities to delay recognising such an impairment loss until the annual period after the business combination if the Standard included only a requirement to impairment test* [...] *on an annual basis at any time during the year.*"[765] Die Aussage verdeutlicht die Auffassung des IASB, dass es grundsätzlich möglich sei, Wertminderungen (in gewissem Maße) hinauszuzögern und folglich eine vorliegende Wertminderung nicht zeitnah in der Berichterstattung offenzulegen. Dies gilt wohl insb. für die Zwischenberichterstattung, denn vor Ende der jährlichen Periode, d. h. spätestens für den Jahresfinanzbericht, ist zwingend ein Impairmenttest durchzuführen. Vor dem Hintergrund der auch für die Zwischenberichterstattung geforderten Entscheidungsnützlichkeit könnte (bei abgeschlossener Kaufpreisallokation) ebenso ein verpflichtender Impairmenttest bis zum nächsten oder nächstmöglichen Stichtag eines Zwischenabschlusses gefordert werden. Dies gilt insb. bei mutmaßlichem Vorliegen eines „*overpayment*". Selbst wenn die Kaufpreisallokation nicht in Gänze abgeschlossen ist, wäre die Durchführung eines Impairmenttest bei einer solchen Begebenheit unter Angabe einer Bandbreite der Wertminderung mit einem entsprechenden Verweis, wonach die endgültigen Zahlen von den dargestellten abweichen können und nachgereicht werden, wenn die Kaufpreisallokation abgeschlossen ist, zu erwarten. Wurde hingegen ein „fairer Preis" gezahlt, könnte auf eine frühzeitige Durchführung des Impairmenttests verzichtet werden. Obwohl die zeitliche Ausdehnung des ersten Impairmenttests bis zum Ende der jährlichen Periode u. a. aufgrund der Komplexität einer Kaufpreisallokation, der zeitlichen Dauer bis zur vollständigen Integration des neuen Unternehmensbereichs oder Kosten-Nutzen-Aspekten nachvollziehbar ist, erscheint sie sogleich als Abstufung der Entscheidungsnützlichkeit der Zwischenberichterstattung, denn offenbar wird vom IASB ein „Hinauszögern" der Wertminderung in der Zwischenberichterstattung und folglich eine nicht den tatsächlichen Verhältnissen entsprechende Berichterstattung geduldet.

---

[764] IAS 36BC172.
[765] IAS 36BC173.

4.3.3.2 Vorliegen von Indikatoren für eine Wertminderung

Zur Sicherstellung einer kontinuierlichen Prüfung des Wertansatzes des Goodwill auf eine mögliche Wertminderung und einer zeitnahen Berichterstattung über das Vorliegen einer solchen Wertminderung sieht IAS 36 zusätzlich zu der im Jahresturnus vorzunehmenden Werthaltigkeitsüberprüfung einen weiteren Impairmenttest vor, wenn entsprechende Indikatoren einer potenziellen Wertminderung vorliegen. Eine nicht abschließende Liste interner und externer Wertminderungsindikatoren liefert IAS 36.12. Zu den zu berücksichtigenden Anhaltspunkten zählen u. a. signifikante Veränderungen mit nachteiligen Folgen für das Unternehmen im technologischen, marktbezogenen, ökonomischen oder gesetzlichen Umfeld, in dem das Unternehmen tätig ist.[766] Aus der Formulierung der möglichen Indikatoren des IAS 36.12 wird ersichtlich, dass in den überwiegenden Fällen eine wesentliche bzw. signifikante Änderung eingetreten sein muss, damit ein Impairmenttest ausgelöst wird.[767] Die Durchführung des jährlichen Impairmenttests kann bei Vorliegen von Indikatoren gem. IAS 36.15 f. nur aus Wesentlichkeits- oder Wirtschaftlichkeitsgründen unterbleiben. Dies wäre der Fall, wenn – belegt durch frühere Berechnungen – der erzielbare Betrag erheblich über dem Buchwert liegt und keine Ereignisse eingetreten sind, die diese Differenz beseitigt haben können.[768]

Die Einschätzung, ob Indikatoren für eine wesentliche Wertminderung einer goodwilltragenden CGU vorliegen (sog. qualitativer Test), hat gem. IAS 36.9 bzw. IAS 34.B36 zu jedem Stichtag einer Berichtsperiode (*end of each reporting period*) zu erfolgen. Dies umfasst auch jeden Stichtag einer Zwischenberichtsperiode, sofern ein (verkürzter) Abschluss erstellt wird.[769] „Das bedeutet jedoch nicht, dass ein Unternehmen am Ende jeder Zwischenberichtsperiode unbedingt eine detaillierte Berechnung der Wertminderung durchzuführen hat. Vielmehr prüft ein Unternehmen, ob seit dem Ende des letzten Geschäftsjahres Anhaltspunkte für eine wesentliche Wertminderung vorliegen, um zu bestimmen, ob eine solche Berechnung notwendig ist.“[770] Gleichwohl wird die Einschätzung, dass Indikatoren vorliegen, als ein aktiver Prozess verstanden, ein zufälliges Erkennen ist nicht ausreichend.[771]

Dieser qualitative Test, der einen quantitativen Impairmenttest erst auslöst, ist angesichts der obigen Ausführungen zum jährlich obligatorischen Test zumeist relevant für die Zwischenberichterstattung. Da die Konzeption unterstellt, dass derart starke Wertveränderungen zwischen dem Stichtag des jährlichen Impairmenttests und den einzelnen Stichtagen der Zwischenbe-

[766] Beispielhaft seien signifikante Auftrags- und Umsatzrückgänge als konkrete Indikatoren für eine Wertminderung des Goodwills zu nennen. Vgl. Pellens/Jannett/Schmidt (2009), S. 427.
[767] Vgl. Wöhrmann (2009), S. 81.
[768] Zu dieser Erleichterungsvorschrift vgl. auch Hoffmann (2010a), Rn. 15.
[769] Hingegen sind Unternehmen, die für das erste und dritte Quartal eine Zwischenmitteilung der Geschäftsführung gem. § 37x Abs. 1 WpHG erstellen, von der Regelung dahingehend nicht betroffen, da sie keinen Abschluss erstellen, in dem eine etwaige Wertminderung darzustellen wäre.
[770] IAS 34.B36.
[771] Vgl. Wöhrmann (2009), S. 160, Fn. 680.

richtsperioden eintreten können und entsprechend Berücksichtigung finden sollen[772], könnte grundsätzlich vor dem Hintergrund der Entscheidungsnützlichkeit der Zwischenberichterstattung für einen verpflichtenden Impairmenttest zu jedem Stichtag votiert werden. Die Restriktionen der Zwischenberichterstattung lassen jedoch die Einführung dieser Vorstufe als zweckmäßigen Kompromiss erscheinen.[773] Voraussetzung für die Sicherstellung der Entscheidungsnützlichkeit ist jedoch, dass eine Prüfung, ob Indikatoren einer Wertminderung vorliegen, durchgeführt wird. Da die Indikatoren allerdings nicht nur in quantifizierbarer und damit messbarer Natur vorliegen können, sondern ebenso qualitative Merkmale umfassen, verbleibt die Einschätzung über das Vorliegen von Indikatoren, die einen Impairmenttest auslösen, beim Management.[774]

Hinweise darauf, welche Berücksichtigung die Wertminderungsindikatoren als auslösendes Moment eines Impairmenttests in der Praxis der Zwischenberichterstattung finden, liefern die Ergebnisse der empirischen Analyse von *Ruhnke/Canitz.*[775] Die Autoren untersuchen die Bedeutung des in IAS 36.12(d) manifestierten Indikators, nachdem ein Impairmenttest bei einer unter den Buchwert des Eigenkapitals gesunkenen Marktkapitalisierung durchzuführen ist. Von den 157 Unternehmen weisen 50 Unternehmen zum 30.09.2008 eine Marktkapitalisierung auf, die das jeweilige bilanzielle Eigenkapital unterschreitet, womit bei 31,8 % der Unternehmen ein Indikator für eine Wertminderung i. S. d. IAS 36.12(d) vorliegt.[776] Dabei beträgt die Marktkapitalisierung bei diesen Unternehmen im Durchschnitt 66,2 % des Eigenkapitals.[777] Die Quartalsfinanzberichte dieser 50 Unternehmen wurden dahingehend untersucht, ob ein Impairmenttest durchgeführt wurde und welcher Indikator letztendlich die Durchführung des Tests begründete.[778] Von den 50 Unternehmen berichten lediglich drei Unternehmen in ihrem Quartalsfinanzbericht zum Stichtag 30.09.2008 über einen wesentlichen Wertminderungsaufwand i. S. d. IAS 36, wobei als Auslöser für die Wertminderung überwiegend interne Informationsquellen und nicht die unter den Buchwert des Eigenkapitals gesunkene Marktka-

[772] Als Nachweis für das Eintreten derartiger Wertschwankungen sei beispielhaft auf die Entwicklung der Unternehmenslage der Hapag-Lloyd AG innerhalb eines Jahres verwiesen: „Das operative Ergebnis (EBIT) verbesserte sich im dritten Quartal 2010 um 448,1 Mio. EUR auf 263,6 Mio. EUR (von -184,5 Mio. EUR im Vorjahresquartal)" Hapag-Lloyd (2010). Auf die letzten Monate des Jahres 2008 hinweisend, in denen sich die Finanzmarktkrise auf die Realwirtschaft auswirkte und starke Wertveränderungen hervorrief, vgl. Mayer-Wegelin (2009), S. 95.

[773] Darauf hinweisend, dass „die in IAS 36 vorgesehene Genauigkeit bei der Werterrmittlung aus Zeit- und Kostengründen nicht vollkommen sondern nur bedingt realisiert werden kann." Baetge et al. (2010), Rn. 141.

[774] Bereits in der Auswahl möglicher Indikatoren eine bilanzpolitische Einflussmöglichkeit sehend, vgl. Küting/Dawo (2002), S. 1211.

[775] Vgl. Ruhnke/Canitz (2010), S. 13–22. Die Grundgesamtheit der Untersuchung umfasst 157 bzw. 158 Unternehmen zum Berichtsstichtag 30.09.2008 bzw. 31.12.2008, die zum 23.03.2009 im DAX, MDAX, SDAX und TecDAX gelistet waren und nach IFRS bilanzieren.

[776] Vgl. Ruhnke/Canitz (2010), S. 15.

[777] Vgl. Ruhnke/Canitz (2010), S. 16.

[778] Berücksichtigt wurden die Impairmenttests, bezogen auf immaterielle Vermögenswerte (einschließlich Goodwill), Sachanlagen, als Finanzierungsleasing klassifizierte Leasinggegenstände und nach dem Anschaffungskostenmodell bewertete, als Finanzinvestition gehaltene Immobilien. Vgl. Ruhnke/Canitz (2010), S. 15.

pitalisierung angegeben wurden.[779] Als möglichen Erklärungsansatz wird angebracht, dass, obgleich IAS 36.12(d) einen geeigneten testauslösenden Indikator darstellt, Unternehmen im Rahmen der externen Berichterstattung vorzugsweise zeitgleich feststellbare Indikatoren aufgreifen, die einen konkreten Bezug zum erzielbaren Betrag der im Wert geminderten CGU aufweisen.[780] Doch selbst dann, wenn unterjährig Indikatoren vorliegen, kann nicht zwangsläufig von einer Durchführung eines Impairmenttest seitens der Unternehmen ausgegangen werden. Beispielhaft sei auf die Vorgehensweise der Deutschen Bank verwiesen: Obwohl zum 30.09.2008 nach eigenen Angaben die Marktkapitalisierung der Deutsche Bank AG im dritten Quartal überwiegend unter dem Nettovermögenswert blieb, kam das Management aufgrund unveränderter Prognosen hinsichtlich der mittel- bis langfristigen Ergebnisse der in Rede stehenden CGU, die für die vorhergehende Überprüfung der Werthaltigkeit des Goodwill im zweiten Quartal 2008 getroffen wurden, zu dem Ergebnis, dass keine Anzeichen für eine Wertminderung des diesen CGUs zugewiesenen Goodwills zum 30.09.2008 vorliegen.[781]

Auch das Untersuchungsergebnis von *Ruhnke/Canitz*, dass die zum 31.12.2008 berichteten Wertminderungen in der Anzahl und in der Höhe nach in hohem Maße auf den jährlich obligatorischen Impairmenttest zurückzuführen sind, lässt erhebliche Zweifel aufkommen, inwieweit Unternehmen tatsächlich das Vorliegen entsprechender Wertminderungsindikatoren zu jedem Quartalsstichtag prüfen.[782] Verstärkt werden die bestehenden Zweifel durch eine im Jahr 2005 durchgeführte schriftliche Befragung von *Deloitte*.[783] Hiernach gaben 36 % der Unternehmen an, die Indikatoren nur einmal jährlich im Rahmen der Erstellung des Jahresfinanzberichts oder zur jährlichen Planungsrunde zu prüfen; lediglich 31 % der befragten Unternehmen gaben an, die Indikatoren quartalsweise zu prüfen.[784]

Obwohl IAS 36.9 unmissverständlich fordert, dass das Vorliegen von Indikatoren einer Wertminderung an jedem Abschlussstichtag zu prüfen ist und zudem IAS 34.B36 diese Forderung aufgreift, lässt sich überlegen, ob die Regelung des IAS 34.B36 klarstellend nicht länger im Anhang geregelt, sondern als integraler Bestandteil des IAS 34 aufgenommen werden

[779] Vgl. Ruhnke/Canitz (2010), S. 17. Auch bezogen auf die Jahresfinanzberichte zum 31.12.2008 kamen *Ruhnke/Canitz* zu dem Ergebnis, dass nur 12 von den 68 Unternehmen, bei denen zum 31.12.2008 eine unter dem Buchwert des Eigenkapitals gesunkene Marktkapitalisierung festgestellt wurde, über einen wesentlichen Wertminderungsaufwand berichteten. In keinem der Fälle wurde jedoch die unter den Buchwert des Eigenkapitals gesunkene Marktkapitalisierung als den Impairmenttest auslösender Indikator angegeben. Vgl. Ruhnke/Canitz (2010), S. 18–20.

[780] Vgl. Ruhnke/Canitz (2010), S. 20. In Bezug auf die dennoch nicht vorgenommenen Wertminderungen wird begründend angebracht, dass die Nutzungswerte in der Vergangenheit deutlich über den fortgeführten Buchwerten der Vermögenswerte lagen und eine etwaige durch eine sinkende Marktkapitalisierung induzierte Wertminderung zunächst durch diesen Puffer aufgefangen wird. Vgl. Ruhnke/Canitz (2010), S. 20.

[781] Vgl. Deutsche Bank (2008), S. 40.

[782] Vgl. Ruhnke/Canitz (2010), S. 21.

[783] Vgl. Deloitte (2005), S. 1–23. Von einer Grundgesamtheit von 320 Unternehmen, die zum 20.09.2004 an der Frankfurter Wertpapierbörse im Prime Standard gelistet waren, nahmen 65 Unternehmen an der Befragung im Jahr 2005 teil, wovon 45 Unternehmen nach IFRS bilanzierten.

[784] Vgl. Deloitte (2005), S. 7. Darüber hinaus geben 22 % der befragten Unternehmen an, das Vorliegen von Indikatoren regelmäßig durch laufendes Monitoring oder im Rahmen des Monatsreportings zu prüfen. Vgl. Deloitte (2005), S. 7.

sollte.[785] Hiermit würde der Forderung stärkerer Nachdruck verliehen. Sollte ein Unternehmen aus Gründen der Wesentlichkeit und Wirtschaftlichkeit die Erleichterungsvorschrift des IAS 36.15 im Rahmen der Quartalsberichterstattung in Anspruch nehmen, sollte über diese Tatsache in den erläuternden Angaben berichtet werden.[786]

4.3.4 Wertmaßstäbe und Bewertungsverfahren

4.3.4.1 Fair Value less cost to sell (FVLCTS)

Die Beobachtung einer häufigeren Vornahme von Wertminderungen im Rahmen des Jahresfinanzberichts im Vergleich zur Zwischenberichterstattung kann, wie die vorstehenden Ausführungen zeigen, partiell bereits auf die Regelungen zur Vornahme eines Impairmenttest zurückgeführt werden. Inwieweit die im Rahmen des Impairmenttests zur Anwendung kommenden Wertmaßstäbe der Entscheidungsnützlichkeit der Zwischenberichterstattung zuträglich sind, soll im Folgenden untersucht werden. Relevant ist hierbei insb. die Ermittlung des erzielbaren Betrags in Form des FVLCTS bzw. des VIU.

Für die Ermittlung des FVLCTS wird in IAS 36.25–27 eine Bewertungshierarchie vorgegeben, wodurch eine marktnahe und objektive Wertermittlung gewährleistet werden soll.[787] Danach ist primär auf den im Rahmen eines bindenden Kaufvertrags zwischen unabhängigen Parteien („*in an arm's length transaction*") festgelegten Preis, vermindert um die dem Kauf direkt zurechenbaren Kosten, zurückzugreifen. Liegt ein solcher Kaufvertrag nicht vor, kann bei Bestehen eines aktiven Markts auf aktuelle Angebotspreise zurückgegriffen werden. Mit Verwendung der marktpreisorientierten Ermittlung auf den ersten Stufen erfolgt die Wertbestimmung im Vergleich zu der Ermittlung anhand anerkannter Bewertungsverfahren tendenziell verlässlicher und weniger aufwändig.[788] Kommt ein solches Vorgehen nicht in Betracht, können Preise der jüngsten Transaktionen eine geeignete Grundlage für die Schätzung des Nettoveräußerungswerts darstellen. In Ermangelung aktueller Kaufverträge respektive Preise, die an aktiven Märkten entstanden sind[789], kann für die Ermittlung ein kapitalwertorientiertes Verfahren herangezogen werden.[790]

---

[785] Obgleich der Anhang B des IAS 34 keinen integralen Bestandteil des IAS 34 bildet und nicht den Endorsementprozess der EU durchlaufen hat, wodurch kein Zwang zur unmittelbaren Beachtung besteht, kann von einer faktischen Berücksichtigungspflicht aufgrund von IAS 8.10–12 ausgegangen werden. Vgl. Ruhnke (2008), S. 66–70.

[786] Vgl. Ruhnke/Canitz (2010), S. 22.

[787] Auf die hohe Relevanz einer Preisfindung über aktive Märkte verweisend, da diese den Zeitwert der entsprechenden Vermögenswerte repräsentiert, vgl. Wohlgemuth (2007), S. 38.

[788] Vgl. Kümmel (2002), S. 61. Zur Problematik der Wertermittlung vgl. Schildbach (1998), S. 587. Marktpreise und somit der FVLCTS gelten aufgrund ihrer Zeit- und Marktnähe als entscheidungsrelevanter im Vergleich zu historischen Kosten. Vgl. Streim/Bieker/Esser (2003), S. 472.

[789] Vgl. Hoffmann (2010a), Rn. 18. Nach IDW RS HFA 16, Rn. 23 ist die erforderliche Vergleichbarkeit bei Markttransaktionen in der Praxis regelmäßig nur begrenzt gegeben. Vgl. Beyhs (2002), S. 91; Bieker/Esser (2003), S. 81; Protzek (2003), S. 498.

[790] Vgl. IAS 36.BC58.

Diese von IAS 36 vorgegebene Bewertungshierarchie ist durch einen abnehmenden Grad an Objektivierung geprägt. Grundsätzlich wäre das Management durch diese Stufenkonzeption bis zu einem gewissen Grad in der Lage, opportunistisch zu entscheiden, inwieweit die Voraussetzungen für die Ermittlung anhand der jeweiligen Hierarchieebenen gegeben sind.[791] Obgleich für die Ermittlung dem marktpreisorientierten Verfahren der Vorrang einzuräumen ist, wird in der Praxis der FVLCTS regelmäßig mittels Diskontierung von zukünftig erwarteten Cashflows berechnet.[792] Typischerweise stellt jedoch der VIU den höheren Wert dar[793] und fungiert als erzielbarer Betrag. Vereinfacht wird daher im Folgenden davon ausgegangen, dass der VIU den erzielbaren Betrag der CGU repräsentiert[794], woraufhin die detaillierte Betrachtung der einzelnen Parameter der Wertermittlung auf den VIU begrenzt wird.[795]

4.3.4.2 Value in use (VIU)

4.3.4.2.1 Ermittlung der zukünftig erwarteten Cashflows

Neben dem FVLCTS kann der VIU als erzielbarer Betrag fungieren, was in der Praxis überwiegend der Fall ist.[796] Die Ermittlung des VIU basiert gem. IAS 36.31 ausschließlich auf einem zahlungsstromorientierten Unternehmensbewertungsverfahren; die erwarteten Cashflows aus der Nutzung und ggf. der letztendlichen Veräußerung der CGU werden mit einem geeigneten Kapitalkostensatz diskontiert. Aufgrund der Ermittlungssystematik des VIU führt eine reine Schwankung von Marktpreisen solange nicht zu einer Wertminderung, bis sich die Schwankung auch in den betriebsspezifischen Ertragserwartungen in Form eines niedrigeren VIU widerspiegeln und die Werthaltigkeit des Goodwills nicht länger bestätigen.[797]

---

[791] Vgl. Pottgießer/Velte/Weber (2005), S. 1751. Davon ausgehend, dass sich in Abhängigkeit von der zur Anwendung kommenden Ebene, unterschiedliche Werte und somit unterschiedliche Wertminderungen ergeben würden, vgl. Pottgießer/Velte/Weber (2005), S. 1751.

[792] Vgl. Zülch/Lienau/Willeke (2005), S. 105. Vgl. hierzu auch die empirischen Untersuchungsergebnisse von Reinke (2010), S. 249–267. Im Rahmen einer Inhaltsanalyse der Konzernabschlüsse des Geschäftsjahres 2007 von 130 zum 01.10.2008 im DAX, MDAX und SDAX gelisteten Unternehmen, führen 118 Unternehmen im Jahr 2007 einen Impairmenttest durch. Von diesen 118 Unternehmen fungiert bei 18 Unternehmen ausschließlich oder teilweise der FVLCTS als erzielbarer Betrag, wobei 17 von diesen Unternehmen (94,44 %) den Wert mit dem kapitalmarktorientierten Verfahren ermittelt. Vgl. Reinke (2010), S. 251 f. Zu ähnlichen Ergebnissen vgl. Küting (2010), S 1860; PwC (2007), S. 20.

[793] Nach Ansicht von *Hepers* „erscheint die Annahme angebracht, dass die [...] unternehmensinterne Verwertung eines immateriellen Vermögenswerts einen im Vergleich zum Nettoveräußerungspreis signifikant höheren internen Nutzungswert rechtfertigen". Hepers (2005), S. 338.

[794] Zu dieser Vorgehensweise vgl. Beyhs (2002), S. 97 f.; Haaker (2008), S. 367. Entsprechend den Regelungen des IAS 36.20 kann, wenn keine verlässliche Grundlage zur Ermittlung des FVLCTS besteht, der VIU als erzielbarer Betrag verwendet werden.

[795] Zur Abgrenzungsproblematik zwischen dem VIU und dem FVLCTS im kapitalwertorientierten Verfahren vgl. Kasperzak (2011), S. 9–12.

[796] Vgl. hierzu auch die empirischen Untersuchungsergebnisse von Reinke (2010), S. 249–267. Von 118 Unternehmen, die im Jahr 2007 einen Impairmenttest vornehmen, greifen 16 Unternehmen (13,56 %) auf den FVLCTS und 67 Unternehmen (56,78 %) auf den VIU als erzielbaren Betrag zurück. Von den verbleibenden Unternehmen nutzen zwei Unternehmen in Abhängigkeit vom Bewertungsobjekt den FVLCTS oder den VIU, 33 Unternehmen machten keine eindeutigen Angaben, auf welcher Grundlage der erzielbare Betrag ermittelt wurde. Vgl. Reinke (2010), S. 251. Zu ähnlichen Ergebnissen vgl. Küting (2009), S. 1869; Glaum/Street/Vogel (2007), S. 52.

[797] Allgemein vgl. Küting/Dawo (2003), S. 238.

Entsprechend dem *management approach* bilden die internen Berichts- und Steuerungsstrukturen den Orientierungspunkt der Wertermittlung.[798] Mit der Kopplung der externen Rechnungslegung an die interne Planungsrechnung wird eine Beschränkung des vorherrschenden bilanzpolitischen Gestaltungsrahmens verfolgt, der zwangsläufig aufgrund der Zukunftsungewissheit mit der Prognose der Cashflows verbunden ist.[799] Daher sind gem. IAS 36.33 die Prognosen der Cashflows auf Basis vernünftiger und vertretbarer Annahmen zu treffen, die die beste Einschätzung des Managements in Bezug auf die ökonomischen Rahmenbedingungen eines Vermögenswerts repräsentieren.[800] Da bei Erstellung der Planungsrechnung die künftige Einschätzung der Unternehmensentwicklung und die Abhängigkeit dieser von der allgemeinen konjunkturellen Entwicklung eine wesentliche Rolle spielen, sollten die Grundannahmen dabei insb. durch externe Quellen gestützt werden, welche die Nachvollziehbarkeit und Plausibilisierung der erwarteten Cashflows ermöglichen.[801]

Als Planungsmodell für die Ermittlung der Cashflows sind die Anwendung des *traditional approach* oder des *expected cashflow approach* zulässig, um die Erwartungen hinsichtlich etwaiger wertmäßiger und zeitlicher Änderungen der künftigen Cashflows abzubilden.[802] Wohingegen beim *traditional approach* auf die wahrscheinlichsten Schätzwerte abgestellt wird, die mittels einem risikoadjustierten Zinssatz abgezinst werden,[803] sind beim *expected cashflow approach* verschiedene Zukunftsszenarien entsprechend ihrer Eintrittswahrscheinlichkeit zu einem gewichteten Cashflow zu verdichten, was eine wesentlich detailliertere Auseinandersetzung mit dem Bewertungsobjekt insb. der Chancen und Risiken einer CGU erfordert.[804] Die Anwendung des *expected cashflow approach* führt u. a. durch die Zuordnung von Eintrittswahrscheinlichkeiten zu einer Zunahme der Schätzparameter, die beim *traditional approach* bei der Ermittlung des Diskontierungsfaktors berücksichtigt werden.[805]

---

798 Vgl. Wohlgemuth (2007), S. 240 f. Zu den Objektivierungskriterien des IAS 36, die eine vollständige Übernahme der internen Planungsrechnung beschränken, bspw. das Stichtagsprinzip, vgl. ebenda S. 241.

799 Vgl. Wohlgemuth (2007), S. 251. Zu bedenken gilt, dass das für die Vornahme der Prognosen erforderliche unternehmensindividuelle Planungssystem vor dem Hintergrund des Impairmenttests nicht auf die Gesamtunternehmensebene, sondern auf die einzelnen CGU auszurichten ist. Durch die Anwendung des *management approach* im Rahmen des IAS 36 werden „Anforderungen an den Entwicklungsstand der Unternehmensplanung und internen Unternehmensrechnungen gestellt" Hachmeister (2006), S. 262.

800 Zu den allgemeinen Arbeitsschritten bei der Prognose von Cashflows, vgl. Hachmeister (2006), S. 261 f. Um die Angemessenheit der den Cashflow-Prognosen zu Grunde liegenden Annahmen zu beurteilen, hat das Management gem. IAS 36.34 Gründe für Differenzen zwischen vorherigen Cashflow-Prognosen und aktuellen Cashflows zu prüfen (Soll-Ist-Vergleich).

801 Mit der stärkeren Gewichtung der externen Hinweise wird die Anwendung des *management approach* relativiert, was angesichts der durch die Managementperspektive erschwerten Nachprüfbarkeit der Cashflow-Prognosen als positiv zu werten ist. Vgl. Hachmeister (2006), S. 272.

802 Vgl. auch IAS 36.32 i. V. m. IAS 36.A2.

803 Der Zinssatz hat sowohl den Zeitwert des Geldes als auch das Risiko der künftigen Cashflows in betraglicher und zeitlicher Hinsicht zu berücksichtigen (sog. Risikozuschlagsmethode).

804 Das Risiko kann beim *expected cash flow approach* entweder mit der Risikozuschlagsmethode durch einen Aufschlag auf den risikolosen Zinssatz oder über einen Abschlag auf den Erwartungswert der Cashflows im Rahmen der Sicherheitsäquivalenzmethode berücksichtigt werden. Vgl. Müller/Reinke (2010), S. 24; Wirth (2005), S. 55–61.

805 Vgl. Wohlgemuth (2007), S. 527.

Der Bewertungszeitraum ist aufgrund der zunehmenden Unsicherheit von Prognosen im Zeitablauf differenziert zu betrachten und daher in einen Detailplanungszeitraum und einen Fortschreibungszeitraum zu unterteilen.[806] Für den Nutzungswert ergibt sich folgende Ermittlungsformel[807]:

$$VIU = \underbrace{\sum_{td=1}^{n} \frac{CF_{td}}{(1+i_{td})^{td}}}_{\text{Detailplanungszeitraum}} + \underbrace{\frac{\sum_{tf=1}^{m} \frac{CF^F}{\left(1+i_{tf}-w\right)^{tf}}}{(1+i_{td})^{n}}}_{\text{Fortschreibungszeitraum}} + \underbrace{\frac{RW}{(1+i_{rw})^{n+m}}}_{\text{Liquidationserlös}}$$

n	=	Länge des Detailplanungszeitraums
m	=	Länge des Fortschreibungszeitraums
CF_{td}	=	Cashflows des Detailplanungszeitraums der Periode td
CF^F	=	Cashflows des Fortschreibungszeitraums
RW	=	Liquidationserlös (Restwert)
w	=	konstante Wachstumsrate
i_{td}	=	Diskontierungszinssatz des Detailplanungszeitraums
i_{tf}	=	Diskontierungszinssatz des Fortschreibungszeitraums
i_{rw}	=	Diskontierungszinssatz für den Liquidationserlös (Restwert).

Die Cashflows innerhalb der ersten Phase des Bewertungszeitraums, im Detailplanungszeitraum, sind auf den jüngsten vom Management genehmigten Finanzplänen aufzubauen.[808] Nach Maßgabe des IAS 36.33(b) erstrecken sich diese detaillierten Cashflow-Prognosen auf einen Planungshorizont von maximal fünf Jahren, da nach Ansicht des IASB i. d. R. keine detaillierten und verlässlichen Finanzpläne über künftige Cashflows für einen Zeitraum von mehr als fünf Jahren verfügbar sind.[809] Sollte das Management nachweislich in der Lage sein, verlässliche Prognosen für einen entsprechend längeren Zeitraum zu treffen, können auch diese Prognosen für die Wertermittlung verwendet werden.[810] Dabei bleiben Veränderungen der Cashflows, die aus zukünftigen Plänen ohne verpflichtenden Charakter resultieren, z. B. Kosteneinsparungen infolge von Restrukturierungsplänen, bei der Prognose nach

[806] Vgl. Müller/Reinke (2010), S. 25. In die Schätzung der künftigen Cashflows sind nach IAS 36.39 einzubeziehen: Mittelzuflüsse aus der fortgesetzten Nutzung, Mittelabflüsse, die notwendigerweise entstehen, sowie erwartetet Netto-Cashflows, die ggf. für den Abgang am Ende der Nutzungsdauer eingehen oder gezahlt werden. In die Prognose einzubeziehende Mittelabflüsse sind gem. IAS 36.41 f. u. a. Gemeinkosten, die der CGU direkt zugeordnet werden können, Wartungs- und Instandhaltungskosten sowie Kosten, die bis zur Betriebsbereitschaft anfallen.

[807] Die Ermittlungsformel orientiert sich an den Ausführungen von Müller/Reinke (2010), S. 25.

[808] Vgl. Müller/Reinke (2010), S. 25.

[809] Vgl. IAS 36.35. Die „Detailplanungsperiode [ist] so zu dimensionieren, dass die Planung repräsentativ für die Unternehmensentwicklung ist". Wirth (2005), S. 44. Bei zu kurzen Planungshorizonten besteht die Gefahr, dass Effekte aus dem Branchen- und Produktlebenszyklus in den Prognosen nicht ausreichend berücksichtigt werden; dies kann zu erheblichen Differenzen zwischen den Prognosen und den tatsächlich realisierten Cashflows führen. Vgl. Wohlgemuth (2007), S. 242.

[810] Vgl. IAS 36.35. In der Praxis lässt sich beobachten, dass die Unternehmen die Länge des Detailplanungszeitraums auch auf mehr als fünf Jahre bis maximal zehn Jahre festlegen, vgl. die empirischen Ergebnisse, bezogen auf das Jahr 2007 von Reinke (2010), S. 253 f. Seine Untersuchung ergab eine durchschnittliche Länge des Detailplanungszeitraums von 4,47 Jahren.

IAS 36.33(b) explizit unberücksichtigt[811], was die Anpassung des prognostizierten freien Cashflow an zwingende Standardvorgaben zur Folge hat. Zu vernachlässigen sind gem. IAS 36.50 weiterhin Finanzierungszahlungen und Ertragsteuereinnahmen oder -zahlungen[812], wobei die interne Steuerrechnung auf Nachsteuergrößen basiert und somit weitere Anpassungen erforderlich sind.[813]

In der zweiten Phase, dem sog. Fortschreibungszeitraum, sind die Cashflow-Prognosen gem. IAS 36.33(c) unter Anwendung einer konstanten oder rückläufigen Wachstumsrate für die Folgejahre durch eine Extrapolation der Cashflow-Prognosen aus dem Detailplanungszeitraum vorzunehmen.[814] Nähere Angaben zur Vorgehensweise bei Vornahme der Extrapolation, bspw. ob der letzte Prognosewert des Detailplanungszeitraums oder auch der Durchschnitt der Prognosewerte zu Grunde gelegt werden soll, enthält IAS 36 nicht, wodurch die Entscheidung dem Management obliegt.[815] Der Ermittlung des *terminal value* (ewige Rente) kommt insoweit eine hohe Bedeutung zu, als dieser den betragsmäßig größten Anteil am Gesamtwert des VIU darstellt.[816] Als entscheidender Parameter stellt sich die Wachstumsrate dar. Bei einer Überschreitung des i. d. R. verwendeten Satzes i. H. v. 0,5 % wird der Kapitalisierungszinssatz reduziert und infolge dessen eine höhere Bewertung erzielt.[817] Obgleich die Auswahl der Wachstumsrate und die damit einhergehende Ermittlung der Cashflows in Abstimmung mit den internen Planungszahlen zu erfolgen haben, wodurch der Ermessensspielraum begrenzt wird, gründet der den Cashflow-Prognosen zu Grunde liegende interne Finanzplan des Unternehmens auf subjektiven Erwartungen des Managements, was die Nachvollziehbarkeit für Externe erschwert.[818] Durch einen erheblichen Anstieg der erwarteten Umsätze im Übergang vom letzten Planjahr des Detailplanungszeitraums zur ewigen Rente des Fortschreibungszeitraums kann eine erhebliche Erhöhung des erzielbaren Betrags erreicht werden.[819]

---

811 Vgl. auch IAS 36.44(a), (b) und IAS 36.49. Im Gegensatz dazu sind Erhaltungsinvestitionen i. S. v. Auszahlungen, um den wirtschaftlichen Nutzen auf dem gegenwärtigen Niveau zu halten, zu berücksichtigen. Zu Problemen bei der Abgrenzung von Erhaltungs- und Erweiterungsinvestitionen vgl. Hachmeister (2006), S. 265; Lüdenbach/Hoffmann (2004), S. 1076.

812 Auf die Angemessenheit des Verzichts der Berücksichtigung von Finanzierungszahlungen bei der Prognose hinweisend, da eine Zuordnung der Finanzierung auf die einzelnen CGU nur schwer anhand nachprüfbarer Kriterien erfolgen kann, vgl. Hachmeister (2006), S. 260.

813 Auf die eingegangenen Stellungnahmen zum Standardentwurf des IAS 36 diesbezüglich verweisend, vgl. IAS 36.BC91.

814 Eine höhere als die durchschnittliche Wachstumsrate der Branche darf nur zu Grunde gelegt werden, wenn die vergangenen Geschäftsjahre dieses rechtfertigen.

815 Vgl. Müller/Reinke (2009), S. 301.

816 Vgl. Mayer-Wegelin (2009), S. 95. Ähnlich vgl. Müller/Reinke (2010a), S. 509 m. w. N.

817 Bei einem schrumpfenden Markt ist z. B. ein Wachstumsabschlag von 2 % kaum erklärbar, vor allem, wenn aus der Planung und einem Branchenvergleich ein solcher nicht hervorgeht. Vgl. Mayer-Wegelin (2009), S. 96.

818 Vgl. Protzek (2003), S. 498. Vgl. die empirischen Ergebnisse von *Reinke*: Im Jahr 2007 geben von 118 im DAX, MDAX und SADX notierten Unternehmen, die einen Impairmenttest durchgeführt haben, 85 Unternehmen eine für den Fortschreibungszeitraum genutzte Wachstumsrate an; die Bandbreite liegt zwischen minimal 0,0 % und maximal 5,7 %. Vgl. Reinke (2010), S. 255–257.

819 Vgl. Mayer-Wegelin (2009), S. 95. Zu berücksichtigen ist, dass die Umsatz- und Kostenplanung gem. IAS 36. 33(a) auf vernünftigen und vertretbaren Annahmen aufzubauen ist. Ebenda, S. 95.

4.3.4.2.2 Bestimmung des Diskontierungszinssatzes

Da sich der VIU als Barwert errechnet, wirken sich neben den Veränderungen der geschätzten Cashflows auch Veränderungen des Zinssatzes auf den Wertminderungsbedarf aus. Bei dem regelmäßig zur Anwendung kommenden *traditional approach* sind die Cashflows mit einem Kapitalisierungszinssatz zu diskontieren,[820] der gem. IAS 36.55 den Zeitwert des Geldes und die spezifischen Risiken des Bewertungsobjekts (hier: CGU) widerspiegelt.[821] Mangels vergleichbarer Finanzinvestition und somit vergleichbaren Zinssatzes kann bei der Ermittlung des Diskontierungszinssatzes in den seltensten Fällen auf Marktverhältnisse zurückgegriffen werden[822]; daher sind Ersatzfaktoren heranzuziehen.[823]

Basis für die Schätzung bildet das für die Praxis empfohlene und üblicherweise angewandte Konzept der gewichteten durchschnittlichen Kapitalkosten (*weighted average cost of capital* = wacc)[824]:

$$wacc_{nach\ Steuern} = \underbrace{\frac{EK^{MW}}{GK^{MW}} * r_{EK}}_{\text{gewichteter Eigen-kapitalkostensatz}} + \underbrace{\frac{FK^{MW}}{GK^{MW}} * r_{FK} * (1-s)}_{\text{gewichteter Fremdkapitalkostensatz}}$$

wacc	=	gewichteter durchschnittlicher Kapitalkostensatz
r_{EK}	=	Renditeforderungen der Eigenkapitalgeber (Eigenkapitalkostensatz)
r_{FK}	=	Fremdkapitalkostensatz
EK^{MW}	=	Marktwert des Eigenkapitals
FK^{MW}	=	Marktwert des Fremdkapitals
GK^{MW}	=	Marktwert des Gesamtkapitals ($EK^{MW} + FK^{MW}$)
s	=	unternehmensbezogener effektiver Ertragsteuersatz.

820 Vgl. IDW RS HFS 16, Rn. 28. Zum wenig gebräuchlichen *expected cashflow approach* vgl. Baetge (2009), S. 21.

821 Ebenso bei Anwendung des *expected cashflow approach* in Form der Risikozuschlagsmethode.

822 Vgl. IAS 36.BCZ55; Müller/Reinke (2010), S. 26.

823 Vgl. Wohlgemuth (2007), S. 247. Zu möglichen Ausgangspunkten für die Ableitung des marktbezogenen Kapitalisierungszinssatzes vgl. IAS 36.A17. Zur Anpassung des Zinssatzes an die mit den Cashflows des Bewertungsobjekts verbundenen Risiken anzupassen vgl. IAS 36.A19.

824 Der durchschnittlich gewichtete Kapitalkostensatz ergibt sich aus der Addition des gewichteten Eigenkapital- sowie gewichteten Fremdkapitalkostensatzes des Unternehmens. Bei Vorliegen von unterschiedlichen Risiken zwischen CGU und Gesamtunternehmen ist zu differenzieren und der wacc um die entsprechend spezifischen Risiken der CGU zu korrigieren, vgl. Busse von Colbe et al. (2010), S. 258. Zum Konzept des durchschnittlich gewichteten Kapitalkostensatzes vgl. auch IDW RS HFA 16, Rn. 30–36; Ruhnke (2008a), S. 44. Zur Problematik der Ermittlung des wacc bzw. Diskontierungszinssatzes vor Steuern vgl. Reinke (2010), S. 143–146.

Dabei weist die Ermittlung der Eigenkapitalkosten für den durchschnittlichen Kapitalkostensatz nicht unerhebliche Ermessensspielräume auf. Die Ermittlung des Eigenkapitalkostensatzes soll mithilfe des Capital Asset Pricing Model (CAPM) erfolgen[825]:

$$r_{EK} = i + \beta * (r_M - i)$$

r_{EK} = Renditeforderungen der Eigenkapitalgeber (Eigenkapitalkostensatz)
i = risikoloser Zinssatz (Basiszinssatz)
β = Beta-Faktor des Bewertungsobjekts
r_M = durchschnittlich erwartete Rendite eines Marktportfolios
mit $(r_M - i)$ als Marktrisikoprämie und $\beta * (r_M - i)$ als spezifische Risikoprämie

Ausgangspunkt bildet die Ermittlung des risikolosen Basiszinssatzes, der die Rendite einer risikofreien und laufzeitadäquaten Alternativanlage darstellt.[826] Selbst bei dessen Festlegung lassen sich mangels klarer Regelungen für die Referenzzinssätze, aus denen der Basiszinssatz abgeleitet wird, in der Praxis Unterschiede und erhebliche Bandbreiten beobachten.[827]

IAS 36 legt ebenso wenig fest, auf welche Bezugsgrößen sich das Marktportfolio beziehen soll.[828] Gleiches gilt bei der Berücksichtigung des Risikos im Diskontierungsfaktor. Das unternehmensspezifische Risiko wird mit dem Beta-Faktor[829] berücksichtigt, der die Sensitivität der Rendite der Aktie, bezogen auf Renditeschwankungen der Gesamtheit aller Aktien, widerspiegelt. Näherungslösungen über *peer-group*-Betas bzw. Branchen-Betas liegen meist vom individuellen Risiko der Bewertungsobjekte (hier CGU) entfernt.[830] Die Auswahl eines sachgerechten Beta-Faktors unterliegt damit dem Ermessen des Managements. Beispielsweise könnte durch die zielgerichtete Zusammenstellung der *peer-group* bzw. des Branchen-Betas die Risikoprämie im Diskontierungszinssatz leicht verringert werden[831], wodurch sich automatisch ein höherer VIU ergibt.

Der neben dem Eigenkapitalkostensatz für die Ermittlung des wacc erforderliche Fremdkapitalkostensatz beruht auf dem Zinssatz, zu dem das Unternehmen unter aktuellen Marktbedin-

---

825 Vgl. IAS 36.A17. Zu den konzeptionellen Fehlern, die bei der Verwendung des CAPM für die Bilanzierung entstehen, vgl. Baetge (2009), S. 21.

826 Hinsichtlich des quasi-sicheren Charakters erfüllen Anleihen der öffentlichen Hand die Forderung nach Risikofreiheit. Vgl. Schmusch/Laas (2006), S. 1054 f.

827 Vgl. Mayer-Wegelin (2009), S. 96. Dies kann u. a. darauf zurückgeführt werden, dass ein Unternehmen mit annahmegemäßer zeitlich unbegrenzter Lebensdauer streng genommen einen fristadäquaten Basiszinssatz einer zeitlich ebenfalls unbegrenzten Anleihe der öffentlichen Hand zu Grunde zu legen hat. Mangels solcher Anleihen wird in erhöhtem Umfang auf Zinsstrukturkurven zurückgegriffen, vgl. Schmusch/Laas (2006), S. 1055. Zum Ermessensspielraum bei Bestimmung des Basiszinssatzes vgl. auch Baetge (2009), S. 19.

828 I. d. R. bezieht sich das Marktportfolio auf einen Aktienindex, der den Kapitalmarkt repräsentiert, auf dem die Cashflows generiert werden, vgl. Müller/Reinke (2009), S. 302.

829 Bei der Ermittlung des Beta-Faktors ist auf die entsprechenden Größen vergleichbarer und an Märkten gehandelter Bewertungsobjekte zurückzugreifen. Mangels Vergleichsunternehmen wird i. d. R. auf Beta-Faktoren einer Gruppe von Vergleichsunternehmen (sog. *peer-group*-Beta) oder auf Branchen-Betas ausgewichen. Vgl. Wirth (2005), S. 81. Aufgrund der Ungenauigkeit des Branchen-Betas wird das *peer-group*-Beta präferiert. Vgl. Beyhs (2002), S. 141.

830 Vgl. Wohlgemuth (2007), S. 259 f.; Müller/Reinke (2009), S. 302.

831 Auf den *agency*-Konflikt bei Verwendung der *mark-to-model*-Bewertung verweisend, vgl. Baetge (2009), S. 23.

gungen Fremdkapital aufnehmen kann.[832] Angesichts der aufgezeigten Ermessensspielräume, die dem risikoadjustierten Diskontierungszinssatz aufgrund der notwendigen Anpassung an die individuelle Risikosituation immanent sind und den erheblichen Auswirkungen einer Veränderung des Diskontierungszinssatzes auf den Barwert des Bewertungsobjekts verwundert es nicht, dass sich in der Praxis erhebliche Bandbreiten der ausgewiesenen Diskontierungszinssätze feststellen lassen[833], bspw. liegt der Diskontierungszinssatz vor Steuern zwischen 7,0 % und 24,50 % und nach Steuern zwischen 4,6 % und 16,4 %.[834]

4.3.4.3 Implikationen für die unterjährige Vornahme von Wertminderungen

Konzeptionell bedingt, erfolgt die Ermittlung des erzielbaren Betrags – sei es als FVLCTS oder VIU – auf Basis von Discounted-Cashflow-Verfahren, wobei sich Unterschiede in den verwendeten Aktionsparametern Cashflows und Abzinsungssatz ergeben.[835] Unabhängig davon, welcher Wertmaßstab als erzielbarer Betrag fungiert, basiert die Ermittlung der zukünftigen Cashflows und der anzuwendenden Zinssätze sowie der Wachstumsrate auf der Planungsrechnung des Unternehmens.[836] Damit wird ein Erzielen nachhaltiger Ergebnisse auf lange Sicht unterstellt.[837] Aufgrund dieser Ausrichtung der Wertermittlung auf einen langfristigen Zeitraum wird der VIU (als auch der FVLCTS) im Wesentlichen durch den Betrag des *terminal value* bestimmt.[838] Liegt nun unterjährig ein Indikator für eine Wertminderung vor, wird der Buchwert der goodwilltragenden CGU mit dem erzielbaren Betrag verglichen. Basis des VIU bildet jedoch die bereits bestehende Planungsrechnung, die an die aktuellen Marktbedingungen anzupassen ist, damit ein etwaiger Wertminderungsbedarf ermittelt werden kann.[839] Die Zahlungsmittelzuflüsse in Form von Umsatzerlösen werden bei stagnierendem bzw. rückläufigem Wachstum sinken. Durch die Zunahme der Risiken werden die Cashflows zunehmend unsicher. Wurden bislang die bisherigen Cashflows auf Grundlage der Vorjahresdaten

[832] Der Ermittlung können bspw. aktuell vereinbarte Kreditverträge oder ein mit einer (individuellen) Risikoprämie angepasster risikoloser Zinssatz zu Grunde gelegt werden. Im Detail vgl. Müller/Reinke (2010), S. 27.

[833] Es besteht offenbar bei der Ableitung des Abzinsungssatzes ein Ermessensspielraum zu beiden Seiten. Vgl. Mayer-Wegelin (2009), S. 96; Ruhnke (2008a), S. 43–47.

[834] Vgl. die empirischen Ergebnisse, bezogen auf das Jahr 2007 von Reinke (2010), S. 260–263.

[835] Vgl. Küting (2010), S. 1860. Die Wertermittlung steht per se im Spannungsverhältnis zwischen Relevanz und Verlässlichkeit. Es besteht die Gefahr, dass die den Schätzungen inhärenten Ermessensspielräume systematisch zum Vorteil des Unternehmens ausgelegt werden und ein verzerrtes Bild über die Werthaltigkeit der Vermögenswerte vermittelt wird. Vgl. Wohlgemuth (2007), S. 39.

[836] „Jeder Abschlussadressat muss sich bewusst machen, dass Barwertmodelle in der Rechnungslegung selbst bei geringen Variablenänderungen zu ganz erheblichen Wertverzerrungen führen (können)“ Baetge (2009), S. 22. Mit einer Beispielrechnung zeigt *Reinke*, dass sich bei Veränderung der Parameter Länge des Detailplanungszeitraums, Wachstumsrate für den Fortschreibungszeitraum und Diskontierungszinssatz vor Steuern eine enorme Bandbreite zwischen minimalem und maximalem VIU ergibt. Bei kumulativer Veränderung der Parameter liegt im Beispiel der maximale VIU über dem minimalen VIU. Vgl. Reinke (2010), S. 272.

[837] In diesem Zusammenhang erscheint es für *Küting* sogar als unerlässlich, dass beim wacc eine „gewisse ‚Glättung‘ vorgenommen wird, um sicherzustellen, dass (kurzfristige) krisenbedingte Implikationen der eingehenden Parameter nicht verfälschend in die Wertfindung eingehen“. Küting (2009), S. 1867.

[838] Bezogen auf den Unternehmenswert, vgl. Hölscher/Nestler/Otto (2007), S. 330: Die „Ewige Rente [bestimmt] in der Regel 70 Prozent bis 90 Prozent des Unternehmenswerts“.

[839] Werden Wachstumserwartungen revidiert, müssten auch die Firmenplanungen angepasst werden, vgl. Fockenbrock/Metzger (2010), S. 24.

prognostiziert, bei denen wachsende Märkte vorlagen, sind die Prognosen nun unter anderen Prämissen wohl eher Nullwachstum bzw. rückläufigen Umsatzzahlen zu erstellen. Nicht nur die Zuflüsse, sondern auch die Zahlungsmittelabflüsse sind anzupassen. Gestiegene Kosten für die Einsatzfaktoren sind in der Anpassung der Cashoutflows zu berücksichtigen.[840] Einen gänzlich neuen Planungsprozess innerhalb von zwei Monaten bis zur Veröffentlichungsfrist des Quartals- oder Halbjahresfinanzberichts aufzustellen, erscheint angesichts der Komplexität einer umfänglichen Jahresplanung kaum vorstellbar. Somit sieht sich das Unternehmen u. U. einem Konflikt gegenüber: Entweder wird die Veröffentlichungsfrist überschritten oder die Anpassung der erwarteten Cashflows und anzuwendenden Zinssätze sowie der Wachstumsrate erfolgt weniger detailliert. Es scheint nachvollziehbar, dass eine Überschreitung der Veröffentlichungsfrist vor dem Hintergrund der Erwartungen des Kapitalmarkts kaum in Betracht gezogen wird. Daher ist davon auszugehen, dass das Unternehmen zunächst die Cashflows des Detailplanungszeitraums anpassen wird und die Ermittlung der Werte des Fortschreibungszeitraums bis zur endgültigen Durchführung der Planungsrechnung aufschiebt.

Bleibt der *terminal value* auf dem gleichen Niveau, da das Unternehmen nur die Erwartungen der Cashflows des Detailplanungszeitraums revidiert, hängt die Existenz einer Wertminderung von der Tatsache ab, inwieweit beim letzten Impairmenttest ein *headroom* (Betrag, um den der erzielbare Betrag den Buchwert übersteigt) bestand. Lagen der Buchwert und der erzielbare Betrag bereits zu dem früheren Zeitpunkt eng beieinander, kann auch bei einer relativ minimalen Veränderung des erzielbaren Betrags aufgrund der alleinigen Anpassung der Cashflows des Detailplanungszeitraums eine Wertminderung ausgelöst werden. IAS 36 sieht allerdings Wertminderungen nur dann vor, wenn diese wesentlich sind. Daraus folgt, dass möglicherweise bereits zu früheren Zeitpunkten Wertminderungen identifiziert wurden, diese jedoch erst bei folgenden Prüfungen kumuliert einen wesentlichen Wertminderungsaufwand darstellen. Auch in Extremsituationen, wenn sich die zukünftigen Ertragserwartungen derart verschlechtern, dass selbst der *terminal value* als wesentlichste Komponente des erzielbaren Betrags nicht mehr ins Gewicht fällt, ist von einer Wertminderung auszugehen.

Im anderen Fall wird sich durch eine (negative) Veränderung der Cashflows im Detailplanungszeitraum keine Wertminderung ergeben, da der Betrag des *terminal value* die Veränderungen des Detailplanungszeitraums abfängt und der erzielbare Betrag als Summe aus Detailplanungszeitraum und Fortschreibungszeitraum den Buchwert weiterhin übersteigt. Dieser „ausgleichende" Effekt kann jedoch bei Eintreten einer wesentlichen Verschlechterung des Detailplanungszeitraums auch den Anreiz schaffen, die Zukunftserwartungen entsprechend „hochzuschrauben", bis es zum besagten Ausgleich kommt.[841]

[840] Vgl. Ernst&Young (2008), S. 6 f.

[841] Vgl. Fockenbrock/Metzger (2010), S. 24. Auch die DPR-Prüfungen im Jahr 2009 zeigen, dass nur wenige Unternehmen Goodwill-Wertminderungen vornahmen. Zur Vermeidung von Wertminderungen trug zumeist die Planung hoher zukünftiger Ergebnisse bei, die sich in den Bewertungsmodellen niederschlugen. Vgl.

4.3.4.4 Wertaufholungsverbot für den Goodwill

4.3.4.4.1 Konzeptioneller Konflikt

Die Wesentlichkeit der Wertminderung ist auch dahingehend entscheidend, als vorgenommene Wertminderungen nicht durch eine Wertaufholung rückgängig gemacht werden können, da für den Goodwill im Gegensatz zu dem Wertaufholungsgebot für andere Vermögenswerte und CGUs gem. IAS 36.124 ein Wertaufholungsverbot besteht. Letzterem liegt die berechtigte Annahme zu Grunde, dass es im Zuge einer Wertaufholung zu einer Aktivierung von Komponenten eines originären Goodwills kommen könnte.[842] Dies ist insofern als konsequent anzusehen, als nach IAS 38.48 ein Aktivierungsverbot für den originären Goodwill besteht.[843]

Entsprechend dem vom IASB fokussierten und in IAS 34.28 bzw. IAS 34.B36 kodifizierten eigenständigen Ansatz, nachdem im Zwischenabschluss die gleichen Rechnungslegungsmethoden wie im jährlichen Abschluss anzuwenden sind, ist die verpflichtende Anwendung des Wertaufholungsverbots für den Goodwill für Zwischenabschlüsse als konsequent anzusehen. Andererseits fordert IAS 34 eine Bewertung auf kumulierter Basis.[844] Hiernach wäre eine vorgenommene Wertminderung zu einem späteren Abschlussstichtag des Geschäftsjahres rückgängig zu machen, wenn zu diesem Zeitpunkt kein oder ein geringerer Wertminderungsbedarf festgestellt worden wäre.

Durch das Wertaufholungsverbot für den Goodwill kann es infolge eines divergierenden Publizitätsverhaltens bei zwei – annahmegemäß identischen – Unternehmen zu unterschiedlichen Jahresergebnissen kommen. Legt ein Unternehmen quartalsweise Finanzberichte offen und ergibt sich eine Wertminderung des Goodwills im ersten Quartal, dann ist ein entsprechender Wertminderungsaufwand erfolgswirksam zu erfassen. Wenn der Grund für die Wertminderung im zweiten Quartal wegfällt, ist dennoch aufgrund des Wertaufholungsverbots das Jahresergebnis um den Wertminderungsaufwand gemindert.[845] Bei einem anderen Unternehmen mit annahmegemäß identischem Geschäftsverlauf, aber nur halbjährlicher Berichterstattung ist im ersten Quartal – da kein Finanzbericht offengelegt wird – wie auch im zweiten Quartal – weil der Grund für die Wertminderung nicht länger besteht – keine Wertminderung vorzunehmen und folglich das Jahresergebnis nicht durch den Wertminderungsaufwand belastet.[846] Eine analoge Anwendung der Regelungen des IAS 36 im Zwischenabschluss führt somit zu einem Konflikt mit dem vom integrativen Ansatz geprägten Grundsatz der Zwischenbericht-

---

Meyer (2010), S. 230 als Präsident der DPR. Mit Beibehalten optimistischer langfristiger Zukunftsaussichten, die in den *terminal value* einfließen, konnten trotz Finanzmarktkrise hohe Goodwill beibehalten werden. Vgl. Mayer-Wegelin (2010), S. 2812.

842 Zur Begründung des IASB vgl. IAS 36.BC187–191. Die Regelung entspricht der US-amerikanischen Vorschrift des SFAS 142.20.

843 Vgl. Haaker (2008), S. 364.

844 Vgl. hierzu die Ausführungen in Kapitel 3.2.1.3.3.

845 Sinngemäß vgl. Haaker (2008), S. 363 f.

846 Die gleiche Konfliktsituation ergibt sich in Bezug auf ergebniswirksam erfasste Wertminderungen für Eigenkapitalinstrumente, die als zur Veräußerung verfügbar eingestuft sind. Die Wertberichtigung darf gem. IAS 39.69 nicht ergebniswirksam rückgängig gemacht werden. Vgl. IFRIC 10.8.

erstattung, wonach die Häufigkeit der Berichterstattung die Höhe des Jahresergebnisses nicht beeinflussen darf.

4.3.4.4.2 Vorrangigkeit des diskreten Ansatzes durch IFRIC 10 „Zwischenberichterstattung und Wertminderung"

Infolge der unklaren Vorrangigkeit zwischen dem Grundsatz des IAS 34 hinsichtlich der Bewertung auf kumulierter Basis und dem Grundsatz, die gleichen Rechnungslegungsvorschriften anzuwenden, die im jährlichen Finanzbericht anzuwenden sind, kam es nach Einführung und verpflichtender Anwendung des *impairment only-approachs*, insb. die Regelung des IAS 36 das Wertaufholungsverbot des Goodwills betreffend, zu einer uneinheitlichen Bilanzierungspraxis. Grundsätzlich hätte dieser Konflikt mit einer Änderung des IAS 34 zur Klarstellung, welchem Ansatz im Rahmen der Zwischenberichterstattung der Vorzug einzuräumen ist, durch das IASB gelöst werden können. Zum damaligen Zeitpunkt sah das IASB nach eigenen Angaben ein Projekt zur Überarbeitung des IAS 34 in absehbarer Zeit nicht vor.[847] Daraufhin sah sich das IASB veranlasst, den Sachverhalt durch das IFRIC mittels Interpretation klären zu lassen, obwohl das IFRIC mit der Klärung einer Widersprüchlichkeit zwischen zwei Standards über seine in der Satzung festgelegten Kompetenzen i. S. d. Interpretation der Standards hinausgehe und die Aufgabe in Form einer Änderung des IAS 34 eher dem IASB obliegen würde.[848] Nach einer kontroversen Diskussion anlässlich der Veröffentlichung des Interpretationsentwurfs IFRIC D18[849] wurde am 20.07.2006 IFRIC 10 „Zwischenberichterstattung und Wertminderung" verabschiedet.[850]

Nunmehr stellt IFRIC 10 klar: Eine Rücknahme einer vorangegangenen Wertminderung des Goodwills darf nicht erfolgen, ungeachtet dessen, dass dadurch die Häufigkeit der Berichterstattung das Jahresergebnis beeinflusst. Damit wird implizit dem diskreten Ansatz und somit den Regelungen des IAS 36 Vorrang eingeräumt und das grundlegende Prinzip der kumulierten Berichterstattung, d. h. die Darstellung des Periodenerfolgs von Beginn des Geschäftsjahres bis zum aktuellen Stichtag der Zwischenberichtsperiode, ausgehebelt.[851] Die Begründung des IFRIC knüpft an die Beweggründe für das generelle Verbot der Wertaufholung des

[847] Vgl. IFRIC 10.BC5; Schreiber (2006), S. 1847.
[848] Zu diesem Streitpunkt vgl. IFRIC 10.BC5. Vgl. auch Kopatschek (2006), S. 1506.
[849] Zu dem Interpretationsentwurf IFRIC D18 gingen 54 Stellungnahmen ein. Von diesen sprachen sich 26 Stellungnehmende eindeutig gegen eine Wertaufholung und 21 Stellungnehmende für eine Wertaufholung des Goodwills aus. Als Argument gegen ein Wertaufholungsverbot des Goodwills wurde u. a. die Verminderung der Vergleichbarkeit zwischen einzelnen Unternehmen angeführt. Auch wurde in den Stellungnahmen darauf hingewiesen, dass die Zwischenabschlüsse nicht mit der gleichen Genauigkeit wie die jährlichen Abschlüsse erstellt werden und i. d. R. nicht von einem Wirtschaftsprüfer geprüft werden. Daher sollten die Zwischenabschlüsse das Jahresergebnis nicht beeinflussen. Vgl. IASB (2006), S. 2. Zusammenfassend vgl. Kopatschek (2006), S. 1506.
[850] IFRIC 10 ist erstmals auf Geschäftsjahre, die am oder nach dem 01.11.2006 begonnen haben, anzuwenden.
[851] Vgl. Kopatschek (2006), S. 1506. Den Konflikt damit nicht als gelöst ansehend, vgl. Alvarez (2006), S. 227. Gegenteilig vgl. Peemöller (2009), Rn. 70–73.

Goodwills an.[852] Mangels einer akzeptablen Möglichkeit zur Aufteilung des Wertaufholungsbetrags auf den derivativen Goodwill und einen intern erzeugten Goodwill bestünde in den meisten Fällen die Gefahr, dass im Zuge der Wertaufholung – entgegen den Regelungen des IAS 38 – ein originärer Goodwill aktiviert werden würde, i. S. d. Ausgleichs zwischen einem sich vermindernden derivativen Goodwill und einem bestehenden bzw. steigenden originären Goodwill.[853]

Zwar wurde durch den Pragmatismus des IASB, das IFRIC zu beauftragen, die vorherrschende unterschiedliche Bilanzierungspraxis beseitigt, doch die implizite Hinwendung zum regelbasierten Ansatz erklärt auch, warum das IFRIC die Regelung des IFRIC 10 eindeutig als Sonderregel herausstellt, die nicht auf etwaige Konflikte des IAS 34 mit anderen IFRS anzuwenden ist.[854] Vor dem Hintergrund des Verzichts auf eine prinzipienbasierte Lösung, mit der die konzeptionelle Divergenz grundsätzlich beseitigt wäre[855], stellt sich die Frage, wie sich die Regelung auf das Verhalten des Managements und letztlich auf die Entscheidungsnützlichkeit der Zwischenberichterstattung auswirkt.[856]

4.3.4.4.3 Verstärkter Anreiz zur Einflussnahme auf Wertminderungen durch das Management

Unabhängig von der Fokussierung auf die unterjährige Berichterstattung und der Sonderregel des IFRIC 10 wird als Kritik gegen eine rein außerplanmäßige Abschreibung in Form des *impairment only-approach* angebracht, dass das Management die Motivation entwickeln könnte, unwiderrufliche Goodwill-Wertminderungen in der Hoffnung auf eine Verbesserung der Lage hinauszuzögern bzw. zu vermeiden.[857] Bei schlechter Unternehmenslage sind bilanziell zu erfassende Wertminderungen der Vermögenswerte und insb. des Goodwills als „schwächstes Glied in der Vermögenskette“ eher wahrscheinlich. Veränderte Wahrscheinlichkeiten einer Wertminderung ermöglichen dem Management eine Ergebnisgestaltung.[858] Die Intuition, Wertminderung zu unterlassen, ist dahingehend nachvollziehbar, als Wertminderungen in wesentlichem Ausmaß von den Kapitalmarktteilnehmern als Warnsignal aufge-

[852] Das IFRIC beschloss, dass „*the rationale for the non-reversal of impairment losses relating to goodwill* […], *as set out in paragraph BC 189 of IAS 36* […], *applies at both interim an annual reporting date.*“ IFRIC 10BC10 [Hervorhebungen nicht im Original].

[853] Vgl. IAS 36.BC189.

[854] Vgl. Schreiber (2006), S. 1846.

[855] Eine prinzipienbasierte Lösung als zwingend erforderlich ansehend, vgl. Alvarez (2006), S. 227; Schreiber (2006), S. 1846. Der Verzicht auf eine prinzipienbasierte Interpretation wurde auch in diversen Stellungnahmen kritisiert, vgl. IASB (2006), S. 5.

[856] Zur Überwachung des Managements durch den Aufsichtsrat vgl. Kapitel 5.2.

[857] Vgl. Ordelheide (1997), S. 584 f. Auf das Vorhandensein der latenten Gefahr der Ermessensausübung durch das Management hinweisend, die sich aufgrund der Bedeutung des Impairmenttests nach IAS 36 für das Bilanzbild und das Periodenergebnis ergibt, vgl. Wohlgemuth (2007), S. 250. Der „Impairment-only-Ansatz scheint […] etwas sehr Gefährliches zu sein“. Naumann (2010), S. S11. Aus Sicht der DPR feststellend, dass Unternehmen in der Praxis Wertberichtigungen möglichst vermeiden wollen, vgl. Mayer-Wegelin (2010), S. 2812.

[858] Vgl. Hermens/Klein (2010), S. 8.

fasst werden und zu der Beendigung der Geschäftsbeziehung führen könnten.[859] Dies gilt insb., wenn die Adressaten der Finanzberichterstattung durch die Wertminderung des Goodwills z. B. die Wertvernichtung aufgrund zu hoher Kaufpreisprämien durch das Management visualisieren, wodurch ein wertberichtigter Goodwill ein Indiz für eine zumindest teilweise fehlgeschlagene Akquisitionsstrategie bzw. Fehlinvestition des Managements darstellen kann.[860] Lassen sich aufgrund der ergebnismindernden Effekte der Goodwill-Wertminderungen getätigte Ergebnisprognosen nicht realisieren und ergeben sich negative Veränderungen der von Analysten fokussierten Unternehmenskennzahlen[861], ist von einem Kursrückschlag an der Börse auszugehen und damit einhergehend ggf. auch von Vergütungseinbußen des Managements bei variablen Vergütungskomponenten.[862] Ein Management könnte daher geneigt sein, eine Impairment-Strategie zu entwickeln, um bindende Goodwill-Wertminderungen inklusive entsprechende Aufwandsbuchungen zu vermeiden[863] und damit seinen Informationsvorsprung gegenüber den Adressaten nutzt.

Wie die vorangegangenen Ausführungen zeigen, besteht – als Voraussetzung für die Vornahme derart bilanzpolitischer Maßnahmen – ein nicht unerhebliches Potenzial an Ermessensspielräumen für das Management bei der Bewertung im Rahmen des Impairmenttests. Bezogen auf die Zwischenberichterstattung, erhöht sich der Ermessensspielraum aufgrund der Konzeption des IAS 36 dahingehend, als die Durchführung eines Impairmenttest in den Quartalen an das Vorliegen von Indikatoren geknüpft ist. Mit der Klarstellung des IFRIC 10 ist von einer Steigerung dieses Anreizes genau dann auszugehen, wenn sich das Management eines Unternehmens mit einer häufigeren Berichterstattung durch vollzogene Bewertungs-

[859] Vgl. Zülch/Lienau/Willeke (2005), S. 109; Ordelheide (1997), S. 585. Denkbar wäre jedoch auch im Zuge eines *„big bath"* „große Goodwillpositionen (und Fehlinvestitionen) aus den Bilanzen zu räumen, um in der Zukunft den Impairmenttest zu entlasten." Küting (2009), S. 1867. Das Management erhofft sich *„that, by taking all available losses at one time, they will 'clear the desks' once for all."* White/Sondhi/Fried (2003), S. 60, [Hervorhebungen nicht im Original]. Fraglich ist, welches Maß an Entscheidungsnützlichkeit Zwischenberichtsinformationen dann noch beigemessen werden kann, da die zeitliche Vorwegnahme der Wertminderung nicht dem tatsächlichen Werteverzehr des Goodwills entspricht. Vgl. Velte (2008), S. 292 f. Sinngemäß vgl. Klingbeil angesichts des erstaunlich geringen Umfangs an Goodwill-Wertminderungen im Geschäftsjahr 2008, zitiert nach Fockenbrock/Metzger (2010), S. 24: „Einige Vorstände [...] werden sich jetzt aber Gedanken machen, ob es vielleicht klüger gewesen wäre, Lasten über Bord zu werfen."

[860] Ein derivativer Goodwill und damit die Synergiepotenziale müssten wertmäßig mindestens gleich bleiben, damit die Akquisitionsstrategie als erfolgreich anzusehen ist. Vgl. Hermens/Klein (2010), S. 7. Sinngemäß vgl. Zülch/Lienau/Willeke (2005), S. 109. Zu anderen möglichen Gründen für eine Wertminderung des Goodwill vgl. Haaker (2008), S. 380–387 m. w. N.

[861] Zu einer beispielhaften Darstellung der Auswirkungen einer Vornahme respektive Nichtvornahme von Wertminderungen auf Unternehmenskennzahlen vgl. Wohlgemuth (2007), S. 268–272.

[862] „Da sich die gemessene Managerleistung häufig in den Managerbezügen niederschlägt, kann man es sicherlich verstehen, wenn Manager gegen die Abschreibung des Geschäftswerts votieren." Siegel (2002), S. 750 f. Zur möglichen Folge eines Verfehlens der Kapitalmarkterwartungen in Form von negativen Kursabschlägen, vgl. Pellens/Nölte/Berger (2007), S. 24–29. Auch auf die mit einer Goodwill-Wertminderung einhergehenden etwaigen Verletzung von Kreditauflagen hinweisend, vgl. Fockenbrock/Metzger (2010), S. 24. Zu den Anreizen der Einflussnahme auf die Zwischenberichtsinformationen durch das Management vgl. Kapitel 2.3.4.3.

[863] Gleicher Ansicht, vgl. Fockenbrock/Metzger (2010), S. 24.

maßnahmen im Zwischenabschluss schlechter stellt als ein Unternehmen, das weniger oft unterjährige Finanzberichte veröffentlicht.[864]

Damit wird zusätzliches Potenzial geschaffen, um einen sich abzeichnenden Verlust „möglichst lange bilanztechnisch auszugleichen, um bis zu einer schließlich notwendigen Bekanntgabe bereits Gegenmaßnahmen eingeleitet zu haben“[865]. „Ist das Geschäftsjahr erst einmal abgelaufen, so sind die bilanzpolitischen Möglichkeiten bereits weitgehend eingeschränkt.“[866] Vor diesem Hintergrund kann der Befund, dass unterjährig weniger Wertminderungen vorgenommen werden, nicht zuletzt auch eine Erklärung in der Ausübung von bestehenden Ermessensspielräumen finden.

4.3.5 Anhangangaben im verkürzten Abschluss

Wohingegen IAS 36.126–137 für den jährlichen Finanzbericht umfassende Anhangangaben in Abhängigkeit vom Vorkommen und von der Wesentlichkeit der Wertminderung fordert,[867] ist die Grundlage für entsprechende Angaben zu Veränderungen der Werthaltigkeit im Rahmen der Zwischenberichterstattung allein in der allgemeinen Forderung des IAS 34.15B(b) bzw. 16A(c) zu sehen. Als Ereignis, die bei Erheblichkeit angegeben werden müssen, nennt IAS 34.15B(b) u. a. die Erfassung eines Wertminderungsaufwands immaterieller Vermögenswerte.[868] Zusätzlich zu dieser Angabe sind nach IAS 34.16A(d) Art und Umfang von veränderten Schätzungen anzugeben, was z. B. für die Änderungen von geschätzten Cashflows im Rahmen des Impairmenttests zutreffen würde. Von einer detaillierten Offenlegung zu den einzelnen Wertmaßstäben sowie Parametern der Wertermittlung im Rahmen des Impairmenttests kann demnach nicht ausgegangen werden.

Neben den umfangreichen Offenlegungspflichten des IAS 36 für den jährlichen Finanzbericht fordert IAS 1.125 die Angabe zukunftsbezogener Annahmen sowie Quellen von Schätzungsunsicherheiten, durch die ein beträchtliches Risiko entstehen kann.[869] Auch diese Informatio-

---

864 Die Motivation, eine Gleichstellung mit weniger oft Bericht erstattenden Unternehmen durch Unterlassen der Wertminderung herbeizuführen, impliziert allerdings, dass derart kurzfristige Wertschwankungen vorliegen können, die in einem Quartal eine Wertminderung erfordern und es in einem nachfolgenden Quartal zum Wegfall des Wertminderungsgrunds kommt. Andernfalls käme es zeitverzögert bei Vornahme des jährlichen Impairmenttests zur zwingend durchzuführenden Wertminderung und würde sich nicht von der Motivation unterscheiden, Wertminderungen generell zeitlich hinauszuzögern. Das Vorliegen derart kurzfristiger Wertschwankungen infrage stellend, vgl. Alvarez (2006), S. 227.

865 Henes (1995), S. 80.

866 Haase/Lanfermann (1970), S. 210. „Je häufiger unterjährige Zwischenabschlüsse während des Geschäftsjahres erstellt werden, um so effizienter wird die *permanente* Bilanzpolitik.“ Haase/Lanfermann (1970), S. 210.

867 Vgl. Baetge et al. (2008), Rn. 122–134; Ruhnke/Canitz (2010), S. 16. Für jeden wesentlichen Wertminderungsaufwand sind gem. IAS 36.126–137 u. a. die Höhe sowie die Ereignisse und Umstände, die zu der Erfassung der Wertminderung führten, anzugeben. Für CGU, denen ein signifikanter Anteil vom Gesamtbuchwert des Goodwills zugeordnet wurde, sind ergänzende Angaben zu machen, u. a.: Buchwert des Goodwills sowie die Ermittlungsgrundlage des erzielbaren Betrags, Wachstumsraten, Abzinsungssätze etc.

868 Bezogen auf außerplanmäßige Abschreibungen auf Vermögenswerte vgl. Hebestreit (2009), Rn. 30; bezogen auf außerplanmäßige Goodwillabschreibungen, Theile/Leippe (2009), Rn. 4836.

869 Mit den Angaben des IAS 1.125 sollen gem. IAS 1.129 die Adressaten in die Lage versetzt werden, „die Ermessensausübungen des Managements bezüglich der Zukunft und anderer wesentlicher Quellen von

nen stehen den Abschlussadressaten im Rahmen eines Zwischenberichts – bei Aufstellung eines verkürzten Abschlusses – nicht zwangsläufig zur Verfügung. Weder die Durchführung eines qualitativen Tests findet eine Abbildung im Zwischenbericht noch die Vornahme eines Impairmenttests bei Vorliegen von Indikatoren, wenn keine wesentliche Wertminderung ermittelt wurde. Auch die Veränderungen von Wertermittlungsparametern bleiben unveröffentlicht. Inwieweit es hierdurch in der Praxis zur Vermittlung entscheidungsnützlicher Informationen kommt, ist fraglich. Vor dem Hintergrund der Studienergebnisse von *Ruhnke/Canitz* lässt sich bezweifeln,[870] ob Adressaten ausreichend über unterjährige Unternehmensentwicklungen hinsichtlich nicht länger bestehender Synergiepotenziale, die sich im Goodwill widerspiegeln, informiert werden. In diesem Zusammenhang wäre eine Negativanzeige bei Nichtvorliegen von entsprechenden Indikatoren bzw. wenn sich im Rahmen eines durchgeführten Impairmenttests kein Wertminderungsbedarf ergab. Wurde in einer Zwischenberichtsperiode jedoch eine wesentliche Wertminderung vorgenommen, sind diese Erläuterungen auch in den folgenden Zwischenberichten des Geschäftsjahres bis zur Offenlegung im Rahmen des jährlichen Finanzberichts weiterzuführen.[871]

4.3.6 Zusammenfassende Betrachtung der Entscheidungsnützlichkeit der Zwischenberichtsinformationen in Bezug auf den Goodwill

Der eingangs dargelegte Befund zur relativ seltenen Vornahme von Wertminderungen in den ersten drei Quartalen im Vergleich zum vierten Quartal und der entsprechenden Berichterstattung lässt sich auf die in IAS 36 vorgesehene Konzeption der Werthaltigkeitsprüfung für den Goodwill zurückführen. Obwohl eine generelle Aussage nicht möglich ist, lassen sich die an diesen Befund anknüpfenden Erklärungsansätze, dass (1.) keine Wertminderungen unterjährig vorliegen, (2.) vorliegende Wertminderungen unterjährig weder qualitativ noch quantitativ erkannt werden oder (3.) eine Wertminderung unterjährig vorliegt, erkannt, aber nicht bilanziert wurde, im Lichte der vorstehenden Ausführungen beurteilen, womit zumindest eine Tendenzaussage zur Entscheidungsnützlichkeit getroffen werden kann.

Bei Zutreffen der ersten möglichen Erklärung (es liegen unterjährig keine Wertminderungen vor) werden, auch wenn diese wenig realitätsnah erscheint, die Adressaten über ein zutreffendes Bild der Unternehmenslage informiert, was im Sinn der Entscheidungsnützlichkeit steht. Um etwaige Zweifelsfragen auszuräumen, wäre jedoch zu überlegen, zur Klarstellung des Nichtvorliegens von Wertminderungen einen Disclaimer in den Anhang aufzunehmen.

Schätzungsunsicherheit zu verstehen". IAS 1.129 sieht dafür bspw. eine Sensitivitätsanalyse für die Sensitivität der Buchwerte vor, die nach IAS 36 nicht explizit gefordert wird. Informationen über die quantitativen Effekte der Ermessensausübung bzw. Effekte einer vertretbaren alternativen Einschätzung erhalten die Adressaten jedoch nicht.

[870] Vgl. Ruhnke/Canitz (2010), S. 17 f.

[871] Die Pflichtangaben sind i. d. R. auf einer vom Geschäftsjahresbeginn bis zum Stichtag der Zwischenberichtsperiode fortgeführten Grundlage zu erstellen, vgl. Hebestreit (2009), Rn. 26.

Anders verhält es sich mit dem zweiten Erklärungsansatz, nachdem eine vorliegende Wertminderung weder qualitativ noch quantitativ erkannt wird. Wie die vorstehenden Ausführungen zeigen, erfolgt der jährlich obligatorische (quantitative) Impairmenttest, bedingt durch die vorgesehenen Wertmaßstäbe und die Wertermittlungsverfahren sowie die Gepflogenheit der Unternehmen, die Planungsrechnung zum Geschäftsjahresende aufzustellen, zumeist am Jahresende. Unabhängig von den der Ermittlungsweise inhärenten und grundsätzlich Entscheidungsnützlichkeit hemmenden Ermessensspielräumen ist das Erkennen einer vorliegenden Wertminderung und Berichterstattung zum Jahresende daher eher wahrscheinlich. Durch die Implementierung einer Vorstufe für den Impairmenttest in Form des qualitativen Tests für die einzelnen Quartale, was zweifelsohne dem in der Zwischenberichterstattung verstärkt ausgeprägten Grundsatz der Wesentlichkeit entspricht, ist das unterjährige Erkennen davon abhängig, inwieweit (1.) im Unternehmen das Vorliegen von Indikatoren aktiv geprüft wird, (2.) ein Impairmenttest bei Vorliegen von Indikatoren tatsächlich durchgeführt wird und (3.) der Fähigkeit des Unternehmens neue Ereignisse umgehend in die Planungsrechnung zu integrieren, sodass die Wertmaßstäbe einen validen Betrag aufzeigen. Auch wenn die Prüfung von Indikatoren Bestandteil des Risikomanagementsystems – insb. des Risikofrüherkennungssystems – darstellen sollte[872] und zudem auch im Rahmen der Zwischenlageberichterstattung neue Risiken aufzuführen sind, die mit den Indikatoren weitestgehend übereinstimmen müssten, geben empirische Studien Hinweise auf „eine zu niedrige unterjährige Identifikationsfrequenz“[873]. Damit würde die Erkennung von Wertminderungen bereits an der Vorstufe scheitern und der Goodwill wäre nicht entsprechend seinem tatsächlichen Wert in den einzelnen Quartalen abgebildet. Desgleichen weisen empirische Studien darauf hin, dass selbst bei Vorliegen von Indikatoren von Unternehmensseite keine Durchführung des Impairmenttests vorgenommen wird. Wäre dies unter Anwendung der Erleichterungsregeln des IAS 36.15 f. standardkonform, würde ein grundsätzliches Unterlassen gegen die Regelungen des IAS 34 als auch des IAS 36 verstoßen. Um die Entscheidungsnützlichkeit zu erhöhen, wäre auch an dieser Stelle eine Fehlanzeige i. S. eines Disclaimers für das Vorliegen und auch für die Durchführung des Impairmenttests zweckmäßig.

Wohingegen die ersten beiden Punkte von den Maßnahmen des Unternehmens abhängen, besteht hinsichtlich des dritten Punktes (der Fähigkeit des Unternehmens neue Ereignisse umgehend in die Planungsrechnung zu integrieren) geringeres Einflusspotenzial. Eine neue Planungsrechnung fordert erheblichen Zeitaufwand, was konträr zur kurzen Veröffentlichungsfrist der Zwischenberichterstattung steht. Deshalb könnte erwartet werden, dass unterjährig (wenn überhaupt) nur dramatische Wertminderungen sog. „*big bangs*“ offengelegt werden, da sich in dem Falle sowohl die Cashflows des Detailplanungszeitraums als auch der *terminal*

[872] Das Risikofrüherkennungssystem dient der Überwachung und Steuerung von Risiken, die den Fortbestand des Unternehmens gefährden. Vgl. Keller (2002), S. 19. In diesem Zusammenhang auf den Anpassungsbedarf des Risikomanagements zum Zwecke des qualitativen Impairmenttests verweisend, vgl. Wöhrmann (2009), S. 259.

[873] Wöhrmann (2009), S. 262.

value signifikant verändern würden. Kann im anderen Fall eine vollumfängliche Neuplanung nicht vorgenommen werden, könnte unter Angabe eines entsprechenden Verweises nach Abschluss der Planungsrechnung ein erneuter Impairmenttest mit qualitativ besseren Zahlen i. S. eines *follow-up* durchgeführt und die entsprechenden Wertminderungen im jährlichen Finanzbericht veröffentlicht werden.

Der dritte mögliche Erklärungsansatz ist ebenso kritisch zu sehen: Eine Wertminderung liegt vor, wurde erkannt, aber es kam nicht zur Bilanzierung und Berichterstattung. Die Möglichkeit, Wertminderungen durch gezielte Ausübung der bestehenden Ermessensspielräume bis zu einem gewissen Maße unter die Wesentlichkeitsgrenze „zu rechnen" oder aufzuschieben, ist ein generelles Problem des *impairment only-approachs* und gilt gleichermaßen für den jährlichen Finanzbericht.[874] Doch kann sich für das Management durch die ungleiche Häufigkeit der Berichterstattung und dem Wertaufholungsverbot des Goodwills der Anreiz zur Einflussnahme noch verstärken. Nachvollziehbar erscheint auch für die Zwischenberichterstattung die Annahme, dass Wertminderungen „nur noch dann vorgenommen werden, wenn sie sich überhaupt nicht mehr vermeiden lassen oder bilanzpolitisch erwünscht sind."[875]

Vor diesem Hintergrund ist ein Rückschluss ausgehend von der Tatsache, dass ein Quartals- oder Halbjahresfinanzbericht keine Wertminderungen aufweist, auf eine unveränderte Unternehmenslage nicht möglich. Eher besteht die Gefahr von Fehlinterpretationen, die nicht zuletzt auf fehlende Offenlegungspflichten im Anhang des (verkürzten) Abschlusses zurückgeführt werden können. Der Vorteil der Zwischenberichterstattung in Form einer zeitnahen Berichterstattung über Veränderungen der Unternehmenslage kann an dieser Stelle nicht genutzt werden. Notwendig für die Entscheidungsnützlichkeit wäre in einem ersten Schritt das Vorhandensein adäquater Durchsetzungsmechanismen, die eine Prüfung auf Vorliegen von Indikatoren an jedem Stichtag und bei Vorliegen von Indikatoren auch die Durchführung eines Impairmenttests sicherstellen. Auch für die Entscheidungsnützlichkeit für den jährlichen Finanzbericht ist dies von Bedeutung: Stellt sich am Jahresende heraus, dass eine unterjährige Wertminderung nicht vorgenommen wurde, ist auch der Jahresendwert des Goodwills fehlerhaft, soweit eine Wertaufholung stattgefunden hat. Zwar gilt der Wert des Goodwills als

874 Aufgrund der Ermessensspielräume der Bewertungsparameter i. V. m. der Vermengung von derivativem mit originärem Goodwill ist eine sinnvolle Interpretation des Goodwills aus Adressatensicht kaum möglich. In diesem Zusammenhang die Anschaffungskostenrestriktion und das strikte Wertaufholungsverbot kritisierend, vgl. Haaker (2008), S. 385. Die „Vermögensmessung beim Impairment-Test erfolgt lediglich asymmetrisch und bildet nur Wertminderungen, jedoch keine Wertsteigerungen ab". Haaker (2008), S. 409. Die Wertminderung des Goodwills kann kaum als adäquater Maßstab zur Beurteilung des ökonomischen Verlaufs der Unternehmenstransaktionen dienen. Vgl. Brösel/Zwirner (2009), S. 194. Immaterielle Vermögenswerte und somit auch den Goodwill als „ewige Sorgenkinder des Bilanzrechts" bezeichnend, Moxter (1979), S. 1102.

875 Küting (2009), S. 1869.

werthaltig, jedoch wäre rein formal, d. h. entsprechend den Regelungen der IFRS, der Wert des Goodwills zu hoch ausgewiesen.[876]

4.4 Zwischenergebnis

Die vorstehenden Ausführungen zeigen, welche Auswirkungen die zur Anwendung kommenden Bilanzierungs- und Bewertungsvorschriften auf die Entscheidungsnützlichkeit der Zwischenberichtsinformationen und somit auf die Erfüllung der Zwischenberichtsfunktionen ausüben können. Im Rahmen der Ermittlung der Ertragsteuern wurde vom IASB bewusst von dem eigenständigen Ansatz Abstand genommen und eine integrative Wertermittlung vorgegeben, mit der auch in der Zwischenberichtsperiode die „*tax rate*" anzuwenden ist, „[*which*] *would be applicable to expected total annual earnings*".[877] Dadurch wird die Planungsrechnung zum elementaren Parameter. Ist das Unternehmen in der Lage, die entsprechenden Wertermittlungsparameter verlässlich zu schätzen, wäre für die Adressaten bereits im ersten Quartal die relative Steuerbelastung des Unternehmens zum Geschäftsjahresende absehbar. Dies würde der Prognosefunktion der Zwischenberichterstattung entsprechen. Die Aussagekraft ist zudem abhängig davon, inwieweit ersichtlich ist, welchen Einfluss mögliche Sondereffekte (*discrete items*) auf die Steuerpositionen genommen haben. Ein eigenständiger Umgang mit *discrete items* führt zu einem hohen Ausschlag der Quote, wodurch ein Rückschluss auf das Jahresende erschwert wird. Durch eine Glättung des Effekts würden die Steuerpositionen der anderen Quartale durch den Effekt beeinflusst, obwohl dieser sich u. U. nicht auf die operative Geschäftstätigkeit zurückführen lässt. Da IAS 34 keine gesonderten Anhangangaben für die Wertermittlung fordert, kann eine entsprechende Einschätzung seitens der Adressaten kaum gelingen. Vor diesem Hintergrund ist es mehr als fraglich, ob die mit den derzeitigen Regelungen und insb. der Umsetzung der Unternehmen ermittelten Steuerpositionen die gewünschte Aussagekraft aufweisen.

Gegensätzlich ist die Handhabung des IASB bezogen auf die (Folge-)Bewertung des Goodwills; es sind die gleichen Bilanzierungs- und Bewertungsvorschriften wie im jährlichen Abschluss anzuwenden. Dies gilt jedoch nur rein formal, denn die in IAS 36 vorgesehene Konzeption für die Prüfung der Werthaltigkeit des Goodwills i. V. m. den zwischenberichtsspezifischen Anforderungen führt schlussendlich zu einer unterschiedlichen Vorgehensweise und zu wenig aussagekräftigen Informationen in den einzelnen Quartalen. Es scheint weder eine Prognose noch das zeitnahe Erkennen einer Veränderung der Unternehmenslage möglich, worunter die Eigenständigkeit des Berichtsinstruments leidet.

Angesichts des Umfangs und der Relevanz beider Positionen für die Abschlussadressaten ist eine erhöhte Transparenz zu fordern. Die Fähigkeit eines nach IAS 34 aufgestellten Zwi-

---

[876] Infolgedessen entsteht die Notwendigkeit, dass der Abschlussprüfer nicht nur den Impairmenttest zum Bilanzstichtag des Geschäftsjahres prüft, sondern auch rückwirkend zu den Zwischenberichtsterminen, um die Fehlerhaftigkeit des Jahresabschlusses auszuschließen. Vgl. Kopatschek (2006), S. 1506.

[877] IAS 34.B13.

schenberichts, entscheidungsnützliche Informationen über die in der Verfügungsmacht des Unternehmens stehenden Ressourcen zu vermitteln, ist bei genauerer Betrachtung des Zahlenwerks und der dahinterstehenden Ermessensspielräume zu relativieren. In Bezug auf die im Zwischenbericht ausgewiesenen Ertragsteuern ist die Entscheidungsnützlichkeit in erheblichem Maße von der Ermittlungsmethode und dem Planungsprozess der Unternehmen abhängig. Um die Entscheidungsnützlichkeit zu erhöhen, ist der IAS 34 um entsprechende Pflichtangaben zur Ermittlungsmethodik und zur Behandlung von *discrete items* im (verkürzten) Abschluss zu erweitern. Hinsichtlich des Goodwills kann, wenn über keine Wertminderungen berichtet wird, nicht uneingeschränkt auf unveränderte Unternehmenslage geschlossen werden. Hier wäre zur Förderung der Entscheidungsnützlichkeit und zur Disziplinierung des Managements zumindest ein Disclaimer verpflichtend vom IASB zu fordern, mit dem im jeweiligen Falle das (Nicht-)Vorliegen von Indikatoren einer Wertminderung, die (Nicht-)Durchführung des Impairmenttests sowie das Nichtvorliegen einer Wertminderung zu bestätigen ist.

Sowohl in Bezug auf die Ertragsteuern als auch auf den Goodwill weisen empirische Untersuchungen auf angewandte, jedoch der Entscheidungsnützlichkeit abträgliche und daher kritisierte Bilanzierungspraktiken hin. Dies wiederum erweckt den Anschein, dass die Bereitstellung entscheidungsnützlicher Zwischenberichtsinformationen von den Unternehmen nicht mit letzter Konsequenz verfolgt wird. Daher gilt es näher zu untersuchen, welchen Einfluss die implementierten Durchsetzungsinstanzen hierauf haben bzw. nicht haben könnten.

5 Durchsetzung der Zwischenberichterstattungspflichten insbesondere durch den Aufsichtsrat

5.1 Gesetzlicher Rahmen der Prüfungspflicht des Aufsichtsrats

5.1.1 Überwachungsaufgabe in Bezug auf die Rechnungslegung im Allgemeinen

Die Verlässlichkeit bildet neben der Relevanz eine wesentliche Voraussetzung für die Erfüllung der Informationsfunktion.[878] Diese Tatsache erkennt auch der Gesetzgeber in Bezug auf die Zwischenberichterstattung an.[879] Doch die vorstehenden Ausführungen zur Umsetzung der Zwischenberichtspflichten und die vorherrschende Bilanzierungspraxis in Bezug auf die unterjährige Ermittlung von Ertragsteuern und die Durchführung eines Impairmenttests lassen die Frage nach dem Vorhandensein adäquater Durchsetzungsmechanismen aufkommen, die eine ordnungsmäßige Umsetzung der Gesetzespflichten sicherstellen sollen.

Anzunehmen wäre, dass vor der Veröffentlichung von Zwischenberichten eine Prüfung dieser vom Aufsichtsrat als zentrales Element des deutschen Corporate Governance-Systems erfolgt, dessen Grundfunktion entsprechend dem aktienrechtlichen Trennungsprinzip gem. § 111 Abs. 1 AktG in der Überwachung der Geschäftsführung besteht.[880] Im Rahmen seiner Überwachungspflicht hat der Aufsichtsrat sicherzustellen, dass der Vorstand alle erforderlichen Maßnahmen zur langfristigen Erhaltung der Ertragskraft des Unternehmens ergreift.[881] Pflichtverletzungen des Vorstands sind aufzudecken und zukünftig zu unterbinden, ebenso sollen Fehlentscheidungen des Vorstands verhindert werden, um im Vorhinein Schaden von der Gesellschaft abzuwenden.[882] Durch die Arbeit des Aufsichtsrats sollen die Kapitalmarktakteure Vertrauen in die Richtigkeit der Berichterstattung einschließlich der Zwischenberichterstattung haben können.[883] Die erforderlichen Kenntnisse zur ordnungsmäßigen Ausführung der Überwachungsaufgabe erhält der Aufsichtsrat primär durch die Vorstandsberichte, die um weitere vom Aufsichtsrat selbst einzuholende Informationen zu ergänzen sind.[884] Mit diesen Informa-

[878] Vgl. hierzu die Ausführungen der Kapitel 2.1.2 und 2.3.2.

[879] Vgl. Transparenzrichtlinie (2004), Erwägungsgrund (16); stellvertretend für die Auffassung des Schrifttums vgl. Alvarez/Wotschofsky (2001), S. 121. Vgl. allgemein Hommelhoff/Mattheus (2004), S. 93: „Der Kapitalmarkt und sein Publikum benötigen richtige, verlässliche und glaubwürdige Unternehmensinformationen, zumal in der Finanzberichterstattung."

[880] Zur notwendigen Gleichsetzung von Geschäftsführung (§ 77 Abs. 1 AktG) und Leitung der Gesellschaft (§ 76 Abs. 1 AktG), um die Überwachungspflicht des Aufsichtsrats zu reduzieren, vgl. Hopt/Roth (2006), Rn. 159. Zur Leitungsaufgabe des Vorstands, vgl. Fleischer (2003), S. 1–11.

[881] Vgl. Leyens (2006), S. 134; Köstler/Zachert/Müller (2009), Rn. 614. Als gesetzlich verpflichtende Maßnahme sei z. B. auf das vom Management einzurichtende Risikomanagement und das Risikofrüherkennungssystem als Bestandteil dessen verwiesen. Vgl. BT-Drs. 13/9712, S. 15.

[882] Vgl. Hopt/Roth (2006), Rn. 150, 154.

[883] In Bezug auf den Jahresabschluss vgl. Hopt/Roth (2006), Rn. 154.

[884] Zum Informationsrecht des Aufsichtsrats vgl. § 111 Abs. 2 Satz 1 AktG. Vgl. auch Alvarez/Wotschofsky (2001), S. 120; Nonnenmacher/Pohle/von Werder (2009), S. 1449.

tionen hat sich der Aufsichtsrat ein Urteil über die Ordnungsmäßigkeit und Wirtschaftlichkeit der Geschäftsführungstätigkeit sowie die Recht- und Zweckmäßigkeit zu bilden.[885]

Da sich der konkrete Überwachungsumfang dem Gesetzeswortlaut nicht entnehmen lässt, bedient sich das Schrifttum dem Berichterstattungsumfang des Vorstands an den Aufsichtsrat nach § 90 Abs. 1 AktG, um Anhaltspunkte für den Überwachungsumfang im Einzelnen abzuleiten.[886] Hinsichtlich der externen Berichterstattung erfolgt durch das Aktiengesetz eine Konkretisierung[887]; dem Aufsichtsrat obliegt nach § 171 Abs. 1 AktG die Prüfung des Jahresabschlusses, des Lageberichts und des Vorschlags für die Verwendung des Bilanzgewinns; bei Mutterunternehmen i. S. d. § 290 Abs. 1–2 HGB ist auch eine Prüfung des Konzernabschlusses und Konzernlageberichts vorzunehmen. Der Aufsichtsrat hat zu prüfen, ob die ihm vorliegenden Berichte den allgemeinen Prüfungsmaßstäben der Rechtmäßigkeit (Übereinstimmung mit Gesetzesvorschriften u. a. HGB, IFRS, WpHG) und Zweckmäßigkeit (Beurteilung der bilanzpolitischen Ermessensentscheidungen im Hinblick auf das Unternehmensinteresse) entsprechen und sich darüber hinaus mit seinem Kenntnisstand decken.[888] Nach erfolgter Prüfung kommt dem Aufsichtsrat gem. § 171 Abs. 2 AktG die Feststellung des Jahres- bzw. Billigung des Konzernabschlusses zu, wodurch dieser die Mitverantwortung für deren Recht- und Zweckmäßigkeit übernimmt.[889]

5.1.2 Fehlen einer expliziten Gesetzesvorschrift für die Prüfung der Zwischenberichterstattung

Für Zwischenberichte ist dem Gesetzeswortlaut hingegen keine explizite Prüfungspflicht für den Aufsichtsrat zu entnehmen. Ebenso wenig besteht für den Vorstand nach § 170 Abs. 1 AktG eine definitive Vorlagepflicht von Zwischenberichten an den Aufsichtsrat.[890] Schließlich lässt auch § 37w Abs. 5 WpHG auf kapitalmarktrechtlicher Ebene keinen direkten Rückschluss auf eine zwingende innergesellschaftliche Beteiligung des Aufsichtsrats zu.[891] Vor dem Hintergrund dieser formalrechtlichen Aspekte gelangen Stimmen des Schrifttums zu der Ansicht, dass weder von einer Vorlagepflicht für Zwischenberichte noch von einer Prüfungspflicht dieser Berichte durch den Aufsichtsrat ausgegangen werden kann. Beispielhaft gelangt *Mock* zu der nachstehenden Schlussfolgerung: „Im Ergebnis wird […] eine Vorlagepflicht des

885 Zu den Prüfungsmaßstäben im Detail, vgl. Lutter/Krieger (2008), Rn. 71–84; Gittermann (2009), Rn. 167. Vgl. auch Hopt/Roth (2006), Rn. 154, die als konkrete Ziele der Aufsichtsratsüberwachung die Richtigkeit der Buchführung und der Rechnungslegung ansehen.

886 Vgl. Semler (2009), Rn. 91; kritisch zu dieser Vorgehensweise vgl. Leyens (2006), S. 128 f.

887 Vgl. Brönner (2006), Rn. 3.

888 Vgl. Böcking/Kiehne (2010), S. 303. Vgl. auch Ammedick/Strieder (2008), Rn. 111. Zur Übertragbarkeit der allgemeinen Prüfungsmaßstäbe bei Überwachung der Geschäftsführung auf die Prüfung der Rechnungslegung, vgl. Hüffer (2010), Rn. 3–8. Zu den Prüfungsmaßstäben vgl. auch Müller (2002), S. 1301; Euler/Müller (2007), Rn. 42 f.; Köstler/Zachert/Müller (2009), Rn. 688, 703; Buhleier/Krowas (2010), S. 1165.

889 Vgl. Lutter/Krieger (2008), Rn. 489. Zur Feststellung bzw. Billigung des Jahres- bzw. Konzernabschlusses durch die Hauptversammlung vgl. §§ 172, 173 AktG.

890 Vgl. Böcking/Kiehne (2010), S. 300. Es stellt sich die Frage, „ob der Vorstand den verkürzten Abschluss und den Zwischenlagebericht an den Aufsichtsrat vorlegen muss, damit dieser eine Prüfung vornehmen kann (§§ 170 f. AktG)“. Mock (2007), Rn. 34.

891 Vgl. Strieder/Ammedick (2007), S. 291; Böcking/Kiehne (2010), S. 300.

Vorstands und eine anschließende Prüfung durch den Aufsichtsrat allerdings nicht angenommen werden können."[892] Auch nach Meinung von *Zimmermann* erstrecken sich die „gesellschaftsrechtlichen Instrumente zur Kontrolle ordnungsgemäßer Rechnungslegung [...], namentlich die Prüfung durch den Aufsichtsrat gemäß den §§ 170, 171 AktG, [...] dagegen nicht auf den Halbjahresfinanzbericht."[893] Eine Bekräftigung dieses Standpunktes wird nicht zuletzt in der fehlenden Gesetzesvorschrift zur Billigung von Halbjahresfinanzberichten gesehen.[894] Doch wie lässt sich das Fehlen einer expliziten Prüfungspflicht im Vergleich zu anderen, auf die Informationsfunktion fokussierten Publizitätsinstrumenten vom Gesetzgeber rechtfertigen?

Ähnlich zum derzeitigen Rechtsstand zur Zwischenberichterstattung bestand auch vor Inkrafttreten des Gesetzes zur Kontrolle und Transparenz im Unternehmensbereich (KonTraG)[895] am 01.05.1998 für den Konzernabschluss und -lagebericht keine eindeutige, gesetzlich normierte Prüfungspflicht für den Aufsichtsrat.[896] Die Ergänzung des § 171 Abs. 1 Satz 1 AktG war, so die Gesetzesbegründung, erforderlich, da „in der Unternehmenspraxis der Konzernabschluß für den Aufsichtsrat von entscheidender Bedeutung ist" und es dem Ziel des Gesetzesentwurfs entsprechen würde, „die Kontrollaufgabe des Aufsichtsrats im Rahmen der im Konzern zur Verfügung stehenden gesellschaftsrechtlichen Möglichkeiten den praktischen Bedürfnissen anzupassen."[897] Nach kurzer Zeit wurde im Rahmen des Gesetzes zur weiteren Reform des Aktien- und Bilanzrechts, zu Transparenz und Publizität (TransPuG)[898] „der zunehmenden Bedeutung des Konzernabschlusses und des Konzernlageberichts als Informationsmedien" mit Einführung der formellen Billigung des Konzernabschlusses durch den Aufsichtsrat gem. § 171 AktG „Rechnung getragen" und „auf eine intensivierte Prüfung des Konzernabschlusses durch den Aufsichtsrat hingewirkt"[899].

Den Gesetzesbegründungen zufolge stellt die Relevanz der Informationen des Konzernabschlusses für Des- bzw. Investitionsentscheidungen der Adressaten ebenso wie für Kreditvergabeverfahren das entscheidende Kriterium für die Notwendigkeit einer gesetzlichen Prüfungspflicht und der Billigung des allein an der Informationsfunktion ausgerichteten Kon-

[892] Mock (2007), Rn. 34.
[893] Zimmermann (2009), Rn. 29. Ähnlich Hönsch (2009), Rn. 4: „Im Gegensatz zum Jahresabschluss und Lagebericht sowie zum Konzernabschluss und Konzernlagebericht müssen der verkürzte Abschluss und der Zwischenlagebericht des Halbjahresfinanzberichts nicht vor Veröffentlichung vom Aufsichtsrat geprüft und festgestellt bzw. gebilligt werden." [Hervorhebungen im Original getilgt]. In Bezug auf Quartalsfinanzberichte, vgl. Hönsch (2009a), Rn. 2.
[894] Vgl. DAV (2006), S. 658; Hönsch (2009), Rn. 4.
[895] Vgl. KonTraG (1998).
[896] Eine Pflicht zur Prüfung des Konzernabschlusses durch den Aufsichtsrat konnte jedoch bereits vor KonTraG aus der zuvor in § 337 Abs. 1 AktG normierten Vorlagepflicht i. V. m. der allgemeinen Überwachungspflicht hergeleitet werden, vgl. dazu Kropff (2003), Rn. 58.
[897] BT-Drs. 13/9712, S. 22 (beide Zitate). Vgl. Hoffmann-Becking (1995), S. 337.
[898] Vgl. TransPuG (2002).
[899] Gesetzesentwurf zum TransPuG, BT-Drs. 14/8769, S. 22.

zernabschlusses durch den Aufsichtsrat dar.[900] Ferner rechtfertigten die im Rahmen der Unternehmenspublizität i. d. R. stärkere Wahrnehmung des Konzernabschlusses im Vergleich zum Einzelabschluss genauso wie die Schutzbedürftigkeit „der auf dem Kapitalmarkt investierenden Anleger“[901] die Intensivierung der Überwachung durch den Aufsichtsrat.[902] Ebenso wie der Konzernabschluss wird der Zwischenbericht durch seine elementare Informationsfunktion und die Intention, den Anlegerschutz zu verbessern, geprägt und gleichermaßen ist der Zwischenbericht analog zum Konzernabschluss – bei ordnungsmäßiger Erstellung – nicht mit Rechtsfolgen belegt.[903] Konsequenterweise müsste sich, der Argumentation des Gesetzgebers entsprechend, die Relevanz von Informationen der Halbjahres- und Quartalsfinanzberichte für die Rechnungslegungsadressaten insb. für die Investoren ebenfalls im Pflichtenkanon des Aufsichtsrats widerspiegeln.[904]

5.2 Begründbarkeit der Prüfungspflicht des Aufsichtsrats

5.2.1 Allgemeine Überwachungsaufgabe des Aufsichtsrats und konkreter Aufgabenbereich des Prüfungsausschusses

Unstrittig kann dem Gesetzeswortlaut weder eine explizite Prüfungspflicht für die Zwischenberichte noch eine Pflicht zur Feststellung bzw. Billigung entnommen werden. Ebenso unumstritten ist, dass die Rechtsfolgen, die eine Prüfung des Jahresabschlusses rechtfertigen[905], im Rahmen der Zwischenberichterstattung nicht vorliegen. Die faktische Pflicht zur Prüfung der Zwischenberichte durch den Aufsichtsrat lässt sich jedoch zum einen vor dem Hintergrund seiner originären Funktion[906] und der Generalnorm „Überwachung der Geschäftsführung“ nach § 111 AktG zweckadäquat ableiten.[907] Da der Aufsichtsrat die Maßnahmen des Managements zu überwachen hat, um einen aus Fehlentscheidungen resultierenden Schaden im Vorhinein von der Gesellschaft abzuwenden und die vom Management ergriffenen Maßnahmen in der Bilanz, der GuV etc. sowie im Lagebericht zum Ausdruck kommen[908], ist eine „Überwachung der Geschäftsführung ohne Prüfung der Rechnungslegung [...] nicht denk-

---

900 Vgl. Böcking/Kiehne (2010), S. 301. Zu den Funktionen des Konzernabschlusses, vgl. Busse von Colbe et al. (2010), S. 19, 26–34. Vgl. auch Köstler/Zachert/Müller (2009), Rn. 703.

901 BT-Drs. 14/8769, S. 10. Ähnlich Kropff, (2003), Rn. 58.

902 Vgl. Böcking/Kiehne (2010), S. 301.

903 Zum Anlegerschutz als primäres Regelungsziel der Zwischenberichterstattung, vgl. Kapitel 2.2.2, zur Informationsfunktion vgl. Kapitel 2.3.1.

904 Vgl. Böcking/Kiehne (2010), S. 301.

905 Hierzu auch Köstler/Zachert/Müller (2009), Rn. 703.

906 Zu den Funktionen des Aufsichtsrats aus ökonomischer Sicht vgl. Dutzi (2005), S. 135–161.

907 Vgl. Böcking/Kiehne (2010), S. 301, 303. Gleicher Ansicht Brönner (2006), Rn. 10; Alvarez/Wotschofsky (2001), S. 123; Ammedick/Strieder (2008), Rn. 110. Zwar ist die Zwischenberichterstattung kapitalmarktrechtlich geregelt, wohingegen die Rechte und Pflichten des Aufsichtsrats dem Gesellschaftsrecht entspringen, jedoch ist, wie die folgenden Ausführungen zeigen, eine isolierte Betrachtung aufgrund der Verflechtungen der Rechtsgebiete abzulehnen. Sich grundsätzlich gegen eine isolierte Kodifizierung von Kapitalmarktrecht und Bilanzrecht aussprechend, vgl. Hommelhoff (2000), S. 773 f. Zur folgenden Auslegung der allgemeinen gesetzlichen Überwachungspflicht des Aufsichtsrats vgl. Böcking/Kiehne (2010), S. 301.

908 Vgl. Hüffer (2010), Rn. 3.

bar“[909]. Dies trifft gleichermaßen sowohl für den Jahres- bzw. Konzernabschluss als auch für den Zwischenbericht zu. Da sich die unterjährigen Maßnahmen bereits in den Zwischenberichten niederschlagen und den Adressaten als Entscheidungsgrundlage dienen, sind Zwischenberichte ebenso vom Aufsichtsrat zu prüfen, um unvorhergesehenen Situationen mit negativen Konsequenzen für das Unternehmen vorzubeugen. Ferner würde eine nicht den tatsächlichen Verhältnissen entsprechende Darstellung der Unternehmenslage nicht zu einer möglichen Sanktionierung der gesetzlichen Vertreter durch Abgabe eins unzutreffenden Bilanzeids führen, sondern auch der gesetzgeberischen Intention entgegenstehen, mit der Zwischenberichterstattung den Funktionen- und Anlegerschutz zu verbessern.

Darüber hinaus lassen die jüngsten aktienrechtlichen Reformen im Rahmen des am 29.05.2009 in Kraft getretenen BilMoG[910] einen Rückschluss auf die Prüfungspflicht des Aufsichtsrats – im Speziellen seines Prüfungsausschusses – zu.[911] Nach Maßgabe des § 107 Abs. 3 Satz 2 AktG kann der Aufsichtsrat kapitalmarktorientierter Kapitalgesellschaften i. S. d. § 264d HGB nunmehr einen Prüfungsausschuss bestellen, der sich „mit der Überwachung des Rechnungslegungsprozesses, der Wirksamkeit des internen Kontrollsystems, des Risikomanagementsystems und des internen Revisionssystems sowie der Abschlussprüfung“ zu befassen hat.[912] Diese Vorgabe ist dahingehend zu interpretieren, dass dem Prüfungsausschuss die Überwachung des gesamten Rechnungslegungsprozesses obliegt, was die Kontrolle aller offenzulegenden Finanzberichte einschließt, folglich auch die von Halbjahres- und Quartalsfinanzberichten sowie Zwischenmitteilungen.[913]

5.2.2 Vierteljährliche Regelberichterstattung an den Vorstand

Werden, wie allgemein üblich, Anhaltspunkte für den Überwachungsumfang des Aufsichtsrats aus der Regelberichterstattung des Vorstands abgeleitet, lässt sich im Zuge dessen ebenso eine Einbindung des Aufsichtsrats in die Zwischenberichterstattung schlussfolgern.[914] Im Rahmen der internen Vierteljahresberichte gem. § 90 Abs. 1 Nr. 3, Abs. 2 Nr. 3 AktG als Bestandteil der gesetzlich festgeschriebenen Regelberichte hat der Vorstand den Aufsichtsrat über den Gang der Geschäfte zu informieren, insb. über die Umsatzentwicklung und über die Lage der Gesellschaft. Letztere umfasst die Vermögens-, Finanz- und Ertragslage des Unternehmens[915], wobei die Verdeutlichung der Entwicklung grundsätzlich einen Periodenver-

---

909 Hüffer (2010), Rn. 1 [Hervorhebungen im Original getilgt], in Zusammenhang mit der Aufsichtsratsprüfung des Einzel- und Konzernabschlusses. Vgl. auch Hommelhoff (1983), S. 555.

910 Zu den handelsrechtlichen und aktienrechtlichen Änderungen im Detail, vgl. Böcking/Gros (2009), S. 355–361; Küting/Pfitzer/Weber (2009), passim.

911 Vgl. Böcking/Kiehne (2010), S. 302.

912 Eine Pflicht zur Einrichtung eines Prüfungsausschusses besteht gem. § 324 Abs. 1 HGB für Kapitalgesellschaften im Sinn des § 264d HGB, sofern nicht der Aufsichtsrat die Anforderungen des § 100 Abs. 5 AktG erfüllt.

913 Vgl. Böcking (2008), S. 368. So auch Deneke (2009), S. 248; Böcking/Kiehne (2010), S. 302. Zu den Aufgaben des Prüfungsausschusses gem. DCGK, vgl. Tz. 5.3.2 DCGK.

914 Vgl. Böcking/Kiehne (2010), S. 301.

915 Vgl. Ammedick/Strieder (2002), Rn. 663.

gleich erfordert.[916] Dies gilt nicht nur hinsichtlich der aktuellen und der vorangegangenen Perioden, was eine Gegenüberstellung von Ist- und Vorjahreszahlen bedingt. Für ein aussagekräftiges Bild und eine zukunftsgerichtete Überwachung sind darüber hinaus Planzahlen und Erläuterungen zu etwaigen Abweichungen sowie grundlegende Erläuterungen des Zahlenmaterials darzulegen.[917] Im Zuge dessen ist auf wesentliche interne, aber auch auf externe Faktoren einzugehen.[918] Die Verantwortung des Aufsichtsrats geht dabei über eine bloße Kenntnisnahme dieser Informationen hinaus; die Vorstandsberichte bedingen vielmehr eine kritische Prüfung durch die einzelnen Organmitglieder.[919] Da die Lage eines Unternehmens „vom sachverständigen Leser am zutreffendsten aus einem Zwischenabschluß zu ersehen"[920] ist und, wie die Gegenüberstellung in Abbildung 12 verdeutlicht, die intern zu berichtenden Informationen weitestgehend den gesetzlich normierten Inhalten der externen Quartalsfinanzberichte bzw. des Halbjahresfinanzberichts entsprechen[921], liegt die Vermutung nahe, dass der Vorstand dem Aufsichtsrat eben jene zur Veröffentlichung erstellen Zwischenberichte vorlegt.[922]

Abbildung 12: Gegenüberstellung der Berichtsinhalte von Vierteljahresbericht und Quartalsfinanzbericht

Vierteljahresbericht (§ 90 Abs. 1 Nr. 3 i. V. m. Abs. 2 Nr. 3 AktG)	**Quartalsfinanzbericht (§ 37x Abs. 3 i. V. m. § 37w Abs. 2 Nr. 1, Nr. 2 und Abs. 3, Abs. 4 WpHG, IAS 34 und DRS 16)**	
	Verkürzter Abschluss	**Zwischenlagebericht**
• Gang der Geschäfte • Insbesondere Umsatz • Lage des Unternehmens	Mindestens • Verkürzte Bilanz • Verkürzte GuV • Anhang	Mindestens • Wichtige Ereignisse des Berichtszeitraums • Auswirkungen dieser Ereignisse auf den verkürzten Abschluss • Wesentliche Chancen und Risiken für die dem Berichtszeitraum folgenden sechs Monate
• Entwicklungsübersicht (ggf. segmentierte Berichterstattung) – Interne Entwicklungen (Umsatz, Auftragslage, Mitarbeiteranzahl etc.) – Externe Entwicklungen (gesetzliche Rahmenbedingungen, Wettbewerberverhalten, Veränderung relevanter Märkte, Branchenentwicklung) – Zahlen der Ergebnisrechnung • Analyse der Bereiche, die sich nicht plangemäß entwickeln (inkl. Konkretisierung der entsprechenden Umsätze und Deckungsbeiträge) • Detailliertes Zahlenmaterial, insbesondere zum Umsatz sowie Darstellung der Auswirkungen auf Ertragslage und Liquidität • Verschuldungsgrad/Entwicklung der Liquidität • Gegenüberstellung von Vorjahres-Zahlen, Ist-Zahlen und Planzahlen; Analyse etwaiger Abweichungen (insb. bei Umsatz-, Ertrags- Liquiditätslage) • Entwicklung des Börsenkurses	• IAS 34 – Verkürzte Bilanz zum Stichtag und zum Stichtag des vorangegangenen Geschäftsjahres – Verkürzte GuV für den Berichtszeitraum und entsprechenden Zeitraum im Vorjahr – Verkürzte Kapitalflussrechnung und verkürzter Eigenkapitalspiegel für den Berichtszeitraum und entsprechenden Zeitraum im Vorjahr – Angaben zu Segmenten mit Darstellung der Umsatzerlöse und der Segmentergebnisse	• DRS 16 – Wesentliche Veränderungen der Prognosen und sonstige Aussagen zur voraussichtlichen Entwicklung aus dem letzten Konzernlagebericht – Externe Ereignisse (politische, rechtliche Rahmenbedingungen; Änderungen von Wettbewerbersituation, Wechselkursen, Zinsen, konjunkturelle Entwicklung etc.) – Interne Ereignisse (Umstrukturierung, Wechsel in Unternehmensleitung, Finanzierungsmaßnahmen, Einführung neuer Produkte, Unternehmenskäufe und -verkäufe etc.) – Beschreibung bestandsgefährdender Risiken

Quelle: In Anlehnung an Böcking/Kiehne (2010), S. 302.

---

916 Vgl. Leyens (2006), S. 150.

917 Vgl. Semler (2009), Rn. 106–109.

918 Vgl. Grothe (2006), S. 264.

919 „Was dem Aufsichtsrat zu berichten ist, ist zugleich Gegenstand seiner Prüfung", Lutter/Krieger (2008), Rn. 64.

920 Semler (1996), Rn. 154.

921 Zu den konkreten Berichtsinhalten des Vierteljahresberichts gem. § 90 Abs. 1 Nr. 3 AktG, vgl. u. a. Diederichs/Kißler, (2008), S. 119; Fischer/Beckmann (2009), S. 1665; Grothe, (2006), S. 264; Semler (1996), Rn. 152–154; Hüffer, (2010a), Rn. 6. Vollständig werden die Berichtserfordernisse nach § 90 Abs. 2 Nr. 3 AktG durch den Inhalt der Zwischenberichte nicht abgedeckt, vgl. Nonnenmacher (2009), Rn. 12.

922 Vgl. Böcking/Kiehne (2010), S. 302. Gleicher Ansicht bereits Müller (1982), S. 209; ebenso Alvarez/Wotschofsky (2001), S. 123. Die Vorlage eines umfassenden Zwischenabschlusses empfehlend, vgl. Grothe (2006), S. 264.

Erfolgt eine Vorlage der entsprechenden Berichte nach § 90 AktG, fallen sie unter den Prüfungsgegenstand des Aufsichtsrats.[923] Vor diesem Hintergrund ist die Prüfung der Informationen im Quartals- und Halbjahresfinanzbericht als Verantwortlichkeit des Aufsichtsrats anzusehen. Die Gegenüberstellung verdeutlicht darüber hinaus, dass den Adressaten mit den Quartals- bzw. Halbjahresfinanzberichten ein Großteil des Instrumentariums zur Verfügung steht, welches der Gesetzgeber für eine effektive interne (unterjährige) Überwachung als notwendig erachtet. Der Hauptunterschied zwischen den Berichten ist insb. im Detaillierungsgrad zu sehen, bspw. sind Informationen zu Deckungsbeiträgen etc. nur intern zu berichten, auch Planungsrechnungen sind der Öffentlichkeit nicht zugänglich, obgleich im Zwischenlagebericht, allerdings weniger detailliert, Prognosedaten offengelegt werden müssen. Dies zeigt erneut die Unzweckmäßigkeit der Zwischenmitteilung der Geschäftsführung als alternative Berichtsform zur Quartalsfinanzberichterstattung aufgrund des weniger umfangreichen Inhalts; zum einen, da das Management ohnehin für die interne Berichterstattung detailliertere Informationen aufzubereiten hat und zum anderen, weil den Kapitalmarktteilnehmern keine einheitliche Grundlage zur Überwachung geboten wird. Sollten dennoch Zwischenmitteilungen veröffentlicht werden, fallen auch diese in den Überwachungsumfang des Aufsichtsrats. Um dem Anreiz zur Veröffentlichung von weniger umfangreichen Informationen entgegenzuwirken, sollte sich der Aufsichtsrat für den Quartalsfinanzbericht aussprechen und die Entscheidung als zustimmungspflichtiges Geschäft gem. § 111 Abs. 4 AktG deklarieren.

5.2.3 Empfehlung des DCGK zur Erörterung von Halbjahres- und etwaigen Quartalsfinanzberichten

Die Zwischenberichterstattung ebenso im Aufgabenbereich des Aufsichtsrats sehend, nahm die Regierungskommission DCGK im Rahmen der Überarbeitung des DCGK zum 06.06.2008 eine neue Handlungsempfehlung auf.[924] In der Tz. 7.1.2 Satz 2 heißt es nunmehr: „Halbjahres- und etwaige Quartalsfinanzberichte sollen vom Aufsichtsrat oder seinem Prüfungsausschuss vor der Veröffentlichung mit dem Vorstand erörtert werden." Die Wortwahl des DCGK ist in zweifacher Hinsicht auffällig. Zunächst ist für die Halbjahres- und Quartalsfinanzberichte eine Erörterung mit dem Vorstand vorgesehen, wohingegen im Zusammenhang mit dem Konzernabschluss in Tz. 7.1.2 Satz 1 eine Prüfung durch den Aufsichtsrat gefordert wird. Offenbar sieht der DCGK eine Abstufung der Überwachungsmaßnahmen des Aufsichtsrats in Bezug auf die unterjährigen Finanzberichte vor.[925] Dieser Differenzierung kann nicht gefolgt werden. Die empfohlene gemeinsame Erörterung mit dem Vorstand könnte vor allem eine unabhängige Urteilsfindung der Aufsichtsratsmitglieder unterbinden.[926] Auch werden

[923] Vgl. Böcking/Kiehne (2010), S. 302. Ebenso Wilhelmi (1971), Anm. 2.
[924] Vgl. DCGK (2008).
[925] „Aus der Verwendung des Wortes ‚erörtern' statt beispielsweise ‚behandeln' folgt, dass zumindest eine zustimmende Kenntnisnahme der Zwischenabschlüsse durch den Aufsichtsrat bzw. den Prüfungsausschuss empfohlen wird. Eine intensive Prüfung (Befassung) kann schon aus Zeitgründen nicht erfolgen." Ringleb (2010), Rn. 1312. Der angebrachte Hinweis auf den Zeitaufwand kann hier allerdings kaum überzeugen.
[926] Nach Ansicht von *Wehlte* akzentuiert die Kodexempfehlung „die Notwendigkeit des guten und vertrauensvollen Zusammenwirkens beider Organe", vgl. Wehlte (2008), S. 219.

dem Wortlaut zufolge Zwischenmitteilungen von der Empfehlung nicht umfasst. Obgleich diese Form der Zwischenberichterstattung einen weniger umfassenden Inhalt aufweist, kann auf eine Prüfung durch den Aufsichtsrat nicht verzichtet werden, da Zwischenmitteilungen dennoch eine gewisse, wenn auch im Vergleich zum Quartalsfinanzbericht eine geringere, Relevanz als Grundlage für Investitionsentscheidungen zukommt.[927] Vor diesem Hintergrund kann der Handlungsempfehlung des DCGK – wenn überhaupt – ein deklaratorischer Charakter zugesprochen werden[928], wenn nicht sogar mit der gewählten Formulierung in Form einer Empfehlung (Sollvorschrift) der Überwachungsaufgabe des Aufsichtsrats unzureichend Rechnung getragen wird.

Entsprechend kritisch sind die jüngsten Untersuchungsergebnisse der Auswertung der gem. § 161 AktG jährlich abzugebenden Entsprechenserklärung[929] zur Akzeptanz dieser Handlungsempfehlung einzustufen.[930] Derzeit kommen von 175 an der Frankfurter Wertpapierbörse notierten Unternehmen, deren Angaben in die Auswertung des Kodex Report 2010 eingehen, 87,4 % der Sollvorschrift in Tz. 7.1.2 Satz 2 des DCGK nach, was als „neuralgisch" bezeichnet wird.[931] Aufgeschlüsselt nach Handelssegmenten ergibt sich bei den im General Standard gelisteten Unternehmen eine Akzeptanz von 72,7 %.[932] Bereits im Vorjahr kamen über 20 % von 203 Unternehmen der Empfehlung der Tz. 7.1.2 Satz 2 DCGK nicht nach.[933] Es ist hervorzuheben, dass Unternehmen, die einen Prüfungsausschuss implementiert haben, diese Empfehlung eher befolgten als Unternehmen ohne Prüfungsausschuss.[934] Vor dem Hintergrund dieses mehr als bedenklichen Untersuchungsergebnisses ist die Klarstellung im DCGK als gerechtfertigt anzusehen.[935]

---

927 Zur Bedeutung der verschiedenen Zwischenberichtsinstrumente für Kapitalmarktteilnehmer vgl. die empirischen Ergebnisse von Haenelt (2009), S. 63. Hierzu auch Kapitel 3.4.2.

928 Vgl. Böcking/Kiehne (2010), S. 302.

929 Zur Erklärung zum DCGK, vgl. BT-Drs. 14/8769, S. 21; Hüffer (2010b), Rn. 1–8.

930 Vgl. Böcking/Kiehne (2010), S. 302. Die Kodexempfehlung erinnert „die Aufsichtsräte daran, dass es zur pflichtgemäßen Wahrnehmung der Überwachungsaufgabe gehört, die vom Vorstand präsentierten Kennziffern und Prognosen nicht nur anlässlich des Jahresabschlusses, sondern während des gesamten Geschäftsjahres kritisch zu überprüfen". Wehlte (2008), S. 219.

931 Zu den empirischen Untersuchungsergebnissen zur Anwendung der Empfehlungen Tz. 7.1.2 Satz 2 des DCGK, vgl. von Werder/Talaulicar (2010), S. 859.

932 Vgl. von Werder/Talaulicar (2010), S. 859. Wohingegen die Empfehlung von Unternehmen im DAX (100 %), TecDAX (92,3 %), MDAX (97,2 %) und SDAX (87,0 %) eine relativ hohe Akzeptanz findet, liegt die Akzeptanz bei den übrigen Unternehmen des Prime Standard bei 81,4 %.

933 Vgl. von Werder/Talaulicar (2009), S. 695.

934 Vgl. von Werder/Talaulicar (2009), S. 695. Die Empfehlung erfährt von den Unternehmen, die keinen Prüfungsausschuss implementiert haben, von 64,6 % Zustimmung, wohingegen 82,2 % der Unternehmen mit Prüfungsausschuss der Empfehlung nachkommen. Ebenda, S. 695.

935 Vgl. Böcking/Kiehne (2010), S. 302 f.

5.2.4 Zusammenfassende Betrachtung des Verantwortungsbereichs des Aufsichtsrats in Bezug auf die Zwischenberichterstattung

Obgleich – im Gegensatz zum Jahres- und Konzernabschluss – gesetzlich keine explizite Prüfung von Zwischenberichten durch den Aufsichtsrat statuiert wird, kann eine faktische Prüfungsverpflichtung aus der allgemeinen Überwachungsaufgabe des Aufsichtsrats gem. § 111 Abs. 1 AktG sowie aus dem konkreten Tätigkeitsbereich des Prüfungsausschusses, namentlich die Überwachung des Rechnungslegungsprozesses, abgeleitet werden. Des Weiteren ist eine Prüfung von Zwischenberichten vor ihrer Veröffentlichung erforderlich, wenn diese im Rahmen der Regelberichterstattung in Form von Vierteljahresberichten gem. § 90 Abs. 1 Nr. 3 und Abs. 2 Nr. 3 AktG dem Aufsichtsrat vom Vorstand vorgelegt werden.[936] Eine bloße Erörterung der Zwischenberichte mit dem Vorstand, kann – wie es der DCGK empfiehlt – hingegen nicht als ausreichend erachtet werden. Die fehlende explizite Gesetzespflicht wie auch der Wortlaut des DCGK erfordern eine Konkretisierung der Überwachungsaufgabe des Aufsichtsrats in Bezug auf die Zwischenberichterstattung. Es gilt zu klären, welche Maßnahmen der Aufsichtsrat zu ergreifen hat, um seine Überwachungsaufgabe ordnungsgemäß zu erfüllen und sich dem Vorwurf eines nicht pflichtgemäßen Verhaltens zu entziehen. Hierfür sind zunächst die Auswirkungen anderer Corporate Governance-Mechanismus in Bezug auf die Zwischenberichterstattung auf die Arbeit des Aufsichtsrats zu beleuchten.

5.3 Einbindung des Wirtschaftsprüfers als Gehilfen des Aufsichtsrats

5.3.1 Gesetzliches Wahlrecht zur Einbindung eines Wirtschaftsprüfers

Zur Beurteilung der Rechtmäßigkeit bedient sich der Aufsichtsrat bei der Prüfung des Einzel- bzw. Konzernabschlusses regelmäßig des Prüfungsberichts des Wirtschaftsprüfers, da ein uneingeschränkter Bestätigungsvermerk als Anzeichen einer ordnungsmäßigen Rechnungslegung angesehen werden kann.[937] Die Prüfung durch einen Wirtschaftsprüfer stellt einen der wichtigsten externen Corporate Governance-Mechanismen zur Sicherstellung der Verlässlichkeit von Rechnungslegungsinformationen dar[938], mit dem die Beachtung der einschlägigen gesetzlichen Vorschriften durch (zumindest dem Anspruch nach) eine unabhängige und sachverständige Instanz sichergestellt werden soll.[939] Obgleich die Prüfung des Aufsichtsrats

---

[936] Im Rahmen der Regelberichterstattung ist insb. auf die sog. Follow-up-Berichterstattung hinzuweisen. Nach dieser hat der Vorstand gem. § 90 Abs. 1 Nr. 1 i. V. m. Abs. 2 Nr. 1 den Aufsichtsrat über Abweichungen der tatsächlichen Entwicklung von früherer berichteten Zielen unter Angabe von Gründen zu unterrichten. Vgl. hierzu auch Kapitel 5.5.2.

[937] Vgl. Brönner (2006), Rn. 6; Buhleier/Krowas (2010), S. 1165. Der Prüfungsbericht und die Berichte auf den Bilanzsitzungen des Aufsichtsrats sind das wesentliche Kommunikationsmittel zwischen Prüfer und Aufsichtsrat. Vgl. hierzu Böcking/Müßig (2003), S. 45.

[938] Vgl. Böcking (2001), S. 54; IDW (2002), S. 27. Als Hauptfunktionen, die dem Abschlussprüfer zugesprochen werden, gelten die Kontrollfunktion in Bezug auf die Einhaltung der anzuwendenden Rechnungslegungsvorschriften, die Informationsfunktion mit der Abgabe des Prüfungsberichts an den Aufsichtsrat und die Beglaubigungsfunktion gegenüber der Öffentlichkeit, indem er die Ordnungsmäßigkeit testiert. Vgl. Orth (2000), S. 19–21.

[939] Vgl. Hütten (2000), S. 315; zur Unabhängigkeit des Prüfers vgl. Richter (1975), S. 99–102.

durch die Prüfungshandlungen des Wirtschaftsprüfers nicht obsolet wird, kann die Arbeit des Wirtschaftsprüfers als Grundlage für eigene Überwachungstätigkeiten dienen.

Doch für Zwischenberichte besteht keine pflichtgemäße Durchführung einer (gesonderten)[940] Prüfung durch einen Wirtschaftsprüfer, was seit jeher zu kontroversen Diskussionen führt.[941] Im Zuge der europäischen Neuordnung der Zwischenberichterstattung zur Steigerung des Anlegerschutzes durch zeitnahe und verlässliche Zwischenberichtsinformationen wurde diese Diskussion erneut aufgegriffen. Auf europäischer Ebene wurde sich mit den Vorgaben der Transparenzrichtlinie für eine auf Freiwilligkeit basierende Einbindung eines Wirtschaftsprüfers ausgesprochen. Die Transparenzrichtlinie sah weder eine verpflichtende Prüfung noch eine Pflicht zur Durchführung einer prüferischen Durchsicht von Halbjahresfinanzberichten vor. Allerdings sollten die Kapitalmarktteilnehmer darüber in Kenntnis gesetzt werden – ob und wenn ja – mit welchem Ergebnis eine Prüfung durchgeführt wurde.[942] Mögliche Prüfungsmaßnahmen in Bezug auf Quartalsfinanzberichte und Zwischenmitteilungen wurden nicht andiskutiert.

Auf deutscher Ebene sah der Regierungsentwurf des TUG zur Umsetzung der Transparenzrichtlinie mindestens eine prüferische Durchsicht der Halbjahresfinanzberichte durch einen Wirtschaftsprüfer verpflichtend vor.[943] Diese Regelung des deutschen Gesetzgebers ging somit über die europäischen Vorgaben hinaus. Im Zuge des parlamentarischen Prozesses wurde sich jedoch auf eine unveränderte Umsetzung des Art. 5 Abs. 5 der Transparenzrichtlinie geeinigt.[944] Als Hauptargumente gegen die Pflicht zur Einbindung eines Wirtschaftsprüfers wurden u. a. die unverhältnismäßige Kosten-Nutzen-Relation und die daraus resultierenden Wettbewerbsnachteile für die Unternehmen angebracht.[945] Auch wurde eine zeitliche Verzö-

[940] Veröffentlichte Zwischenberichte sind bezogen auf den Auftrag zur Abschlussprüfung, außerhalb der Prüfungs- und Einwirkungsrechte des Abschlussprüfers; für eine Prüfung ist vom Unternehmen ein Sonderauftrag zu erteilen. Vgl. Förschle/Helmschrott (2001), S. 640.

[941] Vgl. bereits Müller (1976), S. 107–112. Einen „Review" durch einen Wirtschaftsprüfer als Möglichkeit zur Qualitätssteigerung von Zwischenberichten sehend, vgl. von Rosen (2000), S. 27. Von einer höheren Glaubwürdigkeit infolge einer prüferischen Durchsicht ausgehend, vgl. Förschle/Helmschrott (2001), S. 641; IDW (2002), S. 64. Von einer Verbesserung der Corporate Governance ausgehend, vgl. Schruff (2001), S. 163. Die Pflicht eines Review durch den Abschlussprüfer fordernd, Alvarez/Wotschofsky (2001), S. 122 f.

[942] Vgl. Transparenzrichtlinie (2004), S. 46.

[943] Vgl. BT-Drs. 16/2498, S. 14, 45. Im Originalwortlaut des Entwurfs wird der Begriff „Abschlussprüfer" verwendet. Von dem Wortlaut des Art. 5, Abs. 5 der Transparenzrichtlinie ausgehend, würde eine verpflichtende prüferische Durchsicht über die Anforderungen der Richtlinie hinausgehen, dazu näher vgl. Beiersdorf/Buchheim (2006), S. 1676; Mock (2007), Rn. 26. Vgl. hierzu auch DAI (2006), S. 698–701; Böcking/Stein (2007), S. 45.

[944] Vgl. BT-Drs. 16/3644, S. 24, 57. Einer Pflicht zur prüferischen Durchsicht zustimmend, vgl. beispielhaft IDW (2006), S. 800; ablehnend vgl. beispielhaft DAI (2006), S. 698. Der *DAV* sieht das Marktstanding für die betreffenden Unternehmen als ausreichendes Regulativ an. Vgl. DAV (2006), S. 658. Zur Erwartungslücke, die sich durch eine Pflicht zur prüferischen Durchsicht vergrößern würde, vgl. Strieder/Ammedick (2007), S. 291.

[945] Vgl. Strieder/Ammedick (2007), S. 291. Gegen eine Gesetzespflicht spricht nach Auffassung der Autoren insb. der Mehraufwand, der zur Benachteiligung deutscher Unternehmen führen könnte. Zudem fehle der empirische Nachweis einer höheren Kapitalmarktrelevanz von prüfungspflichtigen Rechnungslegungsinformationen.

gerung der Veröffentlichung vermutet und entsprechend kritisiert.[946] Durch ein Wahlrecht zur Einbindung eines Wirtschaftsprüfers würde „den Richtlinienvorgaben besser entsprochen werde[n] als mit der bisherigen Fassung des Gesetzentwurfs. Ferner werde die Einführung des Wahlrechts die Eigenverantwortung der Unternehmen befördern und die Wettbewerbsfähigkeit des deutschen Finanzplatzes nicht beeinträchtigen."[947]

Nunmehr besteht für die Unternehmen gem. § 37w Abs. 5 bzw. § 37x Abs. 3 WpHG das weitergegebene Wahlrecht, den verkürzten Abschluss und Zwischenlagebericht[948] (1.) einer prüferischen Durchsicht oder (2.) einer den Vorgaben des § 317 HGB entsprechenden Prüfung zu unterziehen oder (3.) beide Prüfungsalternativen zu unterlassen und stattdessen eine Negativanzeige im Halbjahresfinanzbericht aufzunehmen.[949] Lässt das Unternehmen auf freiwilliger Basis eine Prüfung nach § 317 HGB (sog. vollständige (Zwischen-)Abschlussprüfung)[950] durchführen, ist der Bestätigungsvermerk bzw. Versagungsvermerk vollständig wiederzugeben und gem. § 37w Abs. 5 Satz 5 WpHG mit dem Halbjahresfinanzbericht zu veröffentlichen. Für den Quartalsfinanzbericht fehlt der entsprechende Verweis auf die Durchführung einer Prüfung nach § 317 HGB. Im Falle einer freiwilligen prüferischen Durchsicht ist eine das Ergebnis der prüferischen Durchsicht zusammenfassende Bescheinigung mit dem Halbjahresfinanzbericht zu veröffentlichen (§ 37w Abs. 5 Satz 4 WpHG). Eine Offenlegung des Prüfungsergebnisses und die Angabe einer nicht erfolgten Prüfung bzw. prüferischen Durchsicht des Quartalsfinanzberichts sieht § 37x Abs. 3 WpHG mangels Verweises auf § 37w Abs. 5 WpHG nicht vor, wobei eine freiwillige Angabe anzuraten ist.[951] Bei Durchführung einer prüferischen Durchsicht bzw. Prüfung nach § 317 HGB gelten die Regelungen zu den Vorlagepflichten der gesetzlichen Vertreter, zum Auskunftsrecht und zur Verantwortlichkeit des Abschlussprüfers im Rahmen von Jahresabschlussprüfungen nach den §§ 320, 323 HGB entsprechend (§ 37w Abs. 5 Satz 7 WpHG).[952] Nach § 37w Abs. 5 Satz 2 WpHG sind die Vorschriften über die Bestellung des Abschlussprüfers auf die prüferische Durchsicht eines verkürzten Abschlusses und eines Zwischenlageberichts des Halbjahresfinanzberichts entsprechend anzuwenden.[953] Für die prüferische Durchsicht von verkürzten Abschlüssen und Zwischenlageberichten des Quartalsfinanzberichts gilt dies mangels Verweises auf die Bestellungsvorschriften nicht. Eine Klarstellung seitens des Gesetzgebers wäre empfehlenswert.

946 Vgl. Strieder/Ammedick (2007), S. 291.
947 BT-Drs. 16/3644, S. 54.
948 Dem Gesetzestext zufolge ist der Bilanzeid weder von der Prüfung nach § 317 HGB noch von der prüferischen Durchsicht als möglicher Prüfungsgegenstand umfasst.
949 Gem. § 37w Abs. 6 Nr. 1 WpHG kann das BMF in Einvernehmen mit dem BMJ durch Rechtsverordnungen, die nicht der Zustimmung des Bundesrates bedürfen, nähere Bestimmungen über die prüferische Durchsicht des Halbjahresfinanzberichts (nicht für den Quartalsfinanzbericht) erlassen.
950 Vgl. Klawitter (2008), Rn. 77.
951 Vgl. Böcking/Kiehne (2010), S. 298.
952 Mit dem Verweis auf § 323 HGB wurde erstmals die Haftungsbeschränkung des Abschlussprüfers auf die prüferische Durchsicht oder die Prüfung des Halbjahresfinanzberichts nach § 317 HGB ausgedehnt, vgl. Busse von Colbe et al. (2010), S. 652.
953 Zur Bestellung des Abschlussprüfers für die prüferische Durchsicht vgl. Wagner (2007), S. 455–458; IDW (2007), S. 1 f.

Eine Personalunion des Wirtschaftsprüfers von Quartals- bzw. Halbjahresfinanzberichten und vom Jahresfinanzbericht ist grundsätzlich nicht erforderlich.[954] Wird keine der beiden Prüfungsalternativen durchgeführt, ist dies im Halbjahresfinanzbericht gem. § 37w Abs. 5 Satz 6 WpHG anzugeben.

In Bezug auf Zwischenmitteilungen finden sich keine Vorgaben im Gesetzestext. Im Ergebnis besteht zwar eine Gleichbehandlung in der Form, dass für kein Zwischenberichtsinstrument verpflichtende Prüfungsmaßnahmen vorgesehen sind, dennoch zieht der Gesetzgeber offenbar noch nicht einmal die Möglichkeit in Betracht, dass die anhand von Zwischenmitteilungen offengelegten Informationen einer Verifizierung eines unabhängigen Dritten bedürfen.

Im Gegensatz zur Konkretisierung der Regelungen des WpHG hinsichtlich der Erstellung von Zwischenberichten und in Bezug auf die anzuwendenden Rechnungslegungsvorschriften werden die Vorschriften des WpHG zur Prüfung der Zwischenberichte weder durch die IFRS, den DRS 16 noch durch die BörsO FWB konkretisiert. Letztere verweist in § 66 Abs. 4 BörsO FWB lediglich auf die entsprechenden Regelungen des § 37w Abs. 5 WpHG bzw. § 37x Abs. 3 Satz 3 WpHG. Auch durch den DCGK erfolgt keine Konkretisierung. Obgleich sich die Baums-Kommission bereits im Jahr 2001 für eine verpflichtende prüferische Durchsicht aussprach[955], fand bislang keine Empfehlung zur Vornahme einer Prüfung gem. § 317 HGB oder einer prüferischen Durchsicht Eingang in den DCGK.[956]

5.3.2 Prüfung nach § 317 HGB versus prüferische Durchsicht vor dem Hintergrund der zwischenberichtsspezifischen Anforderungen

Restriktiv in Bezug auf die Sicherstellung der Verlässlichkeit durch die Prüfung eines Wirtschaftsprüfers wirkt insb. die kurze Veröffentlichungsfrist der Halbjahres- und Quartalsfinanzberichte von zwei Monaten.[957] Die beiden zur Rede stehenden Prüfungsleistungen unterscheiden sich hinsichtlich des Prüfungsziels und dem daraus abgeleiteten Prüfungsumfang und der Intensität, was sich in dem zu veranschlagenden Zeitaufwand zur Durchführung der Prüfungsleistung widerspiegelt.

Die Prüfung nach § 317 HGB ist so anzulegen, dass Unrichtigkeiten und Verstöße gegen die gesetzlichen Vorschriften, die sich wesentlich auf die Darstellung eines den tatsächlichen Verhältnissen entsprechenden Bilds der Vermögens-, Finanz- und Ertragslage auswirken, bei gewissenhafter Berufsausübung erkannt werden. Obwohl (Abschluss-)Prüfungen typischer-

[954] Vgl. Klawitter (2008), Rn. 77; Mutter/Arnold/Stehle (2007), S. R113; Mock (2007), Rn. 27.

[955] Vgl. Baums (2001), Rn. 289.

[956] Vgl. DCGK i. d. F. vom 26.05.2010.

[957] Vgl. hierzu *Strieder* im Praxiskommentar des DCGK: „Zu berücksichtigen ist an dieser Stelle auch der mit einer prüferischen Durchsicht verbundene Zeitaufwand. Denn es ist keine Verlängerung der Veröffentlichungsfrist für geprüfte oder auch nur einfach prüferisch durchgesehene Zwischenberichte im DCGK vorgesehen. Im Ergebnis ist sowohl aus Kostengründen wie auch wegen einer kurzfristigen Veröffentlichung der Zwischenberichte zu begrüßen, dass auf eine Empfehlung einer prüferischen Durchsicht im DCGK verzichtet wurde." Strieder (2005), S. 143.

weise durch die Vorprüfungen aufstellungsbegleitend zum jeweiligen Abschluss vorgenommen werden[958], bleibt fraglich, ob sich eine umfassende Form der Prüfung nach § 317 HGB ohne gewisse Abstriche ordnungsgemäß innerhalb von zwei Monaten abschließen lassen kann, um die gesetzliche Veröffentlichungsfrist einzuhalten und dabei das Prüfungsziel zu erfüllen. Zudem ist zu bezweifeln, inwieweit die Durchführung mehrerer Prüfungen nach Maßgabe des § 317 HGB in einem Jahr Effektivitätsgrundsätzen entspricht.

Die prüferische Durchsicht ist „keine, auch keine in ihrem Umfang reduzierte Abschlussprüfung"[959], „sondern eine kritische Würdigung des Abschlusses und ggf. des Lageberichts auf der Grundlage einer Plausibilitätsbeurteilung."[960] Verfolgtes Ziel einer prüferischen Durchsicht besteht nach Vorgabe des IDW PS 900 Rn. 6 bzw. 9 darin, dass der Wirtschaftsprüfer nach kritischer Würdigung mit einer gewissen Sicherheit ausschließen kann, dass der Zwischenbericht in wesentlichen Belangen nicht in Übereinstimmung mit den angewandten Rechnungslegungsgrundsätzen erstellt worden ist.[961] Der abweichende Ansatz spiegelt sich in den vom Wirtschaftsprüfer vorzunehmenden Prüfungsmaßnahmen wider.[962] Die Auftragsannahme und die Prüfungsplanung erfolgen analog zur Jahresabschlussprüfung. Dem Prüfer obliegt die Einschätzung, welcher zeitliche Ablauf und Umfang für die prüferische Durchsicht zu veranschlagen ist. Durch die Abstufung des Prüfungsurteils auf die begrenzte Sicherheit erlangt der Wirtschaftsprüfer die Nachweise für sein Urteil hauptsächlich durch Befragungen von Mitarbeitern, durch analytische Beurteilungen sowie seine besonderen Branchenkenntnisse.[963]

Mittels Befragungen werden prüfungsrelevante Auskünfte von sachkundigen unternehmensinternen und -externen Personen eingeholt, durch die die bisherigen Nachweise bestätigt, widerlegt oder um neue Informationen erweitert werden. Zur analytischen Beurteilung der gewonnenen Erkenntnisse dienen Plausibilitätsbeurteilungen sowie Verprobungen, bspw. Vergleiche mit den Vorjahreszahlen[964], wobei in Zweifelsfällen die Maßnahmen auszuweiten sind. Neben dem formalen Ablauf und Aufbau einer prüferischen Durchsicht ist auch die materielle Prüfung an den Spezifika des Prüfungsobjekts auszurichten. Neben der Beurteilung der ordnungsmäßigen Periodenabgrenzung erfordern Sachverhalte mit einem erheblichen Ein-

---

958 Mit einem Teil der Prüfungshandlungen wird bereits vor dem eigentlichen Bilanzstichtag begonnen. Vgl. Förschle/Helmschrott (1997), S. 559. Zum Ablauf einer Jahresabschlussprüfung allgemein vgl. Lück (1999), S. 243 f.

959 IDW PS 900.2. Vgl. auch Winkeljohann/Küster (2008), Rn. 97 f.

960 IDW PS 900.6. Die prüferische Durchsicht gem. IDW PS 900 entspricht dem angelsächsischen Review. Vgl. Schindler (2002), S. 1123.

961 Vgl. Marten/Quick/Ruhnke (2007), S. 684; Schindler (2002), S. 1123 f.; Hönsch (2009), Rn. 44. Zu den Sitzungsergebnisse der 207. Sitzung des HFA IDW zu Zweifelsfragen bzgl. Bestellung des Abschlussprüfers für die prüferische Durchsicht, Durchführung dieser prüferischen Durchsicht und Formulierung der Bescheinigung vgl. IDW (2007), passim.

962 Zur Kennzeichnung des abweichenden Ansatzes im Vergleich zur Abschlussprüfung verwendet IDW PS 900 unterschiedliche Begriffe. Vgl. IDW PS 900.2.

963 Vgl. IDW PS 900.10, 18. Vgl. auch IDW PS 312 und IDW PS 300.30 i. V. m. IDW PS 900.10.

964 Vgl. Marten/Quick/Ruhnke (2007), S. 685.

fluss auf die Vermögens-, Finanz- und Ertragslage umfassendere Prüfungsmaßnahmen. In Bezug auf die in Kapitel 4 dargestellten Themenkomplexe bilden die gewählte Ermittlungsweise der Ertragsteuern und die Folgebewertung des Goodwills einen Prüfungsschwerpunkt.[965] Im Hinblick auf die Werthaltigkeit des Goodwills wäre der Wirtschaftsprüfer angehalten, sich Nachweise und entsprechende Dokumente vorlegen zu lassen, die eine quartalsweise Prüfung der Indikatoren belegen.[966] Gleichfalls wäre bei Sachverhalten, die mit wesentlicher Ergebniswirkung erstmalig im Zwischenbericht dargestellt werden, mit erhöhten Prüfungsmaßnahmen zu rechnen. Im Anschluss an eine abschließende Beurteilung wird eine Bescheinigung der prüferischen Durchsicht formuliert[967], in der – sofern zutreffend – der Wirtschaftsprüfer erklärt, auf keine Sachverhalte gestoßen zu sein, die zu der Annahme veranlassen, dass der Abschluss in wesentlichen Belangen nicht in Übereinstimmung mit den angewandten Rechnungslegungsgrundsätzen aufgestellt worden ist.

Eine prüferische Durchsicht trägt zwar aufgrund ihrer Abstufung in Umfang, Intensität und Prüfungssicherheit der Anforderung auf eine zeitnahe Veröffentlichung Rechnung[968], kann jedoch per Definition nicht den gleichen Prüfungsmaßstab wie nach § 317 HGB geltend machen. Die Verlässlichkeit kann nicht in gleichem Maße wie bei einer Prüfung nach § 317 HGB sichergestellt werden. Zudem unterliegen die Schätzwerte der Zwischenberichterstattung einem hohen Grad an Subjektivität, die vom Wirtschaftsprüfer lediglich anhand von Plausibilitätsbeurteilungen objektiviert werden können.[969] Einem systematischen Auslegen der den Schätzungen inhärenten Ermessensspielräume zum Vorteil des Unternehmens und einer dadurch bedingten Vermittlung eines verzerrten Bilds über die Werthaltigkeit der Vermögenswerte[970] könnte mit entsprechenden Prüfungsmaßnahmen begegnet werden.

Vor dem Hintergrund der kurzen Veröffentlichungsfristen erscheint die Durchführung einer prüferischen Durchsicht als eine praktikable Lösung. Bei Vorliegen neuer komplexer Transaktionen sollte sich der Wirtschaftsprüfer aufgrund seines eigenverantwortlichen Handelns und seiner kritischen Grundhaltung nicht auf Plausibilitätsbeurteilungen verlassen, sondern weiterführende Prüfungsmaßnahmen durchführen. Die gesetzliche Klarstellung in § 37w Abs. 5 Satz 3 WpHG zum Gegenstand und zur Durchführung der prüferischen Durchsicht verhin-

---

965 Zu den Problembereichen bei der Werthaltigkeitsprüfung des Goodwill durch den Wirtschaftsprüfer, vgl. Zülch/Lienau/Willeke (2005), S. 108; Brösel/Zwirner (2009), S. 197–204.

966 Vgl. Ruhnke/Canitz (2010), S. 21. Vorgenommene Änderungen der Cashflow-Planung oder des Diskontierungsfaktors sind für Externe kaum erkennbar, jedoch wäre der Wirtschaftsprüfer in der Lage diese Änderungen zu erkennen und zu verifizieren. Vgl. Wohlgemuth (2007), S. 267.

967 Vgl. IDW PS 900.8, 25–33.

968 Vgl. Förschle/Helmschrott (1997), S. 559.

969 Bspw. muss das Verfehlen von Prognosen erklärbar sein. Vgl. Wohlgemuth (2007), S. 39. Zur Prüfung geschätzter Werte vgl. IDW PS 314 bzw. ISA 540.

970 Vgl. Wohlgemuth (2007), S. 39.

dert, dass durch die Unkenntnis über den Prüfungsgegenstand eine Erwartungslücke bei den Adressaten hinsichtlich der Verlässlichkeit der Zwischenberichtsinformationen entsteht.[971]

5.3.3 Empirische Untersuchungen zur Prüfung von Zwischenberichten durch den Wirtschaftsprüfer

Inwieweit die fakultative Vorgabe der Einbindung eines Wirtschaftsprüfers in der Praxis umgesetzt wird, bildet einen Untersuchungsgegenstand jüngster empirischer Studien.[972] Welche Rückschlüsse die Durchführung einer prüferischen Durchsicht bzw. einer Prüfung nach § 317 HGB oder das Unterlassen jeglicher Prüfungshandlungen auf die Verlässlichkeit der Zwischenberichtsinformationen zulässt, soll im Folgenden anhand der einschlägigen Studienergebnisse untersucht werden. Berücksichtigt werden zudem die Erkenntnisse zum Veröffentlichungszeitpunkt, da die Gewährleistung einer zeitnahen Veröffentlichung als ein primäres Argument gegen eine verpflichtende Einbindung eines Wirtschaftsprüfers vorgebracht wird.[973]

Tabelle 13: Übersicht der empirischen Studien zur Einbindung eines Wirtschaftsprüfers

Studie (Autor und Jahr)	Untersuchungsumfang, Zeitraum	Ergebnis
Philipps (2007)	• Auswertung der (ersten) Halbjahresfinanzberichte von 131 Unternehmen des Prime Standard (Stichtag: 30.06.2007).	• Ca. jedes dritte Unternehmen lässt den verkürzten Abschluss und Zwischenlagebericht von einer zur Abschlussprüfung befähigten Person prüferisch durchsehen. • Bezogen auf die unterschiedlichen Indizes, stellt sich der relative Anteil uneinheitlich dar. Bei den DAX-Unternehmen nimmt rund jedes zweite Unternehmen eine prüferische Durchsicht vor, beim MDAX liegt der Anteil bei einem Drittel, beim SDAX bei einem Viertel und beim TecDAX bei einem Siebtel. • Eine Prüfung gem. § 317 HGB wird in keinem Fall vorgenommen. • Die Veröffentlichungsspanne[974] von Unternehmen, die eine prüferische Durchsicht haben durchführen lassen, liegt bei ca. 40,3 Tagen. Bei Unternehmen, die keine prüferische Durchsicht durchführen lassen, liegt die Veröffentlichungszeitspanne bei 39,8 Tagen. Unter Berücksichtigung der vom DCGK empfohlenen Veröffentlichungsspanne von 45 Tagen führt die Auswertung zu dem Ergebnis, dass die in die Auswertung einbezogenen Unternehmen mit Durchführung einer prüferischen Durchsicht mit 36,4 Tagen um 0,5 Tage schneller publizieren als Unternehmen, die keine prüferische Durchsicht durchführen lassen. • Ca. 93 % der Unternehmen führen die Bescheinigung der prüferischen Durchsicht als gesondertes Berichtselement am Ende des Halbjahresfinanzberichts auf. Die gewählten Formulierungen weisen eine hohe Vielfalt auf. • Die Angabe, dass keine Prüfung oder prüferische Durchsicht durchgeführt wurde, erfolgt bei ca. 82 % der Unternehmen im Anhang. In 33 % der Fälle enthält die Formulierung alle in § 37w Abs. 5 Satz 6 WpHG geforderten inhaltlichen Bezüge. • In sieben Fällen fehlt die Angabe gänzlich.
Ernstberger/ Pfauntsch (2008)	• 40 Zwischenberichte von Unternehmen des DAX, MDAX, SDAX, TecDAX des Jahres 2006 und 2007 (Stichtag: 31.03.2007).	• Eine prüferische Durchsicht wird im Jahr 2006 (2007) von drei (fünf) Unternehmen durchgeführt. • Der Anteil der Unternehmen, die weder eine Prüfung vornehmen noch eine Fehlanzeige angeben, beläuft sich im Jahr 2006 auf 50 % und im Jahr 2007 auf 42,50 %. • Im Jahr 2007 werden Quartalsfinanzberichte im Schnitt nach 36,05 Tagen veröffentlicht; im Jahr 2006 beläuft sich der Zeitraum auf 42,15 Tage.

[971] Zu der Diskussion im Zusammenhang mit der Bescheinigung über das Ergebnis der prüferischen Durchsicht vgl. Alvarez/Wotschofsky (2003), S. 55 f.; Schindler (2002), S. 1130.

[972] Die im Folgenden dargestellten empirischen Untersuchungen wurden bereits in Kapitel 3.4.2 thematisiert. In Bezug auf das Untersuchungsziel, die Methodik etc. sei an dieser Stelle auf die vorangegangenen Ausführungen verwiesen.

[973] Vgl. Strieder (2005), S. 143.

[974] Die Veröffentlichungsspanne ist der in Tagen ausgedrückte Zeitraum zwischen dem Stichtag des Halbjahresfinanzberichts und dem Datum seiner Veröffentlichung.

Kajüter/ Barth/ Meyer (2009)	• 80 Zwischenlageberichte von Unternehmen des HDAX zum Halbjahr 2007 (Stichtag: 30.06.2007).	• 27 der 80 Unternehmen (34 %) lassen den verkürzten Abschluss und den Zwischenlagebericht einer prüferischen Durchsicht unterziehen. Bei den DAX-Unternehmen lassen 10 Unternehmen eine prüferische Durchsicht vornehmen, bei den MDAX-Unternehmen 13 und bei den TecDAX-Unternehmen 4 Unternehmen. • 50 Unternehmen (62 %) geben nach Maßgabe des DRS 16.13 an, dass der Bericht weder geprüft noch prüferisch durchgesehen wurde. Drei Unternehmen (4 %) verzichten auf diese Angabe.
Rabenhorst/ Wiechens (2009)	• Halbjahresfinanzberichte des Geschäftsjahres 2008 von den DAX 30-Unternehmen (Stichtag: 30.06.2008).	• 20 der DAX 30-Unternehmen lassen den verkürzten Abschluss und Zwischenlagebericht einer prüferischen Durchsicht unterziehen. In der Hälfte der Fälle wird neben der Anwendung des IDW PS 900 auch auf die Anwendung des ISRE 2410 verwiesen. • Neun von den zehn Unternehmen, die keine prüferische Durchsicht durchführen lassen, geben die korrespondierende Angabe nach § 37w Abs. 5 Satz 6 WpHG im Anhang an; bei einem Unternehmen erfolgt die Angabe in einem gesonderten Abschnitt außerhalb des Anhangs. Die Formulierungen variieren stark und sind teilweise so ungenau, dass sie sich z. B. entweder nur auf eine Prüfung entsprechend § 317 HGB oder eine prüferische Durchsicht beziehen. • Die Zeitspanne von Bilanzstichtag der Zwischenberichtsperiode bis zur Datierung des Bilanzeids, welche als repräsentativ für die Erstellung des verkürzten Abschlusses und Zwischenlageberichts angesehen wird, liegt im Durchschnitt bei 32 Tagen. Bei dem „schnellsten" Unternehmen datiert der Bilanzeid am 17. Tag nach Stichtag der Berichtsperiode, beim „langsamsten" Unternehmen am 43. Tag nach Stichtag.
Haenelt (2009) und Baetge/ Haenelt (2009a)[975]	• 75 IFRS-Halbjahresfinanzberichte von Unternehmen des DAX, MDAX, SDAX des Geschäftsjahres 2007/2008, 2008 bzw. 2008/2009 (Stichtag: 31.08.2008).	• 31 Halbjahresfinanzberichte werden einer prüferischen Durchsicht unterzogen, 44 Unternehmen verzichten auf die Einbindung eines Wirtschaftsprüfers. • Prüferisch durchgesehene Halbjahresfinanzberichte besitzen eine signifikant höhere Qualität als Zwischenberichte, die nicht prüferisch durchgesehen wurden. • Bei prüferisch durchgesehenen Berichten werden häufiger ausführlichere Rechenwerke ausgewiesen (74,0 %) als bei Zwischenberichten, die keiner prüferischen Durchsicht unterlagen (65,5 %); die Bilanz und die Gesamtergebnisrechnung werden wesentlich besser erläutert. • Die Anhänge weisen eine höhere Qualität bei den Unternehmen auf, die eine prüferische Durchsicht haben durchführen lassen (60,1 %) im Vergleich zu den Unternehmen ohne prüferische Durchsicht (51,7 %). • Alle Teilberichte des Zwischenlageberichts weisen bei Durchführung einer prüferischen Durchsicht eine höhere Qualität auf; die Risikoberichte der Zwischenlageberichte, die prüferisch durchgesehen wurden, besitzen einen Qualitätsmittelwert von 61,2 %, die Risikoberichte der Unternehmen ohne prüferische Durchsicht besitzen einen Wert von 49,4 %). • Bei den Prognoseberichten ist nahezu kein Qualitätsunterschied festzustellen.
Häcker (2011)	• Befragung von 689 Vorständen kapitalmarktorientierter Unternehmen mit einer Rücklaufquote von 15 % (100 Unternehmen) im Frühjahr 2009.	• 44 der an der Befragung teilnehmenden Unternehmen lassen den Halbjahresfinanzbericht einer prüferischen Durchsicht oder Prüfung unterziehen. • 34 Unternehmen lassen eine prüferische Durchsicht vornehmen. • Die im DAX gelisteten Unternehmen lassen mit deutlicher Mehrheit eine prüferische Durchsicht vornehmen. • Mit abnehmender Bedeutung der Auswahlindizes am Kapitalmarkt sinkt die Bereitschaft, den Halbjahresfinanzbericht einer Prüfungshandlung zu unterziehen. • Die Aussendung eines positiven Signals an Shareholder und Stakeholder zur Steigerung des Vertrauens in die Finanzberichterstattung und Glaubwürdigkeit des Unternehmens ist das Motiv, dem die befragten Unternehmen die höchste Bedeutung beimessen. Zweithöchste Bedeutung wird der Stärkung des Vertrauens des Aufsichtsrats beigemessen. • Ebenfalls von hoher Bedeutung ist die Möglichkeit, durch die prüferische Durchsicht die Abschlusserstellung am Geschäftsjahresende zu beschleunigen und Prüfungsfeststellungen zu reduzieren. Auch die Unterstützung des internen Kontrollsystems spielt eine wichtige Rolle bei der Entscheidung.

Den empirischen Untersuchungen zufolge hat sich die freiwillige Durchführung einer prüferischen Durchsicht bislang nicht als gängige Praxis eingestellt: Im Geschäftsjahr 2007 wurde bei 27 Unternehmen von 80 im HDAX der Deutschen Börse gelisteten Unternehmen eine prüferische Durchsicht der Halbjahresfinanzberichte hinsichtlich des darin enthaltenen verkürzten Abschlusses und Zwischenlageberichts vorgenommen.[976] Bei den DAX 30-Unternehmen erfolgte im Jahr 2008 bei 20 Unternehmen eine prüferische Durchsicht der Halbjah-

[975] Da die Studienergebnisse von Haenelt (2009) den Ausführungen von Baetge/Haenelt (2009a) zu Grunde liegen, wird auf eine getrennte Darstellung verzichtet.

[976] Vgl. Kajüter/Barth/Meyer (2009), S. 469. Ähnliche Ergebnisse weist die Untersuchung von *Philipps* auf. Die Auswertung der Halbjahresfinanzberichte zum 30.06.2007 zeigt, dass von 131 Unternehmen des Prime Standards ca. jedes dritte Unternehmen eine prüferische Durchsicht hat durchführen lassen. Vgl. Philipps (2007), S. 2331.

resfinanzberichte.[977] Ergebnisse ähnlicher Größenordnung zeigt auch die Untersuchung von *Haenelt*; von 75 Unternehmen der Indizes DAX, MDAX, SDAX wurde der IFRS-Halbjahresfinanzbericht des Geschäftsjahres 2007/2008, 2008 bzw. 2008/2009 bei 31 Unternehmen einer prüferischen Durchsicht unterzogen.[978]

Der folgenden Tabelle 14 ist – basierend auf einer eigenen Auswertung[979] – zu entnehmen, dass 20 der DAX 30-Unternehmen jeweils ihren Halbjahresfinanzbericht des Geschäftsjahres 2009/2010 bzw. 2010 sowie 2010/2011 bzw. 2011 einer prüferische Durchsicht unterziehen. Auch wurden die Quartalsfinanzberichte zum dritten Quartal des Geschäftsjahres 2009/2010 bzw. 2010 und zum ersten Quartal des Geschäftsjahres 2010/2011 bzw. 2011 auf eine etwaige Angabe zu Prüfungsmaßnahmen untersucht. 27 der DAX 30-Unternehmen geben an, welche Prüfungsmaßnahmen unternommen wurden, obwohl eine solche Angabe, bezogen auf den Quartalsfinanzbericht, gesetzlich nicht verpflichtend ist. Von diesen 27 Unternehmen unterziehen 12 Unternehmen ihren Quartalsfinanzbericht einer prüferischen Durchsicht.[980] Die Auswertung ergab ferner, dass eine Prüfung entsprechend § 317 HGB von keinem DAX 30-Unternehmen vorgenommen wurde. Dieses Ergebnis deckt sich mit den Ergebnissen anderer Studien in Bezug auf die Geschäftsjahre 2007–2009.[981]

Tabelle 14: Prüfungsmaßnahmen in Bezug auf die Quartalsfinanzberichte und Halbjahresfinanzberichte der DAX 30-Unternehmen

Unternehmen (Bilanzstichtag)	**HJ 2009/2010 bzw. 2010**		**Q3 2009/2010 bzw. 2010**			**Q1 2010/2011 bzw. 2011**			**HJ 2010/2011 bzw. 2011**	
	p. D.	k. P.	k. A.	p. D.	k. P	k. A.	p. D.	k. P.	p. D.	k. P.
adidas AG		x		x			x			x
Allianz SE	x				x			x	x	
BASF SE		x		x			x			x
BAYER AG	x		x			x			x	
Beiersdorf AG		x		x			x			x
BMW AG	x			x			x		x	
Commerzbank AG	x				x			x	x	
Daimler AG	x			x			x		x	
Deutsche Bank AG	x				x			x	x	
Deutsche Börse AG	x		x			x			x	
Deutsche Lufthansa AG	x		x			x			x	
Deutsche Post AG	x				x			x	x	
Deutsche Telekom AG	x				x			x	x	
E.ON AG	x				x			x	x	

[977] Vgl. Rabenhorst/Wiechens (2009), S. 525.

[978] Vgl. Haenelt (2009), S. 200. *Häcker* kommt durch ihre Befragung zu dem Schluss, dass 48 % der Prime Standard-Unternehmen eine Prüfungshandlung am Halbjahresfinanzbericht durchführen. Vgl. Häcker (2011), S. 272.

[979] In die Auswertung wurden alle Unternehmen einbezogen, die zum Stichtag 30.06.2010 sowie 30.06.2011 im DAX 30 notiert waren. Eine Auflistung der Unternehmen lässt sich dem Verzeichnis der Geschäftsberichte entnehmen.

[980] Den empirischen Ergebnissen von *Ernstberger/Pfaunsch* zufolge wurden von 40 Unternehmen der Performance Indizes DAX, MDAX, SDAX, Tec-DAX die IFRS-Zwischenberichte zum ersten Quartal im Jahr 2007 von fünf Unternehmen prüferisch durchgesehen. Vgl. Ernstberger/Pfaunsch (2008), S. 206.

[981] Vgl. Philipps (2007), Kajüter/Barth/Meyer (2009); Rabenhorst/Wiechens (2009); Haenelt (2009). Einzig den Studienergebnissen von *Häcker* zufolge nehmen 3 % der befragten 100 Unternehmen eine Prüfung (nach § 317 HGB) des Halbjahresfinanzberichts vor. Vgl. Häcker (2011), S. 272.

Fresenius Medical Care AG & Co. KGaA		x		x			x			x
Fresenius SE & Co. KGaA		x		x			x			x
HeidelbergCement AG		x		x			x			x
Henkel AG & Co. KGaA	x				x			x	x	
Infineon Technologies AG*	x			x			x		x	
K+S AG		x		x			x			x
Linde AG	x				x			x	x	
MAN SE		x		x			x			x
Merck KGaA		x		x			x			x
METRO AG	x			x			x		x	
Münchener Rück AG	x				x			x	x	
RWE AG	x				x			x	x	
SAP AG		x		x			x			x
Siemens AG*	x				x			x	x	
ThyssenKrupp AG*	x				x			x	x	
Volkswagen AG	x			x			x		x	
Summe	20	10	3	15	12	3	15	12	20	10

* = vom Kalenderjahr abweichendes Geschäftsjahr (Stichtag 30.09.)
HJ = Halbjahresfinanzbericht
Q1 = Quartalsfinanzbericht zum ersten Quartal
Q3 = Quartalsfinanzbericht zum dritten Quartal
p. D. = prüferische Durchsicht
k. P. = keine Prüfungsmaßnahme
k. A. = keine Angabe

Rückschlüsse auf die Motivation der Unternehmen, eine freiwillige prüferische Durchsicht durchführen zulassen, lässt die Studie von *Häcker* zu. Die Aussendung eines positiven Signals an Shareholder und Stakeholder zur Steigerung des Vertrauens in die Finanzberichterstattung und Glaubwürdigkeit des Unternehmens ist das Motiv, dem die befragten Unternehmen die höchste Bedeutung beimessen. Zweithöchste Bedeutung wird der Stärkung des Vertrauens des Aufsichtsrats beigemessen. Ebenfalls von hoher Bedeutung ist die Möglichkeit, durch die prüferische Durchsicht die Abschlusserstellung am Geschäftsjahresende zu beschleunigen und Prüfungsfeststellungen zu reduzieren. Auch die Unterstützung des internen Kontrollsystems spielt eine wichtige Rolle bei der Entscheidung.[982]

Als auffällig zeigt sich das Verhalten der Unternehmen, die ihre Halbjahres- und Quartalsfinanzberichte ohne Einbindung eines Wirtschaftsprüfers publizierten: Mit Unterlassen bzw. unklarer Formulierung der korrespondieren Pflichtangabe des § 37w Abs. 5 Satz 6 WpHG, dass keine Prüfung nach § 317 HGB oder prüferische Durchsicht vorgenommen wurde, liegt im ersten Fall ein Gesetzesverstoß vor und birgt im zweiten Fall die Gefahr, falsche Erwartungen bei den Adressaten hinsichtlich der Verlässlichkeit der Zwischenberichtsinformationen zu wecken.[983]

Ein wesentliches Ergebnis der Studien bezieht sich auf den Veröffentlichungszeitpunkt der Halbjahresfinanzberichte. Obgleich sich die in den einzelnen Studien gewählte methodische

[982] Vgl. Häcker (2011), S. 274 f. Im Rahmen der Befragung gaben die Unternehmensvertreter die Bedeutung der möglichen Motive auf einer bipolaren Ratingskala an; angefangen von dem Wert 1 für sehr unwichtig bis zum Wert von 5 für sehr wichtig. Vgl. Häcker (2011), S. 270.

[983] Zu den weniger eindeutigen Umschreibungen für den Tatbestand, dass weder eine Prüfung nach § 317 HGB noch eine prüferische Durchsicht durchgeführt wurde, vgl. Rabenhorst/Wiechens (2009), S. 525 mit den entsprechenden empirischen Untersuchungsergebnissen.

Vorgehensweise zur Ermittlung der Veröffentlichungsspanne nicht entspricht, zeigen die Ergebnisse, dass ungeachtet der Vornahme einer prüferischen Durchsicht eine Veröffentlichung innerhalb der gesetzlichen Frist von 60 Tagen, vielfach sogar innerhalb von 45 Tagen entsprechend der DCGK-Empfehlung, möglich ist.[984] Damit tragen die Ergebnisse zur Entkräftung des Arguments bei, eine pflichtgemäße prüferische Durchsicht stände einer zeitnahen Veröffentlichung entgegen.[985]

Eine Aussage, inwieweit die Durchführung zur Steigerung der Verlässlichkeit der Zwischenberichtsinformationen beiträgt, ist auf Basis der Studienergebnisse hingegen nicht möglich. Einzig die Studienergebnisse von *Haenelt* gestatten einen Rückschluss dahingehend, wie sich die Durchführung einer prüferischen Durchsicht auf die Qualität der Zwischenberichterstattung auswirkt. In einem Vergleich von IFRS-Halbjahresfinanzberichten, die einer prüferischen Durchsicht mit Halbjahresfinanzberichten ohne prüferische Durchsicht unterzogen wurden, d. h. ohne Einbindung eines Wirtschaftsprüfers kann ein positiver Zusammenhang zwischen der Durchführung einer prüferischen Durchsicht und dem Qualitätsniveau publizierter IFRS-Zwischenberichte festgestellt werden.[986] Unabhängig von der qualitätssteigernden Wirkung einer prüferischen Durchsicht lässt sich jedoch weiterhin erhebliches Verbesserungspotenzial in der Zwischenberichterstattung feststellen.[987]

5.3.4 Zusammenfassende Betrachtung und Beurteilung der fehlenden Gesetzespflicht

Die Entscheidung des Gesetzgebers, keine verpflichtende Prüfung oder prüferische Durchsicht zu implementieren, impliziert, dass dieser eine pflichtgemäße Einbindung eines Wirtschaftsprüfers nicht zwingend für notwendig erachtet und die Entscheidung den Unternehmen selbst bzw. den Marktmechanismen überlässt.[988] Eine gewisse Abstufung der Corporate Governance-Mechanismen für die Zwischenberichterstattung kann dahingehend nachvollzogen werden, als bis zu einem bestimmten Maß von einer Ausstrahlungswirkung der für den jährlichen Abschluss eingesetzten Mechanismen auf die Qualität der Zahlenangaben im Zwischen-

---

[984] Entgegen der Vermutung, eine längere Veröffentlichungsdauer führe zwangsläufig zu einer höheren Qualität der Zwischenberichterstattung, zeigt *Haenelt* empirisch, dass mit einer Verkürzung des Aufstellungs- und Werterhellungszeitraums keine schlechtere Qualität der IFRS-Zwischenberichterstattung einher geht. Vgl. Haenelt (2009), S. 227.

[985] Gegen die Pflicht zur prüferischen Durchsicht, um eine zeitnahe Veröffentlichung zu gewährleisten, vgl. Strieder/Ammedick (2007a), S. 1372.

[986] Vgl. Haenelt (2009), S. 223–226. Die Qualität der IFRS-Zwischenberichte von 75 Unternehmen, die zum 31.08.2008 im DAX, MDAX und SDAX gelistet waren, wurde mittels Nutzwertanalyse gemessen. Mithilfe einer multiplen linearen Regressionsanalyse kann gezeigt werden, dass der Zusammenhang statistische Signifikanz aufweist. Vgl. Baetge/Haenelt (2009a), S. 550. Zu ähnlichen Ergebnissen für den portugiesischen Kapitalmarkt, vgl. Alves/dos Santos (2008), S. 361–392.

[987] Vgl. Haenelt (2009), S. 211.

[988] Beispielsweise können Unternehmen freiwillig eine prüferische Durchsicht als Signal höhere Berichterstattungsqualität am Kapitalmarkt nutzen, vgl. Haenelt (2009), S. 226. Ferner können sich durch die prüferische Durchsicht bei Personalunion des Abschlussprüfers Synergieeffekte einstellen. Die Vornahme der prüferischen Durchsicht begünstigt auch eine Prüfung des Jahresabschlusses in deutlich kürzerer Zeit, was eine zeitnahe Offenlegung der jährlichen Finanzberichte fördert. Vgl. Alvarez/Wotschofsky (2003), S. 52; Alvarez/Wotschofsky (2001), S. 123.

bericht auszugehen ist. Zudem sind die Mechanismen, wie bspw. die Prüfung nach § 317 HGB auf die Anwendung im Rahmen der jährlichen Berichterstattung ausgelegt und kaum mit den zwischenberichtsspezifischen Anforderungen, insb. der Zeitnähe, vereinbar.

Sich gänzlich auf die Durchsetzungsmechanismen der jährlichen Berichterstattung zu verlassen, erscheint angesichts der zwischenberichtsspezifischen Bilanzierungssachverhalte und Ermessensspielräume sowie in Anbetracht neuer komplexer Transaktionen, die erstmals in einem Zwischenbericht abgebildet werden und in das Entscheidungskalkül der Adressaten einfließen, nicht mit der Intention des Gesetzgebers vereinbar, zeitnahe verlässliche Informationen zu vermitteln. Vielmehr verstärkt sich die Forderung nach einer verpflichtenden prüferischen Durchsicht mit Fokus auf unterjährige fehleranfällige Besonderheiten.[989] Ohne eine Verpflichtung können Unternehmen dazu tendieren, bewusst auf einen Review zu verzichten, um unterjährige Ermessensspielräume zu ihren Gunsten auszunutzen. Auch die empirischen Ergebnisse deuten darauf hin, dass sich die Unternehmen nicht flächendeckend für die Durchführung einer prüferischen Durchsicht als Alternativmaßnahme zur Steigerung der Verlässlichkeit aussprechen, obgleich diese eine zeitnahe Berichterstattung nicht konterkariert und von einer qualitätssteigernden Wirkung ausgegangen werden kann.

Sowohl mit der Transparenzrichtlinie als auch mit ihrer Umsetzung mit dem TUG blieb die seit Jahren vorgebrachte Forderung des Schrifttums zur Einführung einer verbindlichen Prüfung durch einen Wirtschaftsprüfer abermals unberücksichtigt.[990] Damit ließ der Gesetzgeber zugleich die Chance ungenutzt, in puncto Verlässlichkeit der unterjährigen Finanzberichterstattung bspw. an die US-amerikanischen Regelungen aufzuschließen und die IFRS den US-GAAP in dieser Hinsicht gleichzustellen.[991] Auch in Frankreich ist der Halbjahresfinanzbericht verpflichtend einer prüferischen Durchsicht durch einen Wirtschaftsprüfer zu unterziehen.[992] Der als Kritikpunkt angebrachte Wettbewerbsnachteil in Form einer Verzögerung der Veröffentlichung aufgrund einer Prüfung hält jedoch als Gegenargument vor dem Hintergrund der empirischen Studienergebnisse nicht länger Stand. Es bleibt abzuwarten, ob die Ereignisse der Finanzmarktkrise, welche die volkswirtschaftlichen Konsequenzen von zu spät erkannten Unternehmensschieflagen verdeutlichten, zu einer Sensibilisierung sowohl des Kapitalmarkts als auch des Gesetzgebers hinsichtlich der Steigerung der Verlässlichkeit unterjähriger Finanzberichte beitragen werden. Derzeit gibt es keine Hinweise darauf, dass diese

[989] Der Ansicht, dass durch eine formale und materielle Prüfung der Zwischenberichte die Aussagekraft steigt, vgl. bereits Kilgert/Großmann (1990), S. 195; Hebestreit (1992), S. 286. Vgl. auch Baums (2001), Rn. 289, Alvarez/Wotschofsky (2003), S. 51.

[990] Befürworter der Prüfungspflicht in Form einer prüferischen Durchsicht, Alvarez/Wotschofsky (2001), S. 122 f; Wiederhold/Pukallus (2007), S. 272; Förschle/Helmschrott (2001), S. 643.

[991] US-amerikanische Unternehmen, die den Reglungen der SEC unterliegen, sind seit dem Jahr 2001 verpflichtet, die Zwischenberichte einem Review durch den Abschlussprüfer zu unterziehen. Vgl. Regulation S-X, Rule 1-01 (d). Vgl. hierzu Ratcliff (2004), S. 42–46.

[992] Vgl. Hebestreit/Rahe (2007), S. 119, 122.

Thematik bei der andauernden Modernisierung der Transparenzrichtlinie ausreichend Berücksichtigung findet.[993]

Somit obliegt weiterhin dem Aufsichtsrat eine Ermessensentscheidung, ob er sich für die Durchführung einer prüferischen Durchsicht oder einer Prüfung nach § 317 HGB ausspricht. Ohne das Vorliegen eines Prüfungsberichts oder eine die Ergebnisse einer prüferischen Durchsicht zusammenfassenden Bescheinigung gestaltet sich die Analyse der (verkürzten) Rechenwerke hinsichtlich deren Rechtmäßigkeit für den Aufsichtsrat grundsätzlich aufwändiger.[994] Ähnliches gilt für die Beurteilung der Zweckmäßigkeit. Zwar geht die Zweckmäßigkeit über die Prüfungstätigkeit des Wirtschaftsprüfers hinaus[995], gleichwohl können dem Prüfungsbericht Anhaltspunkte auf die bilanziellen Auswirkungen von Bilanzierungswahlrechten und Ermessensentscheidungen entnommen werden[996], was die Einschätzung der Zweckmäßigkeit für den Aufsichtsrat erleichtert.[997] Ohne die Einbindung eines Wirtschaftsprüfers können die „unvermeidlichen Befähigungsdefizite [des Aufsichtsrats] auf dem Gebiete des Bilanzwesens“[998] nicht kompensiert werden. Infolgedessen erfordert eine ordnungsmäßige Sicherstellung der Recht- und Zweckmäßigkeit eine Ausweitung des Prüfungsumfangs. Gewiss kann ein Aufsichtsrat nicht die Funktion eines Wirtschaftsprüfers übernehmen; dies ist auch nicht beabsichtigt.[999] Die alleinige Vornahme einer reinen „Kongruenzprüfung“ i. S. einer Prüfung, ob sich die vorliegenden Zwischenberichte mit dem Kenntnisstand des Aufsichtsrats ohne die Berücksichtigung bilanzieller Sachverhalte decken, erscheint jedoch nicht ausreichend.[1000]

5.4 Enforcement als neue Durchsetzungsinstanz für die Zwischenberichterstattung

5.4.1 Der verkürzte Abschluss und Zwischenlagebericht des Halbjahresfinanzberichts als Prüfungsgegenstand

Ein weiterer Grund, weshalb der Aufsichtsrat bereits aus Eigeninteresse seiner Überwachungsfunktion ordnungsmäßig nachkommen und sich in diesem Zusammenhang für eine prüferische Durchsicht aussprechen sollte, ist in der Erweiterung des Prüfungsgegenstands des deutschen Enforcement-Verfahren zu sehen.[1001] Bei Einführung des zweistufigen

993 Vgl. Europäische Kommission (2010), S. 1–45.

994 Vgl. Wilhelmi (1971), Anm. 2; Böcking/Kiehne (2010), S. 303.

995 Vgl. Strieder (2007), S. 23 bzgl. der Angemessenheit bzw. Sinnhaftigkeit der Rechnungslegung.

996 Der Prüfungsbericht offenbart die Einflussnahmen durch den Vorstand, vgl. Herold (2006), S. 24.

997 Zur Zweckmäßigkeitsprüfung vgl. auch Potthoff/Trescher/Theisen (2003), Rn. 1374.

998 Hüffer (2010), Rn. 5.

999 Bereits Clemm (1980), S. 457. Mit dem Hinweis auf den Wert einer externen fachlichen Verifizierung vgl. Wehlte (2008), S. 219.

1000 Vgl. Böcking/Kiehne (2010), S. 304.

1001 Gesetzesgrundlage für das deutsche Enforcement bildet das Bilanzkontrollgesetz (BilKoG) vom 15.12.2004. Zu den (unverbindlichen) Vorgaben des CESR und der IOSCO, die bei der Aufsichtspraxis und der Fortentwicklung der Bilanzkontrolle Berücksichtigung finden, vgl. BaFin (2009), S. 203. CESR beriet die EU-Kommission bei der Erstellung von Durchführungsregeln, die Rahmenrichtlinien im Wertpapiersektor konkretisieren. Vgl. hierzu Schmidt-Versteyl (2008), S. 13 f.; Berger (2009), S. 603–605. Seit dem 01.01.2011 wird CESR durch ESMA ersetzt. ESMA ist als europäische Behörde befugt, verbindliche Standards zu entwickeln. Vgl. KOM (2009) 503, S. 5.

Enforcements im Jahr 2005 durch das BilKoG[1002] bildeten gem. § 342b Abs. 2 HGB bzw. § 37n WpHG zunächst nur der zuletzt festgestellte Jahresabschluss und zugehörige Lagebericht sowie der zuletzt gebilligte Konzernabschluss und zugehörige Konzernlagebericht von Unternehmen, deren Wertpapiere i. S. d. § 2 Abs. 1 Satz 1 WpHG an einer inländischen Börse zum regulierten Markt zugelassen sind, einen gesetzlich festgelegten Prüfungsgegenstand. Erst mit Inkrafttreten des TUG im Jahr 2007 wurde der Prüfungsgegenstand um den in § 37w WpHG normierten Halbjahresfinanzbericht hinsichtlich des darin enthaltenen verkürzten Abschlusses und Zwischenlageberichts erweitert. Nunmehr haben die DPR und die BaFin als Instanzen des Enforcements[1003] zu prüfen, ob auch der zuletzt veröffentlichte verkürzte Abschluss und zugehörige Zwischenlagebericht den gesetzlichen Vorschriften einschließlich der Grundsätze ordnungsmäßiger Buchführung oder den sonstigen durch das Gesetz zugelassenen Rechnungslegungsstandards entspricht. Ziel des Enforcement-Verfahrens ist es, mit der Sanktionierung in Form der Bekanntmachung festgestellter Fehler eine Abschreckungswirkung zu statuieren, um Fehlern in der Rechnungslegung präventiv entgegenzuwirken. Sofern Fehler dennoch auftreten, sind diese zeitnah und transparent im Sinne der Korrektivwirkung des Enforcements zu korrigieren.[1004]

Mit der nachträglichen Ergänzung des § 342b Abs. 2 Satz 1 HGB bzw. § 37n WpHG um die Wörter „sowie der [zuletzt veröffentlichte] verkürzte Abschluss und der zugehörige Zwischenlagebericht" durch das TUG und der damit einhergehenden Erweiterung des Prüfungsgegenstands des Enforcements[1005] revidiert der Gesetzgeber nach Maßgabe der Transparenzrichtlinie seine damalige Entscheidung, das Enforcement „auf solche Unternehmensberichte [zu beschränken], die einer gesetzlichen Prüfungspflicht unterliegen. Vom Enforcement ausgenommen [wurden] daher Zwischenberichte, die nach derzeitiger Rechtslage keiner gesetzlichen Prüfungspflicht"[1006] unterlagen.[1007] Der Wortlaut des § 342b Abs. 2 Satz 1 HGB bzw.

[1002] Als eine Art dritte Stufe des Enforcement-Systems kann das OLG Frankfurt als weitere Berufungsinstanz angesehen werden, da der Sachverhalt, wenn das Unternehmen sich nach der Bestätigung der BaFin weiterhin nicht mit der Fehlerfeststellung einverstanden erklärt, zur Klärung dem OLG vorgelegt wird. Die Fehlerveröffentlichung erfolgt allerdings vor der Aufnahme der Gerichtsverhandlung, da die Verhandlungen sich über Monate hinziehen können und eine späte Veröffentlichung den Zielen des Enforcement-Verfahrens entgegensteht.

[1003] Die DPR nimmt stichprobenartig Prüfungen der veröffentlichten Unternehmensberichte vor oder wird bei Verdacht von Unregelmäßigkeiten und auf Verlangen der BaFin tätig. Die BaFin wird im Wesentlichen nur tätig, wenn hoheitliche Mittel erforderlich sind. Vgl. Müller (2010), S. 483.

[1004] Vgl. BT-Drs 15/3421 S. 11. Auf die Einführung des Enforcement-Verfahrens als logische Konsequenz der Kapitalmarktorientierung der Unternehmen und zur Sicherstellung einer einheitlichen Anwendung der IFRS dieser Unternehmen verweisend, vgl. Böcking (2003a), S. 693 f. Ferner bildet das Enforcement die Voraussetzung für die Anerkennung der IFRS bei der SEC und bietet grundsätzlich die Möglichkeit auf die Standardsetzung des IASB einzuwirken, vgl. Böcking (2004), 182 f. Grundlegend zum Enforcement-Verfahren, vgl. Gelhausen/Hönsch (2005), S. 529.

[1005] Zur Erweiterung des Prüfungsgegenstands vgl. Schmidt-Versteyl (2008), S. 103 f.; Sanio (2008), S. 522. Kritisch gegenüber der Erweiterung, vgl. Wiedeking (2006), S. 14.

[1006] BT-Drs. 15/3421, S. 12.

[1007] Zur Entscheidung des Gesetzgebers Zwischenberichte nicht als Prüfungsgegenstand zu deklarieren, vgl. Kämpfer (2005), S. 14; Mattheus/Schwab (2004), S. 1099; Hommelhoff/Mattheus (2004), S. 95; Knorr

§ 37n WpHG lässt, indem nur auf den verkürzten Abschluss verwiesen wird, die Vermutung zu, dass sowohl der verkürzte Abschluss des Halbjahresfinanzberichts als auch des Quartalsfinanzberichts vom Prüfungsgegenstand umfasst sind. Die Gesetzesbegründung verdeutlicht indes, dass der Gesetzgeber nur den in § 37w WpHG normierten Halbjahresfinanzbericht dem Enforcement unterwirft.[1008] Im Unterschied zu den jährlichen Finanzberichten sind für den verkürzten Abschluss und Zwischenlagebericht des Halbjahresfinanzberichts lediglich Prüfungen in Form von Anlassprüfungen vorgesehen, d. h., nur bei konkreten Anhaltspunkten für Verstöße gegen Rechnungslegungsgrundsätze. Die noch im Entwurf zum TUG vorgesehene Stichprobenprüfung wurde im Zuge des Gesetzgebungsverfahrens verworfen.[1009] Die vorgenommene Erweiterung des Prüfungsgegenstands um die anlassbezogene Prüfung von Halbjahresfinanzberichten steht im Wortlaut des DCGK noch aus. In Tz. 7.1.2 DCGK i. d. F. vom 26.05.2010 heißt es: „Zusätzlich sind die Prüfstelle für Rechnungslegung bzw. die Bundesanstalt für Finanzdienstleistungsaufsicht befugt, die Übereinstimmung des Konzernabschlusses mit den maßgeblichen Rechnungslegungsvorschriften zu überprüfen (Enforcement)."

Die Erweiterung um den im WpHG geregelten Halbjahresfinanzbericht führt indes zu einer Inkonsistenz in Bezug auf den Anwendungsbereich. Dem Enforcement unterliegen alle Unternehmen, deren Wertpapiere i. S. d. § 2 Abs. 1 Satz 1 WpHG an einer inländischen Börse zum Handel im regulierten Markt zugelassen sind (§ 342b Abs. 2 Satz 2 HGB bzw. § 37n WpHG). Hier ist es unerheblich, ob der Sitz des Unternehmens im In- oder Ausland liegt, wohingegen die Pflicht zur Halbjahresfinanzberichterstattung nur auf Inlandsemittenten i. S. d. § 2 Abs. 7 WpHG beschränkt ist. Dadurch unterliegen z. B. Nicht-EU-Unternehmen, die neben der Notierung am deutschen Markt auch in ihrem Herkunftsstaat notiert sind, dem deutschen Enforcement, jedoch nicht der (deutschen) Zwischenberichterstattungspflicht. Dies ist darauf zurückzuführen, dass das Herkunftsstaatsprinzip erst mit der Umsetzung der Transparenzrichtlinie durch das TUG eingeführt wurde. Zu diesem Zeitpunkt war das deutsche Enforcement-Verfahren bereits implementiert. Anpassungsbedarf sah der deutsche Gesetzgeber nicht, da sich nach seiner Auffassung das Herkunftsstaatsprinzip nicht auf das Enforcement beziehe.[1010]

(2004), S. 87. Vgl. auch Beiersdorf/Buchheim (2006), S. 1676, die als Konsequenz eine verpflichtende Vorgabe einer prüferischen Durchsicht fordern.

1008 Vgl. BT-Drs. 16/2498, S. 56. Vgl. auch Pfitzer/Oser/Orth (2008), S. 247.

1009 Vgl. BT-Drs. 16/3644, S. 22, 45. „Es sei hinreichend, nur anlassbezogene Prüfungen vorzusehen. [...] Die Begrenzung des Gesetzentwurfs auf anlassbezogene Prüfungen der Halbjahresfinanzberichte wirke einer ungerechtfertigten und nicht richtlinienkonformen Mehrbelastung der Unternehmen entgegen." BT-Drs. 16/3644, S. 54. Zum Streitpunkt, ob eine rein formale anstelle einer materiellen Prüfung der Halbjahresfinanzberichte zweckmäßiger sei, vgl. Hutter/Kaulamo (2007), S. 553 f. Vgl. auch Schmidt-Versteyl (2008), S. 103 f.

1010 Die unterschiedliche Auffassung der einzelnen EU-Mitgliedstaaten hinsichtlich der Gültigkeit des Herkunftsstaatsprinzips für das Enforcement führt u. a bei Unternehmen mit einem doppelten Listing ggf. auch zu einem doppelten Enforcement oder bei bestimmten Konstellationen gar zu keinem Enforcement. Zu dieser Problematik vgl. Berger (2009), S. 615 f.

5.4.2 Ablauf des Enforcement-Verfahrens und Verantwortlichkeit der Unternehmensbeteiligten

Das Enforcement-Verfahren lässt sich in zwei Teilverfahren (Fehlerfeststellungs- und Fehlerveröffentlichungsverfahren) gliedern. Das Fehlerfeststellungsverfahren wird von der DPR, bezogen auf den verkürzten Abschluss und den Zwischenlagebericht, ausschließlich aufgrund konkreter Anhaltspunkte für einen Verstoß gegen Rechnungslegungsvorschriften bzw. auf Verlangen der BaFin eingeleitet, sog. Anlassprüfung (§ 342b Abs. 2 Satz 3 HGB und § 37o Abs. 1 Satz 1 WpHG).[1011] Konkrete Anhaltspunkte auf einen Verstoß ergeben sich etwa aus Hinweisen von Aktionären oder Gläubigern sowie aus Presseberichten.[1012] Denkbar ist auch, dass im Rahmen einer Prüfung von Jahres- bzw. Konzernabschlüssen Anhaltspunkte auf einen Verstoß des nachfolgenden Halbjahresfinanzberichts auftreten.[1013] Wird eine Prüfung des Halbjahresfinanzberichts eingeleitet, schließt dies wiederum eine gleichzeitige Prüfung des zuletzt festgestellten Jahresabschlusses bzw. gebilligten Konzernabschlusses nebst (Konzern-) Lagebericht nicht aus.[1014]

Die Prüfung durch die DPR basiert aufgrund der fehlenden hoheitlichen Kompetenzen auf der freiwilligen Mitwirkung des Unternehmens. Ob das Unternehmen dem nachkommt, fällt – so das Schrifttum – in die Entscheidungsmacht des Vorstands, da dieser für die Erstellung der Abschlüsse die Verantwortung trägt.[1015] Doch die Einleitung des Prüfverfahrens entspricht einem wichtigen Anlass, der zur Benachrichtigung des Aufsichtsratsvorsitzenden gem. § 90 Abs. 1 Satz 3 AktG führt.[1016] Bei der Entscheidung über die Mitwirkung ist der Aufsichtsrat vorzugsweise mit einzubinden. Dies gilt insb. vor dem Hintergrund der Forderung, dass bei Versagung des Mitwirkens durch den Vorstand die DPR das Prüfverfahren an die BaFin abzugeben hat und diese die Prüfung mit hoheitlichen Mitteln durchführt.

In Vorbereitung auf eine anstehende Prüfung durch die DPR sollte von Unternehmensseite sichergestellt werden, dass alle erforderlichen Abteilungen einbezogen werden. Dies gilt nicht nur für das Rechnungswesen als Kernbereich, sondern beispielsweise auch für das Controlling und die Steuerabteilung als Datenlieferanten für Schätzungen, die den Bilanz- und GuV-Positionen zu Grunde liegen. Infolge der nicht verpflichtend vorgegebenen Prüfung des Halb-

---

[1011] Detailliert zum Fehlerfeststellungsverfahren, vgl. Kumm/Müller (2009), S. 78 f. In Bezug auf die Jahres- und Konzernabschlüsse und zugehöriger (Konzern-)Lageberichte kann das Fehlerfeststellungsverfahren auch ohne konkreten Anlass eingeleitet werden (sog. Stichprobenprüfung).

[1012] Vgl. BT-Drs. 15/3421, S. 14. Vgl. auch DPR (2005), S. 3 zur Bildung des Ausschusses für die Medienanalyse nach § 3 der Verfahrensordnung der DPR. Vgl. auch Schmidt-Versteyl (2008), S. 86. Ausgewählte Pressemitteilungen sind bspw. über kommerziell spezialisierte Nachrichtendienste (www.companyreporting.com) zugänglich.

[1013] Dies lässt sich bereits darauf zurückführen, dass die DPR bei der Prüfung des Jahres- bzw. Konzernabschlusses u. a. Zwischenberichte, die nach dem Bilanzstichtag veröffentlicht wurden, anfordert. Vgl. Scheffler (2006), S. 17; Hönsch (2009c), Rn. 13.

[1014] Vgl. Scheffler (2007a), S. 593; Hönsch (2009c), Rn. 13.

[1015] Vgl. Gelhausen/Hönsch (2005), S. 518; Oser/Harzheim (2008), S. 82.

[1016] Bei Einleitung eines anlassbezogenen Prüfverfahrens besteht i. d. R. eine Pflicht zur Veröffentlichung einer Ad hoc-Mitteilung aus. Vgl. Assmann (2006), S. 271; PwC (2009), S. 33.

jahresfinanzberichts durch einen Wirtschaftsprüfer kann bei einer fundierten Aufbereitung der Unterlagen, welche zur frist- und sachgerechten Beantwortung der von der DPR gestellten Fragen benötigt werden, nicht zwangsläufig von der Unterstützung eines Wirtschaftsprüfers ausgegangen werden kann, der den in Rede stehenden Halbjahresfinanzbericht geprüft bzw. prüferisch durchgesehenen hat.[1017] Wurde der Halbjahresfinanzbericht nicht geprüft, besteht für das Unternehmen die Notwendigkeit, die Argumentation eigenständig aufzubereiten, den Wirtschaftsprüfer des Jahres- bzw. Konzernabschlusses einzubeziehen oder sachverständigen Externen einen Sonderauftrag zu erteilen. Ohne erfolgte Prüfung kann die DPR ebenso wenig auf den Bericht des Abschlussprüfers als eine der wesentlichen Unterlagen zurückgreifen.[1018]

Stellt die DPR im Rahmen dieses Teilverfahrens einen fehlerfreien Halbjahresfinanzbericht fest, ist das Verfahren beendet.[1019] Liegt hingegen ein Fehler in der Rechnungslegung in dem verkürzten Abschluss oder dem zugehörigen Zwischenlagebericht vor[1020], wird dies dem Unternehmen in Form eines Fehlerfeststellungsschreibens von der DPR mitgeteilt. Das Unternehmen hat anschließend zu entscheiden, ob es dem Prüfungsergebnis der DPR zustimmt oder eine Zustimmung mit Abgabe eines schriftlichen Einwands versagt (§ 342b Abs. 5 HGB). Vor der offiziellen schriftlichen Anfrage bezüglich der Zustimmung zur Fehlerfeststellung wird den Unternehmen im Regelfall in einem Gespräch zwischen der DPR, den Unternehmensbeteiligten und auch dem Wirtschaftsprüfer die Möglichkeit geboten, die Sichtweise und Argumente aus Unternehmenssicht darzulegen.[1021] Lässt ein Unternehmen seine Halbjahresfinanzberichte nicht prüfen oder prüferisch durchsehen, könnte u. U. der Wirtschaftsprüfer des Jahres- bzw. Konzernabschlusses in das Gespräch eingebunden werden. Dieser kann jedoch z. B. für erstmalig im Halbjahresfinanzbericht abgebildete Sachverhalte, die sich als fehlerhaft herausstellen, i. d. R. wohl nicht zur Verantwortung gezogen werden.

Das Ergebnis der Prüfung und die Tatsache, ob das Unternehmen der Fehlerfeststellung der DPR zugestimmt hat, werden der BaFin gem. § 342b Abs. 6 Nr. 3 HGB mitgeteilt. Kommt es nicht zu einem einvernehmlichen Prüfungsergebnis, wird die BaFin als zweite Prüfungsin-

[1017] Zu den von den geprüften Unternehmen angeforderten Unterlagen zählen u. a. der Prüfungsbericht des Abschlussprüfers und die Aufstellung der nicht gebuchten Prüfungsdifferenzen, vgl. DPR (2006), passim. Zur Vorlage angeforderter Unterlagen vgl. auch PwC (2009), S. 36 f.

[1018] Zu den von der DPR bzw. BaFin angeforderten Unterlagen im Rahmen einer Enforcement-Prüfung, vgl. Scheffler (2006), S. 17.

[1019] Dem Unternehmen wird das Prüfungsergebnis gem. § 342b Abs. 5 Satz 1 HGB formlos mitgeteilt.

[1020] Der Umfang der Anlassprüfung beschränkt sich grundsätzlich auf den Sachverhalt, der den Anhaltspunkt auf einen Verstoß darstellt, obgleich die DPR den Prüfungsumfang erweitern kann, wenn sich bei der Prüfung weitere Anhaltspunkte auf Verstöße gegen Rechnungslegungsvorschriften ergeben. Vgl. Scheffler (2006), S. 16. Zu den möglichen Konsequenzen eines Fehlers, bspw. die Nichtigkeit des Jahresabschlusses i. S. d. § 256 AktG, vgl. PwC (2009), S. 51; Hönsch (2009b), Rn. 8–12.

[1021] Zu der Vorgehensweise der DPR, ein intensives Gespräch mit dem Unternehmen und dessen Abschlussprüfer zu führen, vgl. Meyer (2010), S. 228 als Präsident der DPR. Eine Abstimmung der Entscheidung zwischen Vorstand und Aufsichtsrat bzw. mit dessen Prüfungsausschuss empfehlend, vgl. Oser/Harzheim (2008), S. 85 f.

stanz aktiv.[1022] Bestätigt die BaFin die Fehlerhaftigkeit der Rechnungslegung, stellt sie den Fehler gem. § 37q Abs. 1 WpHG – wie auch im Fall eines einvernehmlichen Prüfungsergebnisses – offiziell in Form eines Verwaltungsaktes fest.[1023] Unabhängig davon, ob der Fehler durch die BaFin festgestellt wurde oder das Unternehmen für das Prüfungsergebnis der DPR sein Einverständnis gegeben hat, folgt dem Fehlerfeststellungsverfahren bei Vorliegen eines Fehlers im verkürzten Abschluss oder Zwischenlagebericht stets das sog. Fehlerveröffentlichungsverfahren, das aufgrund der hoheitlichen Eingriffsbefugnisse allein in den Zuständigkeitsbereich der BaFin fällt.[1024] Die BaFin ordnet im Rahmen dieses Teilverfahrens gem. § 37q Abs. 2 WpHG die Bekanntmachung des Fehlers sowie den wesentlichen Teilen der Begründung an (Fehlerbekanntmachungsanordnung).[1025] Auch die Fehlerbekanntmachungsanordnung stellt einen Verwaltungsakt dar.[1026]

5.4.3 Fehler im verkürzten Abschluss und Zwischenlagebericht – Fehlerbekanntmachungen ab 2007

Eine Konkretisierung, wann die Rechnungslegung eines Unternehmens im Allgemeinen und ein verkürzter Abschluss und Zwischenlagebericht im Speziellen fehlerhaft sind, lässt sich weder dem Gesetzeswortlaut des HGB noch den Vorschriften des WpHG entnehmen. Als zwingende Voraussetzung für die Feststellung eines Fehlers gilt jedoch zunächst das Vorliegen eines Verstoßes gegen die Rechnungslegungsvorschriften.[1027] Verstöße können sich u. a. beim Ansatz, der Bewertung oder beim Ausweis von Vermögenswerten und Schulden ergeben, aber ebenso bei der Offenlegung von geforderten Angaben im Anhang oder im Zwischenlagebericht.[1028] Dabei werden auch die der Bilanzierung, Bewertung und dem Ausweis zu Grunde liegenden Einschätzungen des Managements der Prüfung unterzogen.[1029]

[1022] Die BaFin ist gem. § 37p Abs. 1 WpHG zu einer Prüfungsanordnung befugt, wenn ein Unternehmen die Mitwirkung gegenüber der DPR verweigert, erhebliche Zweifel an der Richtigkeit des Prüfungsergebnisses oder ordnungsgemäßen Durchführung der Prüfung durch die DPR bestehen.

[1023] Ausführlich zur rechtlichen Einordnung der Fehlerfeststellung vgl. Schmidt-Versteyl (2008), S. 158. Die Fehlerbekanntmachung stellt i. d. R. eine kursbeeinflussende Tatsache gem. § 15 Abs. 1 WpHG dar, wodurch sich grundsätzlich eine Pflicht zur Veröffentlichung einer Ad hoc-Mitteilung ergibt. Eine gesonderte Ad hoc-Mitteilung neben der Bekanntmachung nicht als erforderlich erachtend, vgl. Schmidt-Versteyl (2008), S. 199. Anderer Ansicht mit Verweis auf die stärkere Wahrnehmung der Ad hoc-Mitteilungen seitens der Finanzmärkte, vgl. Boxberger (2007), S. 1368. Von einer Verdrängung des § 15 Abs. 1 Satz 1 WpHG durch die Anforderungen der Fehlerfeststellung sprechend, vgl. Assmann (2006), S. 271. Die Regelungen des § 15 WpHG beziehen sich lediglich auf Inlandsemittenten, das Enforcement stellt jedoch generell auf die Zulassung an einer inländischen Börse im regulierten Markt ab.

[1024] Detailliert zum Fehlerveröffentlichungsverfahren, vgl. Kumm/Müller (2009), S. 79.

[1025] Zu den Gründen, aus denen die BaFin auf eine Bekanntmachung verzichten kann, vgl. § 37q Abs. 2 Satz 2 bzw. Satz 3 WpHG; BaFin (2009), S. 211; Kumm/Müller (2009) S. 79 f.

[1026] Vgl. Hönsch (2009b), Rn. 16.

[1027] *Müller* definiert den Rechnungslegungsverstoß als „negative Abweichung der tatsächlichen Istbeschaffenheit von der gesetzlich bestimmten Sollbeschaffenheit". Müller (2010), S. 489. Zu den im Rahmen der Halbjahresfinanzberichterstattung maßgeblichen Rechtsgrundlagen, die Maßstab für die Beurteilung für etwaige Verstöße bilden, vgl. Kapitel 3.1.

[1028] Zu möglichen Fehlern der Rechnungslegung vgl. überblicksartig Scheffler (2006), S. 14, 18.

[1029] Einschätzungsfragen lassen sich als Ursache einer Vielzahl von festgestellten Fehlern der DPR identifizieren, vgl. Berger (2009), S. 612.

Die Feststellung eines Rechnungslegungsverstoßes als „Fehler in der Rechnungslegung" setzt nach Maßgabe der Entscheidung des OLG Frankfurt vom 22.01.2009 voraus, dass die geprüfte Rechnungslegung einen oder mehrere Verstöße aufweist, die entweder isoliert betrachtet oder in ihrer Gesamtheit aus der Sicht des Kapitalmarktes wesentlich sind.[1030] Die Einstufung als wesentlich hängt dabei von der Relevanz für den Kapitalmarkt i. S. der Zielsetzung des Enforcement-Verfahrens ab, d. h., wenn die Verstöße die Darstellung der Geschäftsentwicklung sowie die daraus ableitbaren Einschätzungen der künftigen Entwicklung des Unternehmens beeinflussen können.[1031] Neben qualitativen Aspekten (Art der Information) ist bei der Beurteilung der Wesentlichkeit auf quantitative Aspekte (betragsmäßige Auswirkungen von Unregelmäßigkeiten in Relation zu den jeweils betroffenen Abschlussposten und zu betriebswirtschaftlich geeigneten Bezugsgrößen) abzustellen[1032], wobei allgemein gültige Grenz- oder Schwellenwerte aufgrund der Individualität der Umstände nicht festgesetzt werden können.[1033] „Insoweit besteht ein Gleichlauf der Kapitalmarktrelevanz des Rechnungslegungsfehlers mit der Frage nach der Wesentlichkeit desselben nach Maßgabe der IFRS."[1034] Konsequenterweise müsste für die Beurteilung der Wesentlichkeit eines Fehlers im Rahmen des Halbjahresfinanzberichts das Verhältnis zu den Finanzdaten der Zwischenberichtsperiode maßgeblich sein[1035], wobei die Relation zum Gesamtjahr nicht außer Acht zu lassen ist. Dabei ist zu berücksichtigen, dass die Bewertung im Rahmen der Zwischenberichterstattung einen vermehrten Rückgriff auf (Ein-)Schätzungen seitens des Managements vorsieht. Zur Beanstandung durch die DPR bzw. BaFin darf es nur kommen, wenn sich die unter Anwendung der Rechnungslegungsmethode resultierenden Ergebnisse außerhalb der für vertretbar angesehenen Bandbreite bewegen.[1036]

Welchen Beitrag die vollzogene Ausweitung des Prüfungsgegenstands des Enforcement-Verfahrens auf Halbjahresfinanzberichte zur Sicherstellung der Verlässlichkeit von Zwischenberichtsinformationen zu leisten vermag, soll im Folgenden anhand einer Analyse der bislang vorliegenden Fehlerbekanntmachungen erfolgen, bezogen auf den verkürzten Ab-

[1030] Vgl. Beschluss vom OLG Frankfurt vom 22.01.2009.

[1031] Vgl. Beschluss vom OLG Frankfurt vom 22.01.2009. Vgl. auch Kumm (2009), S. 1636; Müller (2010), S. 487. Zum Kriterium der Wesentlichkeit im Rahmen des Enforcement-Verfahrens, vgl. Mayer-Wegelin (2006), S. 12–14. Darauf verweisend, dass der Maßstab dem der Abschlussprüfung entsprechen muss, da sich die Aufgabe des Enforcements und der Abschlussprüfung, i. S. v. Gewährleistung der Verlässlichkeit der Unternehmensabschlüsse, im Kern gleichen, vgl. Berger (2009), S. 611. Maßstab der Abschlussprüfung ist wiederum die *„materiality"* der relevanten Rechnungslegungsnorm. Vgl. CESR (2003), S. 9.

[1032] Beispielhaft kommt die Relation zur Größenordnung von Umsatz, Gewinn oder Vermögen in Betracht. Vgl. Scheffler (2006), S. 18. Für weitere Sachverhalte, vgl. Hönsch (2009b), Rn. 3.

[1033] Vgl. Beschluss vom OLG Frankfurt vom 22.01.2009.

[1034] Müller (2010), S. 487. Vgl. auch Meyer (2010), S. 227 als Präsident der DPR: „Eine fehlerhafte Rechnungslegung liegt dabei gemäß IAS 8.41 bei wesentlichen Rechnungslegungsverstößen vor oder wenn unwesentliche Abweichungen von der Norm mit Absicht begangen wurden."

[1035] Zur Wesentlichkeit im Rahmen der Zwischenberichterstattung vgl. IAS 34.23–25; vgl. auch die Ausführungen in Kapitel 3.2.1.3.3.

[1036] Ähnlich Mayer-Wegelin (2006), S. 13; Hönsch (2009b), Rn. 1; konkreter Müller (2010), S. 488.

schluss und Zwischenlagebericht.[1037] Die festgestellten Fehler sind u. a. dahingehend zu untersuchen, inwieweit sich die Fehlerursachen auf zwischenberichtsspezifische Sachverhalte zurückführen lassen. Datengrundlage für die Inhaltsanalyse bilden alle bis zum 31.08.2011 im elektronischen Bundesanzeiger eingestellten Fehlerbekanntmachungen i. S. d. § 37 q WpHG im Hinblick auf Fehler in den IFRS-Halbjahresfinanzberichten.[1038]

Bislang wurden – einer eigenen Auswertung zufolge – 19 Fehlerfeststellungen, bezogen auf den im Halbjahresfinanzbericht enthaltenen (verkürzten) Abschluss und Zwischenlagebericht im elektronischen Bundesanzeiger, eingestellt.[1039] Einen Rückschluss auf die gesamte Anzahl der Enforcement-Prüfungen, bezogen auf Halbjahresfinanzberichte, lassen die Tätigkeitsberichte der DPR nicht (direkt) zu[1040], womit auch eine Aussage über die Fehlerquote ausgeschlossen ist. Die nachfolgende Tabelle 15 zeigt eine Übersicht dieser 19 Fehlerfeststellungen einschließlich der Fehlerart sowie weiterer Hinweise, die Rückschlüsse auf Fehlerursachen ermöglichen.

Tabelle 15: Fehlerfeststellungen in Bezug auf den verkürzten Abschluss und Zwischenlagebericht im Rahmen der Halbjahresfinanzberichterstattung

Unternehmen	Stichtag (Datum der Fehlerbekanntmachung)	Fehler	Weitere Hinweise	Einbindung eines Wirtschaftsprüfers
Celesio AG	• 30.06.2007 (08.05.2008)	• Fehlende Angaben zu Erwerbsvorgängen und übernommenen Vermögenswerten und Schulden im Rahmen von Unternehmensakquisitionen (IAS 34.16(i) a. F. V. m. IFRS 3.66–73 a. F.).	• Erstmalige Erfassung der Unternehmensakquisition im Halbjahresfinanzbericht.	• Prüferische Durchsicht.
Lintec Information Technologies AG	• 30.06.2007 (26.05.2008)	• Bilanzierung von nicht werthaltigen aktiven latenten Steuern auf steuerliche Verlustvorträge (IAS 12.56 i. V. m. IAS 12.34 ff.) • Fehler im Rahmen eines Unternehmenszusammenschlusses (fehlerhafter Ausweis der Konzernumsätze aufgrund unrichtiger Berücksichtigung des Erwerbszeitpunkts, fehlerhafte Verteilung der Anschaffungskosten, fehlerhafte Pflichtangaben (IFRS 3.25, 36, 66–73).[1041]	• Fehler bereits Gegenstand der Fehlerfeststellung des vorangegangenen Konzernabschlusses • Erstmalige Erfassung der Unternehmensakquisition im Halbjahresfinanzbericht, aber fehlende Pflichtangaben zu Ereignissen nach dem Bilanzstichtag in Bezug auf den Unternehmenszusammenschluss wurden im vorangegangenen Konzernabschluss als Fehler festgestellt.	• Weder Prüfung noch prüferische Durchsicht.

[1037] Zu einer Analyse der veröffentlichten Fehlerbekanntmachungen ab Februar 2006 bis Ende 2009, vgl. von Keitz/Wenk (2010), S. 513–521.

[1038] Ein Abruf der Fehlerbekanntmachungen kann auf der Internetseite des elektronischen Bundesanzeigers (www.ebundesanzeiger.de) über die erweiterte Suche mittels der Kategorie „Fehlerbekanntmachungen" vorgenommen werden.

[1039] Von den insgesamt 507 abgeschlossenen Prüfungen bis zum Ende des Jahres 2009 wurde bislang bei 116 Unternehmen die Fehlerhaftigkeit des Abschlusses festgestellt. Vgl. Meyer (2010), S. 227.

[1040] Nach Angaben der DPR wurden im Jahr 2007 sieben Anlassprüfungen von Halbjahresfinanzberichten, bezogen auf den 30.06.2007, eingeleitet, vgl. DPR (2008), S. 7. Im Jahr 2008 kamen acht Anlassprüfungen die Halbjahresfinanzberichterstattung betreffend zum Abschluss, vgl. DPR (2009), S. 4. Im Jahr 2009 wurden fünf Prüfungen, bezogen auf den Halbjahresfinanzbericht, abgeschlossen, vgl. DPR (2010), S. 3. Im Jahr 2010 bezogen sich drei Anlassprüfungen auf den Halbjahresfinanzbericht. Weiterhin bezogen sich von vier Prüfungen, die auf Verlangen der BaFin durchgeführt wurden, zwei Fälle auf den Halbjahresfinanzbericht, vgl. DPR (2011), S. 3.

[1041] IAS 34 fordert ausgewählte erläuternde Angaben, die bei Wahl der verkürzten Darstellungsform offenzulegen sind. Ein Rückgriff auf Angaben anderer IFRS erfolgt im Hinblick auf Unternehmenszusammenschlüsse mit einem expliziten Verweis in IAS 34.16(i) auf IFRS 3.

		• Fehler bei Ausweis einer verkauften Betriebsimmobilie (IAS 16.71) und fehlerhafte Darstellung des Verkaufserlöses in der Kapitalflussrechnung (IAS 7.16(b))).	• Veräußerung erfolgte im ersten Halbjahr.	
PONAXIS AG	• 30.06.2007 (28.08.2008)	• Unterlassene Korrektur der Eröffnungsbilanzwerte infolge Fehler aus vorangegangenem Konzernabschluss (IAS 8.42), daher u. a. fehlerhafte Darstellung des Goodwills der Finanzanlagen. • Fehlerhafter Ausweis von Mietaufwendungen aufgrund unzutreffender Erfassung von Mietzuschüssen und einer mietfreien Zeit im Rahmen eines Leasingverhältnisses (SIC 15.3 ff.).	• Fehler in Bezug auf den Goodwill, Finanzanlagen etc. wurden von der DPR bereits im vorangegangenen Konzernabschluss festgestellt. • Fehlerhafte Behandlung von Mietzuschüssen wurde bereits im vorangegangenen Konzernabschluss festgestellt.	• Weder Prüfung noch prüferische Durchsicht.
INTELIS AG (vormals Arrivo AG)	• 30.06.2007 (19.09.2008)	• Unterlassene Korrektur der Eröffnungsbilanzwerte infolge Fehler aus vorangegangenem Konzernabschluss (IAS 8.42), daher u. a. fehlerhafte Darstellung von Goodwill, immateriellen Vermögenswerten und latenten Steuern. • Fehlerhafte Abschreibung auf immaterielle Vermögenswerte (IAS 38.97). • Fehlerhafte Bilanzierung aktiver latenter Steuern (IAS 12.34). • Fehlerhafter Ausweis von Mietaufwendungen aufgrund unzutreffender Erfassung von Mietzuschüssen und einer mietfreien Zeit im Rahmen eines Leasingverhältnisses (SIC 15.3 ff. i. V. m. IAS 17.33). • Fehlerhafte ergebniswirksame Erfassung eines Gesellschafterzuschusses (IAS 1.98, F.70).	• Fehler in Bezug auf den Goodwill, latente Steuern etc. wurden von der DPR bereits im vorangegangenen Konzernabschluss festgestellt. • Fehler ist mit dem fehlerhaften Ausweis der immateriellen Vermögenswerte im vorangegangenen Konzernabschluss verknüpft. • Fehlerhafte Aktivierung der aktiven latenten Steuern wurde bereits im vorangegangenen Konzernabschluss festgestellt • Fehlerhafte Behandlung von Mietzuschüssen wurde bereits im vorangegangenen Konzernabschluss festgestellt. • ./.	• Weder Prüfung noch prüferische Durchsicht.
Conergy AG	• 30.06.2007 (18.03.2009)	• Fehlerhafter Ausweis des Veräußerungserlöses aus einer Sale-and-leaseback-Transaktion in der Kapitalflussrechnung (IAS 7.16(b), 17(c)). • Fehlerhafte Nichtkonsolidierung gegründeter Projektgesellschaften (SIC 12) und daher keine Eliminierung von Teilgewinnrealisierungen. • Fehlerhafte Erfassung von Verlusten aus Sicherungsinstrument, da Voraussetzungen für Anwendung von Hedge Accounting nicht erfüllt waren (IAS 39.9 i.V. m. IAS 39.86(b), 88(c), IAS 39.101(c).	• Fehler wurde bereits im vorangegangenen Konzernabschluss festgestellt. • Fehler wurde bereits im vorangegangenen Konzernabschluss festgestellt. • Fehler wurde bereits im vorangegangenen Konzernabschluss festgestellt.	• Weder Prüfung noch prüferische Durchsicht.
PIXEL-PARK AG	• 30.06.2007 (01.09.2009)	• ./. • Fehlerhaftes Unterlassen der Durchführung eines Impairmenttests, obwohl Indikatoren vorlagen (IAS 36.9, 12 ff., IAS 36.99 i. V. m. IAS 34.30(a)). • Fehlende Angaben zu Unternehmenserwerben (IFRS 3.66-70 i. V. m. IAS 34.16(i) a. F). • Fehlende Angabe, ob der Zwischenabschluss entsprechend § 317 HGB geprüft oder einer prüferischen Durchsicht unterzogen wurde (§ 37w Abs. 5 Satz 6 WpHG).	• Im vorangegangenen Konzernabschluss wurden andere Fehler festgestellt. • Erstmalig im Halbjahresfinanzbericht bilanziert. • Zwischenberichtsspezifische Angabe.	• Keine Angabe.
Sanacorp Pharmahandel AG	• 30.06.2007 (10.02.2010)	• Fehlerhafte Bewertung der Anteile an einem assoziierten Unternehmen zu Marktwerten und nicht nach der Equity-Methode (IAS 34.28 i. V. m. IAS 28.13).	• ./.	• Weder Prüfung noch prüferische Durchsicht.
MBB Industries AG	• 30.06.2009 (12.03.2010)	• Fehlerhafte Darstellung eines veräußerten Tochterunternehmens in der GuV, da die Gesellschaft nicht getrennt von den fortzuführenden Geschäftsbereichen dargestellt wurde (IFRS 5.33 ff.).	• ./.	• Weder Prüfung noch prüferische Durchsicht.

Q-Cells SE	• 30.06.2009 (23.06.2010)	• Fehlerhafte Wertminderung von Vorräten und Aktivierung von Leerkosten (IAS 2.9, 13). • Fehlerhafte Vornahme einer Teilgewinnrealisierung und Aktivierung von Forderungen aus Lieferung und Leistung, obgleich Voraussetzungen für Bilanzierung von Fertigungsaufträgen nicht vorlagen (IAS 11.22, 28, 29).	• Fehler wurde bereits im vorangegangenen Konzernabschluss festgestellt.	• Weder Prüfung noch prüferische Durchsicht.
Porsche Automobil Holding SE	• 31.01.2009 (24.09.2010)	• Keine Angaben zum Liquiditätsrisiko im Konzernzwischenlagebericht, das aus der Notwendigkeit der kurzfristigen Liquiditätssicherung resultierte (§§ 37y, 37w Abs. 4 Satz 1 WpHG).	• ./.	• Weder Prüfung noch prüferische Durchsicht.
Sky Deutschland AG (vormals Premiere AG)	• 30.06.2008 (17.12.2010)	• Unzutreffender Ausweis von Abonnentenzahlen und unzutreffende Darstellung der Lage des Unternehmens im Zwischenlagebericht (§§ 37y, 37w Abs. 4 WpHG). • Mangelnde und irreführende Darstellung des Risikos aufgrund möglichen Bruchs einer ergebnisabhängigen Kreditbedingung und somit Kündigungsmöglichkeit der kreditgebenden Bank (§§ 37y, 37w Abs. 4 Satz 1 WpHG). • Zu hoher Ausweis des Goodwills im verkürzten Abschluss aufgrund fälschlicher Annahme über Vorliegen eines Unternehmenszusammenschlusses. • Unterlassene Korrektur des wesentlichen Verstoßes gegen IFRS 3.4 aus dem Konzernabschluss zum 31.12.2007 (IAS 8.42(a) i. V. m. IAS 8.43). • Fehlerhafte Berechnung von Anschaffungskosten von Ausstrahlungsrechten mit anschließender fehlerhafter Aufteilung des Kaufpreises bei Weiterveräußerung. Im Ergebnis wurde das Periodenergebnis zu hoch ausgewiesen (IAS 1.13).	• ./. • Fehler wurde bereits im vorangegangenen Konzernabschluss festgestellt. • Fehler in Bezug auf das Nichtvorliegen eines Unternehmenszusammenschlusses gem. IFRS 3.4 wurde von der DPR bereits im vorangegangenen Konzernabschluss festgestellt.	• Prüferische Durchsicht.
Schwälbchen Molkerei Jakob Berz AG	• 30.06.2010 (19.01.2011)	• Fehlende Angabe des Konzerngewinns oder -verlusts, des Gesamtergebnisses, der verkürzten Eigenkapitalrechnung und Kapitalflussrechnung und des Ergebnisses je Aktie (IAS 34.8(b), (c), (d), IAS 34.11).	• ./.	• Weder Prüfung noch prüferische Durchsicht.
Puma AG	• 30.06.2010 (14.02.2010)	• Aufgrund doloser Handlungen überhöhter Ausweis des Eigenkapitals und Jahresüberschuss. • Überhöhter Ausweis von Forderungen aus Lieferung und Leistung (IAS 39.63 f, IAS 18.14 ff.). • Goodwills wurden nicht mit dem erzielbaren Betrag bilanziert (IAS 36.90 ff.). • Unterlassener Ansatz von langfristigen Rückstellungen (IAS 37.14 ff.). • Fehlerhafte Saldierung von kurzfristigen und langfristigen Bankverbindlichkeiten mit Forderungen (IAS 1.32). • Unterlassene Auflösung gegenläufig kurz- und langfristiger Verbindlichkeiten aus Unternehmenserwerben (IFRS 3.33).	• Alle im Halbjahresfinanzbericht festgestellten Fehler wurden bereits im vorangegangenen Konzernabschluss festgestellt.	• Weder Prüfung noch prüferische Durchsicht.
Asian Bamboo AG	• 30.06.2010 (07.04.2011)	• Keine Fortführung der Bewertung biologischer Vermögenswerte zum Fair Value, daher Gewinne aus Neubewertung und Bestand der Vermögenswerte zu niedrig ausgewiesen (IAS 41.12 i.V.m. IAS 41.31 Satz 2). • Keine Vergleichsperiode im Rahmen der Eigenkapitalveränderungsrechnung (IAS 34.20(c)). • Fehlende Angabe, ob der Zwischenabschluss entsprechend § 317 HGB geprüft oder einer prüferischen Durchsicht unterzogen wurde (§ 37w Abs. 5 Satz 6 WpHG).	• ./.	• Keine Angabe

HAHN-Immobilien-Beteiligungs AG	• 30.06.2010 (18.04.2011)	• Gewinn aus Anteilsverkauf wurde um Goodwill gekürzt, der bei Umstellung auf IFRS direkt im EK erfasst wurde, daher Ausweis eines zu niedrigen Periodenergebnisses und eines zu hohen sonstigen Ergebnisses (IFRS 1.C4 b(i)(i) und IAS 27.34). • Fehlerhafter Ausweis in der Kapitalflussrechnung (IAS 7.6 und IAS 7.10).	• ./.	• Weder Prüfung noch prüferische Durchsicht.
PETROTEC AG	• 30.06.2010 (17.05.2011)	• Ansatz einer ewigen Rente bei endlicher Nutzungsdauer im Rahmen des Impairmenttests (IAS 36.59). • Fehlende Angabe über bestandsgefährdende Risiken im Rahmen des Zwischenlageberichts (§ 37w Abs. 4 WpHG i.V. m. DRS 16.49)	• ./.	• Weder Prüfung noch prüferische Durchsicht.
AREAL Immobilien und Beteiligungs-AG	• 30.06.2010 (28.06.2011)	• Verkürzter Abschluss und Zwischenlagebericht hätten unter der Annahme der Zerschlagung aufgestellt werden müssen (§ 252 Abs. 1 Nr. 2, 2 Halbsatz HGB).	• ./.	• Keine Angabe
Business Media China AG	• 30.06.2010 (07.07.2011)	• Forderung aus einem Factoring-Vertrag erfüllt nicht die Ansatzvoraussetzungen (IAS 37.31 f. i.V m. §§ 37y Nr. 2, 37w (3) WpHG)	• Fehler wurde bereits im vorangegangenen Konzernabschluss festgestellt.	• Weder Prüfung noch prüferische Durchsicht.
BKN International AG	• 31.03.2009 (03.08.2011)	• Keine Berichterstattung über bestandsgefährdendes Liquiditätsrisiko aus einem gegen die Gesellschaft bestehenden gerichtlichen Titel (§§ 37y, 37w Abs. 4 Satz 1 WpHG). • Fehlende Eigenkapitalveränderungsrechnung (§§ 37y Nr. 2 Satz 2, 37w Abs. 3 WpHG i. V. m. IAS 34.8 (c)). • Fehlende Segmentberichterstattung (§§ 37y Nr. 2 Satz 2,37w Abs. 3 WpHG i. V. m. IAS 34.16 (g)).	• ./.	• Besagter Bericht ist nicht mehr öffentlich zugänglich; am 15.9.2009 wurde der Antrag auf Eröffnung des Insolvenzverfahrens gestellt.

Bei Betrachtung der festgestellten Fehler fällt zunächst auf, dass es sich – entgegen der Vermutung – nicht in erster Linie um zwischenberichtsspezifische Sachverhalte mit bspw. divergierender oder besonders schätzungsbehafteter Bewertung im Vergleich zum Konzernabschluss handelt.[1042] Vielmehr unterscheiden sich diverse Fehler nicht von den Fehlern, die auch im Rahmen von Konzernabschlüssen festgestellt werden. Dies verdeutlichen auch die Hinweise auf bereits vorliegende Fehlerfeststellungen des Unternehmens: Bei 9 von den 19 Fehlerfeststellungen ist zumindest ein Fehler auch Gegenstand der Fehlerfeststellung zum vorangegangenen Konzernabschluss.[1043] In dieser (stetigen) Fortführung der Fehler, ausgehend vom (bereits als fehlerhaft festgestellten) Konzernabschluss bis zum Halbjahresfinanzbericht, lässt sich möglicherweise auch ein primärer Anlass zur Einleitung einer Prüfung von Halbjahresfinanzberichten erkennen, da für die DPR konkrete Anhaltspunkte auf einen Verstoß gegen Rechnungslegungsvorschriften vorliegen.[1044]

[1042] Auf die besondere Bedeutung der Beurteilung der Ermessensausübung und der Auslegung des Wesentlichkeitsgrundsatzes verweisend, vgl. von Keitz/Stolle (2008), S. 214. Zu der Berücksichtigung von Ermessensspielräumen bei der Enforcement-Prüfung vgl. Scheffler (2007), S. 84.

[1043] Betroffen sind: Lintec AG, PONAXIS AG, INTELIS AG, Conergy AG, Q-Cells SE, Sky Deutschlang AG, Puma AG.

[1044] Rückschlüsse auf einen direkten Zusammenhang lassen sich jedoch nicht ableiten, da hierzu bekannt sein müsste, ob das Verfahren für den Halbjahresfinanzbericht in Anschluss an das Verfahren für den Konzernabschluss eingeleitet wurde. In den Fällen, in denen für den vorangegangenen Konzernabschluss keine Fehlerfeststellung vorliegt, wäre von Interesse, ob eine Enforcement-Prüfung durchgeführt wurde und die Zwi-

Hingegen weisen die Fehlerbekanntmachungen der Celesio AG und der PIXELPARK AG zwischenberichtsspezifische Sachverhalte in Form von Fehlern hinsichtlich eines Unternehmenszusammenschlusses auf, der erstmalig im Halbjahresfinanzbericht dargestellt wurde. Auch im Rahmen der Konzernabschlüsse besteht bei der Abbildung eines Unternehmenszusammenschlusses nach IFRS 3 eine hohe Fehleranfälligkeit.[1045] Das Letztere gleichermaßen – wenn nicht noch verstärkt im Rahmen der Zwischenberichterstattung – vorliegt, ist insofern nachvollziehbar, als die komplexe Bilanzierung eines Unternehmenszusammenschlusses unter den erhöhten Anforderungen einer zeitnahen Veröffentlichung innerhalb von zwei Monaten abgeschlossen werden muss. In den beiden vorliegenden Fällen geht es jedoch nicht um die Bilanzierung, sondern um fehlende Anhangangaben. Die Angaben des IFRS 3 bilden die einzige Ausnahme von der Auswahl der erläuternden Angaben des IAS 34; sie sind komplett in den verkürzten Abschluss aufzunehmen. Alle anderen von IAS 34 geforderten erläuternden Anhangangaben, die überwiegend auf den Wesentlichkeitsgrundsatz abstellen, woraus sich vermehrt ein Beurteilungskonflikt ergeben kann, inwieweit die Angabe in ihrem Umfang oder der Detailliertheit den Anforderungen einer im Sinne des Enforcements „fehlerfreien" Rechnungslegung entsprechen, zeigen sich hingegen (bisher) nicht als Ursache der Fehlerfeststellungen.[1046]

Ebenso als zwischenberichtsspezifisch sind die weiteren Fehler der PIXELPARK AG zu bezeichnen. Zum einen wird die Durchführung eines Impairmenttest unterlassen, obwohl entsprechende Indikatoren vorlagen. Dieser Fehler ist vor dem Hintergrund der in Kapitel 4.3 geführten Diskussion zur Entscheidungsnützlichkeit der unterjährigen Wertermittlung des derivativen Goodwills zu sehen. Dort wurde dargelegt, dass für Unternehmen gewisse Anreize bestehen, die Durchführung eines Impairmenttests im Quartal zu unterlassen. Dies wiederum wirft die Frage auf, warum die Durchsetzungsmechanismen ein solches Vorgehen nicht unterbinden können. Zum anderen verzichtet die PIXELPARK AG auf die Angabe, dass der verkürzte Abschluss und Zwischenlagebericht weder geprüft noch prüferisch durchgesehen wurden.

Auch bei der Asian Bamboo AG wird auf die Angabe zur Durchführung einer Prüfungsmaßnahme verzichtet. Als zwischenberichtsspezifisch lassen sich auch die Fehler der Porsche Automobil Holding SE, der PETROTEC AG und der BKN International AG bezeichnen. Die Fehlerfeststellungen zur unterlassenen Berichterstattung über das bestehende Liquiditätsrisiko

---

schenberichte als Unterlagen angefordert wurden, woraufhin eine Anlassprüfung des Halbjahresfinanzberichts folgte.

[1045] Vgl. DPR (2010), S. 7 f. Vgl. von Keitz/Wenk (2010), S. 515 mit empirischen Nachweisen.

[1046] Hinweise auf die Fehleranfälligkeit in Bezug auf die nach IAS 34 geforderten erläuternden Anhangangaben zeigt der erste jährliche Tätigkeitsbericht des CESR zur Überwachung der Durchsetzung der IFRS in Europa im Jahr 2009. Die Anhangangaben des IAS 34 zählen zu den Bereichen, bei denen die europäischen Regulierer Verbesserungspotenzial festgestellt haben: Manche der börsennotierten Unternehmen veröffentlichen nicht in ausreichendem bzw. angemessenem Maße, um die Anforderungen des IAS 34 zu erfüllen. Vgl. CESR (2010), S. 16.

im Zwischenlagebericht oder sogar bestandsgefährdende (Liquiditäts-)Risiken bestätigen die Bedeutung einer zeitnahen Zwischenberichterstattung. Gleichermaßen wird aber auch die Notwendigkeit einer Durchsetzung der Zwischenberichtspflichten vor der Veröffentlichung der Halbjahresfinanzberichte deutlich. Gleiches gilt für die Fehlerfeststellung der AREAL Immobilien und Beteiligungs-AG; der verkürzte Abschluss hätte unter der Annahme der Zerschlagung aufgestellt werden müssen.

Die Fehlerbekanntmachung der Sky Deutschland AG beinhaltet sowohl Fehler, die bereits im vorangegangenen Konzernabschluss als fehlerhaft festgestellt wurden, als auch Fehler, die auf einer nicht an aktuelle Ereignisse angepassten Zwischenlageberichterstattung basieren. Dabei ist in der Aktualisierung des letzten Abschlusses eines der wichtigsten Merkmale der Zwischenberichterstattung zu sehen. Vollkommen unbeachtet blieb diese gesetzlich geforderte Aktualisierung von bereits veröffentlichten Abschlussinformationen bei der Schwälbchen Molkerei Jakob Benz AG: Es wurde vollständig auf wesentliche Bestandteile des Halbjahresfinanzberichts verzichtet.

Vor dem Hintergrund der Ausführungen zur Ermittlung der Ertragsteuern im Rahmen der Zwischenberichterstattung und der Umsetzung in der Praxis ist auffällig[1047], dass sich keine der Fehlerfeststellungen auf eine nicht IAS 34-konforme Ermittlungsmethode bezieht. Gleichwohl liegen Fehlerfeststellungen in Bezug auf latente Steuern vor, diese beziehen sich allerdings nicht auf das unterjährige Ermittlungsverfahren, sondern auf die bereits im vorangegangenen Konzernabschluss als fehlerhaft festgestellte Bilanzierung nicht werthaltiger, aktiver latenter Steuern auf steuerliche Verlustvorträge. Die wesentlichen Teile der Begründung enthalten nicht einmal einen Verweis auf die Grundlage für die Ermittlung latenter Steuern im Rahmen der Zwischenberichterstattung, namentlich IAS 34.30(c). Es fragt sich, ob bislang bei keinem Unternehmen im Rahmen einer Anlassprüfung das gewählte Verfahren zu beanstanden war oder ob die DPR bzw. BaFin alternative Ermittlungsverfahren aufgrund der unkonkreten Vorgaben des IAS 34 tolerieren.

Zudem erscheint die Tatsache erwähnenswert, dass von den 19 Unternehmen lediglich zwei Unternehmen eine prüferische Durchsicht vorgenommen haben.[1048] Zumindest bei einer erstmaligen Abbildung eines derart komplexen Bilanzierungssachverhalts wie eines Unternehmenszusammenschlusses wäre zu erwarten gewesen, dass der Halbjahresfinanzbericht von einem Wirtschaftsprüfer einer prüferischen Durchsicht unterzogen wird. Obgleich sich aus der vorliegenden Grundgesamtheit und ohne eine empirische Untersuchung kein statistischer Zusammenhang zwischen fehlender Prüfung durch einen Wirtschaftsprüfer und Fehlerfeststellung im Enforcement-Verfahren ableiten lässt, ergibt sich erneut ein Hinweis auf die Unzu-

[1047] Vgl. hierzu die Ausführungen in Kapitel 4.2.3.3.

[1048] Die fehlende Angabe hinsichtlich einer durchgeführten Prüfung wurde bei der PIXELPARK AG und der Asian Bamboo AG als Fehler festgestellt. Auch die AREAL Immobilien und Beteiligungs-AG verzichtet auf die Angabe zur durchgeführten Prüfungsmaßnahme; eine Fehlerfeststellung gab es jedoch nicht.

länglichkeit der Corporate Governance-Mechanismen zur Sicherstellung der Verlässlichkeit der Zwischenberichterstattung. Auch verdeutlicht das die Notwendigkeit für den Aufsichtsrat, sich für die Einbindung eines Wirtschaftsprüfers auszusprechen.

5.4.4 Fehlerkorrektur

Das noch im Referentenentwurf vorgesehene Vorschlagsrecht für die DPR und die Befugnis der BaFin, den Unternehmen vorzugeben, wie der Fehler zu korrigieren sei[1049], wurde verworfen: „Eine Vorgabe der Berichtigungsform ist im Übrigen auch deswegen nicht erforderlich, weil sich die Anforderungen an die Art der Fehlerkorrektur bereits aus den materiellen Rechnungslegungsvorschriften ergeben."[1050] Damit sind die notwendigen Maßnahmen zur Korrektur des festgestellten Fehlers vom Unternehmen eigenständig zu veranlassen. Unterlässt das Unternehmen eine Korrektur, besteht die Gefahr einer erneuten Fehlerfeststellung für den Folgeabschluss.[1051]

Die Korrektur von wesentlichen Fehlern in Halbjahresfinanzberichten nach IFRS ist nach Maßgabe des IAS 8.42 rückwirkend – als ob der Fehler nie gemacht wurde – im ersten vollständigen Abschluss, der nach Entdeckung des Fehlers zur Veröffentlichung genehmigt wurde, vorzunehmen, indem die früher dargestellten Perioden, in denen der Fehler auftrat, angepasst werden oder, wenn der Fehler vor der frühesten Vergleichsperiode aufgetreten ist, eine Anpassung der entsprechenden Eröffnungssalden erfolgt.[1052] Grundsätzlich wäre i. S. der Korrektivfunktion des Enforcements zu erwarten, dass eine Korrektur so zeitnah wie möglich erfolgt, also im nächsten Abschluss nach Fehlerfeststellung und unabhängig davon, welche Art von Finanzbericht vorliegt. Dies gilt auch, wenn im Konzernabschluss ein Fehler im Rahmen des Enforcements festgestellt wird. Käme für die Korrektur des Konzernabschlusses nach den Vorgaben des IAS 8.42 nur der nächste „vollständige" Abschluss in Betracht, würde nach der Terminologie des IAS 34 ein Abschluss im Halbjahresfinanzbericht diesen Vorgaben nur entsprechen, wenn dieser nicht verkürzt, sondern als vollständiger Abschluss in Übereinstimmung mit den Vorgaben des IAS 1 veröffentlicht wird.[1053] Die Korrektur vom Berichtsumfang des Abschlusses abhängig zu machen, kann kaum zweckmäßig sein. Entsprechend wäre die Korrektur eines fehlerhaften Konzernabschlusses bereits im nächsten Halbjahresfinanzbericht zu fordern, wenn dieser den ersten Abschluss nach Entdeckung des Fehlers darstellt. Somit ermöglicht die Zwischenberichterstattung eine frühzeitige Korrektur fehlerbehafteter Konzernabschlüsse, da eine Anpassung nicht erst im darauf folgenden Konzernabschluss erfolgt. „Denn das Anlegerpublikum soll in die Lage versetzt werden, seine Investitionsentscheidungen für die Zukunft zu überdenken; hierfür ist das Vorliegen einer ordnungs-

1049 In Bezug auf § 342b Abs. 5 Satz 2 E-HGB bzw. § 37q Abs. 1 Satz 2 E-WpHG, vgl. BMJ (2003). S. 3, 9. Vgl. hierzu auch Müller (2010), S. 489.
1050 BT-Drs. 15/3421, S. 18.
1051 Vgl. Hönsch (2009b), Rn. 15.
1052 Vgl. Kapitel 3.2.1.3.4.
1053 Vgl. hierzu die Ausführungen in Kapitel 3.2.1.3.4.

gemäßen Finanzberichterstattung unverzichtbar."[1054] Insofern kann der Zwischenberichterstattung eine Korrekturfunktion zugesprochen werden. Stellt das Unternehmen Quartalsfinanzberichte auf, wäre die Vornahme der Korrektur in diesem vorzunehmen. Dies verdeutlicht erneut die Unzweckmäßigkeit der Zwischenmitteilung als alternative Berichtsform zum Quartalsfinanzbericht; eine korrigierte Darstellung ist mit dieser Berichtsform nicht möglich.

Von der Korrektur eines als fehlerhaft festgestellten Konzernabschlusses ist jedoch nicht zwangsläufig in dem ihm direkt folgenden Halbjahresfinanzbericht auszugehen (Beispiel: Konzernabschluss zum 31.12.2009 stellt sich als fehlerhaft voraus, dann wäre der Halbjahresfinanzbericht zum 30.06.2010 der direkt folgende Bericht). Dies würde nämlich voraussetzen, dass sowohl das Fehlerfeststellungs- als auch das Fehlerveröffentlichungsverfahren der DPR bzw. BaFin innerhalb der Zeitspanne von Veröffentlichung des Konzernabschlusses bis zur Aufstellung des Halbjahresfinanzberichts abgeschlossen ist.[1055] Da grundsätzlich vom Datum der im elektronischen Bundesanzeiger veröffentlichten Fehlerbekanntmachung als dem spätesten Tag der Entdeckung des Fehlers bzw. als Tag, an dem die Adressaten die Erwartungshaltung einer Fehlerkorrektur entwickeln, ausgegangen werden kann, könnte eine Untersuchung der Halbjahresfinanzberichte derjenigen Unternehmen, die bspw. im ersten Halbjahr des Jahres 2011 Fehlerbekanntmachungen hinsichtlich fehlerhafter Konzernabschlüsse veröffentlichten, Aufschluss über das Korrekturverhalten der Unternehmen geben. Die Halbjahresfinanzberichte zum 30.06.2011 müssten einen Hinweis auf die Korrektur gem. IAS 8 enthalten.[1056] Vor diesem Hintergrund ließe sich der Anlassprüfung der Halbjahresfinanzberichte dahingehend ein Eigenwert zusprechen, dass die Enforcement-Instanzen die Vornahme ihrer eigens veranlassten Korrekturen enforcen würden. Dies könnte einen Beitrag zur Sensibilisierung der Unternehmen leisten, Korrekturen frühzeitig vorzunehmen und Adressaten somit zeitnah über die tatsächliche Lage des Unternehmens zu informieren.

5.4.5 Zusammenfassende Betrachtung der Auswirkungen des Enforcement auf die Verlässlichkeit von Zwischenberichten und den Tätigkeitsbereich des Aufsichtsrats

Mit Einführung der Anlassprüfung der Halbjahresfinanzberichte ist ein „verpflichtender" Corporate Governance-Mechanismus implementiert worden, der einen Beitrag zur Verbesserung des Kapitalmarktschutzes leisten soll. In Anbetracht der fakultativen Prüfung bzw. prüferischen Durchsicht der Halbjahresfinanzberichte durch einen Wirtschaftsprüfer lässt sich die Erweiterung des Prüfungsgegenstands der DPR bzw. BaFin grundsätzlich begrüßen. Auch die

---

[1054] Hommelhoff/Mattheus (2004), S. 99 f.

[1055] Vgl. hierzu von Keitz/Stolle (2008), S. 217, 222 f. Bei der empirischen Untersuchung u. a. zur Fehlerkorrektur von Unternehmen, für die bis Ende August 2007 eine Fehlerbekanntmachung vorlag, wurden ausschließlich die dem fehlerhaften Konzernabschluss folgenden Konzernabschlüsse auf Vornahme der Korrekturmaßnahmen geprüft. Korrekturmaßnahmen im Halbjahresfinanzbericht wurden nicht Betracht gezogen.

[1056] Beispielhaft sei auf die GfK SE verwiesen, deren Konzernabschluss zum 31.12.2008 in Bezug auf die Segmentierung (Zusammenfassung der Geschäftssegmente) Fehler aufwies. Die Veröffentlichung der Fehlerfeststellung erfolgt am 04.06.2010. Im Halbjahresfinanzbericht zum 31.06.2010 konnte diesbezüglich keine Korrektur festgestellt werden. Vgl. GfK (2010), S. 35.

ersten vorliegenden Fehlerbekanntmachungen stützen die Entscheidung des Gesetzgebers. Dies gilt selbst unter Berücksichtigung der geringen Anzahl durchgeführter Prüfungen im Verhältnis zu der Anzahl veröffentlichter Halbjahresfinanzberichte. Doch auch die Implementierung des Enforcements kann weder den Verzicht des Gesetzgebers auf die Kompetenz des Wirtschaftsprüfers vor Veröffentlichung der Halbjahresfinanzberichte ausgleichen noch kann eine Falschbilanzierung präventiv vermieden werden.[1057] Zum einen greift das Enforcement erst nach der Veröffentlichung der Berichte und zum anderen ist jährlich nur ein Teil der Unternehmen von einer Enforcement-Prüfung direkt betroffen, wodurch keine vergleichbare Verlässlichkeit erzielt werden kann.[1058]

Den vorliegenden Fehlerbekanntmachungen zufolge wurden indes nicht nur zwischenberichtsspezifische Sachverhalte als fehlerhaft festgestellt, sondern vermehrt auch Sachverhalte, die bereits zuvor im Rahmen des Konzernabschlusses zu einer Fehlerfeststellung führten. Die Prüfung des Konzernabschlusses wird von der DPR erst nach Veröffentlichung aufgenommen und erstreckt sich nicht selten über den Veröffentlichungstermin des folgenden Halbjahresfinanzberichts. Wird der Konzernabschluss als fehlerhaft festgestellt und der fehlerhaft abgebildete Sachverhalt ist ebenso im nunmehr veröffentlichten Halbjahresfinanzbericht abgebildet, ist eine erneute Feststellung im Rahmen des Halbjahresfinanzberichts aus verfahrenstechnischer Sicht konsequent, da ein konkreter Anhaltspunkt auf einen Verstoß gegen Rechnungslegungsvorschriften vorliegt. Die Rechnungslegungsadressaten werden als Mehrwert der Ausweitung der reaktiven Enforcement-Prüfungen nicht nur über den fehlerhaften Konzernabschluss, sondern auch über den fehlerhaften Halbjahresfinanzbericht informiert.

Vor diesem Hintergrund ist auch die nach Angaben der DPR[1059] ähnlich hohe Fehlerquote von ca. 84 % in Bezug auf die Anlassprüfungen der Halbjahresfinanzberichte zu beurteilen.[1060] Zwar spiegelt eine hohe Fehlerquote den Charakter der Anlassprüfung wider[1061], doch können die Fehlerfeststellungen in Bezug auf die Halbjahresfinanzberichte ebenso darauf schließen lassen, dass die DPR in den überwiegenden Fällen bereits bei Einleitung des Verfahrens definitiv wusste, dass mindestens ein Fehler (und zwar jener, der bereits im Rahmen des Konzernabschlusses festgestellt wurde) und nicht nur ein konkreter Verdacht eines Verstoßes gegen Rechnungslegungsvorschriften vorlag.

[1057] Es ist festzuhalten, „dass ein Enforcement nicht jede Falschbilanzierung und jedes betrügerische Handeln aufdecken kann." Böcking (2003a), S. 692.

[1058] Vgl. DPR (2006a), S. 2. Im Rahmen des Enforcements wird keine der Abschlussprüfung vergleichbare Prüfung vorgenommen, vielmehr werden ausgewählte Sachverhalte fokussiert.

[1059] Die Aussage bezieht sich auf die Prüfungen von Halbjahresfinanzberichten, die im Jahr 2008 abgeschlossen wurden. Vgl. DPR (2009), S. 4.

[1060] Auf die etwaige nachteilige Wirkung hoher Fehlerquoten angesichts der Wettbewerbsfähigkeit des deutschen Kapitalmarkts hinweisend, indem diese zur Verunsicherung der Investoren beitragen oder Unternehmen veranlasst einen Finanzplatz mit weniger strengem Enforcement vorzuziehen, vgl. Berger (2009), S. 616 f.

[1061] Gleichwohl erhält die DPR ihre Existenzberechtigung durch die Anzahl der Fehlerfeststellungen.

Werden in diesem Fall die Fehlerbekanntmachungen zum gleichen Zeitpunkt veröffentlicht, sind die festgestellten Fehler (spätestens) in dem gleichen Folgeabschluss nach Bekanntmachung zu korrigieren. Da die Korrekturmaßnahme auch ohne erneute Feststellung im Halbjahresfinanzbericht durchzuführen ist, wäre das Enforcement von Halbjahresfinanzberichten (quasi) obsolet. Würden nur erneut Fehler des Konzernabschlusses festgestellt, könnte zudem kaum von einer Verbesserung der Qualität der Zwischenberichterstattung ausgegangen werden, wenn zwischenberichtsspezifische Sachverhalte, Mindestbestandteile des Halbjahresfinanzberichts und erstmalig dargestellte Sachverhalte im Rahmen der DPR-Prüfung unberücksichtigt bleiben.

Gleichwohl wurden im Rahmen der Enforcement-Prüfungen auch zwischenberichtsspezifische Fehler festgestellt. Von einer erhöhten Fehleranfälligkeit der Zwischenberichte kann nicht zuletzt dann ausgegangen werden, wenn diese keiner prüferischen Durchsicht unterzogen wurden. Da durch die alleinige reaktive Tätigkeit der DPR in Bezug auf die Halbjahresfinanzberichterstattung „eine im Vergleich zu den Jahresabschlüssen deutlich geringere Prüfungsdichte herrscht“[1062], wäre auch bei anderweitigem Anlass die Prüfung von Halbjahresfinanzberichten auf Sachverhalte auszuweiten, die im Rahmen der Zwischenberichterstattung mit divergierenden Rechnungslegungsmethoden oder besonders hohem bilanzpolitischen Potenzial belegt sind und auf Sachverhalte, die erstmalig im Halbjahresfinanzbericht bilanziert werden und durch ihre Komplexität und der zeitnahen Berichterstattung als fehleranfällig gelten. Damit würde sich die vom Enforcement intendierte fehlerpräventive Wirkung auch auf die Halbjahresfinanzberichte auswirken.

Doch „allein drohende Stichprobenprüfungen entfalten hinreichend Präventivkraft, um deutscher Rechnungslegung das notwendige Vertrauenskapital [...] zu verschaffen.“[1063] Diese Maxime sollte nicht nur für die jährliche Berichterstattung Gültigkeit besitzen. Im Hinblick auf die Stichprobenprüfungen der Jahres- bzw. Konzernabschlüsse ergab sich eine Fehlerquote von ungefähr 18 % für die abgeschlossenen Prüfungen im Jahr 2008, von 12 % im Jahr 2009 und von 22 % im Jahr 2010.[1064] Mit hoher Wahrscheinlichkeit würde sich bei Stichprobenprüfungen der Halbjahresfinanzberichte eine ähnliche, wenn nicht aufgrund der fehlenden Pflichtprüfung und der kürzeren Erstellungsfrist eine höhere Fehlerquote ergeben.[1065] Demzufolge lässt sich eine stichprobenbezogene Prüfung zur Steigerung der Verlässlichkeit befürworten. Bei dieser Entscheidung sollte nicht die Mehrbelastung der Unternehmen im Vordergrund stehen, sondern vielmehr der intendierte Anlegerschutz wie auch die unternehmensindividuellen bzw. volkswirtschaftlichen Konsequenzen, die ein nicht rechtzeitiges Erkennen von Unternehmenszusammenbrüchen nach sich ziehen können.

[1062] Nießen (2007), S. 45.
[1063] Hommelhoff/Mattheus (2004), S. 95.
[1064] Vgl. DPR (2009), S. 4; DPR (2010), S. 4; (DPR (2011), S. 4.
[1065] Vgl. Baetge/Hanelt (2009a), S. 547.

Vor dem Hintergrund der fehlenden Gesetzespflicht zur Prüfung von Zwischenberichten durch einen Wirtschaftsprüfer stellt sich die Frage, ob ferner eine Erweiterung des Prüfungsgegenstands des Enforcements auf Quartalsfinanzberichte verfolgt werden sollte. Eine Begründung für die Nichteinbeziehung des Quartalsfinanzberichts erfolgt seitens des Gesetzgebers im Rahmen des TUG nicht. Hinsichtlich der Zwischenmitteilungen wird vom Gesetzgeber angeführt, dass sich dieses Berichtsinstrument als Prüfungsgegenstand nicht eigne.[1066] Dieses Argument kann für den Quartalsfinanzbericht aufgrund der Gleichartigkeit zum Halbjahresfinanzbericht kaum überzeugen. Vielmehr ist bei Festlegung des Prüfungsgegenstands des Enforcements die Verlässlichkeit von publizierten Finanzberichten in den Vordergrund zu stellen. Die Tatsache, dass auch Quartalsfinanzberichte nicht verpflichtend von einem Wirtschaftsprüfer zu prüfen sind und in der Praxis nur in vereinzelten Fällen eine prüferische Durchsicht von Quartalsfinanzberichten vorgenommen wird, was die Veröffentlichung von ungeprüften Abschlüssen zur Folge hat, lässt die Erweiterung des Prüfungsgegenstands des Enforcements auf Quartalsfinanzberichte als vertretbar erscheinen.[1067] Dadurch könnte die Enforcement-Prüfung zu einer Qualitätsverbesserung von Quartalsfinanzberichten beitragen, die nicht einmal einer prüferischen Durchsicht unterzogen wurden.[1068] Dies würde dem Ziel des Enforcements entsprechen.[1069] Einer Unverhältnismäßigkeit der Kosten-Nutzen-Relation stände entgegen, dass Quartalsfinanzberichte ohnehin im Rahmen der Prüfung hinsichtlich des Jahres- bzw. Konzernabschlusses und auch des Halbjahresfinanzberichts von der DPR als zusätzliche Informationsquelle angefordert werden. Ein bei Durchsicht der Berichte aufgedeckter Fehler könnte dann festgestellt werden, ohne weitere Ressourcen zu bedingen und die Verfahrensdauer zu verlängern.

[1066] Vgl. BT-Drs. 16/2498, S. 56. Zudem verlange die Richtlinie nur die Prüfung für die Berichterstattung nach Art. 4 (Jahresfinanzberichte) und Art. 5 (Halbjahresfinanzberichte) der Transparenzrichtlinie. Vgl. BR-Drs. 597/06, S. 128.

[1067] Die Verbindung eines Enforcements von Halbjahres- und Quartalsfinanzberichte mit dem der Jahresabschlüsse für zweckmäßig erachtend, vgl. Scheffler (2006), S. 21. CESR sieht vor: *„The principles for enforcement here identified should apply to financial information provided by all harmonized documents, including annual and interim financial statements and reports, prepared on individual and consolidated basis as well as prospectuses and equivalent documents.*" CESR Standard No. 1 „Enforcement of Standards on Financial Information in Europe, Principle 10 [Hervorhebungen nicht im Original]. Fraglich ist, ob der Quartalsfinanzbericht aufgrund der fakultativen Veröffentlichung einer Zwischenmitteilung als ein *„harmonized document*" angesehen werden kann. Die Einbeziehung von Quartalsfinanzberichten stellt sich im internationalen Vergleich als uneinheitlich heraus, z. B. unterliegt in Griechenland der Quartalsfinanzbericht dem Enforcement, wohingegen in Großbritannien lediglich der Halbjahresfinanzbericht als Prüfungsgegenstand vorgesehen ist. Vgl. hierzu Berger (2009), S. 614.

[1068] Ähnliche Argumentation beim Gesetzgebungsverfahren des BilKoG in Bezug auf den Ausschluss von Zwischenberichten aus dem Enforcement vgl. AKEU (2004), S. 330; Knorr (2004), S. 87. „Entsprechend der Bedeutung dieser Berichte für den Kapitalmarkt sollte[n] Quartalsberichte noch vorrangig vor der Konzernrechnungslegung nicht kapitalmarktorientierter Unternehmen in den Untersuchungsgegenstand des Panel einbezogen werden." Tielmann (2001), S. 1629.

[1069] Vgl. Böcking/Kiehne (2010), S. 298 f. Bei einer Erweiterung des Prüfungsgegenstands wäre zu beachten, dass sich das Enforcement sowohl auf Emittenten von Eigenkapital- als auch Fremdkapitaltitel bezieht, wohingegen die Anwendung des für die Quartalsfinanzberichterstattung einschlägigen § 37x WpHG auf Aktienemittenten beschränkt ist.

Die Erweiterung des Prüfungsgegenstands des Enforcements um Quartalsfinanzberichte könnte sich vor dem Hintergrund der Wahlmöglichkeit zwischen Quartalsfinanzbericht und Zwischenmitteilungen für Unternehmen im General Standard zunächst prohibitiv auf die Auswahl des Quartalsfinanzberichts auswirken. Es bliebe sodann abzuwarten, ob den Adressaten der Informationsgehalt von – faktisch ungeprüften – Zwischenmitteilungen zukünftig ausreicht, um ihre Des- und Investitionsentscheidungen rational treffen zu können und ob das Instrument Zwischenmitteilung zukünftig als Alternative zum Quartalsfinanzbericht bestehen sollte.

Ebenso wird durch die bis dato veröffentlichten Fehlerbekanntmachungen der Handlungsbedarf des Aufsichtsrats offensichtlich, sich für eine Einbindung eines Wirtschaftsprüfers auszusprechen, um der Fehleranfälligkeit infolge der nicht vorhandenen Pflichtmäßigkeit einer Prüfung entgegenzuwirken und das Gefahrenpotenzial einer Fehlerfeststellungen zu vermindern. Dies betrifft insb. Sachverhalte, die erstmals im Halbjahresfinanzbericht bilanziell abgebildet werden, da die Fehlerfeststellungen nicht zuletzt auch auf die Komplexität der IFRS zurückzuführen sind.[1070] Besonders offensichtlich wird diese Komplexität im Zusammenhang mit ergebniswirksamen Bewertungsmaßnahmen im Rahmen des Impairmenttests, deren Durchführung oder Unterlassung in der Zwischenberichtsperiode unmittelbar das Periodenergebnis beeinflussen.[1071] Beispielsweise sollte sich der Aufsichtsrat vergewissern, dass bei Vorliegen von Indikatoren in der Zwischenberichtsperiode Impairmenttests ordnungsgemäß durchgeführt wurden[1072], da bei Unterlassung einer zwingend vorzunehmenden Wertminderung eine Fehlerfeststellung im Rahmen des Enforcements droht.[1073] Diese Prüfungsmaßnahme erscheint vor allem in wirtschaftlichen Zeiten, in denen Wertminderungen aufgrund konjunktureller Einbrüche wahrscheinlich sind, von besonderer Bedeutung.[1074] Der Einfluss bilanzpolitischer Maßnahmen bei Ermittlung der Bewertungsmaßstäbe ist durch die Überwachung des Aufsichtsrats zu begrenzen, indem von diesem die zu Grunde liegenden Annahmen und die daraus abgeleiteten Ergebnisse nachvollzogen werden. Ebenso bedürfen Plandaten einer besonders sorgfältigen Prüfung. Zur Plausibilisierung der langfristigen Ertragserwartungen und

---

[1070] Vgl. DPR (2010), S. 2, 7 f. Vgl. hierzu auch Meyer (2010), S. 229 f.

[1071] Den Impairmenttest ebenso als zentral und äußerst fehleranfällig ansehend, sieht die DPR diesen Themenkomplex in den Jahren 2007–2010 als auch im Jahr 2011 als Prüfungsschwerpunkt vor. Vgl. DPR (2006b), DPR (2007); DPR (2008a); DPR (2009a); DPR (2010a). Vgl. Müller/Reinke (2010a), S. 505 m. w. N. Im Rahmen der DPR-Prüfungen wurde festgestellt, dass die verschlechterten Geschäftsentwicklungen in den der Bewertung zugrundeliegenden Cashflows nicht ausreichend berücksichtigt wurden. Vgl. Meyer (2010), S. 228 als Präsident der DPR.

[1072] Auf den Handlungsbedarf hinweisend, wenn „bei Zwischenabschlüssen (ob geprüft, reviewt oder nicht) das Prinzip ‚Hoffnung auf Besserung' gepflegt wird, obwohl deutliche Zeichen für eine […] Wertberichtigung vorliegen". Strenger (2010), S. I.

[1073] Exemplarisch sei auf die Fehlerfeststellung der DPR im verkürzten Abschluss der Pixelpark AG zum Abschlussstichtag 30.06.2007 verwiesen. Die DPR stellt fest, dass in einem Unternehmensbereich kein Impairmenttest durchgeführt wurde, obwohl Indikatoren für die Wertminderung des Goodwills von 14,1 Mio. € vorlagen. Die Mitteilung gem. § 37q Abs. 2 Satz 1 WpHG der Pixelpark AG ist im elektronischen Bundesanzeiger (https://www.ebundesanzeiger.de) einsehbar.

[1074] Vgl. Hennes/Metzger (2010), S. 22. Zum Abschreibungsbedarf vor dem Hintergrund der Finanzmarktkrise vgl. Fülbier (2009), S. 54.

Objektivierung der Annahmen kann der Aufsichtsrat die Vorlage von externen Nachweisen fordern, z. B. Branchenreports oder unabhängige Markteinschätzungen.[1075] Dennoch verbleiben gewisse Ermessensspielräume, die auch der Aufsichtsrat nicht weiter reduzieren kann. Spätere Abweichungen sind vom Management jedoch im Rahmen der *follow-up*-Berichterstattung zu begründen.[1076]

Durch das deutsche Enforcement wird die Arbeit der Aufsichtsräte transparent. Die Vermutung liegt nahe, dass bei Bekanntwerden einer fehlerhaften Rechnungslegung das Ansehen der verantwortlichen Personen negativ beeinflusst wird. Dies gilt auch für den Aufsichtsrat, dessen Prüfungsausschuss und insb. den *financial expert*. Bei einer Befragung von 97 kapitalmarktorientierten Unternehmen im Jahr 2009 geben 87 % an, dass Reputationsschäden für die Gesellschaft befürchten werden, wenn es im Rahmen des Enforcements zu einer Fehlerveröffentlichung käme. 64 % der Befragten waren der Ansicht, dass bei einer Fehlerfeststellung ebenso das Ansehen der verantwortlichen Personen leide.[1077] Ein drohender Reputationsverlust als vorrangige Konsequenz einer Fehlerfeststellung durch die DPR[1078] sollte eine mehr als ausreichende Motivation zur Zwischenberichtsprüfung für jedes einzelne Aufsichtsratsmitglied und zur Einbindung eines Wirtschaftsprüfers darstellen.[1079]

5.5 Implikationen für die materielle Ausgestaltung der Überwachungsaufgabe des Aufsichtsrats

5.5.1 Richtgrößen für Umfang und Intensität der Zwischenberichtsprüfung

Es stellt sich nunmehr die Frage, welche konkreten Maßnahmen der Aufsichtsrat zu ergreifen hat, um seine Prüfungsaufgabe sachgerecht und effizient zu erfüllen. Da die Zwischenberichtsinformationen analog zum Einzel- bzw. Konzernabschluss die Dokumentation der vom Aufsichtsrat überwachten vergangenen Perioden darstellen, kann sich grundsätzlich – eine ordnungsmäßige Berichterstattung des Vorstands vorausgesetzt – kein neuer Informationswert für den Aufsichtsrat ergeben.[1080] Dies folgt zwangsläufig aus der permanenten Überwachungstätigkeit bzw. Kommunikation mit dem Management, durch die der Aufsichtsrat Kenntnis über die zu veröffentlichenden Rechnungslegungsinformationen, den zu Grunde liegenden Sachverhalten und weiteren daraus resultierenden Fragestellungen erlangt.[1081] Aufgrund der Abkehr von einer rein retrospektiven Betrachtung hin zu einer zukunftsorientierten

[1075] Zu den Möglichkeiten der Objektivierung der Annahmen vgl. Castedello (2010), S. 13.

[1076] Vgl. Böcking (2006), S. 85. Der Aufsichtsrat hat sich die Differenzen vom Planjahr zum Istjahr erklären zu lassen. Ein Vergleich der Planung für das abgelaufene Jahr mit dem Ist bzw. ein Vergleich des ersten Planjahrs mit den dann vorliegenden Quartalszahlen und der Prognose zeigt, ob den Werten eine realistische Planung zu Grunde lag. Vgl. Mayer-Wegelin (2009), S. 95. Zur Möglichkeit die Plausibilität der Planungsrechnung über einen „Quercheck" mit der geplanten Nutzung steuerlicher Verlustvorträge für die Bewertung aktiver latenter Steuern vorzunehmen, selbst wenn dabei Einzelabschlüsse und Steuervorschriften maßgeblich sind. Ebenda, S. 95.

[1077] Vgl. Roese/von Rosen (2009), S. 26. Aufgrund der hohen Rücklaufquote bei Durchführung der Befragung von 52 % kann von einem relativ robusten Ergebnis ausgegangen werden.

[1078] Vgl. Huwer (2008), S. 208–209.

[1079] Vgl. Böcking/Kiehne (2010), S. 303.

[1080] Auf den Jahres- bzw. Konzernabschluss bezogen, vgl. Theisen (2007), S. 155.

[1081] Vgl. Theisen (2007), S. 155.

Überwachungsfunktion erhält der Aufsichtsrat ebenso das notwendige Verständnis zur Beurteilung der u. a. den Bilanzpositionen zu Grunde liegenden Plandaten.[1082] Eine allgemein gültige Vorgabe, welche konkreten Maßnahmen vom Aufsichtsrat in Bezug auf die Prüfung der Zwischenberichterstattung vorzunehmen sind, kann aufgrund der Unternehmensindividualität nicht erfolgen.[1083] Dennoch lassen sich grundlegende Bestimmungsgrößen für den Umfang und die Prüfungsintensität der Aufsichtsratsüberwachung identifizieren.

Wie auch im Rahmen der allgemeinen Überwachungsaufgabe und der Prüfung des Einzel- bzw. Konzernabschlusses hat eine Ausrichtung des Umfangs und der Intensität der Aufsichtsratsprüfung an der aktuellen Lage des Unternehmens zu erfolgen. Insbesondere Krisenzeiten erfordern eine Erhöhung der Kontrolldichte in sachlicher und zeitlicher Dimension.[1084] Jedoch spiegeln sich bspw. Umsatzeinbrüche zeitnah in den Quartals- und Halbjahresfinanzberichten wider und finden Eingang in das Entscheidungskalkül der Investoren. Unzweifelhaft entspricht dies der intendierten Informationsfunktion der Zwischenberichterstattung, schafft aber zugleich den Anreiz für das Management, die Quartalsergebnisse durch entsprechende Maßnahmen zu verbessern, um folgenschwere Reaktionen für das Unternehmen und indirekte Rückwirkungen auf die eigene Reputation zu unterbinden.[1085] Solche Vorhaben werden nicht zuletzt durch die fehlende gesetzliche Normierung einer Prüfung oder prüferischen Durchsicht begünstigt[1086], was die Bedeutung der Aufsichtsratsüberwachung bei ungeprüften Zwischenberichten vor dem Hintergrund der Verlässlichkeit demonstriert.[1087] Der Aufsichtsrat sollte u. a. auf die Einhaltung des Stetigkeitsgebots bei den Bewertungsmethoden achten, um z. B. unverhältnismäßige Glättungsmaßnahmen zu unterbinden, oder auch auf die Plausibilität von geschätzten Cashflows, damit keine zu optimistischen Erwartungen in die Wertermittlung Eingang finden. Ein deutlicher Anstieg der Cashflows zwischen Detaillierungs- und Fortschreibungszeitraum im Rahmen des Impairmenttests ist zu hinterfragen.

Weiteren Anlass zur Ausweitung des Prüfungsumfangs bieten „außergewöhnliche Geschäftsvorfälle"; darunter sind nicht routinemäßige Sachverhalte zu subsumieren, z. B. Unternehmenszusammenschlüsse. Auch erscheint eine Intensivierung der Prüfung insb. bei Sachverhalten, die erstmals in den verkürzten Abschlüssen der Quartals- bzw. Halbjahresfinanzberichte abgebildet werden, erforderlich. Gleiches gilt für Sachverhalte, deren Bilanzierung und Bewertung sich unterjährig von den Methoden zum Geschäftsjahresende unterscheiden, bspw. die Ermittlung von Ertragsteuern.[1088] Ebenso sind intensivere Prüfungsmaßnahmen des Auf-

---

[1082] Vgl. BT-Drs. 13/9712, S. 15.
[1083] Vgl. Böcking/Kiehne (2010), S. 303.
[1084] Statt vieler Lutter/Krieger (2008), Rn. 87. Diese Forderung gilt entsprechend für den Prüfungsausschuss des Aufsichtsrats, vgl. Böcking (2008), S. 368 f.
[1085] Beispielhaft sind das Unterlassen außerordentlicher Abschreibungen oder die Vornahme einer unverhältnismäßigen Glättung von Aufwendungen. Vgl. hierzu auch IDW (2008), Rn. 5, 8.
[1086] Vgl. Böcking/Kiehne (2010), S. 304.
[1087] Zur Intensivierung der Überwachungstätigkeit bei Verdacht der Bilanzmanipulation, vgl. LG Nürnberg-Fürth vom 18.10.2007 (Aktenzeichen: 1 HK O 6564/07).
[1088] Zur unterjährigen Ermittlung von Ertragsteuern vgl. Kapitel 4.2.

sichtsrats vor dem Hintergrund des Enforcements als sachgemäß einzuschätzen. Dies gilt zum einen, wenn eine Enforcement-Prüfung erfolgt und zum anderen präventiv, um einer solchen Prüfung vorzubeugen.[1089] Neben den Aufgaben, die dem Aufsichtsrat vor bzw. während einer Enforcement-Prüfung von Halbjahresfinanzberichten[1090] und bei einer Fehlerfeststellung zukommen, umfasst die Überwachungsaufgabe auch die Kontrolle, ob festgestellte Fehler in folgenden Berichtsperioden vom Management korrigiert wurden.[1091] Deutlich wird hierbei die charakteristische fortlaufende Überwachung des Vorstands durch den Aufsichtsrat bzw. Prüfungsausschuss.[1092] Als Präventivmaßnahme gegen eine Fehlerfeststellung im Rahmen der Halbjahresfinanzberichte erscheint die Ausweitung des Prüfungsumfangs unter Berücksichtigung individueller risikobehafteter Bilanzierungssachverhalte und der veröffentlichten Prüfungsschwerpunkte der DPR unabdingbar, insb. wenn auf eine Einbindung eines Wirtschaftsprüfers vor der Veröffentlichung verzichtet wurde.[1093] Die Entscheidung in Bezug auf die Einbindung eines Wirtschaftsprüfers, der als Gehilfe des Aufsichtsrats fungiert, ist, wie die Ausführungen des Kapitels 5.3 zeigen, elementar. Bei einer Einbindung kann der Aufsichtsrat durch die Festlegung von Prüfungsschwerpunkten gezielt Einfluss nehmen.[1094] Die offensichtliche Wechselwirkung der einzelnen Faktoren ist bei der Ausgestaltung der Aufsichtsratsprüfung ebenfalls zu berücksichtigen. Zur Veranschaulichung der Faktoren dient Abbildung 13.

Abbildung 13: Bestimmungsgrößen für Umfang und Intensität der Zwischenberichtsprüfung durch den Aufsichtsrat

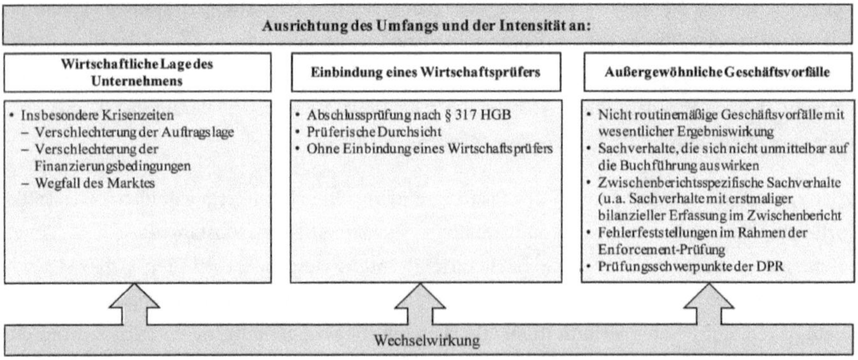

Quelle: Böcking/Kiehne (2010), S. 305.

[1089] Vgl. Böcking/Kiehne (2010), S. 304.

[1090] Zu den Aufgaben des Aufsichtsrats im Rahmen von Enforcement-Prüfungen vgl. Kapitel 5.4.2.

[1091] Vgl. Böcking/Kiehne (2010), S. 305.

[1092] In Bezug auf den Bilanzausschuss, hier Prüfungsausschuss, vgl. Gittermann (2009), Rn. 158.

[1093] Vgl. Böcking/Kiehne (2010), S. 305. Seit November 2009 können fallbezogene Voranfragen an die DPR gerichtet werden. Der Aufsichtsrat sollte sich hierfür aussprechen, wenn ihm die von der Unternehmensleitung zu einem Sachverhalt gewählte bilanzielle Behandlung nicht sachgemäß erscheint. Zur Etablierung einer *pre-clearance* seitens der DPR vgl. Meyer (2010), S. 231.

[1094] Die Festlegung von Prüfungsschwerpunkten als Möglichkeit ansehend, Schwachstellen der Rechnungslegung auf den Grund gehen zu können, vgl. Hopt/Roth (2006), Rn. 176.

5.5.2 Konkretisierung der Prüfung des Zwischenlageberichts

Für die Ausrichtung von Umfang und Intensität des Zwischenlageberichts vom Aufsichtsrat kommt den Bestimmungsgrößen eine andere Gewichtung zu. Wohingegen die Einbindung des Wirtschaftsprüfers bei der Prüfung des verkürzten Abschlusses aufgrund der komplexen Rechnungslegungsmethoden die primäre Größe darstellt, ist diese für die Prüfung der Recht- und Zweckmäßigkeit des Zwischenlageberichts von geringerer Bedeutung. Grund hierfür ist der Wissensvorsprung, über den der Aufsichtsrat bei der Prüfung des Lageberichts regelmäßig gegenüber einem Wirtschaftsprüfer verfügt. Ein weiterer Grund ergibt sich insofern, als der Wirtschaftsprüfer den Aufsichtsrat insb. bei seiner Rechtmäßigkeitsprüfung unterstützt, die Informationen des Zwischenlageberichts jedoch vornehmlich einer Beurteilung ihrer Zweckmäßigkeit bedürfen.

Die Prüfung der Zweckmäßigkeit der Zwischenlageberichtsinformationen bezieht sich in erster Linie auf die vom Management getroffenen Entscheidungen hinsichtlich der Einschätzung der verpflichtend anzugebenden „wichtigen" Ereignisse und „wesentlichen" Chancen und Risiken. Die Auslegung dieser unbestimmten Rechtsbegriffe des § 37w Abs. 4 WpHG und der in der Zwischenberichterstattung fokussierte Wesentlichkeitsgrundsatz als auch der Grundsatz, die Informationen aus Sicht der Unternehmensleitung zu vermitteln,[1095] ist mit einem hohen Grad an Subjektivität verbunden,[1096] der dem Management einen nicht unerheblichen Ermessensspielraum einräumt. Da der Aufsichtsrat jedoch im Rahmen seiner Überwachungstätigkeit in die Planung künftiger Maßnahmen vom Management einzubeziehen ist[1097], besteht für den Aufsichtsrat die Möglichkeit zu kontrollieren, ob die im Zwischenlagebericht beschriebenen Chancen und Risiken bzw. die dargestellte Veränderung zuvor berichteter Prognosen seinem Kenntnisstand entsprechen.[1098] Treten begründete Zweifel an der Recht- bzw. Zweckmäßigkeit aufgrund des Kenntnisstands des Aufsichtsrats auf, hat dieser eine intensivere Prüfung vorzunehmen[1099] und den Vorstand ggf. auf einen Anpassungsbedarf hinzuweisen. Dem Detaillierungsgrad der Zwischenberichterstattung sind selbstverständlich Grenzen gesetzt; Unternehmensinterna, die den Verlust von Wettbewerbsvorteilen zur Folge haben können, unterliegen keiner Veröffentlichungspflicht.[1100] Dennoch müssen Risiken und Chancen angegeben werden[1101], da andernfalls die Rechtmäßigkeit des Zwischenlageberichts nicht gegeben ist.

[1095] Zu der Gültigkeit der allgemeinen Grundsätze der Lageberichterstattung des DRS 15 im Rahmen des Zwischenlageberichts vgl. Kapitel 3.2.2.

[1096] Vgl. Böcking (2007), S. 37 f.; Haller/Dietrich (2001), S. 1047.

[1097] Zur Beratung und Überwachung des Vorstands bei der Leitung des Unternehmens durch den Aufsichtsrat sowie zur Einbindung in grundlegende Entscheidungen vgl. DCGK, Tz. 5.1.1. Vgl. auch Bellavite-Hövermann/Lindner/Lüthje (2005), Rn. 93.

[1098] Vgl. Böcking/Kiehne (2010), S. 305.

[1099] Zusätzlich zur Berichterstattungspflicht durch den Vorstand kann der Aufsichtsrat sein Einsichts- und Prüfungsrecht gem. § 111 Abs. 2 AktG geltend machen. Vgl. auch Brönner (2006), Rn. 6.

[1100] Vgl. Böcking/Kiehne (2010), S. 305 f.

[1101] Vgl. Böcking/Stein (2006), S. 762.

Welche Bedeutung der Rechtmäßigkeitsprüfung des Aufsichtsrats im Rahmen der Lageberichterstattung zukommt, verdeutlichen eine Fehlerfeststellung der DPR des Jahres 2009 und der dem eingelegten Widerspruch des Unternehmens folgende gerichtliche Beschluss des OLG Frankfurt vom 24.11.2009. Die DPR auf erster Stufe wie auch die BaFin auf zweiter Stufe kamen zu dem Ergebnis, dass ein fehlender Prognosebericht als obligatorischer Bestandteil des Lageberichts einen Fehler begründet. Das OLG Frankfurt stellt klar: Der Verzicht auf einen Prognosebericht kann weder durch schwierige gesamtwirtschaftliche noch durch unternehmensspezifische Umstände gerechtfertigt werden.[1102] Im Rahmen der Beurteilung der Rechtmäßigkeit des Lageberichts hätte der Aufsichtsrat den klaren Verstoß gegen die gesetzliche Vorschrift im Vorhinein beanstanden müssen.[1103] Übertragen auf die Prüfung des Zwischenlageberichts hat der Aufsichtsrat sicherzustellen, dass neben den von § 37w Abs. 4 WpHG geforderten Informationen auch die konkretisierenden Angaben des DRS 16 offengelegt werden.[1104] Dies belegt auch die Fehlerbekanntmachung im Rahmen der Halbjahresfinanzberichterstattung, die sich auf das fehlerhafte Unterlassen von Angaben im Zwischenlagebericht zum Liquiditätsrisiko bezieht.[1105]

Auf Basis der einzelnen Zwischenlageberichte, aber auch fußend auf dem (Konzern-)Lagebericht erfolgt als nachgelagerter Prüfungsschritt die Kontrolle der Zielerreichung und die Prüfung der entsprechenden Darstellung geänderter Umstände im nächsten Zwischenlagebericht. Die für den Soll-Ist-Vergleich erforderlichen Informationen werden dem Aufsichtsrat im Rahmen der monatlichen und vierteljährlichen Berichterstattung des Vorstands sowie der *follow-up*-Berichterstattung gem. § 90 Abs. 1 Satz 1 Nr. 1 AktG i. V. m. § 90 Abs. 2 Nr. 1 AktG „mindestens einmal jährlich, wenn nicht Änderungen der Lage oder neue Fragen eine unverzügliche Berichterstattung gebieten", bereitgestellt[1106] oder sind ergänzend vom Aufsichtsrat selbst einzuholen. Werden die vom Management geplanten Zielgrößen nicht erreicht, hat der Aufsichtsrat den Gründen dafür nachzugehen und die neuen Pläne zu beurteilen.[1107] Infolge der direkten Außenwirkung wesentlicher Abweichungen der tatsächlichen von der geplanten Entwicklung durch den Zwischenlagebericht erhalten Unternehmensexterne gleichermaßen die Möglichkeit zur Vornahme eines unterjährigen Soll-Ist-Vergleichs, wodurch sie ggf. die Erwartungshaltung bzgl. ihrer Investitionen revidieren. Dabei stellt der Zwischenlagebericht

[1102] Vgl. DPR (2010), S. 7; Beschluss des OLG Frankfurt vom 24.11.2009 (Aktenzeichen: WpÜG 11/09 und 12/09), Volltext mit Anmerkungen von Kumm/Müller (2010), S. 58–66. Vgl. auch Gödel (2010), S. 431–435.

[1103] Gleiches gilt in Bezug auf den Wirtschaftsprüfer.

[1104] Vgl. die Studienergebnisse in Kapitel 3.4.2. Demnach fehlen im Zwischenlagebericht oftmals die Beschreibung der Auswirkungen der wesentlichen Ereignisse auf die drei Lagen oder die Beschreibung der wesentlichen Chancen. Vgl. die Studienergebnisse von Kajüter/Barth/Meyer (2009), S. 462–470.

[1105] Vgl. Kapitel 5.4.3.

[1106] Im Rahmen der Follow-up-Berichterstattung hat der Vorstand etwaige Abweichungen von Planzahlen zu begründen. Bereits heute ist es üblich bzw. selbstverständlich und notwendig, dass zumindest der Prüfungsausschuss monatliche Berichte i. S. v. Abschlüssen mit Erläuterungen zu Soll-Ist-Abweichungen erhält. Vgl. Böcking/Kiehne (2010), S. 302.

[1107] Vgl. Busse von Colbe (1998), S. 140.

kein vom Management beliebig auszugestaltendes „Präsentationsmedium" dar[1108]; bei entsprechend weiter Auslegung des Wesentlichkeitsgrundsatzes durch das Management hat der Aufsichtsrat auf den Umfang und den Inhalt des Zwischenlageberichts einzuwirken. Schwankungen der berichteten Zahlen sind ausreichend zu kommentieren, um die Erwartungshaltung der Adressaten nicht fälschlich zu beeinflussen. Vor diesem Hintergrund erweist sich die Prüfung des Aufsichtsrats von zentraler Bedeutung, um einen realitätsnahen, informationsstarken Zwischenlagebericht zu veröffentlichen, der sich an den Bedürfnissen der Adressaten orientiert und nicht ein vom Management entworfenes vorteilhaftes Bild der Unternehmenslage zeigt. Es zeigt sich, dass sowohl der Zwischenlagebericht als auch der verkürzte Abschluss als Bestandteil des Quartals- bzw. Halbjahresfinanzberichts für den Aufsichtsrat gleichzeitig Überwachungsgegenstand und Überwachungsinstrument darstellen.

5.5.3 Überwachung der Einhaltung formaler Zwischenberichtspflichten aufgrund der Bußgeldvorschriften des § 39 WpHG

Nicht nur die inhaltliche Prüfung, sondern auch die Überwachung der Einhaltung formaler Zwischenberichtspflichten fällt in den Aufgabenbereich des Aufsichtsrats. Mit Einhaltung der formalen Pflichten, insb. der gesetzlichen Veröffentlichungsfrist, wird nicht nur die Erwartungshaltung der Adressaten i. S. der Vertrauensbildung erfüllt, sondern für den Aufsichtsrat auch der zeitliche Rahmen für seine eigene Überwachungstätigkeit gesetzt. Darüber hinaus wird ein Verstoß gegen die formalen Pflichten mit Bußgeldern sanktioniert.

Die Bußgeldvorschriften des § 39 WpHG, betreffend die Zwischenberichterstattung, sind ein weiterer und durch die Transparenzrichtlinie verpflichtend zu implementierender Durchsetzungsmechanismus für die unterjährigen Publizitätspflichten. Die Mitgliedstaaten haben sicherzustellen, „dass bei Verstößen gegen die gemäß [der Transparenzrichtlinie] erlassenen Vorschriften gegen die verantwortlichen Personen zumindest geeignete Verwaltungsmaßnahmen ergriffen oder zivil- und/ oder verwaltungsrechtliche Sanktionen verhängt werden können. Die Mitgliedstaaten sorgen dafür, dass diese Maßnahmen wirksam, verhältnismäßig und abschreckend sind."[1109]

[1108] Zu der empirischen Erkenntnis, dass der Zwischenlagebericht oftmals einem Präsentationsmedium gleicht, vgl. Rabenhorst/Wiechens (2009), S. 522. Vgl. auch Kapitel 3.4.2.

[1109] Transparenzrichtlinie (2004), Art. 28, S. 55.

Folgende Ordnungswidrigkeitstatbestände hinsichtlich Halbjahresfinanzberichte und Zwischenmitteilungen werden nach § 39 WpHG sanktioniert[1110]:

Tabelle 16: Übersicht der Bußgeldvorschriften gem. § 39 WpHG

	Halbjahres-finanzbericht (§ 37w WpHG)	**Zwischen-mitteilung (§ 37x WpHG)**	**Ordnungswidrigkeit nach**	**Bußgeld nach § 39 Abs. 4 WpHG in Höhe bis zu**
Veröffentlichung	Abs. 1 Satz 1	Abs. 1 Satz 1	§ 39 Abs. 2 Nr. 24 WpHG • keine • nicht rechtzeitige	200.000 €
Bekanntmachung der Einsichtnahme	Abs. 1 Satz 2	Abs. 1 Satz 2	§ 39 Abs. 2 Nr. 5 g) WpHG • keine • nicht richtig • nicht vollständig • nicht in vorgeschriebener Weise • nicht rechtzeitig • nicht rechtzeitig nachgeholt	200.000 €
Mitteilung über Veröffentlichung an die BaFin	Abs. 1 Satz 3	Abs. 1 Satz 3	§ 39 Abs. 2 Nr. 2 n) WpHG • keine • nicht richtig • nicht vollständig • nicht rechtzeitig	200.000 €
Übermittlung der Bekanntmachung an die BaFin	Abs. 1 Satz 3	Abs. 1 Satz 3	§ 39 Abs. 2 Nr. 6 WpHG • keine • nicht rechtzeitig	200.000 €
Übermittlung an das Unternehmensregister	Abs. 1 Satz 4	Abs. 1 Satz 4	§ 39 Abs. 2 Nr. 25 WpHG • keine • nicht rechtzeitig	200.000 €

Die in Tabelle 16 aufgeführten Tatbestände betreffen die Verletzung der Verpflichtungen zur Erstellung und Veröffentlichung von Halbjahresfinanzberichten und Zwischenmitteilungen. Bußgeldrechtlich sanktioniert werden lediglich die formalen Aspekte. Inhaltliche Unrichtigkeiten werden vom Tatbestand des § 39 WpHG nicht umfasst. Ferner betreffen die Ausführungen des § 39 WpHG lediglich Halbjahresfinanzberichte und Zwischenmitteilungen der Geschäftsführung. Da dem Quartalsfinanzbericht nach § 37xAbs. 3 WpHG eine befreiende Wirkung zukommt, ist davon auszugehen, dass die Tatbestände für Halbjahresfinanzberichte und Zwischenmitteilungen ebenso auf die Quartalsfinanzberichte zu übertragen sind. Eine Klarstellung diesbezüglich seitens des Gesetzgebers wäre dennoch zu befürworten.[1111]

Grundsätzlich lässt sich bezweifeln, inwiefern diese Sanktionspotenziale „ausreichend abschreckend und verhältnismäßig“[1112] sind, sodass die Unternehmen ihren Zwischenberichtspflichten nachkommen.[1113] Die Sanktionen ergänzen die bestehenden Durchsetzungsmechanismen, sollten jedoch u. a. aufgrund ihrer betragsmäßigen Höhe nicht überbewertet werden. Die Effektivität dieses Durchsetzungsmechanismus hängt nicht zuletzt von der Rechtsprechung ab.[1114] Ist auf diesem Wege keine Sanktionierung zu erwarten, kann sich dies nega-

[1110] Die Auflistung erfolgt in Anlehnung an: Mock (2007), Rn. 40; Hönsch (2009), Rn. 15. *Mülbert/Steup* sprechen in diesem Zusammenhang von einem „umfangreichen Ordnungswidrigkeitskatalog“, vgl. Mülbert/Steup (2007), S. 768.

[1111] *Mülbert/Steup* sprechen von einer „lückenhafte[n] Sanktionierung“. Mülbert/Steup (2007), S. 770.

[1112] Transparenzrichtlinie (2004), Erwägungsgrund (37).

[1113] Gleicher Ansicht *Förschle/Helmschrott*, die eine Sanktion über den Markt in Form eines fallenden Aktienkurses als stärkeres Sanktionsmittel erachten, als eine Geldbuße, da die Vermögensposition Aktien besitzender Führungskräfte stärker betroffen ist. Vgl. Förschle/Helmschrott (2001), S. 639.

[1114] Bislang sind keine gerichtlichen Entscheidungen bekannt (Stand: August 2011).

tiv auf die Qualität der Zwischenberichterstattung auswirken, sofern die Unternehmen ihren gesetzlichen Zwischenberichtspflichten nicht vollumfänglich nachkommen. Dennoch sollte der Aufsichtsrat mit entsprechenden Maßnahmen die Einhaltung überwachen, um damit das Vertrauen der Adressaten nicht zu gefährden.

5.5.4 Personelle Ausrichtung und Zeitmanagement

Der Aufsichtsrat hat, wie die vorstehenden Ausführungen verdeutlichen, einem für die Wahrung seiner Aufgaben hohen Anforderungsprofil zu entsprechen. Im Gegensatz zur Prüfung der jährlichen Berichterstattung, bei der ein Rückgriff auf die Prüfungsergebnisse des Wirtschaftsprüfers aufgrund der Pflichtprüfung stets möglich ist, ist der Aufsichtsrat – ohne eine freiwillige Beauftragung eines Wirtschaftsprüfers – auf seine eigenen Kenntnisse angewiesen. Neben der Komplexität der IFRS und der Regelungssystematik der Zwischenberichterstattung an sich stellen immer komplexer werdende Geschäftsmodelle und Geschäftsvorfälle mögliche Hindernisse bei der Beurteilung dar, ob die Zwischenberichterstattung den Prüfungsmaßstäben entspricht, insb. für jene Aufsichtsratsmitglieder, die nicht über hinreichende Kenntnisse der Bilanzierung und entsprechender betriebswirtschaftlicher Sachkenntnisse verfügen.[1115] Gesetzlich wird die dafür notwendige Sachkunde seit Inkrafttreten des BilMoG in Ansätzen sichergestellt, indem bei Gesellschaften i. S. d. § 264d HGB mindestens ein unabhängiges Mitglied im Aufsichtsrat zwingend über Sachverstand auf den Gebieten Rechnungslegung oder Abschlussprüfung verfügen muss (§ 100 Abs. 5 AktG)[1116], wobei eine hinreichende Sachkunde allerdings bei jedem Mitglied eine zwingende Voraussetzung ist.[1117] Unzureichende Kenntnis schützt nicht vor der Verantwortung jedes einzelnen Mitglieds für eine ordnungsmäßige Prüfung.[1118] Insofern empfiehlt sich eine zielorientierte – an den hohen qualitativen und unternehmensindividuellen Anforderungen ausgerichtete – Auswahl der einzelnen Mitglieder[1119] ebenso wie eine permanente Weiterbildung der Aufsichtsratsmitglieder speziell im Bereich der einer fortwährenden Überarbeitung unterliegenden IFRS.[1120]

[1115] Vgl. Böcking/Kiehne (2010), S. 306. Voraussetzungen für eine effektive Überwachung ist, „dass die Aufsichtsratsmitglieder profunde Kenntnisse über die Geschäftstätigkeit sowie das wirtschaftliche und rechtliche Umfeld des Unternehmens besitzen". Böcking (2004a), S. 572. Zur erforderlichen Sachkenntnis der Aufsichtsratsmitglieder vgl. Köstler/Zachert/Müller (2009), Rn. 710.

[1116] Vgl. hierzu die Empfehlung des DCGK Tz. 5.3.2 Satz 2, die der Gesetzgeber mit dem BilMoG zur Pflicht gemacht hat. Vgl. auch das Urteil des OLG München vom 28.04.2010 (Aktenzeichen: 23 U 5517/09), welches klarstellt, dass der *financial expert* seine Kenntnisse in Rechnungslegung oder Abschlussprüfung nicht durch eine schwerpunktmäßige Tätigkeit in einem dieser Bereiche erlangt haben muss. Zur Unabhängigkeit des *financial expert* vgl. Buhleier/Krowas (2010), S. 1166.

[1117] Vgl. Baums (2001), Rn. 310.

[1118] Vgl. Brönner (2006), Rn. 3. Bilanzkenntnisse als unabdingbare Voraussetzung für Aufsichtsratsmitglieder ansehend, vgl. Prühs (1970), S. 347.

[1119] Zur Abstimmung mit den bereits vorhandenen Kompetenzen bestehender Mitglieder im Rahmen der Auswahl neuer Aufsichtsratsmitglieder vgl. Probst/Theisen (2008), S. 155.

[1120] Vgl. Böcking/Kiehne (2010), S. 306. Auch die Kommission empfiehlt eine fortwährende Weiterbildung der Aufsichtsratsmitglieder, vgl. Europäische Kommission (2005), Nr. 11.3.

Neben den Qualifikationsanforderungen bedingt eine verantwortungsbewusste Prüfung der einzelnen Zwischenberichte einen nicht unerheblichen zeitlichen Aufwand. Letzterer schlägt sich u. a. in den Aufsichtsratssitzungen nieder[1121], deren Anzahl sich aufgrund der Zwischenberichtspflicht zwangsläufig auf eine Mindestsitzungsanzahl von vier Sitzungen pro Jahr – nämlich vor Veröffentlichung des entsprechenden Quartals- bzw. Halbjahresfinanzberichts und dem jährlichen Finanzbericht – beläuft.[1122] Unter Berücksichtigung der Tragweite fehlerhafter Zwischenberichtsinformationen muss dabei grundsätzlich die Präsenz der einzelnen Mitglieder als notwendig erachtet werden.[1123] Die Anwesenheit gesetzlich vorzuschreiben, scheint vor dem Hintergrund der ökonomischen Funktion des Aufsichtsrats als redundant, da dies bereits als Grundlage einer ordnungsmäßigen Überwachung zu sehen ist.[1124]

In Anbetracht der Qualifikationsanforderungen und des hohen zeitlichen Aufwands ist dem Aufsichtsrat nachdrücklich die Einrichtung eines Prüfungsausschusses anzuraten und diesen insb. mit der Überwachung des Rechnungslegungsprozesses und damit der Prüfung der Zwischenberichterstattung zu betrauen.[1125] Dafür spricht auch der Befund, dass Unternehmen, die einen Prüfungsausschuss implementiert haben, der Empfehlung des DCGK zur Erörterung der Zwischenberichterstattung vom Aufsichtsrat mit dem Vorstand vor Veröffentlichung (Tz. 7.1.2 Satz 2) eher nachkommen.[1126] Bei Einrichtung eines Prüfungsausschusses muss nach § 107 Abs. 4 AktG mindestens ein Mitglied des Ausschusses über die in § 100 Abs. 5 AktG kodifizierten Eigenschaften verfügen – ein sog. *financial expert.* Empfehlenswert ist jedoch, dass alle Prüfungsausschussmitglieder über die entsprechenden Kenntnisse auf den Gebieten Rechnungslegung und Abschlussprüfung verfügen, u. a. über die im jeweiligen Unternehmen angewandten Rechnungslegungsgrundsätze.[1127] Auf diese Weise wird im Rahmen einer fortwährenden Überwachung des Zahlenwerks und der Bilanzierung die Aufbereitung komplexer Bilanzierungsunterlagen für die Aufsichtsratssitzungen und die Klärung von Meinungsver-

---

[1121] Vgl. Böcking/Kiehne (2010), S. 306.

[1122] Gleicher Ansicht in Bezug auf die Sitzungsfrequenz von Prüfungsausschüssen, vgl. Böcking (2008), S. 368; Nonnenmacher/Pohle/von Werder (2009), S. 1452. Vgl. hierzu auch die Untersuchung zur Sitzungsanzahl von Prüfungsausschüssen der DAX 30-Unternehmen in 2006, die ergab, dass selbst bei einigen DAX 30 Unternehmen der Prüfungsausschuss nur zwei- bis dreimal tagte, vgl. Böcking (2008), S. 368 f. Es gilt jedoch zu berücksichtigen, dass eine hohe Sitzungsanzahl nicht zwingend mit einer effektiveren Überwachung korreliert. Vgl. BR-Drs. 872/97, S. 39 f.

[1123] Zur Diskussion vgl. Theisen (2007), S. 47 f.; Lutter/Krieger (2008), Rn. 689.

[1124] Vgl. Theisen (2007), S. 46. Ebenso selbstverständlich sollte die zunehmende Sitzungsfrequenz bei wesentlicher Verschlechterung der Unternehmenslage sein. Vgl. Böcking/Kiehne (2010), S. 306.

[1125] Vgl. Raiser/Veil (2010), Rn. 73. Zur Problematik, dass die Prüfung der Abschlüsse nicht gänzlich auf den Prüfungsausschuss übertragen, jedoch von ihm vorbereitet werden kann, vgl. Brönner (2006), Rn. 3. Die Implementierung eines Prüfungsausschusses sollte ebenso im Interesse des Managements sein, nicht zuletzt um vor dem Hintergrund der verpflichtenden Abgabe des Bilanzeids einer Sanktionierung bei unrichtiger Darstellung vorzubeugen. Vgl. Deneke (2009), S. 246 f.

[1126] Vgl. hierzu die Ausführungen in Kapitel 5.2.3.

[1127] Vgl. Nonnenmacher/Pohle/von Werder (2009), S. 1449. Für den Vorsitzenden des Prüfungsausschusses ergeben sich verschärfte Anforderungen in Bezug auf seine beruflichen Erfahrungen und seine Sachkunde, ebenda S. 1449.

schiedenheiten bzw. offener Fragen anderer Aufsichtsratsmitglieder ermöglicht[1128], wodurch wiederum die fristgerechte Veröffentlichung der Zwischenberichte gem. § 37w Abs. 1 WpHG sichergestellt werden kann.[1129] Die Gesamtverantwortung des Aufsichtsrats bleibt, auch wenn sich nur einzelne Aufsichtsratsmitglieder im Rahmen ihrer Prüfungsausschusstätigkeit verstärkt mit der Thematik beschäftigen, unverändert bestehen.[1130]

5.5.5 Zusammenfassende Betrachtung des Aufgabenbereichs des Aufsichtsrats

Vor dem Hintergrund der Entscheidungsnützlichkeit verdeutlichen die vorstehenden Ausführungen die große Bedeutung der Prüfung der Zwischenberichte durch den Aufsichtsrat. In Ergänzung zu seiner eigenen Prüfung ist es dem Aufsichtsrat daher anzuraten, sich mindestens für die Durchführung einer prüferischen Durchsicht auszusprechen[1131], um die Ergebnisse der prüferischen Durchsicht als Basis für die eigene Prüfung nutzen und gleichzeitig sein eigenes Urteil über die Recht- und Zweckmäßigkeit der Zwischenberichte in Ansätzen absichern zu können, was zu einer effizienteren Überwachungsleistung führen kann.[1132] Außer dem positiven Effekt hinsichtlich des Vertrauens in die Verlässlichkeit ist die Durchführung einer prüferischen Durchsicht ebenso in Bezug auf die Einhaltung der Sorgfaltspflichten des Aufsichtsrats als auch im Zusammenhang mit einer Risikoreduzierung der Fehlerfeststellung und dem damit drohenden Reputationsverlust anzuraten. Es besteht die Möglichkeit die Entscheidung über die Prüfung der Zwischenberichterstattung als zustimmungspflichtiges Geschäft zu deklarieren und so dann eine faktische Prüfungspflicht herbeizuführen.[1133]

Spricht sich der Aufsichtsrat entgegen den aufgezeigten Vorteilen nicht für eine prüferische Durchsicht aus, sollte er sich vom Wirtschaftsprüfer des Jahres- bzw. Konzernabschlusses auf kritische Sachverhalte hinweisen lassen, die vom Aufsichtsrat bei seiner Prüfung der Quartals- und Halbjahresfinanzberichte eingehend zu berücksichtigen sind.[1134] Bei Sachverhalten mit wesentlichen finanziellen Auswirkungen und/oder erstmaliger Erfassung im Zwischenbe-

[1128] Vgl. Brönner (2006), Rn. 3. Vgl. die Änderung des § 36 KWG ergeben, nach dem die BaFin einzelne Aufsichtsratsmitglieder abberufen kann, vgl. Bundesbank (2010).

[1129] Vgl. Böcking/Kiehne (2010), S. 307.

[1130] Vgl. die Begründung zu § 107 Abs. 3 Satz 2 AktG im Referentenentwurf zum BilMoG in BT-Drs. 16/10067, S. 102. Aufsichtsratsmitglieder sind bei Pflichtverletzung der Gesellschaft gegenüber zu Schadensersatz verpflichtet. Im Zweifelsfall hat der Aufsichtsrat in einem ggf. kostspieligen Verfahren zu beweisen, dass er seiner Sorgfaltspflicht ordnungsgemäß nachgekommen ist. Inwieweit eine D&O-Versicherung den Schaden übernimmt ist bei nachgewiesener grober Fahrlässigkeit des Aufsichtsrats fraglich. Vgl. hierzu Dehnen (2008), S. 97. Vor diesem Hintergrund ist *Ammedick/Strieder* nicht zuzustimmen. Nach *Ammedick/Strieder* ist es ausreichend, wenn lediglich der Vorsitzende des Prüfungsausschusses den Zwischenbericht im Stile einer prüferischen Durchsicht beurteilt. Vgl. Strieder/Ammedick (2008), Rn. 114.

[1131] Vgl. bereits Böcking/Stein (2007), S. 52; Böcking/Kiehne (2010), S. 307.

[1132] „Durch die unterjährige Zusammenarbeit zwischen Aufsichtsrat und Abschlussprüfer kann eine effektivere und effizientere Aufsichtsarbeit erreicht werden.“ Alvarez/Wotschofsky (2001), S. 123. Eine kritische Grundhaltung gegenüber den Prüfungsergebnissen des Wirtschaftsprüfers ist jedoch unabdingbar. Die Entscheidung, ob eine prüferische Durchsicht zu erfolgen hat, als Leitungsentscheidung des Vorstands sehend, die allein in seinem Ermessen steht, vgl. Wagner (2007), S. 457.

[1133] Vgl. Ammedick/Strieder (2002), Rn. 23.

[1134] Vgl. Böcking/Kiehne (2010), S. 307.

richt ist dem Aufsichtsrat dringend zu empfehlen, einen Sonderauftrag zu erteilen.[1135] Über den Bedarf für die Durchführung einer prüferischen Durchsicht ist turnusmäßig in jedem Quartal neu zu entscheiden, wobei dies vom Prüfungsausschuss übernommen werden kann.[1136] Damit der Aufsichtsrat seine materielle Prüfung vornehmen kann, hat dieser somit u. a. folgenden Grundvoraussetzungen nachzugehen: (1.) der Entscheidung, ob eine prüferische Durchsicht erfolgen soll; (2.) das Sicherstellen einer rechtzeitigen Übergabe des Zwischenberichtsentwurfs, um eine kritische Prüfung durchführen zu können und (3.) dem unterjährigen Einfordern ausreichender Informationen, um Zwischenberichte beurteilen zu können.

5.6 Zwischenergebnis

Die vorstehenden Ausführungen zur Durchsetzung der Zwischenberichterstattungspflichten verdeutlichen, dass die mit der Transparenzrichtlinie angestrebte Bereitstellung zeitnaher, relevanter wie auch verlässlicher Informationen vom Gesetzgeber in Bezug auf die qualitative Anforderung der Verlässlichkeit nicht mit letzter Konsequenz verfolgt wird. Hinsichtlich aller wesentlichen Bausteine der Corporate Governance erfolgt im Vergleich zur jährlichen Berichterstattung eine erhebliche Abstufung:

- Die Abgabe eines Bilanzeids ist lediglich hinsichtlich des Halbjahresfinanzberichts gefordert.
- Die Prüfung durch den Aufsichtsrat und insb. seines Prüfungsausschusses ist nicht explizit gesetzlich kodifiziert; auf eine entsprechende Billigung wird verzichtet.
- Die Prüfung durch einen Wirtschaftsprüfer ist als Wahlrecht gestaltet.
- Die Prüfung durch die Enforcement-Instanzen DPR und BaFin beziehen sich lediglich auf Halbjahresfinanzberichte und nur in Form von Anlassprüfungen.

Diese Abstufung lässt sich bis zu einem gewissen Grad mit Bezugnahme auf die zwischenberichtsspezifischen Anforderungen, das – eine rechtmäßige Erstellung und Veröffentlichung vorausgesetzt – Fehlen anknüpfender Rechtsfolgen sowie die Ausstrahlungswirkung der Maßnahmen, die zur Verbesserung der jährlichen Berichterstattung ergriffen werden, nachvollziehen. Die Nachvollziehbarkeit endet an der Stelle, an der die Zwischenberichterstattung aufgrund von Werturteilen des Managements oder bilanzpolitischen Motiven keine Entscheidungsnützlichkeit aufweist und somit ihren eigentlichen Mehrwert für die Adressaten in Ergänzung der jährlichen Berichterstattung nicht erfüllt. Auch wenn die Verlässlichkeit im Spannungsverhältnis zur Zeitnähe steht und die Gewährleistung einer zeitnahen Zwischenberichterstattung somit ein regelmäßig angebrachtes Argument gegen (vermeintlich) zeitaufwändige Mechanismen zur Sicherstellung der Verlässlichkeit darstellt, ist die Zeitnähe zugleich eines der gewichtigsten Argumente für die Notwendigkeit eigenständiger bzw. auf die

[1135] Vgl. Böcking/Kiehne (2010), S. 307.
[1136] Vgl. Nonnenmacher/Pohle/von Werder (2009), S. 1450.

Spezifika der Zwischenberichterstattung abgestimmter Mechanismen. Die umfangreichen Rechnungslegungsstandards und die immer komplexer werdenden Geschäftsvorfälle erhöhen die Fehleranfälligkeit, wenn die Sachverhalte erstmals und unter erhöhtem Zeitdruck im Zwischenbericht dargestellt werden.

Die Erweiterung des Prüfungsgegenstands des Enforcements (Anlassprüfungen des Halbjahresfinanzberichts) deutet darauf hin, dass der Gesetzgeber den Handlungsbedarf erkannt hat, setzt damit allerdings bei dem in der Reihenfolge von Erstellung bis Veröffentlichung letzten Durchsetzungsmechanismus an. Das Enforcement greift erst nach Veröffentlichung der Halbjahresfinanzberichte, wohingegen eine prüferische Durchsicht bereits vor der Veröffentlichung auf die Verlässlichkeit einwirkt. Zwar stellt die partielle Ausweitung des Prüfungsgegenstands des Enforcement-Verfahrens einen Fortschritt dar, jedoch lässt sich eine eigenständige Bedeutung des Enforcements für Halbjahresfinanzberichte, losgelöst vom Vorgang der Konzernprüfung, bislang noch nicht deutlich genug erkennen. Wird das Enforcement vorrangig genutzt, um die Fortführung von Fehlern der jährlichen Berichterstattung zu unterbinden, schlägt die Präventivwirkung in Bezug auf die Zwischenberichterstattung fehl. Vielmehr sollten zwischenberichtsspezifische Sachverhalte im Vordergrund des Enforcements stehen. Die Notwendigkeit dessen verdeutlichen die bereits vorliegenden Fehlerfeststellungen zu der fehlenden Berichterstattung über bestandgefährdende Risiken oder zu fehlenden Mindestbestandteilen wie bspw. der Bilanz oder der Gesamtergebnisrechnung. Die Fehlerfeststellungen verdeutlichen zudem die Relevanz einer prüferischen Durchsicht; die betroffenen Unternehmen haben mehrheitlich keine Prüfungsmaßnahmen durchführen lassen. Eine Enforcement-Prüfung kann eine prüferische Durchsicht nicht ersetzen und vermag keine vergleichbare Verlässlichkeit sicherzustellen.

Bislang wird die prüferische Durchsicht von den kapitalmarktorientierten Unternehmen auf freiwilliger Basis noch nicht flächendeckend vorgenommen, wobei die Mehrheit der Prime Standard-Unternehmen sich hierfür ausspricht. Beispielhaft unterziehen von den DAX 30-Unternehmen 20 Unternehmen ihren Halbjahresfinanzbericht im Geschäftsjahr 2009/2010 bzw. 2010 sowie 2010/2011 bzw. 2011 einer prüferischen Durchsicht. Angesichts der bis dato veröffentlichten Fehlerbekanntmachungen im Rahmen des Enforcements ist dies Verhalten nachvollziehbar und zu befürworten. Eine Konkretisierung der Gesetzesvorschriften erfolgte bislang nicht; der DCGK weist keine nennenswerten Empfehlungen auf, von denen eine Steigerung der Verlässlichkeit von Zwischenberichtsinformationen erwartet werden kann.

Ein grundlegendes Problem ergibt sich in Bezug auf die Berichterstattung im ersten und dritten Quartal. Für den Quartalsfinanzbericht besteht das gleiche Wahlrecht zur Einbindung eines Wirtschaftsprüfers wie für den Halbjahresfinanzbericht. In der Praxis wird das Wahlrecht weniger oft ausgeübt als zum Halbjahr. Für Zwischenmitteilungen sind (explizit) keine Prüfungsmaßnahmen vorgesehen. Auch ausgehend von der Frankfurter Börse sind keine ausreichenden Maßnahmen erkennbar, die eine Einhaltung der eigenen gehobenen Anforderungen an Prime Standard-Unternehmen in Form von der verpflichtenden Erstellung ordnungsmäßige Quartalsfinanzberichte sicherstellen. Angesichts der Zielsetzung der Transparenzrichtlinie ist zumindest zu erwarten, dass eine interne Qualitätssicherung erfolgt. Eine Überwachung in Form einer Versicherung der gesetzlichen Vertreter für die Richtigkeit der Angaben und eine Überwachung durch den Aufsichtsrat ist zu fordern. Etwaige Kosteneffizienzgründe oder Erleichterungsvorschriften können an dieser Stelle nicht überzeugen.

Solange, ausgehend von den externen Corporate Governance-Mechanismen, für die Zwischenberichterstattung keine als ausreichend einzustufende Sicherstellung der Verlässlichkeit festgestellt werden kann, obliegt es in erster Linie dem Aufsichtsrat, auf eine erhöhte Verlässlichkeit der Zwischenberichterstattung hinzuwirken. Zwischenmitteilungen sind hierbei nicht ausgenommen. Der Aufsichtsrat hat im Rahmen seiner allgemeinen Überwachungsaufgabe, die Ordnungsmäßigkeit und Zweckmäßigkeit der Zwischenberichterstattung sicherzustellen – ungeachtet dessen, dass die einschlägigen Gesetze die Prüfung von Halbjahres- und Quartalsfinanzberichten durch den Aufsichtsrat nicht explizit vorgeben. Obgleich eine gesetzliche Fixierung der Prüfung von Halbjahres- und Quartalsfinanzberichten redundant erscheint, da dies bereits als Grundlage einer ordnungsmäßigen Überwachung zu sehen ist, sollte die Prüfungspflicht des Aufsichtsrats und/oder das „Prüfungssiegel" Billigung ebenso für den Zwischenbericht zur Klarstellung gesetzlich eingeführt werden[1137], auch um den Empfehlungscharakter des DCGK zu beseitigen (Tz. 7.1.2 Satz 2). Gleiches gilt für die Sitzungsanzahl des Aufsichtsrats und seines Prüfungsausschusses – die sich aufgrund der Zwischenberichtspflicht zwangsläufig auf eine Mindestsitzungsanzahl von vier Sitzungen pro Jahr erhöht – sowie die Anwesenheit der einzelnen Mitglieder bei den jeweiligen Sitzungen. Weiterhin ist der Aufsichtsrat verantwortlich, alle notwendigen Maßnahmen zu ergreifen, sei es die Einrichtung eines Prüfungsausschusses und/oder die Beauftragung eines Wirtschaftsprüfers zur Durchführung einer prüferischen Durchsicht. Selbst wenn das Enforcement-Verfahren bislang noch einen untergeordneten Wert für die Zwischenberichterstattung aufweist, ist doch von einer negativen Auswirkung jeglicher Fehlerfeststellungen auf die Reputation des Aufsichtsrats auszugehen. Es bleibt daher abzuwarten, ob sich der Aufsichtsrat zukünftig vermehrt für eine prüferische Durchsicht aussprechen wird, nicht zuletzt auch, um sich dem Vorwurf eines nicht pflichtgemäßen Verhaltens zu entziehen.

[1137] Vgl. IDW (2002a), S. 3; IDW (2006), S. 800; Förschle/Helmschrott (2001), S. 643, Fn. 53. Vgl. auch Baums (2001), Rn. 325: „Der Aufsichtsrat sollte den Zwischenbericht darauf durchsehen müssen, ob er ein den tatsächlichen Verhältnissen entsprechendes Bild der Vermögens-, Finanz- und Ertragslage des Unternehmens (Konzerns) vermittelt; eine Veröffentlichung sollte von der Billigung des Zwischenabschlusses durch den Aufsichtsrat abhängig gemacht werden."

6 Thesenförmige Zusammenfassung

1. Durch die Veröffentlichung von Zwischenberichtsinformationen sollen – nach der Zielsetzung des Gesetzgebers – Anleger in die Lage versetzt werden, eine besser fundierte Beurteilung der Unternehmenslage als Basis für ihre Des- und Investitionsentscheidungen vornehmen zu können. Damit werden der Zwischenberichterstattung als kapitalmarktrechtlichem Publizitätsinstrument die Erfüllung der Informationsfunktion und der daraus ableitbaren Kontroll- und Prognosefunktion zuteil. Das Fehlen weiterer, an die Zwischenberichterstattung anknüpfender Rechtsfolgen – eine ordnungsmäßige Erstellung und Veröffentlichung vorausgesetzt – führt dazu, dass die Zwischenberichterstattung ohne die Erfüllung dieser Funktionen ihre Daseinsberechtigung verliert. Demzufolge bemisst sich ihr Nutzen an der Bereitstellung entscheidungsnützlicher Zwischenberichtsinformationen für Investoren. Die konzeptionellen Vorzüge der Zwischenberichterstattung, Zeitnähe und die Ausgestaltung als Kurzbericht mit Bedeutungszuwachs des Wesentlichkeitsgrundsatzes, bilden zusammen mit den Kosten-Nutzen-Abwägungen formale zwischenberichtsspezifische Anforderungen. Gleichzeitig haben diese Anforderungen eine Einschränkung hinsichtlich des Inhalts der Zwischenberichte insb. der zu Grunde liegenden Wertermittlung der Zwischenberichtsinformationen zur Folge.

2. Mit der Umsetzung der Transparenzrichtlinie durch das TUG wurde eine komplexe und wenig transparente Regulierungssystematik geschaffen. Aus dieser gehen für den Halbjahres- und Quartalsfinanzbericht der verkürzte Abschluss und Zwischenlagebericht als Mindestbestandteile hervor, im Falle des Halbjahresfinanzberichts zusätzlich der Bilanzeid. Bei näherer Betrachtung der formalen Anforderungen des für den verkürzten Abschluss des Halbjahres- und Quartalsfinanzberichts einschlägigen IAS 34 wird der Bedarf an klarstellenden Regelungen offensichtlich (bspw. in Bezug auf Negativanzeigen bei unveränderter Sachlage). Die Aufwertung des Halbjahres- und Quartalsfinanzberichts durch die im Zwischenlagebericht vorgesehenen Informationen ist aus Sicht der Informationsbedürfnisse der Investoren als positiv zu erachten. Einen hohen Stellenwert erlangt der Zwischenlagebericht, da dieser einen zeitnahen und kontinuierlichen Soll-Ist-Vergleich i. S. einer Abweichungsanalyse zum (Konzern-)Lagebericht ermöglicht. Obgleich der DRS 16 die kapitalmarktrechtlichen Regelungen konkretisiert, wird noch nicht das ganze Potenzial des Zwischenlageberichts genutzt, wie auch empirische Studien zeigen.

3. Ein ebenso wenig transparentes Regelungssystem wurde in Bezug auf die beiden alternativen Zwischenberichtsformen zum ersten und dritten Quartal eines Geschäftsjahres geschaffen. Die Zwischenmitteilung wird dabei von den Regelungen des WpHG im Grunde als vorrangiges Berichtsinstrument vor der Veröffentlichung des Quartalsfinanzberichts angesehen. Dies wird auch an dem Aufbau der Rechtsvorschriften deutlich, d. h. die Einbettung der Vorschriften für den Quartalsfinanzbericht in den § 37x WpHG „Zwischenmitteilung der Geschäftsführung“ und die Verweistechnik auf die entsprechenden Regelungen des Halbjahresfinanzberichts. Mangels diverser Verweise werden Unklarheiten (z. B. hinsichtlich des Veröf-

fentlichungszeitpunkts von Quartalsfinanzberichten) und somit Erwartungshaltungen bei den Adressaten geschaffen, die nicht gehalten werden können. Der Gesetzgeber ist dadurch zur Klarstellung aufgefordert. Durch die differenzierende Vorgabe der BörsO FWB wird das Regelungssystem noch komplexer: Für Unternehmen des General Standards besteht ein Wahlrecht, die im Prime Standard notierten Unternehmen haben verpflichtend Quartalsfinanzberichte zu veröffentlichen. Angesichts des geringeren administrativen Aufwands, der mit der Erstellung einer Zwischenmitteilung im Vergleich zum Quartalsfinanzbericht verbunden ist, erscheint es nachvollziehbar, dass die Frankfurter Wertpapierbörse als Vertreter des Kapitalmarkts für die kleineren Unternehmen des General Standards eine Erleichterungsvorschrift gelten lässt. Hiermit wird jedoch in Kauf genommen, dass den Adressaten ein Vergleich der Quartalsentwicklungen verwehrt bleibt. Da die Zwischenmitteilung erheblich hinter dem inhaltlichen Umfang des Quartalsfinanzberichts zurückbleibt, bleibt abzuwarten, ob die Berichtsform in Form der Zwischenmitteilung den Informationsbedarf der Adressaten (bezogen auf die Unternehmen des General Standards) auch zukünftig zu decken vermag.

4. Besonders die unterjährige Ermittlung der Ertragsteuern und die Bewertung des Goodwills verdeutlichen in hervorragender Weise, welche Auswirkungen die zur Anwendung kommenden Bilanzierungs- und Bewertungsvorschriften auf die Entscheidungsnützlichkeit der Zwischenberichtsinformationen nehmen können. In Bezug auf die unterjährige Ertragsteuerermittlung sieht das IASB eine im Vergleich zum jährlichen Abschluss divergierende Ermittlungsmethodik vor. Doch die allgemein formulierten Vorgaben in IAS 34.30(c) werden dem Komplexitätsgrad der Wertermittlung nicht gerecht. Der Verzicht auf die Vorgabe eines konkreten Ermittlungsverfahrens führt zu einer starken Abhängigkeit der Aussagekraft der ermittelten Steuerpositionen von dem vom Unternehmen gewählten Verfahren. Eine hinreichende Genauigkeit bei der Schätzung vorausgesetzt, kann jedoch mit der Anwendung der Plansteuerquote eine Glättung der steuerlichen (nicht ungewöhnlichen) Effekte erfolgen, die bereits im ersten Quartal – bei Angabe der Plansteuerquote – eine Einschätzung des verwendbaren Ergebnisses ermöglicht. Dies gilt allerdings nur, soweit die Adressaten auf das (Nicht-)Vorhandensein und die Behandlung (steuerlich relevanter) Sondereffekte schließen können. Auch in Bezug auf die Berücksichtigung dieser sog. *discrete items* stehen dem bilanzierenden Unternehmen mit dem IAS 34 weder ausreichend Leitlinien zur Bilanzierung noch zu transparenzschaffenden Anhangangaben zur Verfügung. Die durch empirische Ergebnisse angedeutete uneinheitliche Handhabung der Unternehmen signalisiert Handlungsbedarf seitens des IASB, um mit einer Konkretisierung der Vorgaben des IAS 34 der Vielfalt an teilweise nicht standardkonformen Umsetzungsversuchen hinsichtlich der Ermittlungsmethoden der Plansteuerquote und der Behandlung von Sondereffekten in der Bilanzierungspraxis Einhalt zu gebieten. Gleichfalls lassen die Erkenntnisse auch auf eine mangelnde Durchsetzung der Regelungen schließen.

5. Für den Goodwill hingegen sind die gleichen Bilanzierungs- und Bewertungsvorschriften wie im jährlichen Abschluss anzuwenden. Dies gilt jedoch nur rein formal, denn die in IAS 36 vorgesehene Konzeption des Impairmenttests führt in Verbindung mit den zwischenberichtsspezifischen Anforderungen schlussendlich zu einer unterschiedlichen Vorgehensweise. Bedingt durch die vorgesehenen Wertmaßstäbe und die Wertermittlungsverfahren sowie die Gepflogenheit der Unternehmen, die Planungsrechnung zum Geschäftsjahresende aufzustellen, erfolgt der jährlich obligatorische (quantitative) Impairmenttest zumeist am Jahresende. Die Implementierung einer Vorstufe für den Impairmenttest in Form des qualitativen Tests für die einzelnen Quartale entspricht zweifelsohne dem in der Zwischenberichterstattung verstärkt ausgeprägtem Grundsatz der Wesentlichkeit. Somit ist jedoch das unterjährige Erkennen von Wertminderungen davon abhängig, inwieweit (1.) im Unternehmen das Vorliegen von internen und externen Indikatoren aktiv geprüft wird, (2.) ein Impairmenttest bei Vorliegen von Indikatoren tatsächlich durchgeführt wird und (3.) der Fähigkeit des Unternehmens, neue Ereignisse umgehend in die Planungsrechnung zu integrieren, sodass die Wertmaßstäbe einen validen Betrag aufzeigen. Vor diesem Hintergrund ist ein Rückschluss auf eine unveränderte Unternehmenslage, basierend auf der Tatsache, dass ein Quartals- oder Halbjahresfinanzbericht keine Wertminderungen aufweist, nicht möglich. Eher besteht die Gefahr von Fehlinterpretationen, die nicht zuletzt auf fehlende Offenlegungspflichten im Anhang des (verkürzten) Abschlusses zurückgeführt werden können. Notwendig für die Steigerung der Entscheidungsnützlichkeit wäre in einem ersten Schritt, dass ausreichend Durchsetzungsmechanismen die Prüfung auf Vorliegen von Indikatoren an jedem Stichtag und bei Vorliegen selbiger auch die Durchführung eines Impairmenttest sicherstellen. Eine transparentere Darstellung der durchgeführten Berechnungen kann unterjährig zu einer besseren Einschätzung der Unternehmenslage führen.

6. Zur Sicherstellung der auch vom Gesetzgeber intendierten Verlässlichkeit der Zwischenberichtsinformationen besteht nach kontroverser Diskussion im Rahmen des parlamentarischen Prozesses für die Unternehmen letztlich ein Wahlrecht, ob der verkürzte Abschluss und Zwischenlagebericht einer prüferischen Durchsicht oder einer den Vorgaben des § 317 HGB entsprechende Prüfung unterzogen wird oder aber beide Prüfungsalternativen unterbleiben. Vor diesem Hintergrund stellt sich die Frage, wie sich der Zwischenbericht zu einem dem Jahres- bzw. Konzernabschluss ebenbürtigen Berichtsinstrument entwickeln soll, wenn selbst der Gesetzgeber getreu dem Motto „Kann, muss aber nicht“ die Sicherstellung der Verlässlichkeit nicht ernsthaft verfolgt. Obwohl empirische Ergebnisse darauf hindeuten, dass die prüferische Durchsicht eine zeitnahe Berichterstattung nicht konterkariert und von einer qualitätssteigernden Wirkung auszugehen ist, blieb die Chance, *in puncto* Verlässlichkeit zu den Regelungen der USA aufzuschließen, vorerst ungenutzt. Auch die FWB gleicht die Maßnahmen zur Sicherstellung der Verlässlichkeit der Zwischenberichte von Unternehmen mit Fokus auf internationale Investoren (Prime Standard) nicht den Maßstäben der SEC an. Es gilt abzuwarten, ob die Abgabe des Bilanzeids oder die Ausweitung des Enforcements auf Anlass-

prüfungen des Halbjahresfinanzberichts einen positiven Effekt auf die vermehrte Einbindung eines Wirtschaftsprüfers erkennen lassen.

7. Vor dem Hintergrund der fehlenden pflichtgemäßen Einbindung eines Wirtschaftsprüfers ist die Erweiterung des Prüfungsgegenstands der DPR bzw. BaFin grundsätzlich zu begrüßen. Die Entscheidung des Gesetzgebers deutet darauf hin, dass der Handlungsbedarf zur Sicherstellung der Verlässlichkeit der Zwischenberichterstattung erkannt wurde. Zwar setzt der Gesetzgeber damit bei dem in der Reihenfolge von Erstellung bis Veröffentlichung letzten Durchsetzungsmechanismus an; dennoch stützen die ersten vorliegenden Fehlerbekanntmachungen die Entscheidung des Gesetzgebers. Käme es in Bezug auf Halbjahresfinanzberichte im Rahmen des Enforcements nur zu einer erneuten Feststellung von Fehlern, die bereits im vorangegangenen Konzernabschluss festgestellt wurden und für die sich Korrekturmaßnahmen im gleichen Folgeabschluss ergeben, könnte der Ausweitung der reaktiven Enforcement-Prüfungen lediglich ein geringer Mehrwert zugesprochen werden. Vielmehr sollten sich die Enforcement-Prüfungen mit den Sachverhalten befassen, die im Rahmen der Zwischenberichterstattung mit divergierenden Rechnungslegungsmethoden und besonders hohem bilanzpolitischen Potenzial belegt sind. Ebenfalls sollte der Schwerpunkte auf Sachverhalten liegen, die erstmalig im Halbjahresfinanzbericht zu bilanzieren bzw. im Zwischenlagebericht anzugeben sind. Damit würde sich die vom Enforcement intendierte fehlerpräventive Wirkung auch auf die Halbjahresfinanzberichte entfalten. Demzufolge ließe sich auch eine stichprobenbezogene Prüfung zur Steigerung der Verlässlichkeit befürworten. In Anbetracht des auch für den Quartalsfinanzbericht vorliegenden Wahlrechts zur Durchführung einer prüferischen Durchsicht, die in der Praxis nur in vereinzelten Fällen vorgenommen wird, lässt die Erweiterung des Prüfungsgegenstands des Enforcements auf Quartalsfinanzberichte als vertretbar erscheinen. Dadurch könnte die Enforcement-Prüfung zu einer Qualitätsverbesserung von Quartalsfinanzberichten beitragen, die nicht einmal einer prüferischen Durchsicht unterzogen wurden. In den Ergebnissen sollte zugleich ein Anlass gesehen werden, die Diskussion zur Notwendigkeit einer gesetzlichen Prüfungspflicht erneut zu führen.

8. Obgleich die Zwischenberichtsprüfung durch den Aufsichtsrat gesetzlich nicht explizit vorgesehen ist, kann eine faktische Prüfungsverpflichtung aus der allgemeinen Überwachungsaufgabe gem. § 111 Abs. 1 AktG und der Regelberichterstattung in Form von Vierteljahresberichten gem. § 90 Abs. 1 Nr. 3 und Abs. 2 Nr. 3 AktG abgeleitet werden. Des Weiteren erfordert das gesetzlich neu normierte Aufgabenfeld des Prüfungsausschusses, namentlich die Überwachung des Rechnungslegungsprozesses, die Prüfung von Zwischenberichten vor ihrer Veröffentlichung. Die Notwendigkeit einer eingehenden Prüfung lässt sich nicht nur aus den empirischen Erkenntnissen zur verbesserungswürdigen Zwischenberichtspraxis, sondern auch aus den aktuell vorliegenden Fehlerbekanntmachungen in Bezug auf Halbjahresfinanzberichte im Rahmen des Enforcements schlussfolgern. Für Quartalsfinanzberichte bestehen derzeit keine ausreichenden externen Corporate Governance-Mechanismen zur Sicherstellung

der Verlässlichkeit. Daher erscheint die Prüfung durch den Aufsichtsrat bzw. Prüfungsausschuss von besonderer Relevanz. Auch Zwischenmitteilungen bilden trotz ihres geringeren Umfangs vom Prüfungsgegenstand keine Ausnahme. Die Einbindung eines Wirtschaftsprüfers vor Veröffentlichung der Berichte stellt einen wesentlichen Faktor für die Aufsichtsratsüberwachung dar. Dessen Befunde bieten dem Aufsichtsrat – auch vor dem Hintergrund der Komplexität der Rechnungslegungsstandards – eine Grundlage für eigene Prüfungsmaßnahmen und die Absicherung seiner eigenen Rechtmäßigkeits- und Zweckmäßigkeitsprüfung. Über die Durchführung einer prüferischen Durchsicht durch einen Wirtschaftsprüfer sollte der Aufsichtsrat turnusmäßig neu entscheiden. Angesichts der Qualifikationsanforderungen und des hohen zeitlichen Aufwands ist dem Aufsichtsrat nachdrücklich die Einrichtung eines Prüfungsausschusses anzuraten und diesen insb. mit der Prüfung der Zwischenberichterstattung zu betrauen. Ebenso soll sich dieser mit der Wirksamkeit des internen Kontrollsystems befassen, was gerade in Bezug auf das unterjährige Vorliegen von Wertminderungsindikatoren von erheblicher Relevanz ist. Folgerichtig verlangt das BilMoG die Benennung eines *financial experts*. Mit diesen Maßnahmen kann der Aufsichtsrat einer etwaigen Fehlerfeststellung im Rahmen des Enforcements und einem damit einhergehenden Vertrauensverlust sowie drohendem Reputationsverlust entgegenwirken. Für den intendierten Schutz der Kapitalgeber ist die Prüfung der Zwischenberichte durch den Aufsichtsrat unerlässlich.

9. Grundsätzlich gilt, dass die Zwischenberichterstattung der Zielsetzung des Gesetzgebers entsprechend, für die Investoren als zeitnahes Informationsinstrument eine zusätzliche Grundlage für Des- und Investitionsentscheidungen bilden kann. Voraussetzung dafür ist, dass unvermeidbare Aussagegrenzen von den Adressaten berücksichtigt werden und vermeidbare Aussagegrenzen aufgrund vorherrschender Bilanzierungspraktiken bzw. vorhandener Regelungslücken durch die Durchsetzungsmechanismen bzw. den Gesetzgeber behoben werden. Daher sollte die oberste Priorität in einer Weiterentwicklung der Vorschriften zur Zwischenberichterstattung unter Berücksichtigung der Interessen der Kapitalmarktteilnehmer in Richtung einer erhöhten Entscheidungsnützlichkeit liegen. Dies gilt für die Regelungen im WpHG als auch für die Vorgaben des IAS 34. Ebenso sollte auf eine gesteigerte Effektivität der bereits implementierten Durchsetzungsmechanismen abgezielt werden. Dabei erscheint zunächst eine Klarstellung zum Verantwortungsbereich des Aufsichtsrats unerlässlich.

Literaturverzeichnis

AICPA (1994):
Improving Business Reporting – A Customer Focus: Meeting the Information Needs of Investors and Creditors, New York 1994.

Akerlof, George A. (1970):
The Market for "Lemons": Quality Uncertainty And The Market Mechanism, in: Quarterly Journal of Economics, Vol. 84 (1970), S. 488–500.

AKEU (2004):
Stellungnahme zum Referentenentwurf eines Bilanzkontrollgesetzes, in: DB, 57. Jg. (2004), S. 329–333.

Alvarez, Manuel (2006):
Unterjährige Erfolgsermittlung nach IFRS – Anwendungsfragen jenseits von IFRIC 10 „Zwischenberichterstattung und Wertminderung", in: PiR, 2. Jg. (2006), S. 220–228.

Alvarez, Manuel/Wotschofsky, Stefan (2000):
Zwischenberichterstattung in der Praxis – Eine empirische Analyse der DAX100-Unternehmen, in: WPg, 53. Jg. (2000), S. 310–319.

Alvarez, Manuel/Wotschofsky, Stefan (2000a):
Zur Bedeutung der Zwischenberichtspublizität, in: DStR, 38. Jg. (2000), S. 1789–1796.

Alvarez, Manuel/Wotschofsky, Stefan (2001):
Stärkung der Corporate Governance zur Einführung einer Review-Pflicht für Quartalsabschlüsse, in: KoR, 1. Jg. (2001), S. 116–123.

Alvarez, Manuel/Wotschofsky, Stefan (2001a):
Grundsätze unterjähriger Berichterstattung, in: b&b, 47. Jg. (2001), S. 68–70.

Alvarez, Manuel/Wotschofsky, Stefan (2003):
Zwischenberichterstattung nach Börsenrecht/DRS, IAS und US-GAAP, 2. Aufl., Berlin 2003.

Alves, Carlos F./dos Santos, Teixeira (2008):
Do First and Third Quarter Unaudited Financial Reports Matter? The Portuguese Case, in: European Accounting Review, Vol. 17 (2008), S. 361–392.

Ammedick, Oliver/Strieder, Thomas (2002):
Zwischenberichterstattung börsennotierter Gesellschaften: Bestimmungen des BörsG, DRS, IAS und US-GAAP, München 2002.

Ammedick, Oliver/Strieder, Thomas (2008):
IAS 34 – Zwischenberichterstattung (Interim Financial Reporting) (Stand: Juli 2008), in: Hennrichs, Joachim/Kleindiek, Detlef/Watrin, Christoph (Hrsg.): Münchener Kommentar zum Bilanzrecht, Band 1 – IFRS, München: Loseblattsammlung, Stand: September 2010.

Arbeitsgemeinschaft der deutschen Wertpapierbörsen (1971):
Regeln für die Beurteilung von Zwischenberichten börsennotierter Gesellschaften, in: Bank-Betrieb, 11. Jg. (1971), S. 16–19.

Arbeitskreis zur Förderung der Aktie (1964):
Verbesserte Publizität der Aktiengesellschaften durch Zwischenberichte, Düsseldorf 1964.

Arrow, Kenneth J. (1985):
The Economics of Agency, in: Pratt, John W./Zeckhauser, Richard J. (Hrsg.): Principals and Agents: The Structure of Business, Boston 1985, S. 37–51.

Arya, Antil/Glover, Jonathan/Sunder, Shyam (1998):
Earnings management and the Revelation Principle, in: Review of Accounting Studies, Vol. 3 (1998), S. 7–34.

Assmann, Heinz-Dieter (2006):
Ad hoc-Publizitätspflichten im Zuge von Enforcementverfahren zur Überprüfung der Rechnungslegung nach §§ 342b ff. HGB und §§ 37n ff. WpHG, in: AG, 51. Jg. (2006), S. 261–272.

Auer, Kurt V. (2000):
Externe Rechnungslegung – Eine fallstudienorientierte Einführung in den Einzel- und Konzernabschluss sowie die Analyse auf Basis von US-GAAP, IAS und HGB, Berlin 2000.

Baetge, Jörg (1976):
Rechnungslegungszwecke des aktienrechtlichen Jahresabschlusses, in: Baetge, Jörg/Moxter, Adolf/Schneider, Dieter (Hrsg.): Bilanzfragen – Festschrift zum Geburtstag von Prof. Dr. Ulrich Leffson, Düsseldorf 1976, S. 13–30.

Baetge, Jörg (1992):
Harmonisierung der Rechnungslegung – haben die deutschen Rechnungslegungsvorschriften noch eine Chance?, in: Schmalenbach-Gesellschaft – Deutsche Gesellschaft für Betriebswirtschaft e. V. (Hrsg.): Internationalisierung der Wirtschaft – Eine Herausforderung an Betriebswirtschaft und Unternehmenspraxis, Stuttgart 1992, S. 109–127.

Baetge, Jörg (2009):
Verwendung von DCF-Kalkülen bei der Bilanzierung nach IFRS, in: WPg, 62. Jg. (2009), S. 13–23.

Baetge, Jörg et al. (2008):
IAS 36 – Wertminderung von Vermögenswerten (Impairment of Assets) (Stand: August 2008), in: Baetge, Jörg et al. (Hrsg.): Rechnungslegung nach IFRS: Kommentar auf der Grundlage des deutschen Bilanzrechts, 2. Aufl., Stuttgart, Stand: Dezember 2010.

Baetge, Jörg et al. (2010):
Zwischenberichterstattung (Interim Financial Reporting) (Stand: Oktober 2010), in: Baetge, Jörg et al. (Hrsg.): Rechnungslegung nach IFRS: Kommentar auf der Grundlage des deutschen Bilanzrechts, 2. Aufl., Stuttgart, Stand: Dezember 2010.

Baetge, Jörg/Haenelt, Timo (2009):
Anforderungen des Kapitalmarkts an die IFRS-Zwischenberichterstattung und empirische Befunde zur derzeitigen Qualität publizierter IFRS-Zwischenberichte, in: DB, 62. Jg. (2009), S. 2501–2506.

Baetge, Jörg/Haenelt, Timo (2009a):
Die Qualität der Halbjahresfinanzberichterstattung in Deutschland – Ergebnisse des Enforcement-Verfahrens und einer empirischen Untersuchung zu den Auswirkungen einer (freiwilligen) prüferischen Durchsicht auf die Qualität publizierter Zwischenberichte, in: IRZ, 4. Jg. (2009), S. 545–551.

Baetge, Jörg/Kirsch, Hans-Jürgen/Thiele, Stefan (2009):
Bilanzen, 10. Aufl., Düsseldorf 2009.

Baetge, Jörg/Schlösser, Julia (1993):
Zwischenberichterstattung in Theorie und Praxis, in: Fritsch, Ulrich/Liener, Gerhard/Schmidt, Reinhardt (Hrsg.): Die Aktie, Unternehmensfinanzierung und Vermögenspolitik vor neuen Herausforderungen. Festschrift zum vierzigjährigen Bestehen des Deutschen Aktieninstituts e. V., Stuttgart 1993, S. 225–249.

BaFin (2005):
Jahresbericht der Bundesanstalt für Finanzdienstleistungsaufsicht 2004, Internet: http://www.bafin.de/cln_179/nn_992916/SharedDocs/Downloads/DE/ Service/Jahresberichte/ 2004/jb__2004__gesamt,templateId=raw,property=publicationFile.pdf/jb_2004_gesamt.pdf, letzter Abruf: 31.08.2011, 11:18 Uhr.

BaFin (2009):
Emittentenleitfaden der Bundesanstalt für Finanzdienstleistungsaufsicht (Stand 28.04.2009), Internet: http://www.bafin.de/SharedDocs/Downloads/DE/Service/ Leitfaeden/ emittenten leitfaden__2009,templateId=raw,property=publicationFile.pdf/ emittentenleitfaden_2009.pdf, letzter Abruf: 31.08.2011, 11:18 Uhr.

Ballwieser, Wolfgang (1985):
Ergebnisse der Informationsökonomie zur Informationsfunktion der Rechnungslegung, in: Stöppler, Siegmar (Hrsg.): Information und Produktion – Beiträge zur Unternehmenstheorie und Unternehmensplanung, Festschrift zum 60. Geburtstag von Waldemar Wittmann, Stuttgart 1985, S. 21–40.

Ballwieser, Wolfgang (2002):
Informations-GoB – auch im Lichte von IAS und US-GAAP, in: KoR, 2. Jg. (2002), S. 115–121.

Ballwieser, Wolfgang (2003):
Rahmenkonzepte der Rechnungslegung: Funktionen, Vergleich, Bedeutung, in: Der Konzern, 1. Jg. (2003), S. 337–348.

Ballwieser, Wolfgang (2004):
The Limitation of Financial Reporting, in: Leuz, Christian/Pfaff, Dieter/Hopwood, Anthony (Hrsg.): The Economics and Politics of Accounting, Oxford/New York 2004, S. 58–77.

Ballwieser, Wolfgang (2009):
IFRS-Rechnungslegung – Konzepte, Regeln und Wirkungen, 2. Aufl., München 2009.

Ballwieser, Wolfgang (2010):
Latente Steuern – Konzeption und Entscheidungsnützlichkeit, in: Baumhoff, Hubertus/Drücker, Reinhard/Köhler, Stefan (Hrsg.): Besteuerung, Rechnungslegung und Prüfung der Unternehmen – Festschrift für Norbert Krawitz, Wiesbaden 2010, S. 539–571.

Ballwieser, Wolfgang/Küting, Karlheinz/Schildbach, Thomas (2004):
Fair value – erstrebenswerter Wertansatz im Rahmen einer Reform der handelsrechtlichen Rechnungslegung?, in: BFuP, 46. Jg. (2004), S. 529–549.

Bartels, Peter/von Kanitz, Friedrich Graf (2008):
Purchase Price Allocation und Impairment-Test aus der Sicht des Wirtschaftsprüfers, in: Ballwieser, Wolfgang/Beyer, Sven/Zelger, Hansjörg (Hrsg.): Unternehmenskauf nach IFRS und US-GAAP – Purchase Price Allocation, Goodwill und Impairment-Test, 2. Aufl., Stuttgart 2008, S. 267–315.

Ballwieser, Wolfgang/Paarz, Roland (2011):
Checkliste zu Anhangangaben, in: Ballwieser, Wolfgang et al. (Hrsg.), Handbuch International Financial Reporting Standards 2011, 7. Aufl., Weinheim 2011, S. 1115-1182.

Basedow, Helmar (1972):
Die Bilanzierung von Aktienbanken in den Ländern der EWG, Wiesbaden 1972.

Baums, Theodor (2001):
Bericht der Regierungskommission Corporate Governance – Unternehmensführung, Unternehmenskontrolle, Modernisierung des Aktienrechts, Köln 2001.

BDO (1989):
Zwischenberichterstattung von Publikumsgesellschaften, Hamburg 1989.

Bechmann, Arnim (1978):
Nutzwertanalyse, Bewertungstheorie und Planung, Bern/Stuttgart 1978.

Beiersdorf, Kati/Buchheim, Regine (2006):
Entwurf des Gesetzes zur Umsetzung der EU-Transparenzrichtlinie: Ausweitung der Publizitätspflichten, in: BB, 61. Jg. (2006), S. 1674–1677.

Beiersdorf, Kati/Rahe, Ingo (2007):
Verabschiedung des Gesetzes zur Umsetzung der EU-Transparenzrichtlinie (TUG) – Update zu BB 2006, 1674 ff., in: BB, 62. Jg. (2007), S. 99–100.

Bellavite-Hövermann, Yvette/Lindner, Grit/Lüthje, Bernd (2005):
Leitfaden für den Aufsichtsrat – Betriebswirtschaftliche und rechtliche Grundlagen für die Aufsichtsratsarbeit, Stuttgart 2005.

Benecke, Birka (2000):
Internationale Rechnungslegung und Management Approach – Bilanzierung derivativer Finanzinstrumente und Segmentberichterstattung, Wiesbaden, 2000.

Berens, Wolfgang/Hoffjan, Andreas (1999):
Jahresabschlußpolitische Sachverhaltsgestaltungen, in: WISU, 28. Jg. (1999), S. 1282–1294.

Berger, Axel (2009):
Zur Entwicklung und zum Stand des Enforcement in der Europäischen Union, in: BFuP, 61. Jg. (2009), S. 599–620.

Berndsen, Hans-Peter (1978):
Unternehmenspublizität in Deutschland: Stand der empirischen Forschung, in: DBW, 38. Jg. (1978), S. 121–134.

Beste, Theodor (1962):
Die kurzfristige Erfolgsrechnung, 2. Aufl., Köln 1962.

Beyhs, Oliver (2002):
Impairment of Assets nach International Accounting Standards – Anwendungshinweise und Zweckmäßigkeitsanalyse, Frankfurt a. M. 2002.

Bieker, Marcus/Esser, Maik (2003):
Goodwill-Bilanzierung nach ED 3 „Business Combinations“ – Darstellung des vom IASB geplanten Impairment-Only-Ansatzes, in: KoR, 3. Jg. (2003), S. 75–84.

Böcking, Hans-Joachim (1998):
Zum Verhältnis von Rechnungslegung und Kapitalmarkt: Vom „financial accounting“ zum „business reporting“, in: zfbf, 50. Jg. (1998), Sonderheft Nr. 40 – Rechnungslegung und Steuern international, S. 17–53.

Böcking, Hans-Joachim (1999):
Segmentberichterstattung – Ein Baustein zur Kontrolle und Transparenz im Unternehmensbereich, in: Dörner, Dietrich/Menold, Dieter/Pfitzer, Norbert (Hrsg.): Reform des Aktienrechts, der Rechnungslegung und Prüfung: KonTraG – KapAEG – EuroEG – StückAG, Stuttgart 1999, S. 509–538.

Böcking, Hans-Joachim (2001):
Die öffentliche Aufgabe des Wirtschaftsprüfers, Untersuchungs- und Redepflicht versus verbale Verschleierung, in: Lutter, Marcus (Hrsg.): Der Wirtschaftsprüfer als Element der Corporate Governance, Düsseldorf 2001, S. 51–63.

Böcking, Hans-Joachim (2003):
Corporate Governance und Transparenz – Zur Notwendigkeit der Transparenz für eine wirksame Unternehmensüberwachung, in: von Werder, Axel/Wiedemann, Herbert (Hrsg.): Internationalisierung der Rechnungslegung und Corporate Governance – Festschrift für Professor Dr. Klaus Pohle, Stuttgart 2003, S. 247–277.

Böcking, Hans-Joachim (2003a):
Audit und Enforcement: Entwicklung und Probleme, in: zfbf, 55. Jg. (2003), S. 683–706.

Böcking, Hans-Joachim (2004):
Internationalisierung der Rechnungslegung und ihre Auswirkungen auf die Grundprinzipien des deutschen Rechts, in: Der Konzern, 2. Jg. (2004), S. 177–183.

Böcking, Hans-Joachim (2004a):
Prüfungsausschuss und Aufsichtsratsvergütung – Elemente einer verantwortungsvollen Corporate Governance, in: Lange, Thomas A./Löw, Edgar (Hrsg.): Kapitalmarktorientierte Rechnungslegung und Aufsicht in Banken: Festschrift für Jürgen Krumnow, Wiesbaden 2004, S. 563–588.

Böcking, Hans-Joachim (2006):
Verschärfte Anforderungen an die Lageberichterstattung – Ein Beitrag zu einer wertorientierten Unternehmensberichterstattung im Rahmen des geänderten deutschen Corporate Governance Systems, in: Bellavite-Hövermann, Yvette/Liebich, Burkhard/Wolf, Jochen (Hrsg.): Unternehmenssteuerung – Ökonomie, Controlling, Rechnungslegung und Recht: Festschrift für Professor Hans G. Bartels zum 65. Geburtstag, Stuttgart 2006, S. 73–88.

Böcking, Hans-Joachim (2007):
Zur Notwendigkeit von Grundsätzen für die Lageberichterstattung, in: Kirsch, Hans-Jürgen/Thiele, Stefan (Hrsg.): Rechnungslegung und Wirtschaftsprüfung: Festschrift zum 70. Geburtstag von Jörg Baetge, Düsseldorf 2007, S. 25–62.

Böcking, Hans-Joachim (2008):
Prüfungsausschuss und Corporate Governance – Kritische Anmerkungen zum Referentenentwurf des Bilanzrechtsmodernisierungsgesetzes vor dem Hintergrund einer Untersuchung der DAX-30-Unternehmen, in: Kley, Max Dietrich et al. (Hrsg.): Aktie und Kapitalmarkt: Anlegerschutz, Unternehmensfinanzierung und Finanzplatz – Festschrift für Prof. Dr. Rüdiger von Rosen zum 65. Geburtstag, Stuttgart 2008, S. 357–376.

Böcking, Hans-Joachim (2008a):
Regulierung und Deregulierung in den Bereichen Rechnungslegung und Abschlussprüfung – Ein Wechselspiel der Gefühle?, in: Ballwieser, Wolfgang/Grewe, Wolfgang (Hrsg.): Wirtschaftsprüfung im Wandel – Herausforderungen an Wirtschaftsprüfung, Steuerberatung, Consulting und Corporate Finance, München 2008, S. 75–96.

Böcking, Hans-Joachim/Dutzi, Andreas (2003):
Corporate Governance und Value Reporting, Verbesserung der Corporate Governance durch wertorientierte Unternehmensberichterstattung in: Seicht, Gerhard (Hrsg.): Jahrbuch für Controlling und Rechnungswesen 2003, Wien 2003, S. 213–239.

Böcking, Hans-Joachim/Dutzi, Andreas (2007):
Kommentierung zu § 342 HGB (Stand: April 2007), in: Baetge, Jörg/Kirsch, Hans-Jürgen/Thiele, Stefan (Hrsg.): Bilanzrecht: Handelsrecht mit Steuerrecht und den Regelungen des IASB, Bonn/Berlin: Loseblattsammlung, Stand: August 2010.

Böcking, Hans-Joachim/Dutzi, Andreas (2007a):
Kommentierung zu § 289 HGB (Stand: Dezember 2007), in: Baetge, Jörg/Kirsch, Hans-Jürgen/Thiele, Stefan (Hrsg.): Bilanzrecht: Handelsrecht mit Steuerrecht und den Regelungen des IASB, Bonn/Berlin: Loseblattsammlung, Stand: August 2010.

Böcking, Hans-Joachim/Dutzi, Andreas/Eibelshäuser, Beate (2011)
Kommentierung zu § 289 HGB (Stand April 2011), in: Baetge, Jörg/Kirsch, Hans-Jürgen/Thiele, Stefan (Hrsg.): Bilanzrecht: Handelsrecht mit Steuerrecht und den Regelungen des IASB, Bonn/Berlin: Loseblattsammlung, Stand: April 2011.

Böcking, Hans-Joachim/Eibelshäuser, Beate (2009):
Die Erklärung zur Unternehmensführung nach BilMoG (§ 289a HGB), in: Der Konzern, 7. Jg. (2009), S. 563–572.

Böcking, Hans-Joachim/Gros, Marius (2009):
Ausgewählte Änderungen im Jahres- und Konzernabschluss durch das BilMoG, in: Der Konzern, 7. Jg. (2009), S. 355–361.

Böcking, Hans-Joachim/Kiehne, Nadja (2010):
Zur Verantwortlichkeit des Aufsichtsrats im Rahmen der Zwischenberichterstattung, in: Der Konzern, 8. Jg. (2010), S. 296–308.

Böcking, Hans-Joachim/Müßig, Anke (2003):
Neue Herausforderungen für den Konzernlagebericht durch das Transparenz- und Publizitätsgesetz sowie den Deutschen Corporate Governance Kodex? – Zugleich ein Ausschnitt aus dem gegenwärtigen Anforderungsprofil an Vorstand, Aufsichtsrat und Abschlussprüfer, in: Der Konzern, 1. Jg. (2003), S. 38–50.

Böcking, Hans-Joachim/Stein, Thomas (2006):
Der Konzernlagebericht als ein Instrument einer wertorientierten Unternehmensberichterstattung – Neue Anforderungen für Vorstände, Aufsichtsräte und Abschlussprüfer im Sinne einer gesetzlichen Konkretisierung der Corporate Governance, in: Der Konzern, 4. Jg. (2006), S. 753–762.

Böcking, Hans-Joachim/Stein, Thomas (2007):
Prüfung des Konzernlageberichts durch Abschlußprüfer, Aufsichtsräte und Deutsche Prüfstelle für Rechnungslegung – Neue Anforderungsprofile für Vorstände, Aufsichtsräte und Abschlussprüfer i. S. einer gesetzlichen Konkretisierung der Corporate Governance, in: Der Konzern, 5. Jg. (2007), S. 43–54.

Böcking, Hans-Joachim/Wesner, Peter (2004):
Value Reporting und Corporate Governance – Anreizkompatible Vergütung, Performancemessung und Unternehmensüberwachung, in: WPg, 57. Jg. (2004), Sonderheft 2004 – Wirtschaftsprüfung und Zeitgeist: Prof. Dr. Dr. h.c. mult. Adolf Moxter zum 75. Geburtstag, S. S98–S107.

Böhm, Klaus Jürgen (1979):
Anlegerschutz am Nebenkapitalmarkt, Frankfurt a. M. 1979.

Bosse, Christian (2007):
Wesentliche Neuregelungen ab 2007 aufgrund des Transparenz-Umsetzungsgesetzes für börsennotierte Unternehmen – Änderung der Veröffentlichungs-, Melde- und Rechnungslegungspflichten, in: DB, 60. Jg. (2007), S. 39–46.

Boxberger, Lutz (2007):
Enforcement: Erste Erfahrungen, Beratungsempfehlungen und Ad-hoc-Publizitätspflichten bei Prüfungen der „Bilanzpolizei", in: DStR, 45. Jg. (2007), S. 1362–1369.

Brandl, Rainer (1987):
Zur Begründbarkeit handelsrechtlicher Rechnungslegungsnormen, Frankfurt a. M. 1987.

Breid, Volker (1995):
Aussagefähigkeit agencytheoretischer Ansatze im Hinblick auf die Verhaltenssteuerung von Entscheidungsträgern, in: zfbf, 47. Jg. (1995), S. 821–854.

Breidenbach, Karin (1997):
Normsetzung für die Rechnungslegung – Bisherige Ausgestaltung und mögliche Fortentwicklung in Deutschland, Wiesbaden 1997.

Bretzke, Wolf-Rüdiger (1974):
Zur Frage der Überprüfbarkeit von Prognosen im Geschäftsbericht, in: WPg, 27. Jg. (1974), S. 292–296.

Bridts, Christian (1990):
Zwischenberichtspublizität, Düsseldorf 1990.

Brinkmann, Jürgen (2006):
Zweckadäquanz der Rechnungslegung nach IFRS – Eine Untersuchung aus deutscher Sicht, Berlin 2006.

Brönner, Herbert (2006):
§ 171 AktG – Prüfung durch den Aufsichtsrat, in: Hopt, Klaus J./Wiedemann, Herbert (Hrsg.): Großkommentar zum AktG, Teilband 6, 4. Aufl., Berlin 2008, S. 62–75.

Brösel, Gerrit/Zwirner, Christian (2009):
Zum Goodwill nach IFRS aus Sicht des Abschlussprüfers, in: BFuP, 61. Jg. (2009), S. 190–206.

Brotte, Jörg (1997):
US-amerikanische und deutsche Geschäftsberichte – Notwendigkeit, Regulierung und Praxis jahresabschlussergänzender Informationen, Wiesbaden 1997.

Brown, Philip/Niederhoffer, Victor (1968):
The Predictive Content of Quarterly Earnings, in: The Journal of Business, Vol. 41 (1968), S. 488-497.

Buchheim, Regine (2003):
Die Jahres- und Zwischenberichterstattung im Entwurf der EU-Transparenz-Richtlinie, in: KoR, 3. Jg. (2003), S. 241–248.

Buchheim, Regine/Ulbrich, Philipp (2004):
EU-Transparenz-Richtlinie: Neuregelungen der periodischen und laufenden Berichterstattung kapitalmarktorientierter Unternehmen, in: KoR, 4. Jg. (2004), S. 273–287.

Buck-Heeb, Petra (2009):
Kapitalmarktrecht, 3. Aufl., Heidelberg 2009.

Büschgen, Hans E. (1986):
Die Börsenreformpläne des Bundeswirtschaftsministeriums und Stellungnahmen dazu aus der Wirtschaft, in: Blätter für Genossenschaftswesen, 114. Jg. (1968), S. 286–291.

Buhleier, Claus/Krowas, Nina (2010):
Persönliche Pflicht zur Prüfung des Jahresabschlusses durch den Aufsichtsrat, in: DB, 63. Jg. (2010), S. 1165–1170.

Bundesbank (2010):
Merkblatt zur Kontrolle von Mitgliedern von Verwaltungs- und Aufsichtsorganen gemäß KWG und VAG BaFin, vom 22.02.2010, Internet: http://www.bundesbank.de /download/bankenaufsicht/pdf/ merkblatt_230210.pdf, letzter Abruf: 31.08.2011, 11:19 Uhr.

Burger, Anton (1997):
Zwischenberichterstattung für Gläubiger?, in: WPg, 50. Jg. (1997), S. 359–366.

Burkhardt, Henriette (2008):
Bilanzansatz und Bewertung latenter Steuern nach IFRS und US-GAAP, o. O. 2008.

Burton, John C. (1981):
Discussion of Voluntary Corporate Disclousure: The Case of Interim Reporting, in: Journal of Accounting Research, Vol. 19 (1981), S. 78–84.

Busse von Colbe, Walther (1968):
Prognosepublizität von Aktiengesellschaften, in: Angehrn, Otto/Künzi, Hans Paul (Hrsg.): Beiträge zur Lehre von der Unternehmung – Festschrift für Karl Käfer, Stuttgart 1968, S. 91–118.

Busse von Colbe, Walther (1993):
Die Entwicklung des Jahresabschlusses als Informationsinstrument, in: zfbf, 45. Jg. (1993), Sonderheft Nr. 32 – Ökonomische Analyse des Bilanzrechts – Entwicklungslinien und Perspektiven, S. 11–29.

Busse von Colbe, Walther (1994):
Unternehmenskontrolle durch Rechnungslegung, in: Sandrock, Otto/Jäger, Wilhelm (Hrsg.): Internationale Unternehmenskontrolle und Unternehmenskultur – Beiträge zu einem Symposium, [Professor Dr. Bernhard Großfeld zum 60. Geburtstag], Tübingen 1994, S. 37–57.

Busse von Colbe, Walther (1998):
Geprüfte Konzernabschlüsse als Grundlage des Controllings und der externen Überwachung von Konzernen, in: Möller, Hans P./Schmidt, Franz (Hrsg.): Rechnungswesen als Instrument für Führungsentscheidungen – Festschrift für Professor Dr. Dr. h.c. Adolf G. Coenenberg zum 60. Geburtstag, Stuttgart 1998, S. 133–152.

Busse von Colbe, Walther et al. (2010):
Konzernabschlüsse – Rechnungslegung nach betriebswirtschaftlichen Grundsätzen sowie nach Vorschriften des HGB und der IAS/IFRS, 9. Aufl., Wiesbaden 2010.

Busse von Colbe, Walther/Reinhard, Herbert (1989):
Zwischenberichterstattung nach neuem Recht für börsennotierte Unternehmen – Empfehlungen des Arbeitskreises „Externe Unternehmensrechnung“ der Schmalenbach-Gesellschaft – Deutsche Gesellschaft für Betriebswirtschaft e. V., Stuttgart 1989.

Cahn, Andreas (2005):
Das neue Insiderrecht, in: Der Konzern, 3. Jg. (2005), S. 5–13.

Castan, Edgar (1990):
Rechnungslegung der Unternehmung, 3. Aufl., München 1990.

Castedello, Marc (2010):
Konjunkturzyklen in Konzernplanung einbeziehen, in: FAZ vom 01.06.2010, Nr. 102, S. 13.

CESR (2010):
Activity Report on IFRS enforcement 2009, Internet: http://www.esma.europa.eu/ popup2.php?id=7230, letzter Abruf: 31.08.2011, 11:20 Uhr.

Chaney Paul K./Lewis Craig M. (1995):
Earnings Management and Firm Valuation under Asymmetric Information, in: Journal of Corporate Finance, Vol. 1 (1995), S. 319–345.

Ciesielski, Axel (1977):
Unternehmensberichterstattung zur Fundierung von Anteilseignerentscheidungen, Wiesbaden 1977.

Claussen, Carsten Peter (2000):
Bank- und Börsenrecht, 2. Aufl., München 2000.

Clement, Reiner (2005):
Anlegerschutz aus Sicht der Principal-Agent-Theorie, in: WISU, 34 Jg. (2005), S. 360–367.

Clemm, Hermann (1980):
Abschlussprüfer und Aufsichtsrat, in: ZGR, 9. Jg. (1980), S. 455–465.

Coase, Ronald H. (1960):
The Problem of Social Costs, in: Journal of Law and Economics, Vol. 3 (1960), S. 1–69.

Coenenberg, Adolf G. (1993):
Ziele, Wirkung und Gestaltung der Unternehmenspublizität: Was lehrt die empirische Forschung?, in: Baetge, Jörg (Hrsg.): Rechnungslegung und Prüfung – Perspektiven für die neunziger Jahre, Düsseldorf 1993, S. 73–100.

Coenenberg, Adolf G./Bridts, Christian (1991):
Die Verrechnung von Ertragsteuern in der Zwischenberichterstattung deutscher börsennotierter Unternehmen, in: Rückle, Dieter (Hrsg.): Aktuelle Fragen der Finanzwirtschaft und der Unternehmensbesteuerung – Festschrift für Erich Loitlsberger zum 70. Geburtstag, Wien 1991, S. 119–144.

Coenenberg, Adolf G./Bridts, Christian (1992):
Zwischenberichtspublizität in der Bundesrepublik Deutschland, in: Moxter, Adolf/Müller, Hans-Peter/Windmöller, Rolf/Wysocki, Klaus von (Hrsg.): Rechnungslegung – Festschrift für Karl-Heinz Forster, Düsseldorf 1992, S. 174–197.

Coenenberg, Adolf G./Federspieler, Christian (1998):
Europäische Zwischenberichtspublizität – Kapitalmarktwirkungen eines ordnungspolitischen Instruments, in: Hesse, Helmut/Welzel, Peter (Hrsg.): Wirtschaftspolitik zwischen gesellschaftlichen Ansprüchen und ökonomischen Grenzen – Festschrift für Prof. Blum, Göttingen 1998, S. 267–285.

Coenenberg, Adolf G./Federspieler, Christian (1999):
Zwischenberichtspublizität in Europa: Der Informationsgehalt der Zwischenberichterstattung deutscher, britischer und französischer Unternehmen, in: zfbf, 51. Jg. (1999), Sonderheft Nr. 41 – Rechnungswesen und Kapitalmarkt, S. 167–198.

Coenenberg, Adolf G./Haller, Axel/Schultze, Wolfgang (2009):
Jahresabschluss und Jahresabschlussanalyse – Betriebswirtschaftliche, handelsrechtliche, steuerrechtliche und internationale Grundsätze – HGB, IFRS und US-GAAP, 21. Aufl., Stuttgart 2009.

Coenenberg, Adolf G./Henes, Frank (1995):
Der Informationsgehalt der Zwischenberichtspublizität nach § 44b Börsengesetz, in: zfbf, 47. Jg. (1995), S. 969–995.

Coenenberg, Adolf G./Straub, Barbara (2008):
Rechenschaft versus Entscheidungsnützlichkeit: Harmonie oder Disharmonie der Rechnungszwecke?, in: KoR, 8. Jg. (2008), S. 17–26.

d'Arcy, Anne (2006):
Berichtspflichten nach IFRS und Anforderungen an das Controlling, in: Wagenhofer, Alfred (Hrsg.): Controlling und IFRS-Rechnungslegung, Berlin 2006, S. 203–224.

d'Arcy, Anne/Meyer, Andreas (2005):
Neue Anforderungen an die Zwischenberichterstattung durch die Transparenzrichtlinie, in: Der Konzern, 3. Jg. (2005), S. 151–158.

Dahl, Gabriele (1995):
Zwischenberichterstattung börsennotierter Unternehmen, Wiesbaden 1995.

Dahlke, Jürgen (2006):
Vergleich der Bilanzierung tatsächlicher Steuern nach HGB und nach IAS 12, in: KoR, 6. Jg. (2006), S. 579–589.

Dahlke, Jürgen (2007):
Steuerpositionen im Zwischenabschluss nach IAS 34 – Auswirkungen der Unternehmenssteuerreform 2008, in: BB, 62. Jg. (2007), S. 1831–1838.

Dahlke, Jürgen/von Eitzen, Bernd (2003):
Steuerliche Überleitungsrechnung im Rahmen der Bilanzierung latenter Steuern nach IAS 12, in: DB, 56. Jg. (2003), S. 2237–2243.

DAI (2006):
Stellungnahme vom 16.08.2006 zum Regierungsentwurf eines Transparenzrichtlinie- Umsetzungsgesetzes (TUG) vom 28.06.2006, in: NZG, 9. Jg. (2006), S. 696–701.

Daimler (2010):
Daimler AG, Zwischenbericht Q 2 2010, Internet: http://www.daimler.com/Projects/c2c/channel/documents/1902138_Daimler_Q2_2010_Zwischenbericht.pdf, letzter Abruf: 14.01.2011, 07:27 Uhr.

DAV (2006):
Stellungnahme zum Regierungsentwurf eines Gesetzes zur Umsetzung der Transparenzrichtlinie (Transparenzrichtlinie-Umsetzungsgesetz – TUG), in: NZG, 9. Jg. (2006), S. 655–659.

DAV (2009):
Stellungnahme des Deutschen Anwaltvereins durch den Handelsrechtsausschuss zum Entwurf einer Überarbeitung und Ergänzung des Emittentenleitfadens der Bundesanstalt für Finanzdienstleistungsaufsicht (BaFin), Internet: http://anwaltverein.de/ downloads/Stellungnahmen-09/SN2.pdf, letzer Abruf: 31.08.2011, 11:21 Uhr.

Deckert, Martina/von Rüden, Jens (1998):
Anlegerschutz durch Europäisches Kapitalmarktrecht, in: Europäisches Wirtschafts- und Steuerrecht, 9. Jg. (1998), S. 46–54.

Dehlinger, Klaus-Dieter/Zimmermann, Martin (2009):
Kommentar zu § 21 WpHG, in: Fuchs, Andreas (Hrsg.): Kommentar zum Wertpapierhandelsgesetz (WpHG), München 2009, S. 923–977.

Dehnen, Peter H. (2008):
Aufsichtsrat ist ARBEIT!, in: Der Aufsichtsrat, 5. Jg. (2008), S. 97.

Deloitte (2005):
Goodwill bilanzieren und steuern – Anwendung der neuen IFRS-Regeln in der Praxis, Internet: http://www.iasplus.de/documents/goodwill.pdf, letzter Abruf: 31.08.2011, 11:22 Uhr.

Deloitte (2009):
Interim financial reporting – A guide to IAS 34, Internet: http://www.iasplus.com/ dttpubs/0903ias34guide.pdf, letzter Abruf: 31.08.2011, 11:23 Uhr.

Deloitte (2010):
Measuring by halves – Surveying half-yearly financial reporting, London 2010.

Dempfle, Urs (2006):
Charakterisierung, Analyse und Beeinflussung der Konzernsteuerquote, Wiesbaden 2006.

Deneke, Christoph (2009):
Die Implementierung eines Prüfungsausschusses in die deutsche Aktiengesellschaft und Europäische Gesellschaft, Frankfurt a. M. 2009.

Deutsche Bank (2008):
Zwischenbericht zum 30.09.2008 (3. Quartal), Frankfurt 2008.

Diederichs, Marc/Kißler, Martin (2008):
Aufsichtsratreporting, München 2008.

Dörner, Dietrich/Orth, Christian (2005):
Bedeutung der Corporate Governance für Unternehmen und Kapitalmärkte, in: Pfitzer, Norbert/Oser, Peter/Orth, Christian (Hrsg.): Deutscher Corporate Governance Kodex – Ein Handbuch für Entscheidungsträger, 2. Aufl., Stuttgart 2005, S. 3–22.

DPR (2005):
Verfahrensordnung der Prüfstelle, Internet: http://www.frep.info/docs/rechtliche_ grundlagen/20050824_verfahrensordnung_pruefstelle.pdf, letzter Abruf: 31.08.2011, 11:24 Uhr.

DPR (2006):
Pressemitteilung vom 08.08.2006 – DPR fordert von den geprüften Unternehmen zukünftig zusätzliche Unterlagen für das Enforcement an, Internet: http://www.frep.info/docs /press_releases/2006/20060808_unterlagen_fuer_das_enforcement.pdf, letzer Abruf: 19.01.2011, 13:17 Uhr.

DPR (2006a):
Stellungnahme: Öffentliche Anhörung zum Entwurf des von der Bundesregierung eingebrachten Transparenzrichtlinie-Umsetzungsgesetzes (TUG) – Drs. 16/2498 –, Internet: https://www.bundestag.de/bundestag/ausschuesse/a07/anhoerungen/2006/033/Stellungnahmen/06-Dt__Pr__fstelle_f__Rechnungslegung.pdf, letzter Abruf: 28.02.2010, 14:03 Uhr.

DPR (2006b):
Pressemitteilung vom 20.10.2006 – DPR gibt Prüfungsschwerpunkte bekannt, Prüfungsschwerpunkte 2007, Internet: http://www.frep.info/docs/press_releases/2006/ 20061220_dpr-pruefungsschwerpunkte_jahresabschluss_2006.pdf, letzer Abruf: 19.01.2011, 14:28 Uhr.

DPR (2007):
Pressemitteilung vom 26.11.2007 – DPR gibt Prüfungsschwerpunkte bekannt, Prüfungsschwerpunkte 2008, Internet: http://www.frep.info/docs/press_releases/2007 /2007-11-26_dpr_pruefungsschwerpunkte_2008.pdf, letzer Abruf: 19.01.2011, 14:30 Uhr.

DPR (2008):
Tätigkeitsbericht 2007, Internet: http://www.frep.info/docs/jahresberichte/2007_tb_ pruefstelle.pdf, letzter Abruf: 31.08.2011, 11:33 Uhr.

DPR (2008a):
Pressemitteilung vom 21.10.2008 – Prüfungsschwerpunkte 2009, Internet: http://www.frep.info/docs/press_releases/2008/20081021_pressemitteilung_Prüfungsschwerpunkte%202009.pdf, letzer Abruf: 19.01.2011, 14:33 Uhr.

DPR (2009):
Tätigkeitsbericht 2008, Internet: http://www.frep.info/docs/jahresberichte/2008_tb_ prufstelle.pdf, letzter Abruf: 31.08.2011, 11:33 Uhr.

DPR (2009a):
Pressemitteilung vom 22.10.2009 – Prüfungsschwerpunkte 2010, Internet: http://www.frep.info/docs/press_releases/2009/20091022_pruefungsschwerpunkte_2010.pdf, letzer Abruf: 19.01.2011, 14:32 Uhr.

DPR (2010):
Tätigkeitsbericht 2009, Internet: http://www.frep.info/docs/jahresberichte/2009/2009 _tb_pruefstelle.pdf, letzter Abruf: 31.08.2011, 11:35 Uhr.

DPR (2010a):
Pressemitteilung vom 21.10.2010 – Prüfungsschwerpunkte 2011, Internet: http://www.frep.info/ docs/press_releases/2010/20101021_pruefungsschwerpunkte_2011.pdf, letzer Abruf: 19.01.2011, 14:34 Uhr.

DPR (2011):
Tätigkeitsbericht 2010, Internet: http://www.frep.info/docs/jahresberichte/2010/2010_tb_pruefstelle.pdf, letzter Abruf 12.02.2011, 11:53 Uhr.

Dutzi, Andreas (2005):
Der Aufsichtsrat als Instrument der Corporate Governance – Ökonomische Analyse der Veränderungen im Corporate-Governance-System börsennotierter Aktiengesellschaften, Wiesbaden 2005.

Elliott, John A./Shaw, Wayne H. (1988):
Write-Offs as Accounting Procedures to Manage Perceptions, in: Journal of Accounting Research, Vol. 26 (1988), Supplement, S. 91–119.

Ellrott, Helmut (2010):
Kommentierung zu § 289 HGB, in: Ellrott, Helmut/Förschle, Gerhardt/Kozikowski, Michael /Winkeljohann, Norbert (Hrsg.): Beck'scher Bilanz-Kommentar, Handels- und Steuerbilanz – §§ 238 bis 339, 342 bis 342e HGB mit IFRS-Abweichungen, 7. Aufl., München 2010, S. 1393–1465.

Elschen, Rainer (1991):
Gegenstand und Anwendungsmöglichkeiten der Agency-Theorie, in: zfbf, 43. Jg. (1991), S. 1002–1012.

Elsen, Jochen Robert/Jäger Lars (2008):
Revision der Prospektrichtlinie? – Ein erster Ausblick, in: BKR, 8. Jg. (2008), S. 459–463.

Erickson, Merle/Wang, Shiing-wu; (1999):
Earnings management by acquiring firms in stock for stock mergers, in: Journal of Accounting and Economics, Vol. 27 (1999), S. 149–176.

Ernst&Young (2008):
IFRS outlook – Überblick über die internationalen Rechnungslegungsvorschriften, IV. Quartal 2008, Internet: http://www.ey.com/Publication/vwLUAssets/Newsletter_IFRS_outlook_IV_Quartal_2008/$FILE/IFRS_outlook_IV_Quartal_2008.pdf, letzter Abruf: 27.05.2010, 09:33 Uhr.

Ernstberger, Jürgen/Pfauntsch, Karin (2008):
Die Qualität von Zwischenberichten börsennotierter Unternehmen in Deutschland, in: IRZ, 3. Jg. (2008), S. 195–206.

Ernsting, Ingo (2000):
Behandlung von Ertragsteuern im Quartalsabschluss nach US-GAAP, in: DB, 53. Jg. (2000), S. 2537–2541.

Euler, Roland/Müller, Mark Oliver (2007):
Kommentar zu § 171 – Prüfung durch den Aufsichtsrat, in: Spindler, Gerald/Stilz, Eberhard: Kommentar zum AktG, München 2007, S. 1163–1674.

Ewert, Ralf (1993):
Rechnungslegung, Wirtschaftsprüfung, rationale Akteure und Märkte – Ein Grundmodell zur Analyse der Qualität von Unternehmenspublikationen, in: zfbf, 45. Jg. (1993), S. 715–747.

Ewert, Ralf (2007):
Agencytheorie, in: Köhler, Richard/Küpper, Hans-Ulrich/Pfingsten, Andreas (Hrsg.): Handwörterbuch der Betriebswirtschaftslehre, 6. Aufl., Stuttgart 2007, Sp. 1–10.

Fama, Eugene F. (1970):
Efficient Capital Markets: A Review of Theory and Empirical Work, in: Journal of Finance, Vol. 25 (1970), S. 383–417.

Federspieler, Christian (1997):
Zwischenberichterstattung gemäß IAS – Der Entwurf des International Accounting Standards Committee, in: DB, 50. Jg. (1997), S. 943–947.

Federspieler, Christian (1999):
Zwischenberichtspublizität in Europa – Der Informationsgehalt der Zwischenberichterstattung deutscher, britischer und französischer Unternehmen, Frankfurt a. M. 1999.

Feinendegen, Stefan/Nowak, Eric (2001):
Publizitätspflichten börsennotierter Aktiengesellschaften im Spannungsfeld zwischen Regelberichterstattung und Ad-hoc-Publizität – Überlegungen zu einer gesetzeskonformen und kapitalmarktorientierten Umsetzung, in: DBW, 61. Jg. (2001), S. 371–389.

Feldhoff, Michael (1992):
Die Regulierung der Rechnungslegung, Frankfurt a. M. et al. 1992.

Feldhoff, Michael (1994):
Staat und Rechnungslegung – eine regulierungstheoretische Perspektive, in: WPg, 47. Jg. (1994), S. 529–536.

Fischer, Thomas/Beckmann, Stefanie (2009):
Inhalt und Qualität der Regelberichterstattung für die Mitglieder von Aufsichtsräten – Ausgewählte Ergebnisse einer empirischen Studie von deutschen börsennotierten Aktiengesellschaft, in: DB, 62. Jg. (2009),S. 1661–1668.

Fleischer, Holger (2003):
Die Leitungsaufgabe des Vorstands im Aktienrecht, in: ZIP, 24. Jg. (2003), S. 1–11.

Fleischer, Holger (2007):
Der deutsche „Bilanzeid" nach § 264 Abs. 2 Satz 3 HGB, in: ZIP, 27. Jg. (2007), S. 97–106.

Fockenbrock, Dieter/Metzger, Susanne (2010):
Konzerne rechnen sich die Zukunft schön, in: Handelsblatt vom 08.11.2010, Nr. 216, S. 24.

Förschle, Gerhart/Helmschrott, Harald (1997):
Die Zwischenberichterstattung nach US-GAAP, IAS und HGB, in: WPg, 50. Jg. (1997), S. 553–560.

Förschle, Gerhart/Helmschrott, Harald (2001):
Überlegungen zu Assurance Services bei Quartalsabschlüssen und Ad-hoc-Mitteilungen im Kontext der Vorschriften zur Überwachung im Regelwerk Neuer Markt, in: WPg, 54. Jg. (2001), S. 637–644.

Francis, Jennifer/Hanna, Douglas J./Vincent, Linda (1996):
Causes and Effects of Discretionary Asset Write-Offs – Causes and Effects of Discretionary Asset Write-Offs, in: Journal of Accounting Research, Vol. 34 (1996), Supplement, S. 117–134.

Freiberg, Jens (2007):
Auswirkung der Unternehmensteuerreform auf Halbjahres- und Quartalsberichte, in: PiR, 3. Jg. (2007), S. 200–202.

Freiberger, Harald (2010):
Banken verschleiern die Risiken, in: SZ vom 10.04.2010, Nr. 82, S. 30.

Freidank, Carl-Christian/Weber, Stefan (2009):
Entwicklung erster Ansätze zur konzeptionellen Ausgestaltung des externen Corporate Governance-Reporting, in: Freidank, Carl-Christian/Alters, Peter (Hrsg.): Das Gesetz zur Modernisierung des Bilanzrechts (BilMoG) – Neue Herausforderungen für Rechnungslegung und Corporate Governance, Berlin 2009, S. 303–337.

Fried, Dov/Livnat, Joshua (1981):
Interim Statements: An Analytical Examination of Alternative Accounting Techniques, in: The Accounting Review, Vol. 56 (1981), S. 493–509.

Friedl, Markus J. (2009):
Kommentar zu § 10 WpPG, in: Just, Clemens et al. (Hrsg.): Kommentar zum Wertpapierprospektgesetz (WpPG) und EU-Prospektverordnung, München 2009, S. 190–203.

Früh, Werner (2007):
Inhaltsanalyse: Theorie und Praxis, Konstanz 2007.

Fülbier, Rolf Uwe (2009):
Abschreibungsbedarf insbesondere von Firmenwerten vor dem Hintergrund der Finanzmarktkrise – Krise und Wertminderungen nach IAS 36: Folgen automatisch Goodwill-Impairments?, in: DB, Beilage Status: Recht, 62. Jg. (2009), S. 54–55.

Gassen, Joachim/Fischkin, Michael/Hill, Verena (2008):
Das Rahmenkonzeptprojekt des IASB und des FASB – Entscheidungsnützlichkeit über alles?, in: Küting, Karlheinz/Pfitzer, Norbert/Weber, Claus-Peter (Hrsg.): Bilanz als Informations- und Kontrollinstrument: Kapitalmarktorientierte Rechnungslegung und integrierte Unternehmenssteuerung, Stuttgart 2008, S. 31–49.

Gazdar, Kaevan/Piwinger, Manfred (2005):
Protokoll und Präsentation – Rollen des Geschäftsberichts, in: Kirchhoff, Klaus Rainer/Piwinger, Manfred (Hrsg.): Praxishandbuch Investor Relations – Das Standardwerk der Finanzkommunikation, Wiesbaden 2005, S. 325–334.

Gedenk, Karen (1998):
Agency-Theorie und die Steuerung von Geschäftsführern – Paradebeispiel oder Problemfall?, in: DBW, 58. Jg. (1998), S. 22–37.

Gelhausen, Hans Friedrich/Fey, Gerd/Kämpfer, Georg (2009):
Abschnitt Y: AktG, GmbHG. SEAG – Kommentar zu § 161 AktG, in: Gelhausen, Hans Friedrich/Fey, Gerd/Kämpfer, Georg (Hrsg.): Rechnungslegung und Prüfung nach dem Bilanzrechtsmodernisierungsgesetz, Düsseldorf 2009, Rn. 85–97.

Gelhausen, Hans-Friedrich/Hönsch, Henning (2005):
Das neue Enforcement-Verfahren für Jahres- und Konzernabschlüsse, in: AG, 50. Jg. (2005), S. 511–529.

GfK (2010):
GfK Gruppe, Bericht für das 1. Halbjahr 2010, Nürnberg 2010.

Giersberg, Georg (2008):
Der Milliardenpoker um die latenten Steuern, in: FAZ vom 12.04.2008, Nr. 86, S. 16.

Gittermann, Stephan (2009):
§ 6 – Arbeit von Ausschüssen, in: Semler, Johannes/Schenck, Kersten (Hrsg.): Arbeitshandbuch für Aufsichtsratsmitglieder, 3. Aufl., München 2009, S. 230–280.

Glaum, Matin/Street, Donna L./Vogel, Silvia (2007):
Making Acquisitions Transparent, Frankfurt a. M. 2007.

Gödel, Ralf (2010):
Unverzichtbarkeit der Prognoseberichterstattung im (Konzern-)Lagebericht – Zugleich Besprechung des Beschlusses des OLG Frankfurt/M. vom 24.11.2009 – WpÜG 11/09 und 12/09, in: DB, 63. Jg. (2010), S. 431–435.

Goerdeler, Reinhard (1962):
Die Publizität der Rechenschaftslegung, in: Barz, Carl Hans (Hrsg.): Das Frankfurter Publizitätsgespräch, Vorträge und Diskussionen der gleichnamigen Tagung in Königstein/Taunus am 13. und 14.04.1962, Frankfurt a. M. 1962, S. 211–233.

Göttsche, Max/Brähler, Gernot (2010):
Die Bedeutung der Konzernsteuerquote für den Kapitalmarkt – Eine empirische Analyse der DAX-30-Unternehmen, in: WPg, 62. Jg. (2010), S. 918–925.

Gräfer, Horst/Schneider, Georg (2010):
Bilanzanalyse, 11. Aufl., Herne 2010.

Green, David (1964):
Towards a Theory of Interim Reports, in: Journal of Accounting Research, Vol. 2 (1964), S. 35–49.

Griewel, Petra (2006):
Ad-hoc-Publizität und Zwischenberichterstattung im deutschen Corporate Governance-System: eine Analyse vor dem Hintergrund europäischer Harmonisierungsbestrebungen, Wiesbaden 2006.

Gros, Marius (2010):
Rechnungslegung in Deutschland und den USA - Implikationen für eine zweckadäquate Fortentwicklung der deutschen Rechnungslegungskonzeption, Wiesbaden 2010.

Gros, Marius/Wallek, Christoph (2009):
Informationeller Gläubigerschutz nach BilMoG, in: Der Konzern, 7. Jg. (2009), S. 541–547.

Groß, Wolfgang (2009):
Kapitalmarktrecht – Kommentar zum Börsengesetz, zur Börsenzulassungs-Verordnung, zum Wertpapierverkaufsprospekt und zum Verkaufsprospektgesetz, 4. Aufl., München 2009.

Grosse, Heinz-Walter (1988):
Die kurzfristige Rechnungslegung in den USA, Thun/Frankfurt a. M. 1988.

Grothe, Philip (2006):
Unternehmensüberwachung durch den Aufsichtsrat – Ein Beitrag zur Corporate Governance-Diskussion in Deutschland, Frankfurt a. M. 2006.

Grotz-Martin, Silvia (1983):
Informations-Qualität und Informations-Akzeptanz, in: Hauschildt, Jürgen et al. (Hrsg.): Entscheidungen der Geschäftsführung – Typologie, Informationsverhalten, Effizienz, Tübingen 1983, S. 144–173.

Haaker, Andreas (2008):
Potenzial der Goodwill-Bilanzierung nach IFRS für eine Konvergenz im wertorientierten Rechnungswesen – Eine messtheoretische Analyse, Wiesbaden 2008.

Haase, Klaus Dittmar/Lanfermann, Josef (1970):
Grundlegende und aktuelle Probleme bei der Erstellung von Zwischenabschlüssen, in: WPg, 23. Jg. (1970), S. 209–218.

Hachmeister, Dirk (2001):
Wirtschaftsprüfungsgesellschaften im Prüfungsmarkt – Eine ökonomische Analyse zur Konzentration auf dem Prüfungsmarkt und zur Entwicklung großer Prüfungsgesellschaften, Stuttgart 2001.

Hachmeister, Dirk (2006):
Analyse der Regelungen zur Cashflow-Schätzung beim Goodwill Impairment Test vor dem Hintergrund der Grundsätze ordnungsmäßiger Prognosen und Prüfung, in: Siegel, Theodor et al. (Hrsg.): Unternehmungen, Versicherungen und Rechnungswesen – Festschrift zur Vollendung des 65. Lebensjahres von Dieter Rückle, Berlin 2006, S. 257–276.

Hachmeister, Dirk (2006a):
Auswirkungen der Goodwill-Bilanzierung auf das Controlling, in: Controlling, 18. Jg. (2006), S. 425–432.

Hackmann, Annette (1987):
Unternehmensbewertung und Rechtsprechung, Wiesbaden 1987.

Häcker, Isabell (2011):
Die prüferische Durchsicht von Halbjahresfinanzberichten nach § 37w WpHG – eine Analyse der Inanspruchnahme einer freiwilligen Prüfungsdienstleistung, in: WPg, 63. Jg. (2011), S. 269–278.

Haenelt, Timo (2009):
Die Zwischenberichterstattung nach IFRS – Eine empirische Analyse der gesetzlichen Vorschriften und der Anforderungen des Kapitalmarkts, Köln 2009.

Hahn, Christoph (2007):
Der Bilanzeid – Neue Rechtsfigur im deutschen Kapitalmarktrecht, in: IRZ, 2. Jg. (2007), S. 375–379.

Haller, Axel (2000):
Segmentberichterstattung, in: Haller, Axel/Raffournier, Bernard/Walton, Peter (Hrsg.): Unternehmenspublizität im internationalen Wettbewerb, Stuttgart 2000, S. 755–805.

Haller, Axel/Dietrich, Ralph (2001):
Intellectual Capital Bericht als Teil des Lageberichts, in: DB, 54. Jg. (2001), S. 1045–1052.

Haller, Axel/Dietrich, Ralph (2001a):
Kapitalmarktorientierte Gestaltung der Lageberichterstattung, in: KoR, 1. Jg. (2001), S. 164–174.

Hapag-Lloyd (2010):
Pressemitteilung der Hapag-Lloyd AG vom 16.11.2010, Internet: http://www.hapag-lloyd.de/de/press_and_media/press_release_page_17750.html, letzter Abruf: 31.08.2011, 11:39 Uhr.

Hartmann, Hanno K. (1968):
Die große Publikumsgesellschaft und ihre Investor Relations, Berlin 1968.

Hartmann-Wendels, Thomas (1991):
Rechnungslegung der Unternehmen und Kapitalmarkt aus informationsökonomischer Sicht, Heidelberg 1991.

Hartmann-Wendels, Thomas (1992):
Agency-Theorie und Publizitätspflicht nichtbörsennotierter Unternehmen, in: BFuP, 44. Jg. (1992), S. 412–425.

Hebestreit, Gernot (1992):
Zwischenberichterstattung in Großbritannien und Deutschland: Eine theoretische und empirische Analyse, Bergisch Gladbach 1992.

Hebestreit, Gernot (2009):
§ 43 – Zwischenberichterstattung, in: Bohl, Werner et al. (Hrsg.): Beck'sches IFRS-Handbuch: Kommentierung der IFRS/IAS, 3. Aufl., München 2009, S. 1515–1548.

Hebestreit, Gernot/Rahe, Ingo (2007):
Die neue Zwischenberichterstattung nach dem Transparenzrichtlinie-Umsetzungsgesetz (TUG), in: IRZ, 2. Jg. (2007), S. 111–122.

Henes, Frank (1995):
Börsenrechtliche Zwischenberichtspublizität, Stuttgart 1995.

Hennes, Markus/Metzger, Susanne (2010):
Neue Vorstände werfen Ballast ab, in: Handelsblatt vom 16.02.2010, Nr. 32, S. 22.

Henning, Steven L./Lewis, Barry L./Shaw, Wayne H. (2000):
Valuation of the Components of Purchased Goodwill, in: Journal of Accounting Research, Vol. 38 (2000), S. 375–386.

Henrici, Alexander (2004):
Rechnungslegung und Unternehmensberichterstattung ab 2005 – Quo vadis Deutschland?, Lohmar/Köln 2004.

Hepers, Lars (2005):
Entscheidungsnützlichkeit der Bilanzierung von Intangible Assets in den IFRS – Analyse der Regelungen des IAS 38 unter besonderer Berücksichtigung der ergänzenden Regelungen des IAS 36 sowie des IFRS 3, Köln 2005.

Hermens, Ann-Sophie/Klein, Christian (2010):
Berücksichtigung des Goodwill bei internen Restrukturierungen – Eine kritische Würdigung des relative value approach, in: KoR, 10. Jg. (2010), S. 6–12.

Herold, Christian (2006):
Vermeidung des Earnings Management der Umsatzerlöse: eine ökonomische Analyse der internationalen Rechnungslegungsnormen, Wiesbaden 2006.

Herzig, Norbert (2003):
Bedeutung latenter Steuern für die Konzernsteuerquote, in: Wollmert, Peter et al. (Hrsg.): Wirtschaftsprüfung und Unternehmensüberwachung – Festschrift für Prof. Dr. Dr. h.c. Wolfgang Lück, Düsseldorf 2003, S. 429–449.

Herzig, Norbert (2007):
Konzernsteuerquote und Überleitungsrechnung, in: Wehrheim, Michael/Heurung, Rainer (Hrsg.): Steuerbelastung – Steuerwirkung – Steuergestaltung – Festschrift zum 65. Geburtstag von Winfried Mellwig, Wiesbaden 2007, S. 115 – 143.

Herzig, Norbert/Dempfle, Urs (2002):
Konzernsteuerquote, betriebliche Steuerpolitik und Steuerwettbewerb, in: DB, 55. Jg. (2002), S. 1–8.

Heyd, Reinhard (1982):
Ziele und Funktionsfähigkeit von Jahresabschlüssen nach den vorparlamentarischen Regierungsvorlagen für ein Bilanzrichtlinie-Gesetz unter besonderer Berücksichtigung des Interessenschutzes und der Interessengewichtung bei unterschiedlichen Rechtsformen, Frankfurt a. M. 1982.

Hirshleifer, Jack (1973):
Where Are We in the Theory of Information?, in: The American Economic Review, Vol. 63 (1973), S. 31–39.

Höfer, Ferdinand (2009):
Die Berichterstattung über latente Steuern nach IFRS und ihre bilanzanalytische Auswertung [Dissertation], o. O. 2009.

Hoffmann, Manfred Karsten (1996):
Einsatz von Sachverhaltsgestaltungen zur Ausschöpfung des jahresabschlusspolitischen Potentials sachverhaltsabbildender Aktionsparameter, in: DB, 49. Jg. (1996), S. 1245–1251.

Hoffmann, Wolf-Dieter (2010):
§ 37 – Zwischenberichterstattung (Interim Financial Reporting), in: Lüdenbach, Norbert/Hoffmann, Wolf-Dieter (Hrsg.): Haufe IFRS-Kommentar, 8. Aufl., Freiburg 2010, S. 2077–2107.

Hoffmann, Wolf-Dieter (2010a):
§ 11 – Außerplanmässige Abschreibungen, Wertaufholungen, in: Lüdenbach, Norbert/Hoffmann, Wolf-Dieter (Hrsg.): Haufe IFRS-Kommentar, 8. Aufl., Freiburg 2010, S. 411–486.

Hoffmann-Becking, Michael (1995):
Der Aufsichtsrat im Konzern, in: ZHR, 159. Jg. (1995), S. 325–345.

Hölscher, Luise/Nestler, Anke/Otto, Ralf (2007):
Handbuch Financial Due Diligence – Professionelle Analyse deutscher Unternehmen bei Unternehmenskäufen, Weinheim 2007.

Hommel, Michael (1998):
Bilanzierung immaterieller Anlagewerte, Stuttgart 1998.

Hommel, Michael (2001):
Neue Goodwillbilanzierung – das FASB auf dem Weg zur entobjektivierten Bilanz?, in: BB, 56. Jg. (2001), S. 1943–1949.

Hommelhoff, Peter (1983):
Die Autarkie des Aufsichtsrats – Besprechung der Entscheidung BGHZ 85, 293 „Hertie“, in: ZGR, 12. Jg. (1983), S. 551–580.

Hommelhoff, Peter (2000):
Anlegerinformationen im Aktien-, Bilanz- und Kapitalmarktrecht, in: ZGR, 29. Jg. (2000), S. 748–775.

Hommelhoff, Peter/Mattheus, Daniela (2004):
BB-Gesetzgebungsreport: Verlässliche Rechnungslegung – Enforcement nach dem geplanten Bilanzkontrollgesetz, in: BB, 59. Jg. (2004), S. 93–100.

Hönsch, Henning (2009):
Kommentar zu § 37w WpHG: Halbjahresfinanzbericht, in: Assmann, Heinz-Dieter/Schneider, Uwe H. (Hrsg.): Wertpapierhandelsgesetz – Kommentar, 5. Aufl., Köln 2009, S. 1801–1814.

Hönsch, Henning (2009a):
Kommentar zu § 37x WpHG – Zwischenmitteilung der Geschäftsführung, in: Assmann, Heinz-Dieter/Schneider, Uwe H. (Hrsg.): Wertpapierhandelsgesetz – Kommentar, 5. Aufl., Köln 2009, S. 1814–1822.

Hönsch, Henning (2009b):
Kommentar zu § 37q WpHG: Ergebnis der Prüfung von Bundesanstalt oder Prüfstelle, in: Assmann, Heinz-Dieter/Schneider, Uwe H. (Hrsg.): Wertpapierhandelsgesetz – Kommentar, 5. Aufl., Köln 2009, S. 1760–1769.

Hönsch, Henning (2009c):
Kommentar zu § 37n WpHG: Prüfung von Unternehmenszusammenschlüssen und -berichten, in: Assmann, Heinz-Dieter/Schneider, Uwe H. (Hrsg.): Wertpapierhandelsgesetz – Kommentar, 5. Aufl., Köln 2009, S. 1735–1742.

Hopt, Klaus J. (1975):
Der Kapitalanlegerschutz im Recht der Banken – Gesellschafts-, bank- und börsenrechtliche Anforderungen an das Beratungs- und Verwaltungsverhalten der Kreditinstitute, München 1975.

Hopt, Klaus J. (1991):
Insiderwissen und Interessenskonflikte im europäischen und deutschen Bankrecht, in: Kübler, Friedrich/Mertens, Hans-Joachim/Werner, Winfried (Hrsg.): Festschrift für Theodor Heinsius zum 65. Geburtstag am 25. September 1991, Berlin/New York 1991, S. 289–322.

Hopt, Klaus J. (2010):
2. Teil. Handelsrechtliche Nebengesetze, V. (16): Gesetz über den Wertpapierhandel (Wertpapierhandelsgesetz), in: Baumbach, Adolf/Hopt, Klaus (Hrsg.): Handelsgesetzbuch: mit GmbH & Co, Handelsklauseln, Bank- und Börsenrecht, Transportrecht (ohne Seerecht), 34. Aufl., München 2010, S. 2137–2216.

Hopt, Klaus J./Roth, Markus (2006):
§ 111 AktG – Aufgaben und Rechte des Aufsichtsrat, in: Hopt, Klaus J./Wiedemann, Herbert (Hrsg.): Großkommentar zum AktG, Teilband 4, 4. Aufl., Berlin 2008, S. 848–1161.

Hüffer, Uwe (2010):
§ 171 AktG – Prüfung durch den Aufsichtsrat, in: Hüffer, Uwe (Hrsg.): Kommentar zum Aktiengesetz, 9. Aufl., München 2010, S. 900–909.

Hüffer, Uwe (2010a):
§ 90 Berichte an den Aufsichtsrat, in: Hüffer, Uwe (Hrsg.): Kommentar zum Aktiengesetz, 9. Aufl., München 2010, S. 461–473.

Hüffer, Uwe (2010b):
§ 161 Erklärung zum Corporate Governance Kodex, in: Hüffer, Uwe (Hrsg.): Kommentar zum Aktiengesetz, 9. Aufl., München 2010, S. 871–894.

Hütten, Christoph (2000):
Der Geschäftsbericht als Informationsinstrument, Rechtsgrundlagen – Funktionen – Optimierungsmöglichkeiten, Düsseldorf 2000.

Hutter, Stephan/Kaulamo, Katja (2007):
Transparenzrichtlinie-Umsetzungsgesetz: Änderungen der Regelpublizität und das neue Veröffentlichungsregime für Kapitalmarktinformationen, in: NJW, 60. Jg. (2007), S. 551–556.

Huwer, Wolfram (2008):
Der Prüfungsausschuss des Aufsichtsrats, Berlin 2008.

IASB (2005):
Discussion Paper „Management Commentary" – A paper prepared for the IASB by staff of its partner standard-setters and others, October 2005, Internet: http://www.ifrs.org/NR/rdonlyres/1CAEA05A-0651-42B8-A40A-6ED23E46A876/0/DPManagementCommentary.pdf, letzter Abruf: 12.03.2011, 11:07 Uhr.

IASB (2006):
Information for Observers, IFRIC Meeting: May 2006, London, Project: Analysis of comment Letters on IFRIC Draft Interpretation D18 (Agenda Paper 8(i)), Internet: http://www.iasb.org /NR/rdonlyres/16426A31-0539-4732-B133-D6FB1B9A2A7E/0/ 8_135_0605ifricob08i.pdf, letzter Abruf: 31.08.2011, 11:40 Uhr.

IASB (2009):
Exposure Draft ED/2009/6 „Management Commentary", June 2009, Internet: http://www.ifrs.org/NR/rdonlyres/53DC9B3B-34A5-400F-B4B5-4F2FF24F231E/0/ EDManagementCommentary.pdf, letzter Abruf: 12.03.2011, 11:14 Uhr.

IASB (2010):
IFRS Practice Statement „Management Commentary" – A framework for presentation, December 2010, Internet: http://www.ifrs.org/NR/rdonlyres/9EA9F29A-3F34-4E39-9388-989B07563D4E/0/Managementcommentarypracticestatement8Decembe r.pdf, letzter Abruf: 12.03.2011, 11:18 Uhr.

IASCF (2008):
Due Process Handbook for the IASB, approved by the Trustees October 2008, Internet: http://www.iasb.org/NR/rdonlyres/1E8D75B7-927F-495B-BE4A-04C9BE9670 97/0/DueProcess09.pdf, letzter Abruf: 31.08.2011, 11:42 Uhr.

IDW (2002):
Wirtschaftsprüfung und Corporate Governance – Der Beitrag von Rechnungslegung und Abschlussprüfung zu einer wirksamen Unternehmensüberwachung, Düsseldorf 2002.

IDW (2002a):
Position des IDW zum Diskussionsentwurf des Corporate Governance Kodex vom 07.01.2002, Internet: http://www.idw.de/idw/portal/d281458/index.jsp, letzer Abruf: 28.12.2010, 15:23 Uhr.

IDW (2006):
IDW-Stellungahme: Diskussionsentwurf eines Transparenzrichtlinie-Umsetzungsgesetzes (TUG) vom 30.05.2006, in: WPg, 59. Jg. (2006), S. 799–802.

IDW (2007):
Prüferische Durchsicht von Finanzinformationen nach § 37w WpHG und § 37x Abs. 3 WpHG, Internet: http://www.idw.de/idw/download/HFA__207.pdf?id=417 914, letzer Abruf: 31.08.2011, 11:44 Uhr.

IDW (2008):
Besondere Prüfungsfragen im Kontext der aktuellen Wirtschafts- und Finanzmarktkrise (Stand: 19.12.2008), Internet: http://www.idw.de/idw/portal/d586746/index. jsp, letzter Abruf: 31.08.2011, 11:45 Uhr.

IFRIC (2005):
IFRIC Update, November 2005, Internet: http://www.ifrs.org/NR/rdonlyres/CF3985 BF-93C9-41E7-8C0C-42F52ED692BD/0/nov05.pdf, letzter Abruf: 31.08.2011, 11:45 Uhr.

INTELIS (2006):
Arrivo AG (nunmehr INTELIS AG) – Geschäftsbericht 2006, Internet: http://www.intelisag.de/files/2006_gb _arrivo_ag.pdf, letzter Abruf: 30.01.2011, 15:20 Uhr.

Jenkins, Edmund L. (1994):
Users' critical external reporting needs are not being met, in: Journal of Accountancy, Vol. 177 (1994), S. 77–82.

Jensen, Michael/Meckling, William (1976):
Theory of the Firm: Managerial Behavior, Agency Costs and Ownership Structure, in: Journal of Financial Economics, Vol. 3 (1976), S. 305–360.

Kahle, Holger (2002):
Informationsversorgung des Kapitalmarkts über internationale Rechnungslegungsstandards, in: KoR, 2. Jg. (2002), S. 95–107.

Kajüter, Peter (2004):
Berichterstattung über Chancen und Risiken im Lagebericht – Auswirkungen des Referentenentwurfs für das Bilanzrechtsreformgesetz, in: BB, 59. Jg. (2004), S. 427–433.

Kajüter, Peter et al. (2010):
Die DRS zur Lageberichterstattung auf dem Prüfstand, in: DB, 63. Jg. (2010), S. 457–465.

Kajüter, Peter/Barth, Daniela/Meyer, Joop (2009):
Zwischenlageberichterstattung nach § 37w WpHG und DRS 16 – Eine empirische Analyse der HDAX-Unternehmen, in: WPg, 62. Jg. (2009), S. 462–470.

Kajüter, Peter/Guttmeier, Matthias (2009):
Der Exposure Draft des IASB zum Management Commentary – Kritische Analyse und Vergleich mit DRS 15, in: DB, 62. Jg. (2009), S. 2333–2339.

Kajüter, Peter/Reisloh, Christian (2007):
Zwischenmitteilungen der Geschäftsführung nach § 37x WpHG, in: KoR, 7. Jg. (2007), S. 620–633.

Kajüter, Peter/Reisloh, Christian (2008):
Zwischenmitteilungen der Geschäftsführung als Instrument der unterjährigen Finanzberichterstattung, in: IRZ, 3. Jg. (2008), S. 95–101.

Kämpfer, Georg (2005):
Enforcementverfahren und Abschlussprüfer, in: Beilage 3 zu Heft 20, BB, 60. Jg. (2005), S. 13–16.

Kasperzak, Rainer (2011):
Wertminderungstest nach IAS 36 – Ein Plädoyer für die Abschaffung des Konzepts des erzielbaren Betrages, in: BFuP, 63. Jg. (2011), S. 1–17.

Keller, Erich/Möller, Hans Peter (1993):
Die Auswirkungen der Zwischenberichterstattung auf den Informationswert von Jahresabschlüssen am Kapitalmarkt, in: zfbf, 45. Jg. (1993), Sonderheft Nr. 31 – Empirische Kapitalmarktforschung, S. 35–60.

Keller, Günther (2002):
Risikomanagement bei Unternehmensakquisitionen – Konzeptionelle Grundlagen und Elemente eines Instrumentariums zur Identifikation, Evaluation und Steuerung von Akquisitionsrisiken, München 2002.

Kiger, Jack E. (1972):
An Empirical Investigation of NYSE Volume and Price Reactions to the Announcement of Quarterly Earnings, in: Journal of Accounting Research, Vol. 10 (1972), S. 113–128.

Kilgert, Theodor/Großmann, Philipp (1990):
Der Zwischenbericht – Eine neuartige Form der Rechnungslegung für börsennotierte Unternehmen, in: WPg, 43. Jg. (1990), S. 189–197.

Kirchhoff, Klaus Rainer (2005):
Grundlagen der Investor Relations, in: Kirchhoff, Klaus Rainer/Piwinger, Manfred (Hrsg.): Praxishandbuch Investor Relations – Das Standardwerk der Finanzkommunikation, Wiesbaden 2005, S. 31–54.

Kirchner, Christian (2000):
Der Wettbewerbsfaktor „Entscheidungsnützlichkeit von Rechnungslegungsinformation“: eine institutionenökonomische Analyse, in: zfbf, 52. Jg. (2000), Sonderheft Nr. 45 – Wettbewerb und Unternehmensrechnung, S. 41–68.

Kirchner, Christian (2006):
Probleme von Ermessenspielräumen in der *fair value*-Bewertung nach Internationalen Rechnungslegungsstandards, in: zfbf, 58. Jg. (2006), Sonderheft Nr. 55 – Rechnungslegung, Kapitalmarkt und Unternehmensführung, S. 61–78.

Kirsch, Hanno (2004):
Berichterstattung nach IAS 1 (revised 2003) über Ermessensspielräume beim Asset Impairment für operative Vermögenswerte und zahlungsmittelgenerierende Einheiten – Verbesserung der Informationsqualität des IFRS-Jahresabschlusses? –, in: KoR, 4. Jg. (2004), S. 136–141.

Kirsch, Hanno (2005):
Die Steuerabteilung als Informationslieferant für den IFRS-Abschluss, in: DStR, 43. Jg. (2005), S. 1418–1424.

Kirsch, Hans-Jürgen/Scheele, Alexander (2005):
Neugestaltung von Prognose- und Risikoberichterstattung im Lagebericht durch das Bilanzrechtsreformgesetz, in: WPg, 58. Jg. (2005), S. 1149–1154.

Klawitter, Uta (2008):
§ 32 – Kapitalmarktrechtliche Folgepflichten eines börsennotierten Unternehmens, in: Habersack, Mathias/Mülbert, Peter O./Schlitt, Michael (Hrsg.): Unternehmensfinanzierung am Kapitalmarkt, 2. Aufl., Köln 2009, S. 871–914.

Kleindorfer, Paul R./Pedell, Burkhard (2007):
Regulierung, in: Köhler, Richard/Küpper, Hans-Ulrich/Pfingsten, Andreas (Hrsg.): Handwörterbuch der Betriebswirtschaft, Stuttgart 2007, Sp. 1563–1575.

Klingels, Bernd (2005):
Die cash generating unit nach IAS 36 im IFRS-Jahresabschluss – Bildung, Gestaltungsmöglichkeiten und Auswirkungen, Berlin 2005.

Knauer, Thorsten/Wömpener, Andreas (2010):
Prognoseberichterstattung gemäß DRS 15 – Eine empirische Analyse der Unternehmen im Prime Standard, in: Corporate Finance, 1. Jg., (2010), S. 84–92.

Knief, Peter/Nöthen, Thomas (2002):
Zwischenberichterstattung mittlerer Unternehmen, in: DB, 55. Jg. (2002), S. 105–109.

Knorr, Liesel (2001):
Zwischenberichterstattung, in: BFuP, 53. Jg. (2001), S. 1–6.

Knorr, Liesel (2004):
Gewährleistung der Einhaltung internationaler Rechnungslegungsstandards, in: KoR, 4. Jg. (2004), S. 85–89.

Köbrich, Michael (1989):
Die Erstellung und Veröffentlichung von Zwischenberichten nach bisheriger Regelung und nach neuem Recht, in: DB, 42. Jg. (1989), S. 1477–1482.

Koch, Hans-Dieter/Schmidt, Reinhard H. (1981):
Ziele und Instrumente des Anlegerschutzes, in: BFuP, 33. Jg. (1981), S. 231–250.

Kopatschek, Martin (2006):
IFRIC 10 – Zwischenberichterstattung und Impairment, in: WPg, 59. Jg. (2006), S. 1504–1507.

Köster, Harald (1992):
Grundsätze ordnungsmäßiger Zwischenberichterstattung börsennotierter Aktiengesellschaften, Düsseldorf 1992.

Köstler, Roland/Zachert, Ulrich/Müller, Matthias (2009):
Aufsichtsratspraxis – Handbuch für die Arbeitnehmervertreter im Aufsichtsrat, 9. Aufl., Frankfurt a. M. 2009.

Krimpmann, Andreas (2011):
Latente Steuern in der Praxis, Freiburg 2011.

Krönert, Björn (2001):
Grundsätze informationsorientierter Rechnungslegung, Sternenfels 2001.

Kronstein, Heinrich/Claussen, Carsten Peter (1960):
Publizität und Gewinnverteilung im neuen Aktienrecht, Frankfurt a. M. 1960.

Kropff, Bruno (2003):
§ 171 AktG – Prüfung durch den Aufsichtsrat, in: Kropff, Bruno/Semler, Johannes: Münchener Kommentar zum Aktiengesetz, Band 5a, 2. Aufl., München 2003, S. 139–183.

Krumbholz, Marcus (1994):
Die Qualität publizierter Lageberichte, Düsseldorf 1994.

Kübler, Friedrich (1977):
Transparenz am Kapitalmarkt. Wirtschaftspolitische Grundfragen aktueller Regelungsprobleme, in: AG, 22. Jg. (1977), S. 85–92.

Kühne, Erhard/Melcher, Winfried/Wesemann, Michael (2009):
Latente Steuern nach BilMoG – Grundlagen und Zweifelsfragen (Teil 1), in: WPg, 62. Jg. (2009), S. 1005–1014.

Kümmel, Jens (2002):
Grundsätze für die Fair Value-Ermittlung mit Barwertkalkülen – Eine Untersuchung auf der Grundlage des *Statement of Financial Accounting Concepts No. 7* –, Düsseldorf 2002.

Kümpel, Siegfried (2003):
Zur öffentlichrechtlichen Organisation der deutschen Wertpapierbörsen, in: BKR, 3. Jg. (2003), S. 3–13.

Kümpel, Siegfried (2004):
Bank- und Kapitalmarktrecht, 3. Aufl., Köln 2004.

Küting, Karlheinz (2001):
Bilanzpolitik, in: Gerke, Wolfgang/Steiner, Manfred (Hrsg.): Handwörterbuch des Bank- und Finanzwesens, 3. Aufl., Stuttgart 2001, Sp. 333–345.

Küting, Karlheinz (2009):
Der Geschäfts- oder Firmenwert in der deutschen Konsolidierungspraxis 2008 – ein Beitrag zur empirischen Rechnungslegungsforschung, in: DStR, 47. Jg. (2009), S. 1863–1870.

Küting, Karlheinz (2010):
Der Geschäfts- oder Firmenwert in der deutschen Konsolidierungspraxis 2009 – Ein Beitrag zur empirischen Rechnungslegungsforschung, in: DStR, 48. Jg. (2010), S. 1855–1862.

Küting, Karlheinz/Dawo, Sascha (2002):
Bilanzpolitische Gestaltungspotenziale im Rahmen der International Financial Reporting Standards (IFRS) – Bewertungsfragen insbesondere bei immateriellen Werten, in: StuB, 4. Jg. (2002), S. 1205–1213.

Küting, Karlheinz/Dawo, Sascha (2003):
Anwendungsfälle der fair value-Bewertung bei nicht finanziellen Vermögenswerten im Rahmen der International Financial Reporting Standards (IFRS), in: KoR, 3 Jg. (2003), S. 228–241.

Küting, Karlheinz/Hayn, Sven (1993):
Interim Financial Reporting in der Bundesrepublik Deutschland, Großbritannien und den USA, in: Internationale Wirtschaftsbriefe, Fach 10, Gruppe 7, 1993, S. 7–22.

Küting, Karlheinz/Pfitzer, Norbert/Weber, Claus-Peter (2009):
Das neue deutsche Bilanzrecht – Handbuch zur Anwendung des Bilanzrechtsmodernisierungsgesetzes (BilMoG), 2. Aufl., Stuttgart 2009.

Kuhn, Stephan/Röthlisberger, René/Niggli, Sarah (2003):
Management der effektiven Konzernsteuerbelastung – Konzernsteuerquote als Value-Driver und Qualitätsmass, in: ST, 77. Jg. (2003), S. 636–645.

Kuhner, Christoph (2008):
Die Zielsetzung von IFRS, US-GAAP und HGB und deren Konsequenzen für die Abbildung von Unternehmenskäufen, in: Ballwieser, Wolfgang/Beyer, Sven/Zelger, Hansjörg (Hrsg.): Unternehmenskauf nach IFRS und US-GAAP – Purchase Price Allocation, Goodwill und Impairment-Test, 2. Aufl., Stuttgart 2008, S. 1–34.

Kumm, Nina (2009):
Praxisfragen bei der Regelpublizität nach Inkrafttreten des TUG, in: BB, 64. Jg. (2009), S. 1118–1122.

Kumm, Nina (2009a):
Fehlerfeststellung und Fehlerveröffentlichung im Enforcement-Verfahren: Zugleich Besprechung des Beschlusses des OLG Frankfurt/M. vom 22.01.2009 - WpÜG 1/08 und WpÜG 3/08, DB 2009 S. 333, in: DB, 62. Jg. (2009), S. 1635–1640.

Kumm, Nina/Müller, Christian (2009):
Drei Jahre Fehlerveröffentlichung im Enforcementverfahren – Von der Fehlerfeststellung zur Fehlerveröffentlichung, in: IRZ, 4. Jg. (2009), S. 77–81.

Kumm, Nina/Müller, Christian (2010):
Prognosebericht bei Rechnungslegung auch unter Hinweis auf die Finanz- und Wirtschaftskrise nicht verzichtbar – Beschluss des OLG Frankfurt vom 24.11.2009, Aktenzeichen WpÜG 11/09 und 12/09, Volltext mit Anmerkungen, in: Der Konzern, 8. Jg. (2010), S. 58–66.

Kußmaul, Heinz/Lutz, Richard (1993):
Grundlagen der Bilanzpolitik, in: WiST, 22. Jg. (1993), S. 342–347.

Kußmaul, Heinz/Lutz, Richard (1993a):
Instrumente der Bilanzpolitik, in: WiST, 22. Jg. (1993), S. 399–403.

Langenbucher, Katja (2008):
§ 17 – Publizitätspflichten, in: Langenbucher, Katja (Hrsg.): Aktien- und Kapitalmarktrecht, München 2008, S. 298–341.

Lebert, Rolf (2011):
IASB schickt Brandbrief an EU-Aufsicht – Bilanzrat prangert Missachtung der regeln bei Bewertung von Griechenland-Anleihen an, in: Financial Times vom 31.08.2011, S. 16.

Leffson, Ulrich (1986):
Wesentlich, in: Leffson, Ulrich/Rückle, Dieter/Großfeld, Bernhard (Hrsg.): Handwörterbuch unbestimmter Rechtsbegriffe im Bilanzrecht des HGB, Köln 1986, S. 434–447.

Leffson, Ulrich (1987):
Die Grundsätze ordnungsmäßiger Buchführung, 7. Aufl., Düsseldorf 1987.

Leftwich, Richward W. (1981):
Voluntary Corporate Disclousure: The Case of Interim Reporting, in: Journal of Accounting Research, Vol. 19 (1981), S. 50–77.

Leyens, Patrick C. (2006):
Information des Aufsichtsrats – Ökonomisch-funktionale Analyse und Rechtsvergleich zum englischen Board, Tübingen 2006.

Lienau, Achim (2006):
Bilanzierung latenter Steuern im Konzernabschluss nach IFRS, Düsseldorf 2006.

Lindemann, Jens (2004):
Rechnungslegung und Kapitalmarkt – Eine theoretische und empirische Analyse, Lohmar/Köln 2004.

Link, Robert (2006):
Abschlussprüfung und Geschäftsrisiko: normative Anforderungen an die Abschlussprüfung und ihre Erfüllung durch einen geschäftsrisikoorientierten Prüfungsprozess, Wiesbaden 2006.

Linzbach, Meike (2009):
Bilanzierung latenter Steuern bei Unternehmenszusammenschlüssen – Latente Steuern in der Erwerbsbilanzierung nach IFRS 3 und ED IAS 12, Wiesbaden 2009.

Löhr, Dirk (1996):
Gestaltungsmöglichkeiten in der Zwischenberichtserstattung börsengehandelter Aktiengesellschaften, in: WPg, 49. Jg. (1996), S. 581–587.

Loitz, Rüdiger (2006):
Quartalsberichterstattung für Ertragsteuern nach IFRS (Teil I), in: DStR, 44. Jg. (2006), S 388–391.

Loitz, Rüdiger (2006a):
Quartalsberichterstattung für Ertragsteuern nach IFRS (Teil II), in: DStR, 44. Jg. (2006), S. 439–443.

Loitz, Rüdiger (2007):
Erfassung von Steuersatzänderungen in der Zwischenberichterstattung nach IAS 34, in: DB, 60. Jg. (2007), S. 2048–2052.

Loitz, Rüdiger/Puth, Pia (2008):
Die Ermittlung der tatsächlichen und latenten Steuern nach IFRS im Quartalsabschluss, in: DStR, 46. Jg. (2008), S. 1655–1660.

Loitz, Rüdiger/Weber, Thomas (2008):
Herausforderungen bei der Anhangerstellung nach IFRS – eine empirische Untersuchung, in: DB, Beilage Status: Recht, 61. Jg. (2008), S. 2149–2155.

Lück, Wolfgang (1970):
Die externe Rechnungslegung der Aktiengesellschaft, Düsseldorf 1970.

Lück, Wolfgang (1999):
Prüfung der Rechnungslegung – Jahresabschlußprüfung, München/Wien 1999.

Lüdenbach, Norbert (2007):
Mengen- und Preiskomponenten bei der Zwischenberichterstattung, in: PiR, 3. Jg. (2007), S. 57–59.

Lüdenbach, Norbert/Hoffmann, Wolf-Dieter (2004):
Strukturelle Probleme bei der Implementierung des Goodwill-Impairment-Tests – Der Ansatz von IAS 36 im Vergleich zu US-GAAP, in WPg, 57. Jg. (2004), S. 1068–1077.

Lühn, Andreas (2007):
Der Einfluss latenter Steuern auf die Steuerplanung, in: KoR, 7. Jg. (2007), S. 550–560.

Lutter, Marcus (1996):
Europäisches Unternehmensrecht: Grundlagen, Stand und Entwicklung nebst Texten und Materialien zur Rechtsangleichung, 4. Aufl., Berlin 1996.

Lutter, Marcus/Krieger, Gerd (2008):
Rechte und Pflichten des Aufsichtsrats, 5. Aufl., Köln 2008.

Mäder, Patrick/Schärli, Oliver (2002):
Zeitgerecht informieren über Unternehmensabschlüsse – Qualitäts- und Effizienzsteigerung des Abschlussprozesses mit Fast Close, in: ST, 76. Jg. (2002), S. 1079–1084.

Mandl, Gerwald/Rabel, Klaus (1991):
Unternehmensbewertung und Pflichtteilsbemessung – Zur Relevanz von Finanzierungs- und Ertragsteuerwirkungen, in: Rückle, Dieter (Hrsg.): Aktuelle Fragen der Finanzwirtschaft und der Unternehmensbesteuerung – Festschrift für Erich Loitlsberger zum 70. Geburtstag, Wien 1991, S. 447–472.

Marten, Kai-Uwe/Quick, Rainer/Ruhnke, Klaus (2007):
Wirtschaftsprüfung – Grundlagen des betriebswirtschaftlichen Prüfungswesens nach nationalen und internationalen Normen, 3. Aufl., Stuttgart 2007.

Mattheus, Daniela/Schwab, Martin (2004):
Fehlerkorrektur nach dem Rechnungslegungs-Enforcement: Private Initiative vor staatlicher Intervention, in: BB, 59. Jg. (2004), S. 1099–1106.

Mayer-Wegelin, Eberhard (2006):
Kriterien für die Wesentlichkeit bei den Entscheidungen im Enforcement, in: BB-Special 4, 61. Jg. (2006), S. 8–14.

Mayer-Wegelin, Eberhard (2009):
Impairmenttest nach IAS 36 – Realität und Ermessensspielraum, in: BB, 64. Jg. (2009), S. 94–96.

Mayer-Wegelin, Eberhard (2010):
Zur Anwendung der IFRS in der Praxis – Erfahrungen aus dem Enforcement, in: BB, 65. Jg. (2010), S. 2811–2816.

Melcher, Winfried/Murer, Alexander (2011):
Das IFRS Practice Statement „Management Commentary" im Vergleich zu den DRS Verlautbarungen zur Lageberichterstattung, in: DB, 64. Jg. (2011), S. 430 – 434.

Mellwig, Winfried (1985):
Investition und Besteuerung, Wiesbaden 1985.

Mellwig, Winfried (1994):
Kompendium für das Examen zum vBP/WP, Band 2, Betriebswirtschaft, 2. Auflage, Hamburg 1994.

Mellwig, Winfried/Sabel, Elmar (2005):
Der Grundsatz der Nichtbilanzierung schwebender Geschäfte unter den IAS/IFRS, in: Der Konzern, 3. Jg. (2005), S. 357–370.

Menken, Klaus (1993):
Informationsökonomie, Bilanztheorie und HGB 1985, Göttingen 1993.

Merkt, Hanno (2001):
Unternehmenspublizität – Offenlegung von Unternehmensdaten als Korrelat der Marktteilnahme, Tübingen 2001.

Merkt, Hanno (2006):
Das Informationsmodell im Gesellschafts- und Kapitalmarktrecht, in: zfbf, 58. Jg. (2006), Sonderheft Nr. 55 – Rechnungslegung, Kapitalmarkt und Unternehmensführung, S. 24–60.

Merkt, Hanno/Göthel, Stephan R. (2003):
Vorschriften und Ansätze der Quartalsberichterstattung: Vergleich USA – Deutschland, in: Recht der internationalen Wirtschaft, 49. Jg. (2003), S. 23–32.

Meyer, Herbert (2010):
Komplexität von IFRS und wirtschaftliche Situation als Hauptursachen von Fehlern in Konzernabschlüssen, in: Der Konzern, 8. Jg. (2010), S. 226–233.

Meyer, Herbert (2010a):
Aktuelle Entwicklungen des Enforcement in Deutschland, in: IRZ, 5. Jg. (2010), S. 153–158.

Meyer, Herbert/von Wolfersdorff, Janine (2008):
Finanzkrise: Abbild in Rechnungslegung & Prüfung – Fragen an Dr. Herbert Meyer, in: DB, Beilage Status: Recht, 61. Jg. (2008), S. 381–383.

Meyer, Marco et al. (2010):
Latente Steuern – Bewertung, Bilanzierung, Beratung, 2. Aufl., Wiesbaden 2010.

Meyer, Marco/Ruberg, Lars (2010):
Die Erstellung von Planungsrechnungen als Voraussetzung für die Bilanzierung latenter Steuern – Anwendungsfelder, Anforderungen, Zweifelsfragen, in: DStR, 48. Jg. (2010), S. 1538–1543.

Mock, Sebastian (2007):
Kommentar zu § 37w WpHG, in: Zöllner, Wolfgang/Noack, Ulrich (Hrsg.): Kölner Kommentar zum WpHG, Köln/Berlin/München 2007.

Mock, Sebastian (2007a):
Kommentar zu § 37x WpHG, in: Zöllner, Wolfgang/Noack, Ulrich (Hrsg.): Kölner Kommentar zum WpHG, Köln/Berlin/München 2007.

Modigliani, Franco/Perotti, Enrico (2000):
Security Markets versus Bank Finance: Legal Enforcement and Investors' Protection, in: International Review of Finance, Vol. 1 (2000), S. 81–96.

Moxter, Adolf (1962):
Der Einfluß von Publizitätsvorschriften auf das unternehmerische Verhalten, Köln/Opladen 1962.

Moxter, Adolf (1964):
Präferenzstruktur und Aktivitätsfunktion des Unternehmers, in: zfbf, 16. Jg. (1964), S. 6–35.

Moxter, Adolf (1976):
Fundamentalgrundsätze ordnungsmäßiger Rechenschaft, in: Baetge, Jörg/Moxter, Adolf/Schneider, Dieter (Hrsg.): Bilanzfragen – Festschrift zum Geburtstag von Prof. Dr. Ulrich Leffson, Düsseldorf 1976, S. 88–100.

Moxter, Adolf (1979):
Immaterielle Anlagewerte im neuen Bilanzrecht, in: BB, 34. Jg. (1979), S. 1102–1109.

Mülbert, Peter O. (2009):
Kommentar zu § 37w WpGH – Halbjahresfinanzbericht, in: Assmann, Heinz-Dieter/Schneider, Uwe H. (Hrsg.): Wertpapierhandelsgesetz – Kommentar, 5. Aufl., Köln 2009, S. 1801–1814.

Mülbert, Peter/Steup, Steffen (2007):
Das zweispurige Regime der Regelpublizität nach Inkrafttreten des TUG* – Nachbesserungsbedarf aus Sicht von EU- und nationalem Recht, in: NZG, 10. Jg. (2007), S. 761–770.

Müller, Christian (1995):
Agency-Theorie und Informationsgehalt – Der Beitrag des normativen Prinzipal-Agent-Ansatzes zum Erkenntnisfortschritt der Betriebswirtschaftslehre, in: DBW, 55. Jg. (1995), S. 61–76.

Müller, Christian (2010):
Die Fehlerfeststellung im Enforcement-Verfahren, in: AG, 55. Jg. (2010), S. 483–490.

Müller, Eckhard (1982):
Probleme kurzfristiger Rechnungslegung: Aufstellung, Zwecke und Auswertung der monatlichen Aufwands- und Ertragsrechnung sowie Vermögens- und Kapitalrechnung, Thun/Frankfurt a. M. 1982.

Müller, Katrin (2006):
Die Unabhängigkeit des Abschlussprüfers – Eine kritische Analyse der Vorschriften in Deutschland im Vergleich zu den Vorschriften der Europäischen Union, der IFAC und in den USA, Wiesbaden 2006.

Müller, Matthias (2002):
Aufsichtsrat und Abschlussprüfer – ein spannendes Verhältnis, in: WPg, 55. Jg. (2002), S. 1301–1306.

Müller, Stefan/Reinke, Jens (2009):
Abschlusspolitik im Rahmen des *impairment*-Tests – Auswirkungen von Abschlusspolitik auf die Höhe des erzielbaren Betrags, in: PiR, 5. Jg. (2009), S. 299–306.

Müller, Stefan/Reinke, Jens (2010):
Parameter bei der Bestimmung von Wertminderungen nach IAS 36 – Eine empirische Analyse mit Blick auf Angabepflichten und abschlusspolitische Auswirkungen auf der Basis der im DAX, MDAX und SDAX notierten Unternehmen, in: KoR, 10. Jg. (2010), S. 23–32.

Müller, Stefan/Reinke, Jens (2010a):
Überwachung durch die Deutsche Prüfstelle für Rechnungslegung (DPR) und die vom Enforcementverfahren ausgehende Präventionsfunktion – Empirische Analyse der Entwicklung anhand der Angaben zu IAS 36 für die Jahre 2005 bis 2006, in: IRZ, 5. Jg. (2010), S. 505–510.

Müller, Stefan/Stute, Andreas (2006):
Ausgestaltung der unterjährigen Berichterstattung deutscher Unternehmen: E-DRS 21 im Vergleich mit nationalen und internationalen Regelungen, in: BB, 61. Jg. (2006), S. 2803–2810.

Müller, Stefan/Stute, Andreas (2007):
Verbesserungen der Unternehmensüberwachung durch unterjährige Berichterstattung. Auswirkungen aktueller rechtlicher Änderungen, in: ZCG, 2. Jg. (2007), S. 35–42.

Müller, Stefan/Wulf, Inge (2001):
Jahresabschlusspolitik nach HGB, IAS und US-GAAP, in: BB, 56. Jg. (2001), S. 2206–2213.

Müller, Wilfried (1976):
Die Zwischenberichtspublizität der deutschen Aktiengesellschaften, Düsseldorf 1976.

Mujkanovic, Robin (2005):
Rechnungslegung und erstmalige Zwischenberichterstattung nach IFRS unter Berücksichtigung der Transparenzrichtlinie, in: KoR, 5. Jg. (2005), S. 146–154.

Mutter, Stefan/Arnold, Michael/Stehle, Stefan (2007):
Die Hauptversammlung unter Geltung des TUG, in: AG, 52. Jg. (2007), S. R109–R114.

Naumann, Klaus-Peter (2006):
Das Spannungsverhältnis zwischen Relevanz und Verlässlichkeit in der Rechnungslegung – Ein Beitrag zur Fortentwicklung von HGB und IFRS, in: ZfB, 76. Jg. (2006), Special Issue Nr. 6 – Rechnungslegung nach internationalen Grundsätzen, S. 43–75.

Naumann, Klaus-Peter (2010):
Ist die Kapitalmarktorientierung der alleinige Maßstab für die Rechnungslegung? – Capital-Market Orientation: The Sole Benchmark for Financial Reporting?, in: WPg, 63. Jg. (2010), Sonderheft 2010 – Finanzmarktkrise und Binnenmarkt, S. S11–S12.

Nießen, Tobias (2007):
Die Harmonisierung der kapitalmarktrechtlichen Transparenzregeln durch das TUG, in: NZG, 10. Jg. (2007), S. 41–46.

Nonnenmacher, Rolf (2009):
§ 57 – Unterjährige Finanzberichterstattung, in: Marsch-Barner, Reinhard/Schäfer, Frank A. (Hrsg.): Handbuch börsennotierte AG: Aktien- und Kapitalmarktrecht, 2. Aufl., Köln 2009, S. 1740–1757.

Nonnenmacher, Rolf/Pohle, Klaus/von Werder, Axel (2009):
Aktuelle Anforderungen an Prüfungsausschüsse – Leitfaden für Prüfungsausschüsse (Audit Committees) unter Berücksichtigung des Bilanzrechtsmodernisierungsgesetzes (BilMoG), in: DB, 62. Jg. (2009), S. 1447–1454.

o. V. (1999):
Das Quartal läuft bis zum 35. März, in: Handelsblatt vom 18.02.1999, Nr. 34, S. 20.

Ordelheide, Dieter (1993):
Institutionelle Theorie und Unternehmung, in: Wittmann, Waldemar et al. (Hrsg.): Handwörterbuch der Betriebswirtschaft, Teilband 2 I – Q, 5. Auflage, Stuttgart 1993, Sp. 1838–1855.

Ordelheide, Dieter (1997):
Kapitalmarktorientierte Bilanzierungsregeln für den Geschäftswert – HGB, IAS und US-GAAP, in: Forster, Karl-Heinz et al. (Hrsg.): Festschrift für Bruno Kropff – Aktien- und Bilanzrecht, Düsseldorf 1997, S. 569–589.

Orth, Christian (2000):
Abschlussprüfung und Corporate Governance – Vom Financial Audit zum Business Audit vor dem Hintergrund der Erwartungslücke, Wiesbaden 2000.

Oser, Peter/Harzheim, Thomas (2008):
Enforcement der Rechnungslegung aus Sicht von Unternehmen und Abschlussprüfern, in: Küting, Karlheinz/Pfitzer, Norbert/Weber, Claus-Peter (Hrsg.): Bilanz als Informations- und Kontrollinstrument – Kapitalmarktorientierte Rechnungslegung und integrierte Unternehmenssteuerung, Stuttgart 2008, S. 67–100.

Osman, Yasmin (2011):
Bewertungswirrwarr in Bankbilanzen, in: Handelsblatt vom 19.08.2011, Nr. 160, S. 40.

Padberg, Thomas/Werner, Thomas (2003):
Analyse der Zwischenberichterstattung von Banken, in: Zeitschrift für das gesamte Kreditwesen, 56. Jg. (2003), S. 974–979.

Passow, Richard (1909):
Die Entstehung des Aufsichtsrats der Aktiengesellschaft, in: ZHR, 64. Jg. (1909), S. 27–57.

Peemöller, Volker (2009):
Abschnitt 19 – Zwischenberichterstattung, in: Ballwieser, Wolfgang et al. (Hrsg.): Wiley Kommentar zur internationalen Rechnungslegung nach IFRS 2009, 5. Aufl., Weinheim 2009, S. 1039–1061.

Pellens, Berhnhard et al. (2008):
Internationale Rechnungslegung – IFRS 1 bis 8, IAS 1 bis 41, IFRIC-Interpretationen, Standardentwürfe, 7. Aufl., Stuttgart 2008.

Pellens, Bernhard/Jannett, Stefan/Schmidt, André (2009):
Bilanzierungsstandards im Kontext der Finanzmarktkrise, in: Perspektiven der Wirtschaftspolitik, 10. Jg. (2009), S. 413–435.

Pellens, Bernhard/Nölte, Uwe/Berger, Ole (2007):
Ergebnisprognose durch das Management – Sind die Managementprognosen der DAX-Unternehmen zu pessimistisch?, in: FB, 9. Jg. (2007), S. 24–29.

Pellens, Bernhard/Sellhorn, Thorsten (2001):
Neue Goodwill-Bilanzierung nach US-GAAP – Der Impairment-Only Approach des FASB, in: DB, 54. Jg. (2001), S. 713–720.

Peltzman, Sam (1976):
Toward a More General Theory of Regulation, in: Journal of Law and Economics, Vol. 19 (1976), S. 211–240.

Pfeil, Oliver P./Vater, Hendrik J. (2002):
Neues über Goodwill und immaterielle Werte – Analyse der SFAS No. 141/142, Teil 2: Finanzwirtschaftliche Auswirkungen, in: ST, 76. Jg. (2002), S. 665–672.

Pfitzer, Norbert/Oser, Peter/Orth, Christian (2008):
Reform des Aktien-, Bilanz- und Aufsichtsrechts – BilMoG, MoMiG, TUG, EHUG und weitere Reformgesetze, 3. Aufl., Stuttgart 2008.

Pfleger, Günter (1991):
Die neue Praxis der Bilanzpolitik: Strategien und Gestaltungsmöglichkeiten im handels- und steuerrechtlichen Jahresabschluss, 4. Aufl., Freiburg 1991.

Pfüller, Markus (2009):
Kommentar zu § 15a WpHG, in: Fuchs, Andreas (Hrsg.): Kommentar zum Wertpapierhandelsgesetz (WpHG), München 2009, S. 691–758.

Philipps, Holger (2007):
Halbjahresfinanzberichterstattung nach dem WpHG – Umsetzung der neuen Anforderungen für den Zwischenbericht von Unternehmen des Prime Standards, in: DB, 60. Jg. (2007), S. 2326–2332.

Picard, Nadja/Schneider, Jörg (2009):
Finanzkrise hält Einzug in Lageberichte, in: GoingPublic Magazin, o. Jg. (2009), S. 56–57.

Picot, Arnold (1989):
Zur Bedeutung allgemeiner Theorieansätze für die betriebswirtschaftliche Information und Kommunikation: Der Beitrag der Transaktionskosten- und Principal-Agent-Theorie, in: Kirsch, Werner/Picot, Arnold (Hrsg.): Die Betriebswirtschaftlehre im Spannungsfeld zwischen Generalisierung und Spezialisierung, Wiesbaden 1989, S. 361–379.

Picot, Arnold (1991):
Ökonomische Theorie der Organisation – Ein Überblick über neuere Ansätze und deren betriebswirtschaftliches Anwendungspotential, in: Ordelheide, Dieter/Rudolph, Bernd/Büsselmann, Elke (Hrsg.): Betriebswirtschaftslehre und Ökonomische Theorie, Stuttgart 1991, S. 143–170.

Pixelpark (2008):
Pixelpark AG, Zwischenbericht zum ersten Halbjahr 2008, Berlin 2008.

Pixelpark (2009):
Pixelpark AG, Zwischenbericht zum ersten Halbjahr 2009, Berlin 2009.

PONAXIS (2006):
Zwischenbericht der PONAXIS AG (nunmehr loginet3 AG) zum 30. Juni 2006, Hamburg 2006.

Porsche (2009):
Porsche Automobil Holding SE, Halbjahresfinanzbericht zum 31. Januar 2009, Stuttgart 2009.

Pottgießer, Gaby/Velte, Patrick/Weber, Stefan C. (2005):
Ermessensspielräume im Rahmen des Impairment-Only-Approach – Eine kritische Analyse zur Folgebewertung des derivativen Geschäfts- oder Firmenwerts (Goodwill) nach IFRS 3 und IAS 36 (rev. 2004), in: DStR, 43. Jg. (2005), S. 1748–1752.

Potthoff, Erich/Trescher, Karl/Theisen, Manuel R. (2003):
Das Aufsichtsratsmitglied – Ein Handbuch der Aufgaben, Rechte und Pflichten, 6. Aufl., Stuttgart 2003.

Prange, Sven et al. (2010):
Spielraum für Vorstände, in: Handelsblatt vom 14.04.2010, Nr. 071, S. 4.

Pratt, John W./Zeckhauser, Richard J. (1985):
Principals and Agents: An Overview, in: Pratt, John W./Zeckhauser, Richard J. (Hrsg.): Principals and Agents: The Structure of Business, Boston 1985, S. 37–51.

Prigge, Cord (2006):
Konzernlageberichterstattung vor dem Hintergrund nach IFRS, Düsseldorf 2006.

Probst, Arno/Theisen, Manuel R. (2008):
Kompetenz und Zeit: Wichtig für ein Aufsichtsratsmandat – Ergebnisse der 4. Panel-Befragung, in: Der Aufsichtsrat, 5. Jg. (2008), S. 154–156.

Protzek, Heribert (2003):
Der Impairment Only-Ansatz – Wider der Vernunft, in: KoR, 3. Jg. (2003), S. 495–502.

Prühs, Hagen (1970):
Der Sachverstand im Aufsichtsrat, in: AG, 15. Jg. (1970), S. 347–353.

PwC (2007):
Werthaltigkeit des Goodwills und anderer Vermögenswerte – Organisatorische Herausforderung der Bilanzierung nach internationalen Rechnungslegungsstandards, o. O. 2007.

PwC (2008):
Steuerermittlung in der Quartalsberichterstattung – Ermittlung tatsächlicher und latenter Steuern nach IAS 34, o. O. 2008.

PwC (2009):
Enforcement Planner – Leitfaden für Unternehmen im DPR-Prüfprozess, 3. Aufl., o. O. 2009.

PwC (2010):
Latente Steuern in der Zwischenberichterstattung – Handout zum Seminar „Latente Steuern in der Zwischenberichterstattung" gehalten am 31.05.2010 in Düsseldorf.

PwC (2010a):
Manual of Accounting – IFRS 2011, London 2010.

Quick, Rainer/Reus, Michael (2009):
Zur Qualität der Prognoseberichterstattung der DAX 30-Gesellschaften, in: KoR, 9. Jg. (2009), S. 18–32.

Rabenhorst, Dirk/Wiechens, Gero (2009):
Praxis der Halbjahresfinanzberichterstattung der DAX 30-Unternehmen, in: DB, 62. Jg. (2009), S. 521–526.

Rahe, Ingo (2008):
Kommentar zu IAS 34 Zwischenberichterstattung (Stand: Februar 2008), in: Thiele, Stefan/von Keitz, Isabel/Brücks, Michael (Hrsg.): Internationales Bilanzrecht. Rechnungslegung nach IFRS, Bonn/Berlin: Loseblattsammlung, Stand: November 2010.

Raiser, Thomas/Veil, Rüdiger (2010):
§ 15 – Der Aufsichtsrat, in: Raiser, Thomas/Veil, Rüdiger (Hrsg.): Recht der Kapitalgesellschaften – Ein Handbuch für Praxis und Wissenschaft – Aktiengesellschaft, Kommanditgesellschaft auf Aktien, Gesellschaft mit beschränkter Haftung, Übernahmerecht, Umwandlungsrecht, Konzernrecht, internationales Gesellschaftsrecht, europäisches Gesellschaftsrecht, 5. Aufl., München 2010, S. 155–191.

Rappaport, Alfred (1990):
The Staying Power of the Public Corporation, in: Harvard Business Review, Vol. 68 (1990), S. 96–104.

Raschke, Jens/Vogel, Johannes (2002):
Fast Close – Verkürzung der Jahresabschlusszeiten, in: KoR, 2. Jg. (2002), S. 277–288.

Ratcliff, Thomas A. (2004):
Reviews of Interim Financial Information, in: CPA Journal, vol. 74 (2004), S. 42–46.

Reinke, Jens (2010):
Impairmenttest nach IAS 36 – Grundlagen, Durchführung, abschlusspolitisches Potenzial, Berlin 2010.

Richter, Martin (1975):
Die Sicherung der aktienrechtlichen Publizität durch ein Aktienamt, Köln et al. 1975.

Richter, Rudolf/Bindseil, Ulrich (1995):
Neue Institutionenökonomik, in: WiSt, 24. Jg. (1995), S. 132–140.

Ringleb, Hendrik-Michael (2010):
7. Rechnungslegung und Abschlussprüfung, I. Unternehmenspublizität, in: Ringleb, Hendrik-Michael/Kremer, Thomas/Lutter, Marcus/von Werder, Axel (Hrsg.): Kommentar zum Deutschen Corporate Governance Kodex. Kodex-Kommentar, 4. Aufl., München 2010, Rn. 1301–1337.

Risse, Robert (2010):
Steuercontrolling- und Reporting – Konzernsteuerquote und deren Bedeutung für das Steuermanagement, Wiesbaden 2010.

Rodewald, Jörg/Unger, Ulrike (2006):
Zusätzliche Transparenz für die europäischen Kapitalmärkte – die Umsetzung der EU-Transparenzrichtlinie in Deutschland, in: BB, 61. Jg. (2006), S. 1917–1919.

Roese, Bernd/von Rosen, Rüdiger (2009):
Erfahrungen mit DPR-Prüfungen – Ergebnisse einer Umfrage unter Führungskräften im Rechnungswesen kapitalmarktorientierter Unternehmen, in: PricewaterhouseCoopers/ Deutsches Aktieninstitut (Hrsg.): Studien des Deutschen Aktieninstituts e. V, Internet: http://www.dai.de/internet/dai/dai-2-0.nsf/dai_publikationen.htm, letzter Abruf: 31.08.2011, 11:47 Uhr.

Rolvering, Andrea (2002):
Zwischenberichterstattung börsennotierter Kapitalgesellschaften – Eine empirische Untersuchung zur Qualität der Unternehmenspublizität, Herne/Berlin 2002.

Rolvering, Andrea/Stahl, Anne B. (1999):
Die Aussagefähigkeit von Zwischenberichten ausgewählter DAX- und „Neuer Markt-Unternehmen, in: krp, 43. Jg. (1999), S. 294-300.

Rothfuss, Christian (2005):
Die Zwischenberichterstattung börsennotierter deutscher Unternehmen: eine theoretische und empirische Untersuchung nach nationalen und internationalen Vorschriften, Würzburg 2005.

Ruhnke, Klaus (2003):
Nutzen von Abschlussprüfungen: Bezugsrahmen und Einordnung empirischer Studien, in: zfbf, 55. Jg. (2003), S. 250–280.

Ruhnke, Klaus (2008):
Rechnungslegung nach IFRS und HGB – Lehrbuch zur Theorie und Praxis der Unternehmenspublizität mit Beispielen und Übungen, 2. Aufl., Stuttgart 2008.

Ruhnke, Klaus (2008a):
Kapitalkostensatzermittlung für die Zwecke der Nutzungswertbestimmung gem. IAS 36, in: BB, 63. Jg. (2008), S. 43–47.

Ruhnke, Klaus/Canitz, Ilka (2010):
Indikatoren für eine Wertminderung nach IAS 36 – Eine empirische Analyse unter besonderer Berücksichtigung eines die Marktkapitalisierung übersteigenden Buchwerts des Reinvermögens, in: KoR, 10. Jg. (2010), S. 13–22.

Saelzle, Rainer/Kronner, Markus (2004):
Die Informationsfunktion des Jahresabschlusses – dargestellt am sog. „impairment-only-Ansatz", in: WPg, 57. Jg. (2004), Sonderheft 2004 – Wirtschaftsprüfung und Zeitgeist: Prof. Dr. Dr. h.c. mult. Adolf Moxter zum 75. Geburtstag, S. S154–165.

Sanio, Jochen (2008):
Das deutsche Enforcementsystem – Erfahrungen und Perspektiven für die Zukunft, in: Bruns, Hans-Georg et al. (Hrsg.): Globale Finanzberichterstattung – Entwicklung, Anwendung und Durchsetzung von IFRS: Festschrift für Liesel Knorr, Stuttgart 2008, S. 515–528.

Scheffler, Eberhard (2006):
Aufgaben und erste Erfahrungen des Enforcements, in: IRZ, 1. Jg. (2006), S. 13–21.

Scheffler, Eberhard (2007):
Die Möglichkeiten und Grenzen der DPR bei Enforcement und Interpretation der Rechnungslegungsstandards, in: Heyd, Reinhard/Keitz, Isabel von (Hrsg.): IFRS-Management, München 2007, S. 75–91.

Scheffler, Eberhard (2007a):
Enforcement der Rechnungslegung in Deutschland, Der Konzern, 5. Jg. (2007), S. 589–597.

Scheffler, Eberhard (2009):
B 750 – Zwischenberichterstattung (Stand: Januar 2009), in: Castan, Edgar et al. (Hrsg.): Beck'sches Handbuch der Rechnungslegung, Band II, München: Loseblattsammlung, Stand: August 2010.

Schildbach, Thomas (1986):
Jahresabschluß und Markt, Berlin 1986.

Schildbach, Thomas (1998):
Zeitwertbilanzierung in USA und nach IAS, in: BFuP, 50. Jg. (1998), S. 580–592.

Schindler, Joachim (2002):
Prüferische Durchsicht von Jahres-, Konzern- und Zwischenabschlüssen, in: WPg, 55. Jg. (2002), S. 1122–1134.

Schmalenbach, Eugen (1909):
Monatsbilanzen ohne Inventur, in: Zeitschrift für handelswissenschaftliche Forschung, 4. Jg. (1909), S. 500–504.

Schmidt-Versteyl, Michael (2008):
Durchsetzung ordnungsgemäßer Rechnungslegung in Deutschland: Enforcement nach dem Bilanzkontrollgesetz, Berlin 2008.

Schmundt, Wilhelm (2008):
Die Prognose von Ertragsteuern im Discounted-cash-flow-Verfahren: eine Analyse der decision usefulness der IAS 12 und SFAS 109, Wiesbaden 2008.

Schmusch, Matthias/Laas, Tim (2006):
Werthaltigkeitsprüfung nach IAS 36 in der Interpretation von IDW RS HFA 16, in: WPg, 59. Jg. (2006), S. 1048–1060.

Schneider, Dieter (1981):
Kapitalmarkteffizienz durch Jahresabschlussreformen?, Göttingen 1981.

Schneider, Uwe (2000):
Kapitalmarktorientierte Corporate Governance-Grundsätze, in: DB, 53. Jg. (2000), S. 2413–2417.

Schneider, Uwe (2002):
Der pflichtenauslösende Sachverhalt bei „Directos' Dealings", in: BB, 57. Jg. (2002), S. 1817–1821.

Schreiber, Stefan M. (2006):
IFRIC-Verlautbarungen der letzten 18 Monate: die Interpretationen IFRIC 6 bis IFRIC 10 und ausgewählte 'Non-Interpretations', in: BB, 61. Jg. (2006), S. 1842–1848.

Schröder, Oliver (2002):
Unternehmenspublizität und Kapitalmärkte, Baden-Baden 2002.

Schruff, Wienand (2001):
Unternehmensüberwachung und Abschlußprüfer, in: IDW (Hrsg.): Kapitalmarktorientierte Unternehmensüberwachung – Chancen und Risiken, Bericht über die Fachtagung 2000 des Institut der Wirtschaftsprüfer in Deutschland e. V., Düsseldorf 2001, S. 149–176.

Schruff, Wienand/Nowak, Erik/Feinendegen, Stefan (2001):
Ad-hoc-Publizitätspflicht des Jahresergebnisses gemäß § 15 WpHG: Wann muss veröffentlicht werden?, in: BB, 56. Jg. (2001), S. 719–725.

Schulte, Karl-Werner (1986):
Bilanzpolitik und Publizitätsverhalten deutscher Aktiengesellschaften – Derzeitige Praxis und erwartete Auswirkungen des Bilanzrichtlinien-Gesetzes, Bergisch Gladbach/Köln 1986.

Schulz-Danso, Martin (2009):
§ 25 – Laufende und latente Ertragsteuern, in: Bohl, Werner et al. (Hrsg.): Beck'sches IFRS-Handbuch: Kommentierung der IFRS/IAS, 3. Aufl., München 2009, S. 869–946.

Schwark, Eberhard (1976):
Börsengesetz – Kommentar zum Börsengesetz, zu den börsenrechtlichen Nebenbestimmungen und den Insider-Richtlinien, München 1976.

Seibt, Christoph/Huizinga, Michiel (2010):
Prognosen im Kapitalmarktrecht, in: Corporate Finance law, 1. Jg. (2010), S. 289–303.

Selch, Barbara/Rothfuss, Christian (2000):
Empirische Befunde über Umfang und Qualität der Zwischenberichterstattung börsennotierter deutscher Kapitalgesellschaften – Untersuchung der Zwischenberichtspublizität vor dem Hintergrund der börsenrechtlichen Vorschriften, in: WPg, 53. Jg. (2000), S. 506–519.

Semler, Johannes (1996):
Leitung und Überwachung der Aktiengesellschaft – Die Leitungsaufgabe des Vorstands und die Überwachungsaufgabe des Aufsichtsrats, 2. Aufl., Köln 1996.

Semler, Johannes (2007):
Erinnerungen an die praktische Tätigkeit eines Aufsichtsratsmitglieds, in: von Rosen, Rüdiger (Hrsg.): Studien des Deutschen Aktieninstituts, Heft 37, Frankfurt a. M. 2007.

Semler, Johannes (2009):
§ 1 – Die Kompetenz des Aufsichtsrats, in: Semler, Johannes/Schenck, Kersten (Hrsg.): Arbeitshandbuch für Aufsichtsratsmitglieder, 3. Aufl., München 2009,S. 1–68.

Shillinglaw, Gordon (1961):
Concepts Underlying Interim Financial Statements, in: The Accounting Review, Vol. 36 (1961), S. 222–231.

Siegel, Theodor (2002):
Zur unsinnigen Bilanzierung eines zufälligen Teils des unbekannten originären Geschäftswerts nach DRS 1a – Widerspruch zum Beitrag von Zimmermann, DB 2000, S. 385, in: DB, 55. Jg. (2002), S. 749–751.

Siemens (2010):
Einladung zur Hauptversammlung der Siemens AG am 26.01.2010, Internet: http://www.siemens.com/investor/de/praesentationen_events/hauptver-sammlung.htm, letzter Abruf: 10.01.2011, 09:29 Uhr.

Simlacher, Alfred/Schurbohm-Ebneth, Anne (2009):
Die geplanten Änderungen zur Bilanzierung von Ertragsteuern in IFRS-Abschlüssen, in: KoR, 9. Jg. (2009), S. 389–399.

Sky (2008):
Premiere AG (nunmehr Sky Deutschland AG) – Halbjahresbericht 2008, Internet: http://info.sky.de/inhalt/static/download/aktie/2008/q2_2008/deutsch/premiere_ag_q2_2008_bericht_d.pdf, letzter Abruf: 12.02.2011, 13:51 Uhr.

Sloan, Richard G. (2001):
Financial accounting and corporate governance: a discussion, in: Journal of Accounting and Economics, Vol. 32 (2001), S. 335–347.

Sperl, Andreas (1978):
Prüfungsplanung, Düsseldorf 1978.

Spremann, Klaus (1987):
Agency Theory and Risk Sharing, in: Bamberg, Günter/Spremann, Klaus (Hrsg.): Agency theory, information, and incentives, Berlin 1987, S. 3–37.

Spremann, Klaus (1990):
Asymmetrische Information, in: ZfB, 60. Jg. (1990), S. 561–586.

Staubus, George J. (1999):
The decision-usefulness theory of accounting: a limited history, New York/London 1999.

Streim, Hannes (1988):
Grundzüge der handelsrechtlichen und steuerrechtlichen Bilanzierung, Stuttgart 1988.

Streim, Hannes (2000):
Die Vermittlung von entscheidungsnützlichen Informationen durch Bilanz und GuV – Ein nicht einlösbares Versprechen der internationalen Standardsetter, in: BFuP, 52. Jg. (2000), S. 111–131.

Streim, Hannes/Bieker, Marcus/Esser, Maik (2003):
Vermittlung entscheidungsnützlicher Information durch Fair Values – Sackgasse oder Licht am Horizont?, in: BFuP, 55. Jg. (2003), S. 457–479.

Streim, Hannes/Bieker, Marcus/Leippe, Britta (2001):
Anmerkungen zur theoretischen Fundierung der Rechnungslegung nach International Accounting Standards, in: Schmidt, Hartmut/Ketzel, Eberhart/Prigge, Stefan (Hrsg.): Stützel, Wolfgang – Moderne Konzepte für Finanzmärkte, Beschäftigung und Wirtschaftsverfassung, Tübingen 2001, S. 177–206.

Strenger, Christian (2010):
Kritische Gedanken zur Rolle von Aufsichtsrat und Wirtschaftsprüfern, in: WPg, 63. Jg. (2010), S. I.

Strieder, Thomas (2002):
Abgrenzung der Regelberichterstattung von der Ad-hoc-Publizität, in: FB, 4. Jg. (2002), S. 735–739.

Strieder, Thomas (2005):
DCGK: Deutscher Corporate Governance Kodex – Praxiskommentar, Berlin 2005.

Strieder, Thomas (2007):
Jahresabschlusskompetenzen des Aufsichtsrats, in: Der Aufsichtsrat, 4. Jg. (2007), S. 22–24.

Strieder, Thomas/Ammedick, Oliver (2007):
Die periodische unterjährige externe Rechnungslegung nach dem TUG und dem künftigen DRS 16, in: KoR, 7. Jg. (2007), S. 285–292.

Strieder, Thomas/Ammedick, Oliver (2007a):
Der Zwischenlagebericht als neues Instrument der Zwischenberichterstattung, in: DB, 60. Jg. (2007), S. 1368–1372.

Tesch, Jörg (2010):
IFRS: Zwischenberichterstattung – Inhalt, Erfassungs- und Bewertungsgrundsätze, Berlin 2010.

Theile, Carsten/Leippe, Britta (2009):
XI. Zwischenberichterstattung (IAS 34), in: Heuser, Paul/Theile, Carsten (Hrsg.): IFRS-Handbuch – Einzel- und Konzernabschluss, 4. Aufl., Köln 2009, S. 844–854.

Theiselmann, Rüdiger (2010):
Leitfaden für Manager am Kapitalmarkt Teil 3 Pflichten des Managements bei Kommunikation am Kapitalmarkt, in: Corporate Finance law, 1. Jg. (2010), S. 266–275.

Theisen, Manuel René (2007):
Information und Berichterstattung des Aufsichtsrats, 4. Aufl., Stuttgart 2007.

Tielmann, Sandra (2001):
Durchsetzung ordnungsmäßiger Rechnungslegung – Fortentwicklung der Vorschläge des IDW zur Umsetzung der Empfehlungen der Regierungskommission „Corporate Governance“ zur Schaffung eines deutschen Review Panels, in: DB, 54. Jg. (2001), S. 1625–1635.

Tietz-Weber, Susanne (2006):
Interessengruppen und Rechnungslegungsregeln – Eine Analyse des Umsetzungsprozesses der 4. EG-Richtlinie in das Bilanzrichtlinien-Gesetz, Wiesbaden 2006.

Velte, Patrick (2008):
Intangible Assets und Goodwill im Spannungsfeld zwischen Entscheidungsrelevanz und Verlässlichkeit, Wiesbaden 2008.

Volk, Gerrit (1990):
Jahresabschluss und Information – Zur formalen Struktur des Jahresabschlusses einer Kapitalgesellschaft, Heidelberg 1990.

von Eitzen, Bernd/Dahlke, Jürgen (2008):
Bilanzierung von Steuerpositionen nach IFRS: Latente Steuern im Einzel- und Konzernabschluss, Steuerrisiken, Zwischenberichterstattung, Stuttgart 2008.

von Keitz, Isabel/Stolle, Ingeborg (2008):
Fehlerfeststellung, -veröffentlichung und -korrektur im Rahmen des deutschen Enforcement – Anforderungen, Herausforderungen und Analyse der praktischen Umsetzung, in: KoR, 8. Jg. (2008), S. 213–226.

von Keitz, Isabel/Wenk, Marc Oliver (2010):
Eine quantitative und qualitative Analyse der von der DPR festgestellten Fehler bei der IFRS-Anwendung, in: DB, 63. Jg. (2010), S. 513–521.

von Rosen, Rüdiger (2000):
Transparenz auch zwischendurch, in: Börsen-Zeitung vom 26.04.2000, Nr. 80, S. 27.

von Rosen, Rüdiger (2004):
Kapitalmarkt und Corporate Governance unter Einbeziehung der Rechnungslegung, in: Der Konzern, 2. Jg. (2004), S. 325–332.

von Werder, Axel (2010):
6. Transparenz, VII. Finanzkalender, in: Ringleb, Hendrik-Michael/Kremer, Thomas/Lutter, Marcus/Werder, Axel von (Hrsg.): Kommentar zum Deutschen Corporate Governance Kodex. Kodex-Kommentar, 4. Aufl., München 2010, Rn. 1249–1251.

von Werder, Axel (2010a):
1. Teil. Vorbemerkung, I.1 Entstehungshintergrund des Kodex, in: Ringleb, Hendrik-Michael u. a. (Hrsg): Kommentar zum deutschen Corporate Governance Kodex, 4. Aufl., München 2010, Rn. 1–8.

von Werder, Axel /Talaulicar, Till (2009):
Kodex Report 2009: Die Akzeptanz der Empfehlungen und Anregungen des Deutschen Corporate Governance Kodex, in: DB, 62. Jg. (2009), S. 689–696.

von Werder, Axel /Talaulicar, Till (2010):
Kodex Report 2010: Die Akzeptanz der Empfehlungen und Anregungen des Deutschen Corporate Governance Kodex, in: DB, 63. Jg. (2010), S. 853–861.

von Werder, Axel /Talaulicar, Till/Pissarczyk, Anja (2010):
Das Kommentierungsverhalten bei Abweichungen vom Deutschen Corporate Governance Kodex – Ergebnisse einer empirischen Erhebung bei DAX-, TecDAX-, MDAX- und SDAX-Unternehmen, in: AG, 55. Jg. (2010), S. 62–72.

Wagenhofer, Alfred/Ewert, Ralf (2007):
Externe Unternehmensrechnung, Berlin et al. 2007.

Wagner, Jens (2007):
Die Bestellung des Abschlussprüfers für die prüferische Durchsicht – Fragen bei der aktuellen Vorbereitung der Hauptversammlung, in: BB, 62. Jg. (2007), S. 454–458.

Watrin, Christoph (2001):
Sieben Thesen zur künftigen Regulierung der Rechnungslegung, in: DB, 54. Jg. (2001), S. 933–938.

Watts, Ross L./Zimmerman, Jerold L. (1986):
Positiv Accounting Theory, New Jersey 1986.

Wehlte, Stefan (2008):
DCGK 2008 – Anmerkungen zur jüngsten Revision der Standards für gute Unternehmensführung und -überwachung, in: ZCG, 3. Jg. (2008), S. 216–220.

Werner, Jörg Richard (2006):
Unternehmenspublizität und Corporate Governance im Wandel – Staatliche Steuerungsmodelle im internationalen Vergleich, Frankfurt/New York 2006.

White, Gerald I./Sondhi, Ashwinpaul C./Fried, Dov (2003):
The analysis and use of financial statements, 3. Aufl., Hoboken 2003.

Wich, Stefan (2009):
Entfernungsverpflichtungen in der kapitalmarktorientierten Rechnungslegung nach IFRS, Wiesbaden 2009.

Wiedeking, Wendelin (2006):
Hat die Bundesregierung nichts gelernt? – Die geplanten Transparenzvorschriften benachteiligen deutsche Unternehmen, in: FAZ vom 05.07.2006, Nr. 153, S. 14.

Wiederhold, Philipp/Pukallus, Sabine (2007):
Zwischenberichterstattung nach dem Transparenzrichtlinie-Umsetzungsgesetz – Neue Anforderungen an kapitalmarktorientierte Unternehmen aus der Sicht der Corporate Governance, in: Der Konzern, 5. Jg. (2007), S. 264–274.

Wiemann, Hans-Ulrich (1987):
Unternehmenspublizität nach amerikanischem Kapitalmarktrecht: Entwicklungsstand und Vergleich zur deutschen Lösung, Baden-Baden 1987.

Wilhelmi, Sylvester (1971):
§ 171 – Prüfung durch den Aufsichtsrat, in: Godin, Reinhard Freiherr von/Wilhelmi, Sylvester (Hrsg.): Aktiengesetz – Kommentar, Teilband 1, 4. Aufl., Berlin/New York 1971, S. 1037–1042.

Williamson Oliver E. (1985):
The economic institutions of capitalism: firms, markets, relational contracting, London 1985.

Winkeljohann, Norbert/Küster, Thomas (2008):
Abschnitt G: Zwischenabschluss und Zwischenlagebericht, in: Budde, Wolfgang Dieter/Förschle, Gerhart/Winkeljohann, Norbert (Hrsg.): Sonderbilanzen, 4. Aufl., München 2008, S. 359–385.

Wirth, Johannes (2005):
Firmenwertbilanzierung nach IFRS – Unternehmenszusammenschlüsse, Werthaltigkeitstest, Endkonsolidierung, Stuttgart 2005.

Wittmann, Waldemar (1959):
Unternehmung und unvollkommene Informationen – Unternehmerische Voraussicht, Ungewißheit und Planung, Köln/Opladen 1959.

Wöhe, Günter (1997):
Bilanzierung und Bilanzpolitik – Betriebswirtschaftlich – Handelsrechtlich – Steuerrechtlich, 9. Aufl., München 1997.

Wohlgemuth, Frank (2007):
IFRS: Bilanzpolitik und Bilanzanalyse – Gestaltung und Vergleichbarkeit von Jahresabschlüssen, Berlin 2007.

Wöhrmann, Arnt (2009):
Intangible Impairment: Qualitativer Test für immaterielle Vermögenswerte, Wiesbaden 2009.

Wölk, Armin (1997):
Ad hoc-Publizität – Erfahrungen aus der Sicht des Bundesaufsichtsamts für den Wertpapierhandel, in: AG, 42. Jg. (1997), S. 73–80.

Wolz, Matthias (2004):
Die Prognosepublizität junger, wachstumsstarker Unternehmen und deren Auswirkungen auf den Unternehmenswert, in: Betrieb und Wirtschaft, 58. Jg. (2004), S. 109–117.

Wüstemann, Jens (2003):
Disclosure Regimes and Corporate Governance, in: Journal of Institutional and Theoretical Economics, Vol. 159 (2003), S. 717–726.

Zielke, Rainer (2006):
Internationale Steuerplanung zur Optimierung der Konzernsteuerquote, in: DB, 59. Jg. (2006), S. 2585–2594.

Zimmermann, Martin (2009):
Kommentar zu § 37w WpHG, in: Fuchs, Andreas (Hrsg.): Kommentar zum Wertpapierhandelsgesetz (WpHG), München 2009, S. 1953–1964.

Zimmermann, Martin (2009a):
Kommentar zu § 37x WpHG, in: Fuchs, Andreas (Hrsg.): Kommentar zum Wertpapierhandelsgesetz (WpHG), München 2009, S. 1964–1970.

Zimmermann, Martin (2009b):
Vor §§ 37v bis 37z WpHG, in: Fuchs, Andreas (Hrsg.): Kommentar zum Wertpapierhandelsgesetz (WpHG), München 2009, S. 1932–1947.

Zülch, Henning/Lienau, Achim/Willeke, Clemens (2005):
Bewertungen bei der Abbildung von Unternehmenserwerben und bei Werthaltigkeitsprüfungen nach IFRS – eine kritische Würdigung des IDW ERS HFA 16, in: Unternehmensbewertung & Management, o. Jg. (2005), S.103–109.

Zwirner, Christian/Künkele Kai Peter (2009):
Bedeutung latenter Steuern in wirtschaftlich unruhigen Zeiten, in: IRZ 4. Jg. (2009), S. 182–184.

Rechtsprechungsverzeichnis

BGH (2010):
Sonderprüfung, Rechtszug, Beschluss vom 01.03.2010, Aktenzeichen II ZB 1/10, in: AG, 55. Jg. (2010), S. 244–246.

OLG Düsseldorf (2010):
Bestellung eines Sonderprüfers, Beschluss vom 09.12.2009, Aktenzeichen I-6 W 45/09, in: AG, 55. Jg. (2010), S. 126–130.

OLG Frankfurt (2009):
Wesentlichkeit des Verstoßes gegen Rechnungslegungsvorschriften als Voraussetzung für Fehlerfeststellung im Enforcement-Verfahren – Anforderungen für Verzicht auf Anordnung der Fehlerveröffentlichung zum Schutz berechtigter Interessen des Unternehmens, Beschluss vom 22.01.2009, Aktenzeichen WpÜG 1/08, WpÜG 3/08, in: DB, 62. Jg. (2009), S. 333–340.

OLG Frankfurt (2010):
Fehlender Prognosebericht ist trotz Finanzkrise im Enforcementverfahren zu beanstandender Fehler, Beschluss vom 24.11.2009, Aktenzeichen WpÜG 11/09, WpÜG 12/09, in: BB, 65. Jg. (2010), S. 111–113.

OLG München (2010):
Anforderungen an Sachverstand eines Aufsichtsratsmitglieds auf den Gebieten Rechnungslegung oder Abschlussprüfung, Beschluss vom 28.04.2010, Aktenzeichen 23 U 5517/09, in: DB, 63. Jg., (2010), S. 1281–1282.

LG Nürnberg-Fürth (2007):
Freiwillige Sonderprüfung, AG, Hauptversammlung, Informationsanspruch der Aktionäre, Urteil vom 18.10.2007, Aktenzeichen: 1 HK O 6564/07, in: EWiR, 23. Jg. (2007), S. 705–706.

VGH Hessen (6. Senat) (2007):
Die in der Börsenordnung der Frankfurter Wertpapierbörse für den Prime Standard begründete Pflicht zur Veröffentlichung von Quartalsberichten ist mit höherrangigem Recht vereinbar, Urteil vom 28.03.2007, Aktenzeichen: 6 N 3224/04, in: WM, o. Jg. (2007), S. 1264–1270.

Quellenverzeichnis

Gesetze

HGB:
Handelsgesetzbuch vom 10.05.1897 (RGBl. S. 219); zuletzt geändert durch Artikel 18 des Gesetzes vom 08.12.2010, (BGBl. I 2010, S. 1768).

KonTraG (1998):
Gesetz zur Kontrolle und Transparenz im Unternehmensbereich (KonTraG), vom 27.04.1998, (BGBl. I 1998, S. 786).

TransPuG (2002):
Gesetz zur weiteren Reform des Aktien- und Bilanzrechts, zu Transparenz und Publizität (Transparenz- und Publizitätsgesetz) vom 19.07.2002, (BGBl. I 2002, S. 2681).

TUG (2007):
Gesetz zur Umsetzung der Richtlinie 2004/109/EG des Europäischen Parlaments und des Rates vom 15. Dezember 2004 zur Harmonisierung der Transparenzanforderungen in Bezug auf Informationen über Emittenten, deren Wertpapiere zum Handel auf einem geregelten Markt zugelassen sind, und zur Änderung der Richtlinie 2001/34/EG (Transparenzrichtlinie-Umsetzungsgesetz – TUG) vom 05.01.2007, (BGBl. I 2007, S. 10).

Viertes Finanzmarktförderungsgesetz (2002):
Gesetz zur weiteren Fortentwicklung des Finanzplatzes Deutschland (Viertes Finanzmarktförderungsgesetz) vom 21.06.2002, (BGBl. I 2002, S. 2010).

WpHG (2010):
Gesetz über den Wertpapierhandel (Wertpapierhandelsgesetz – WpHG) in der Fassung der Bekanntmachung vom 09.09.1998 (BGBl. I 1998, S. 2708); zuletzt geändert durch Artikel 7 des Gesetzes vom 19.11.2010, (BGBl. I 2010, S. 1592).

Verordnungen

Börsenzulassungs-Verordnung (1987):
Verordnung über die Zulassung von Wertpapieren zum regulierten Markt einer Wertpapierbörse (Börsenzulassungs-Verordnung – BörsZulV) vom 15.04.1987, in: BGBl. I, S. 1234; neu gefasst durch Bekanntmachung vom 09.09.1998 BGBl. I 1998, S. 2832; zuletzt geändert durch Artikel 19a Nr. 2 des Gesetzes vom 21.12.2007, (BGBl. I 2007, S. 3089).

IAS-Verordnung (2002):
Verordnung (EG) Nr. 1606/2002 des Europäischen Parlaments und des Rates vom 19. Juli 2002 betreffend die Anwendung internationaler Rechnungslegungsstandards (IAS-Verordnung), in: AblEG L 243 vom 11.09.2002.

TranspRLDV (2008):
Verordnung zur Umsetzung der Richtlinie 2007/14/EG der Kommission vom 8. März 2007 mit Durchführungsbestimmungen zu bestimmten Vorschriften der Richtlinie 2004/109/EG zur Harmonisierung der Transparenzanforderungen in Bezug auf Informationen über Emittenten, deren Wertpapiere zum Handel an einem geregelten Markt zugelassen sind (Transparenzrichtlinie-Durchführungsverordnung – TranspRLDV) vom 13.03.2008, (BGBl. I 2008, S. 408).

WpAIV (2004):
Verordnung zur Konkretisierung von Anzeige-, Mitteilungs- und Veröffentlichungspflichten sowie der Pflicht zur Führung von Insiderverzeichnissen nach dem Wertpapierhandelsgesetz (Wertpapierhandelsanzeige- und Insiderverzeichnisverordnung – WpAIV) vom 13.12.2004, (BGBl. I 2004, S. 3376); zuletzt geändert durch Artikel 5 des Gesetzes vom 12.08.2008, (BGBl. I 2008, S. 1666).

Richtlinien

Abänderungsrichtlinie (2006):
Richtlinie 2006/46/EG des Europäischen Parlaments und des Rates vom 14. Juni 2006 zur Änderung der Richtlinien des Rates 78/660/EWG über den Jahresabschluss von Gesellschaften bestimmter Rechtsformen, 83/349/EWG über den konsolidierten Abschluss, 86/635/EWG über den Jahresabschluss und den konsolidierten Abschluss von Banken und anderen Finanzinstituten und 91/674/EWG über den Jahresabschluss und den konsolidierten Abschluss von Versicherungsunternehmen, in: AblEG L 224 vom 16.08.2006.

Börsenzulassungsprospektrichtlinie (1980):
Richtlinie 80/390/EWG des Rates vom 17. März 1980 zur Koordinierung der Bedingungen für die Erstellung, die Kontrolle und die Verarbeitung des Prospekts, der für die Zulassung von Wertpapieren zur amtlichen Notierung an einer Wertpapierbörse zu veröffentlichen ist, AblEG L 100 vom 17.04.1980.

Börsenzulassungsrichtlinie (1979):
Richtlinie 79/279/EWG des Rates vom 5. März 1979 zur Koordinierung der Bedingungen für die Zulassung von Wertpapieren zur amtlichen Notierung an einer Wertpapierbörse, in: AblEG. L 066 vom 16.03.1979.

Siebente EG-Richtlinie (1998):
Richtlinie 83/349/EWG des Rates vom 13. Juni 1983 aufgrund von Artikel 54 Absatz 3 Buchstabe g) des Vertrages über den konsolidierten Abschluß, in: AblEG. L 193 vom 18.07.1983.

Transparenzrichtlinie (2004):
Richtlinie 2004/109/EG des Europäischen Parlaments und des Rates vom 15. Dezember 2004 zur Harmonisierung der Transparenzanforderungen in Bezug auf Informationen über Emittenten, deren Wertpapiere zum Handel auf einem geregelten Markt zugelassen sind, und zur Änderung der Richtlinie 2001/34/EG, in: AblEG L 390 vom 31.12.2004.

Vierte EG-Richtlinie (1978):
Richtlinie 78/660/EWG des Rates vom 25. Juli 1978 aufgrund von Artikel 54 Absatz 3 Buchstabe g) des Vertrages über den Jahresabschluß von Gesellschaften bestimmter Rechtsformen, in: AblEG. L 222 vom 14.08.1978.

Zwischenberichtsrichtlinie (1982):
Richtlinie 82/121/EWG des Rates vom 15. Februar 1982 über regelmäßige Informationen, die von Gesellschaften zu veröffentlichen sind, deren Aktien zur amtlichen Notierung an einer Wertpapierbörse zugelassen sind, in: AblEG L 48 vom 20.02.1982.

Drucksachen

BR-Drs. 579/06:
Stellungnahme des Bundesrates zum Entwurf eines Gesetzes zur Umsetzung der Richtlinie 2004/109/EG des Europäischen Parlaments und des Rates vom 15. Dezember 2004 zur Harmonisierung der Transparenzanforderungen in Bezug auf Informationen über Emittenten, deren Wertpapiere zum Handel auf einem geregelten Markt zugelassen sind, und zur Änderung der Richtlinie 2001/34/EG (Transparenzrichtlinie-Umsetzungsgesetz – TUG) vom 22.09.2006.

BR-Drs. 872/97:
Gesetzentwurf der Bundesregierung: Entwurf eines Gesetzes zur Kontrolle und Transparenz im Unternehmensbereich (KonTraG) vom 07.11.1997.

BT-Drs. 13/9712:
Entwurf eines Gesetzes zur Kontrolle und Transparenz im Unternehmensbereich (KonTraG) vom 28.01.1998.

BT-Drs. 14/8769:
Gesetzentwurf der Bundesregierung: Entwurf eines Gesetzes zur weiteren Reform des Aktien- und Bilanzrechts, zu Transparenz und Publizität (Transparenz- und Publizitätsgesetz) vom 11.04.2002.

BT-Drs. 14/8769:
Entwurf eines Gesetzes zur weiteren Reform des Aktien- und Bilanzrechts, zu Transparenz und Publizität (Transparenz- und Publizitätsgesetz – TransPuG) Drucksache des Deutschen Bundestages vom 11.04.2002.

BT-Drs. 15/3421:
Gesetzentwurf der Bundesregierung: Entwurf eines Gesetzes zur Kontrolle von Unternehmensabschlüssen (Bilanzkontrollgesetz – BilKoG) vom 24.06.2004.

BT-Drs. 16/10067:
Gesetzentwurf der Bundesregierung: Entwurf eines Gesetzes zur Modernisierung des Bilanzrechts (Bilanzrechtsmodernisierungsgesetz – BilMoG) vom 30.07.2008.

BT-Drs. 16/2498:
Entwurf eines Gesetzes zur Umsetzung der Richtlinie 2004/109/EG des Europäischen Parlaments und des Rates vom 15. Dezember 2004 zur Harmonisierung der Transparenzanforderungen in Bezug auf Informationen über Emittenten, deren Wertpapiere zum Handel auf einem geregelten Markt zugelassen sind, und zur Änderung der Richtlinie 2001/34/EG (Transparenzrichtlinie-Umsetzungsgesetz – TUG) vom 04.09.2006.

BT-Drs. 16/2917:
Stellungnahme Bundesrat vom 21.09.2006 mit Gegenäußerung der Bundesregierung zum Regierungsentwurf des Transparenzrichtlinie-Umsetzungsgesetzes vom 12.10.2006.

BT-Drs. 16/3644:
Beschlussempfehlung und Bericht des Finanzausschusses (7. Ausschuss) zu dem Gesetzentwurf der Bundesregierung – Drucksachen 16/2498, 16/2917 – Entwurf eines Gesetzes zur Umsetzung der Richtlinie 2004/109/EG des Europäischen Parlaments und des Rates vom 15. Dezember 2004 zur Harmonisierung der Transparenzanforderungen in Bezug auf Informationen über Emittenten, deren Wertpapiere zum Handel auf einem geregelten Markt zugelassen sind, und zur Änderung der Richtlinie 2001/34/EG (Transparenzrichtlinie-Umsetzungsgesetz – TUG) vom 29.11.2006.

Sonstige Verlautbarungen

BMJ (2003):
Referentenentwurf: Entwurf eines Gesetzes zur Kontrolle von Unternehmensabschlüssen (Bilanzkontrollgesetz – BilKoG) vom 08.12.2003.

BMF (2006):
Diskussionsentwurf: Entwurf eines Gesetzes zur Umsetzung der Richtlinie 2004/109/EG des Europäischen Parlaments und des Rates vom 15. Dezember 2004 zur Harmonisierung der Transparenzanforderungen in Bezug auf Informationen über Emittenten, deren Wertpapiere zum Handel auf einem geregelten Markt zugelassen sind, und zur Änderung der Richtlinie 2001/34/EG (Transparenzrichtlinie-Umsetzungsgesetz – TUG) (Diskussionsentwurf zum TUG), Stand: 03.05.2006.

CESR (2003):
Standard No. 1 on Financial Information – Enforcement of Standards on financial information in Europe, CESR-Dokument Nr. 03-073 vom 12.03.2003.

DCGK (2008):
Deutscher Corporate Governance Kodex, i. d. F. vom 06. Juni 2008, Internet: http://www.corporate-governance-code.de/ger/download/D_Kodex_2008_final. pdf, letzter Abruf 11.05.2011, 14:04 Uhr.

DCGK (2010):
Deutscher Corporate Governance Kodex, i. d. F. vom 26. Mai 2010, Internet: http://www.corporate-governance-code.de/ger/download/kodex_2010/D_CorGov _Endfassung_Mai_2010.pdf, letzter Abruf 11.05.2011, 14:06 Uhr.

DRS (2010):
Deutsche Rechnungslegungsstandards (DRS) – German Accounting Standards (GAS), Rechnungslegungs Interpretationen (RIC) – Accounting Interpretations (AIC), Stuttgart: Loseblattsammlung (Stand: August 2010).

Europäische Kommission (2010):
Feedback Statement Summary of Responses to the Consultation by DG Internal Market and Services on the Modernisation of the Transparency Directive (2004/109/EC), Internet: http://ec.europa.eu/internal_market/securities/docs/ transparency/transparency-consultation-summary_en.pdf, letzter Abruf: 30.01.2011, 15:33 Uhr.

Europäische Kommission (2005):
Empfehlung der Kommission vom 15. Februar 2005 zu den Aufgaben von nicht geschäftsführenden Direktoren/Aufsichtsratsmitgliedern/börsennotierter Gesellschaften sowie zu den Ausschüssen des Verwaltungs-/Aufsichtsrats (2005/162/EG), Internet: http://eur-lex.europa.eu/LexUriServ/LexUriServ.do?uri= OJ:L:2005: 052:0051:0063:DE:PDF, letzter Abruf: 31.08.2011, 11:12 Uhr.

FWB (2011):
Börsenordnung der Frankfurter Wertpapierbörse, Stand 11.07.2011, Internet: http://deutsche-boerse.com/dbag/dispatch/de/binary/gdb_navigation/info_center/ 25_FWB_Information/20_FWB_Rules_Regulations?object_id=84XHGZ360NSG DDE, letzter Abruf: 31.08.2011, 11:06 Uhr.

Generaldirektion Binnenmarkt (2001):
Auf dem Weg zu einer EU-weiten Regelung der Informationspflichten von Emittenten, deren Wertpapiere zum Handel auf einem geregelten Markt zugelassen sind – Konsultationspapier der Dienststellen der Generaldirektion Binnenmarkt vom 11.07.2001, Internet: http://ec.europa.eu/internal_market/securities/docs/transpa rency/consultation1/euregime_de.pdf, letzter Abruf: 30.01.2011, 14:28 Uhr.

Generaldirektion Binnenmarkt (2002):
Auf dem Weg zu einer EU-weiten Regelung der Informationspflichten von Emittenten, deren Wertpapiere zum Handel auf einem geregelten Markt zugelassen sind – Zweite Konsultation der Dienststellen der Generaldirektion Binnenmarkt der Europäischen Kommission vom 08.05.2002, Internet: http://ec.europa.eu/internal_ market/securities/docs/transparency/consultation2/2ndconsult-cover_de.pdf, letzter Abruf: 31.08.2011, 11:15 Uhr.

IDW (2010):
IDW Prüfungsstandards, IDW Stellungnahmen zur Rechnungslegung, Band I, Düsseldorf: Loseblattsammlung (Stand: Januar 2010).

IFRS (2010):
International Financial Reporting Standards IFRS – IDW Textausgabe einschließlich International Accounting Standards (IAS) und Interpretationen, Stand: Dezember 2010, 6. Aufl., Düsseldorf 2011.

KOM (1999) 232:
Mitteilung der Kommission „Umsetzung des Finanzmarktrahmens: Aktionsplan" vom 11.05.1999 Internet: http://europa.eu/legislation_summaries/internal_market/ single_market_services/financial_services_general_framework/l24210_de.htm, letzer Abruf: 31.08.2011, 11:16 Uhr.

KOM (2000) 359:
Mitteilung der Kommission an den Rat und das Europäische Parlament – Rechnungslegungsstrategie der EU: Künftiges Vorgehen vom 13.06.2000, Internet: http://eur-lex.europa.eu/LexUriServ/LexUriServ.do?uri=COM:2000:0359:FIN:DE :PDF, letzter Abruf: 06.02.2011, 15:20 Uhr.

KOM (2003) 138:
Vorschlag für eine Richtlinie des Europäischen Parlaments und des Rates zur Harmonisierung der Transparenzanforderungen in Bezug auf Informationen über Emittenten, deren Wertpapiere zum Handel auf einem geregelten Markt zugelassen sind, und zur Änderung der Richtlinie 2001/34/EG vom 26.03.2003, Internet: http://eur-lex.europa.eu/LexUriServ/LexUriServ.do?uri=COM:2003:0138:FIN: DE: PDF, letzter Abruf: 06.02.2011, 15:23 Uhr.

KOM (2009) 503:
Vorschlag für eine Verordnung des Europäischen Parlaments und des Rates zur Einrichtung einer Europäischen Wertpapieraufsichtsbehörde vom: 23.09.2009, Internet: http://eur-lex.europa.eu/LexUriServ/LexUriServ.do?uri=COM:2009:0503 :FIN:DE:PDF, letzter Abruf: 06.02.2011, 15:26 Uhr.

Verzeichnis der Geschäftsberichte

Unternehmen	Unternehmenssitz	Stichtag des Abschlusses
adidas AG	Herzogenaurach	30.06.2010, 30.09.2010, 31.03.2011; 30.06.2011
Allianz SE	München	30.06.2010, 30.09.2010, 31.03.2011; 30.06.2011
BASF SE	Ludwigshafen	30.06.2010, 30.09.2010, 31.03.2011; 30.06.2011
BAYER AG	München	30.06.2010, 30.09.2010, 31.03.2011; 30.06.2011
Beiersdorf AG	Hamburg	30.06.2010, 30.09.2010, 31.03.2011; 30.06.2011
BMW AG	München	30.06.2010, 30.09.2010, 31.03.2011; 30.06.2011
Commerzbank AG	Frankfurt am Main	30.06.2010, 30.09.2010, 31.03.2011; 30.06.2011
Daimler AG	Stuttgart	30.06.2010, 30.09.2010, 31.03.2011; 30.06.2011
Deutsche Bank AG	Frankfurt am Main	30.06.2010, 30.09.2010, 31.03.2011; 30.06.2011
Deutsche Börse AG	Frankfurt am Main	30.06.2010, 30.09.2010, 31.03.2011; 30.06.2011
Deutsche Lufthansa AG	Köln	30.06.2010, 30.09.2010, 31.03.2011; 30.06.2011
Deutsche Post AG	Bonn	30.06.2010, 30.09.2010, 31.03.2011; 30.06.2011
Deutsche Telekom AG	Bonn	30.06.2010, 30.09.2010, 31.03.2011; 30.06.2011
E.ON AG	Düsseldorf	30.06.2010, 30.09.2010, 31.03.2011; 30.06.2011
Fresenius Medical Care AG & Co. KGaA	Bad Homburg	30.06.2010, 30.09.2010, 31.03.2011; 30.06.2011
Fresenius SE & Co.KGaA	Bad Homburg	30.06.2010, 30.09.2010, 31.03.2011; 30.06.2011
HeidelbergCement AG	Heidelberg	30.06.2010, 30.09.2010, 31.03.2011; 30.06.2011
Henkel AG & Co. KGaA	Düsseldorf	30.06.2010, 30.09.2010, 31.03.2011; 30.06.2011
Infineon Technologies AG	Neubiberg	31.03.2010, 30.06.2010, 31.12.2010, 31.03.2011
K+S AG	Kassel	30.06.2010, 30.09.2010, 31.03.2011; 30.06.2011

Linde AG	München	30.06.2010, 30.09.2010, 31.03.2011; 30.06.2011
MAN SE	München	30.06.2010, 30.09.2010, 31.03.2011; 30.06.2011
Merck KGaA	Darmstadt	30.06.2010, 30.09.2010, 31.03.2011; 30.06.2011
METRO AG	Düsseldorf	30.06.2010, 30.09.2010, 31.03.2011; 30.06.2011
Münchener Rück AG	München	30.06.2010, 30.09.2010, 31.03.2011; 30.06.2011
RWE AG	Essen	30.06.2010, 30.09.2010, 31.03.2011; 30.06.2011
SAP AG	Walldorf	30.06.2010, 30.09.2010, 31.03.2011; 30.06.2011
Siemens AG	München	31.03.2010, 30.06.2010, 31.12.2010, 31.03.2011
ThyssenKrupp AG	Düsseldorf	31.03.2010, 30.06.2010, 31.12.2010, 31.03.2011
Volkswagen AG	Wolfsburg	30.06.2010, 30.09.2010, 31.03.2011; 30.06.2011

FSC
www.fsc.org
MIX
Papier | Fördert gute Waldnutzung
FSC® C083411

Kolibri 360 GmbH
Ferdinand-Jühlke-Straße 7
99095 Erfurt, Deutschland
produktsicherheit@kolibri360.de